9.80

Herausgegeben von
Prof. Dr. Alphons Silbermann

Demosthenes
Savramis

Religionen

ECON READER

Econ Verlag
Düsseldorf · Wien

Gesamtausstattung: Klaus Jürgens

1. Auflage Juni 1972

Gesetzt aus der 9/10 Punkt Linotype Optima der Stempel AG
Gesamtherstellung: Ebner, Ulm
Printed in Germany
ISBN 3 430 17896 7

Das stets und immer schneller werdende Anwachsen wissenschaftlicher Erkenntnisse hat unvermeidlich dazu geführt, daß sich Lehr- und Sachbücher bei der Darstellung der Entwicklung eines Wissenschaftszweiges auf knappe Literaturhinweise beschränken müssen. Nicht immer jedoch ist es dem Studenten und dem Interessierten möglich, an die zitierten Schriften heranzukommen, zumal vieles von dem, was für Begründung und Evolution einer wissenschaftlichen Disziplin grundlegend war und noch ist, in sehr schwer auffindbaren Fachzeitschriften erschienen ist. Als weitere Schwierigkeit kommt die Internationalität der Wissenschaften hinzu, die nicht an eine einzige Sprache gebunden ist: zwar vieles, aber nicht alles wird übersetzt.
Zur Überbrückung dieser Schwierigkeiten dient der »Reader« – ein Lesebuch, das problemorientiert grundlegende und vielfach schwierig zu erreichende Texte – je nach den Umständen manchmal vollständig, manchmal gekürzt – vorlegt. Auch hier kann *nicht alles* gebracht werden, zumindest aber soll das nach Ansicht der Verfasser Wesentlichste didaktisch aufbereitet vorgelegt werden.

Inhalt

Demosthenes Savramis

Einleitung

I.

Der vorliegende Reader besteht aus Texten, die aus dem ganzen Gebiet der Religionswissenschaften entnommen wurden. Dabei sollen sie bezeugen, daß es Wechselwirkungen zwischen Religion und Gesellschaft gibt, die für beide Gegebenheiten von entscheidender Bedeutung sind und sein können. Weder diese Wechselwirkungen noch die Religionswissenschaft schlechthin sind jedoch zu verstehen, solange wir nicht möglichst konkrete Vorstellungen entwickeln über das, was Religion ist.

Definitionen von Religion gibt es Legion, und das zeigt, daß Religion eine Lebensmacht ist, die nie genau definiert werden kann. Denn Religion läßt sich nicht quantitativ erfassen und beschreiben. Deshalb ist jede Definition der Religion unbrauchbar, die die Tatsache nicht berücksichtigt, daß zum Phänomen Religion die Momente der *Erfahrung*, der *Begegnung* und der *Antwort* gehören, die sich im *Handeln* manifestieren. Religion ist demnach zugleich subjektives, persönliches Erlebnis und objektive Wirklichkeit. Definitionen, die unter dem Einfluß einer dem Empirismus verfallenen Soziologie die Religion nur als objektive Wirklichkeit beschreiben, können über das Phänomen Religion wenig oder gar nichts aussagen.

Zu den Grundcharakteristika der Religion und der Religiosität gehört die Überzeugung des Menschen, daß es mächtige Dinge *in* ihm, *neben* ihm und *über* ihm gibt, die er – obwohl sie sein Schicksal entscheidend beeinflussen – nicht beherrschen kann und die er deshalb *verehren* und denen er *dienen* muß, um sein *Heil* erreichen und sichern zu können. Die Beziehungen des Menschen zu diesen Dingen, die passiv, aktiv, positiv, negativ usw. sein können, befriedigen sein Bedürfnis, sich mit der irrationalen und übernatürlichen Welt in Verbindung zu setzen, die der Mensch als etwas ganz anderes als seine unmittelbare und rational zugängliche Umwelt empfindet. Es wäre folglich zunächst praktisch, wenn wir die Mächte, die der Mensch in sich, neben sich und über sich zu existieren glaubt, ohne sie beschreiben zu können, als das *Ganz-Andere* bezeichnen würden. Dieses *Ganz-Andere* kann die anderen, das andere oder der andere sein. Glaubt der Mensch an die Beseeltheit aller Dinge (Animismus), an außermenschliche Geisteswesen (Geisterglaube), an geheimnisvolle Mächte (Machtglaube) oder an mehrere höhere Wesen, die zumeist personale Züge tragen (Polytheismus), so handelt es sich um eine Erfahrung der Ganz-Anderen oder des Ganz-Anderen; glaubt er aber an einen persönlichen Gott (Monotheismus), so haben wir es mit *dem* Anderen zu tun.

Obwohl also viele Religionen bestehen, können wir feststellen, daß alle Religionen etwas Gemeinsames aufweisen, das uns berechtigt, von *der* Religion zu sprechen. Es ist der Glaube an eine andere Wirklichkeit, die wir als heilig oder sakral bezeichnen, um sie von der profanen bzw. nicht heiligen Wirklichkeit zu unterscheiden. Zu der heiligen Wirklichkeit gehört alles, was mit besonderer übersinnlicher »Macht« geladen ist, sei es Zeit, Raum, Mensch, Tier oder Gegenstand. Die wichtigste und entscheidenste Rolle spielt allerdings die »Macht« selbst und ihre Erscheinungsformen. Der *Erfahrung* der heiligen Wirklichkeit folgt das wichtige Moment der *Begegnung* mit ihr, die unmittelbar (z. B. durch Vision) oder mittelbar (durch verschiedene Medien) erfolgen kann. Aus Erfahrung und Begegnung resultiert das Bedürfnis des Handelns, das als *religiöses Handeln* sowohl im sakralen als auch im profanen Bereich wirkt. Daher ist zwar eine Unterscheidung zwischen sakralem und profanem Bereich des Lebens durchaus legitim, eine Scheidung dieser Bereiche jedoch nicht möglich. Religiöses Handeln manifestiert sich im sakralen Bereich z. B. als Kult, während es sich im profanen Bereich besonders als spezifisches soziales Handeln bemerkbar macht, wie es Max Weber am Beispiel des asketischen Protestantismus in seinem Werk »Die protestantische Ethik und der Geist des Kapitalismus« überzeugend gezeigt hat.

In allen Religionen sind die wichtigen Momente der Erfahrung der heiligen Wirklichkeit, der Begegnung mit ihr und des aus dieser Begegnung sich ergebenden Handelns anzutreffen. Unter diesen Umständen bleibt die Arbeit von Rudolf Otto »Das Heilige« (zuerst 1917) nach wie vor eine kostbare und brauchbare Hilfe für das Verständnis des Heiligen, der Religion und der Religiosität, die Gustav Mensching mit Erfolg in Anspruch nahm, als er Religion als »erlebnishafte Begegnung mit dem Heiligen und antwortendes Handeln des vom Heiligen bestimmten Menschen« (Die Religion, Stuttgart 1959, S. 18/19) definierte. Sicher ist diese Definition ungenau, zumal das Wort »heilig« keine konkrete Aussagen über das Ganz-Andere macht. Darunter kann man *die* Heiligen, *das* Heilige oder *den* Heiligen verstehen. Aber gerade deshalb halte ich diese Definition für besser als andere, die die heilige Wirklichkeit als subjektives Erlebnis ausklammern, oder diejenigen, die das Heilige einseitig als etwas *Bestimmtes* darstellen.

Es ist nicht meine Absicht, eine neue Definition der Religion vorzulegen. Ich glaube, daß wir über eine Auswahl von Definitionen verfügen, die sich einerseits ergänzen, andrerseits im einzelnen für verschiedene Zwecke gut verwendbar sind.

Aus dem Bereich der Soziologie würde ich auf Talcott Parson Bezug nehmen, der Religion gegenüber Philosophie, Ideologie und Wissenschaft dadurch abgrenzt, daß er unter Religion ein Glaubenssystem versteht, das einen nicht-empirischen, wertenden Charakter hat. (The Social System, Glencoe 1959, S. 331 und 367.) Aus dem Kreis der Religionssoziologen liefert uns J. M. Yinger eine brauchbare Definition, indem er Religion als ein System bezeichnet, das aus Glaubensvorstellungen und

Hoffnungen besteht, mit dem eine Gruppe von Menschen den letzten Problemen des menschlichen Lebens begegnen will. (Religion, Society, and the Individual, New York 1960, 2, S. 99.) Durch seine Definition des Glaubens als des »Ergriffenseins von dem, was uns unbedingt angeht« (Wesen und Wandel des Glaubens, Berlin 1961, S. 9), verschafft uns schließlich Paul Tillich eine sehr breite Basis für das Verständnis der Religion. Diese Definition kombiniert mit der Möglichkeit, Religion als eine historische Form der Frage nach dem Sinn des Seins überhaupt begreifen zu können, kann m. E. einen jeden befriedigen, der Religion als eine Lebensmacht ansieht, die für das Hier und Jetzt sowie für jeden Menschen von großer Bedeutung ist und sein kann.

Alle diese Definitionen schließen die wichtigsten Merkmale des Phänomens Religion ein, da sie Religion als eine Erscheinung zeigen, die das Schicksal der Menschheit als spezifisches *Handeln* beeinflußt, das durch Sondererlebnisse bedingt ist. Erfahrung, Erlebnis, Begegnung und Antwort sind Hauptcharakteristika der Religion, während Inhalt, Fülle und Tiefe der Erfahrung des Erlebnisses der Begegnung mit dem Heiligen sowie der entsprechenden Antwort bzw. des entsprechenden Handelns, das diese Begegnung verursacht, die Art der Religionen bestimmen. Unabhängig von ihrem Inhalt, ihrer Fülle und ihrer Tiefe kann jede Religion legitimes Objekt religionswissenschaftlicher Forschung werden, deren Erfolg oder Mißerfolg von der Frage abhängt, ob der Religionswissenschaftler die Religion als ein mehrdimensionales Phänomen betrachtet oder nicht. Eine gute »Geschichte der Religionswissenschaft« verdanken wir Gustav Mensching (Bonn 1948). Einen kurzen Überblick über Wesen und geschichtliche Wandlungen der Religionswissenschaft gibt der gleiche Autor in seiner »Vergleichenden Religionswissenschaft« (Heidelberg 1949, 2, S. 9–26).

II.

Deutschsprachige *religionswissenschaftliche Hauptwerke* liegen vor von: Rudolf Otto: Das Heilige, München o.J., (30). Friedrich Heiler: 1. Das Gebet, München 1923, 5. 2. Die Religionen der Menschheit in Vergangenheit und Gegenwart (unter Mitarbeit von: Kurt Goldammer, Franz Hesse, Günter Lanczkowski, Käthe Neumann, Annemarie Schimmel), Stuttgart 1959. Gustav Mensching: 1. Allgemeine Religionsgeschichte, Heidelberg 1949 (2); 2. Die Religion. Erscheinungformen, Strukturtypen und Lebensgesetze, Stuttgart 1959; 3. Vergleichende Religionswissenschaft, Heidelberg 1949 (2); 4. Das Wunder im Glauben und Aberglauben der Völker, Leiden 1957; 5. Der Irrtum in der Religion, Heidelberg 1969; 6. Toleranz und Wahrheit in der Religion, München und Hamburg 1966. Joachim Wach: Vergleichende Religionsforschung, Stuttgart 1962 (eine vollständige Bibliographie der Werke von Joachim Wach findet sich bei Joseph M. Kitagawa: Gibt es ein Verstehen fremder Religionen? Leiden 1963).

Zu den religionswissenschaftlichen Hauptwerken zählen ferner die

Arbeiten von Franz König (Hg.): Christus und die Religionen der Erde, 3 Bde., Freiburg 1961 (3). C. M. Schröder (Hg.): Die Religionen der Menschheit, 36 Bde., Stuttgart 1960 et pass. M. Eliade: Die Religionen und das Heilige, Salzburg 1954. Helmuth von Glasenapp: Die fünf großen Religionen, 2 Bde., Düsseldorf 1951/52; ders.: Glaube und Ritus der Hochreligionen in vergleichender Darstellung, Frankfurt 1960. K. Goldammer: Die Formenwelt der Religionen – Grundriß der systematischen Religionswissenschaft, Stuttgart 1960. G. van der Leeuw: Phänomenologie der Religion, Tübingen 1956 (2). Ebenfalls die Gesamtdarstellungen: Lehrbuch der Religionsgeschichte, begr. von Pierre Daniel Chantepie de la Saussaye, hrsg. von Alfred Bertholet und Alfred Lehmann, 2 Bde., Tübingen 1925 (4). Annemarie Schimmel: Die Religionen der Erde, Wiesbaden 1951. Hans Haas (Hg.): Bilderatlas zur Religionsgeschichte, Leipzig/Erlangen, 13 Hefte, 1924–1934.

Vier weitere Bücher möchte ich aus der Fülle religionswissenschaftlichen Schrifttums empfehlen: 1. Die nachgelassenen Gifford-Vorlesungen von Lars Olaf Jonathan Nathan Söderblom, die Friedrich Heiler unter dem Titel: Der lebendige Gott im Zeugnis der Religionsgeschichte, im Jahre 1966 herausgab. Diese Vorlesungen, die Söderblom wenige Wochen vor seinem Tode (19. Mai bis 18. Juni 1931) gehalten hatte, bezeichnete er als sein »religionsgeschichtliches Vermächtnis«. 2. Die Arbeit von Raimundo Panikkar: Religionen und die Religion, München 1965, die der Verfasser als die Frucht einer langen und intensiven Beschäftigung mit den Problemen, die in der heutigen Weltsituation immer mehr an Aktualität gewinnen und immer dringender nach einer reifen, gelassenen Sicht verlangen, bezeichnet. 3. Den interessanten Versuch von Heinz Robert Schlette, der Frage nachzugehen, »inwiefern die Religionen ein Thema der Theologie darstellen«. Aus dieser Fragestellung entstanden seine »Überlegungen zu einer Theologie der Religionen«, die unter dem Titel »Die Religionen als Thema der Theologie« im Jahre 1963 veröffentlicht wurden (Quaestiones Disputatae, Bd. 22). 4. Das Buch von Trevor Ling: Die Universalität der Religion: Geschichte und vergleichende Deutung, München 1971.

Schließlich wären folgende *Quellen, Nachschlagewerke und Bibliographien* zu erwähnen: Quellen der Religionsgeschichte, Hrsg. Göttinger Gesellschaft der Wissenschaften, Göttingen 1909 et pass.; Religiöse Stimmen der Völker, hrsg. von Walter Otto, Jena 1915 et pass.; E. Lehmann-H. Haas: Textbuch zur Religionsgeschichte, Leipzig 1922 (2); Das lebendige Wort, Texte aus den Religionen der Völker, hrsg. von Gustav Mensching, Darmstadt 1952; Leben und Legende der Religionsstifter: Moses, Jesus, Mohammed, Zarathustra, Buddha, Konfuzius, Laotse: Texte ausgewählt und erklärt von Gustav Mensching, München 1962; Religion ist Einheit. Eine Anthologie aus den heiligen Schriften der lebendigen Religionen. Zusammengestellt von Edith B. Schnapper, Zürich 1954; Der Koran: Das heilige Buch des Islam. Nach der Übertragung von Ludwig Ullmann neu bearbeitet und erläutert von Leo Winter, München 1959; Die lebenden Religionen. Texte und Einführungen, hrsg. von Rudolf Jockel, Darmstadt/Genf 1953; Die Religion in Geschichte und Gegenwart, 6 Bde., Tübingen 1957–1962 (3); Anton Anwander: Wörterbuch der Religionen, begründet von A. Bertholet in Verbindung mit Hans Freiherr von Campenhausen, durchgesehen, ergänzt und hrsg. von Kurt Goldammer, Stuttgart 1962 (2); Franz König: Religionswissenschaftliches Wörterbuch, Freiburg 1956; Handwörterbuch des deutschen Aberglaubens, hrsg. von Hans Bächthold-Stäubli, Berlin 1927–1942; Wilfried Nölle: Wörterbuch der Religionen: Die Glaubenslehren der Völker, München 1960; Biblisch-historisches Handwörterbuch, hrsg. von J. Rost und B. Reicke, 1962 et pass.; E. Benz und M. Nambara: Das Christentum und die nichtchristlichen Hochreligionen. Begegnung und Auseinandersetzung. Eine internationale Bibliographie: Beiheft zur Zeitschrift für Religions- und Geistesgeschichte (1960); Taschenlexikon Religion und Theologie, hrsg. von Erwin Fahlbusch, 4 Bde., Göttingen 1971, und International Bibliography of the History of Religions under the Supervision of Professor C. J. Bleeker, compiled by Henriette Boas, hrsg. von: The International Association for the Study of the History of Religions in Leiden. Bis jetzt sind 12 Bände erschienen (1954–1970); sie berücksichtigen die in dem Zeitraum von 1953 bis 1965 veröffentlichte Literatur.

III.

Da es unsere Absicht ist, unter anderem die Wechselwirkungen zwischen Religion und Gesellschaft aufzuzeigen, gilt es an dieser Stelle einige Bemerkungen zu einer Fach- und Einzelwissenschaft innerhalb der Religionswissenschaft vorzutragen, nämlich der Religionssoziologie. Dabei muß der Tatsache Rechnung getragen werden, daß es eine Unterscheidung zwischen einer »klassischen« und einer »neueren« Religionssoziologie gibt. Während die Klassiker unter den Religionssoziologen sich mit den Phänomenen Religion und Religiosität schlechthin befassen, erfährt die Religionssoziologie in ihrer Eigenschaft als »neuere« Religionssoziologie eine Zweckentfremdung, indem sie sich ausschließlich mit kirchlich-praktischen Problemen beschäftigt. Folglich entsteht eine Konfessionalisierung (»bürgerliche«, »neuere« Religionssoziologie) oder Ideologisierung (»marxistische«, »neuere« Religionssoziologie) der Religionssoziologie, die jeder sachlichen religionssoziologischen Forschung im Wege steht. (Siehe hierzu meine Auseinandersetzung mit der sogenannten neueren Religionssoziologie in Demosthenes Savramis: Religionssoziologie. Eine Einführung, München 1968.)

Zu den wichtigsten »Klassikern« unter den Religionssoziologen gehören neben dem Begründer der Religionssoziologie Max Weber auch Ernst Troeltsch, Paul Honigsheim, Alfred Müller-Armack; Joachim Wach und Gustav Mensching. Über das Leben Max Webers berichten: Marianne Weber: Max Weber, ein Lebensbild, Heidelberg 1950 (2); Eduard Baumgarten: Max Weber. Werk und Person, Tübingen 1964; Karl Jaspers: Max

Weber: Politiker, Forscher, Philosoph, Bremen 1946 (2), und Max Weber zum Gedächtnis, hrsg. von René König und Johannes Winckelmann (Kölner Zeitschrift für Soziologie und Sozialpsychologie, Sonderheft 7) Köln/Opladen 1963. Die um Weber und sein Werk entstandene Literatur ist so umfangreich, daß sie beim besten Willen nicht zu übersehen ist. Wertvolle bibliographische Übersichten findet man bei Johannes Winckelmann: Max Weber: Soziologie – Analysen – Politik, Stuttgart 1964, S. 508–510; Marcel Weinreich: Max Weber, l'homme et le savant, Paris 1938, S. 189–205; Max Graf zu Solms in: Civitas Gentium, Bd. 1, 1947, S. 274–288; Hans H. Gerth und Hedwig I. Gerth: Bibliography on Max Weber, in: Social Research, 16, 1949, S. 70–89; Paul Honigsheim: Max Weber im amerikanischen Geistesleben, in: Kölner Zeitschrift für Soziologie und Sozialpsychologie, 3, 1950/51, S. 408–419 und ders.: Max Weber (in: Handwörterbuch der Sozialwissenschaften, XI/1961, S. 561 ff). Zum Werk Webers vgl. besonders Reinhard Bendix: Max Weber: Das Werk. Darstellung, Analyse, Ergebnisse, München 1964.

Eine gute Bibliographie zum Leben und Werk von Ernst Troeltsch findet man in der erweiterten Heidelberger Dissertation aus dem Jahre 1958 von Manfred Wichelhaus: Kirchengeschichtsschreibung und Soziologie im neunzehnten Jahrhundert, und bei Ernst Troeltsch (Heidelberger Forschungen, 9. Heft, Heidelberg 1965). Aus den Arbeiten Paul Honigsheims sei hier seine »Religionssoziologie« erwähnt (in: Die Lehre von der Gesellschaft. Ein Lehrbuch der Soziologie, hrsg. von Gottfried Eisermann, Stuttgart 1958, S. 119–181), wo er die religionssoziologisch relevanten und religionsbezogenen Formen des Wissens und Verhaltens sowie die religionssoziologisch relevanten Menschen und Gruppen aufzählt und erörtert. Alfred Müller-Armacks religions- und kultursoziologische Studien entstanden zwischen den Jahren 1930 und 1952 und liegen in einem Band unter dem Titel »Religion und Wirtschaft«, Stuttgart 1959, vor. Entscheidend erweiterte Joachim Wach die religionssoziologische Forschung und Fragestellung. Phänomenologie, Typologie und Deskription halfen Wach, sein Vorhaben zu verwirklichen, das nach seinen eigenen Worten aus dem Studium der Wechselbeziehungen zwischen Religion und Gesellschaft bestand sowie der Formen der Wechselwirkung, die zwischen ihnen stattfinden. Neben seiner Einführung in die Religionssoziologie, Tübingen 1931, vgl.: Religionssoziologie, in: Handwörterbuch der Soziologie, hrsg. von Alfred Vierkandt, Stuttgart 1959, S. 479–494; Religionssoziologie, in: Ges. kleine Schriften zur Ethnologie und Soziologie, hrsg. von S. R. Steinmetz, 1939, S. 479–494; Religionssoziologie, Tübingen 1951, und Sociology of Religion, in: Twentieth Century Sociology; hrsg. von Georges Gurvitch und Wilbert E. Moore, New York 1945, S. 406–437.

Die Wechselbeziehungen zwischen Religion und profanen Gemeinschaftsformen, die Wesensstruktur religiöser Gemeinschaften, das Verhältnis profaner und religiöser Gemeinschaften zur lebendigen Religion und das Verhältnis der religiösen Gemeinschaften zueinander sind vier

Problemkreise, die Gustav Mensching in seinem Werk »Soziologie der Religion«, Bonn 1947, beschäftigen. Mensching selbst betrachtet diese Arbeit als den Versuch »einer systematisch-phänomenologischen Darstellung der Wechselbeziehungen von Religion und Gemeinschaft quer durch die Religionsgeschichte durch«. Ähnlich wie bei Wach stehen auch bei ihm der Einfluß der Religion auf die Formen der Vergesellschaftung und die innere Struktur religiöser Gemeinschaften im Vordergrund. Neu ist bei Mensching das Begriffspaar Volksreligion (Früh- und Primitivreligion) und Universalreligion (Hochreligion) sowie sein Beitrag zu einer Soziologie der Beziehungen zwischen den Religionsgemeinschaften. Als Formen der von ihm untersuchten Gruppenbeziehungen stellt Mensching die Kategorien Absolutheit, Intoleranz, Relativität, Toleranz und sachliche Auseinandersetzung heraus. Mensching versteht im Gegensatz zum Positivismus und historischen Materialismus die gesellschaftlichen Erscheinungen aus dem »religiösen Erlebnis«, das ein zentraler Begriff seiner Untersuchungen ist. Aus der Überzeugung Menschings, daß die Forschungsaufgabe der »klassischen« Religionssoziologie noch keineswegs gelöst sei, entstand seine »Soziologie der großen Religionen«, Bonn 1966, die, obwohl sie im strengsten Sinne des Wortes mehr Religionswissenschaft als Soziologie ist, beweist, daß der von den sogenannten neueren Religionssoziologen beiseite geschobenen »klassischen« Religionssoziologie »nicht nur ein Existenzrecht, sondern eine Existenznotwendigkeit zukommt«.

Literatur zum Thema »neuere« Religionssoziologie, die fast immer identisch ist mit der Pastoral- und Kirchensoziologie, gibt es in Mengen. Zunächst möchte ich auf meine »Einführung in die Religionssoziologie« (siehe oben), S. 195–199, hinweisen, in der ich Bibliographien und Werke anführe, deren bibliographische Angaben besonders wertvoll sind. Ferner empfiehlt es sich, die von Friedrich Fürstenberg (Religionssoziologie, Neuwied und Berlin 1964, S. 439–450) und Siegfried Schneider (Ausgewählte internationale Bibliographie zur neueren Religionssoziologie, in: Probleme der Religionssoziologie, hrsg. von Dietrich Goldschmidt und Joachim Matthes – Sonderheft 6 der Kölner Zeitschrift für Soziologie und Sozialpsychologie, Köln und Opladen 1962, S. 264–289) angegebene Literatur zu konsultieren.

IV.

Entscheidend für die Auswahl der im vorliegenden Buch veröffentlichten Texte waren mehrere Gesichtspunkte. So sollten sie wenn möglich aus der Feder namhafter Wissenschaftler stammen, die verschiedene Richtungen und Zweige der Religionswissenschaft vertreten und das Phänomen Religion so behandeln, daß sich aus ihren Arbeiten die Bedeutung der Religion für das politische, wirtschaftliche und soziale Leben des Menschen ergeben kann. Ferner wurde die Auswahl der Texte so getroffen, daß ihr Inhalt dazu beitragen kann, aus dem vorliegenden Buch ein harmonisches Ganzes zu machen, welches das Phänomen Religion in seinen mannigfachen Vergegenständlichungen und Vergegenwärtigungen im Rahmen der verschiedenen Religionen sowie in seinen wichtigsten Dimensionen, Funktionen und historischen Entwicklungen zeigen kann.

Wenn wir uns auch Mühe gegeben haben, um nach Möglichkeit bei der Wahl eines Textes diesen Gesichtspunkten Rechnung zu tragen, so gab es doch Fälle, wo dies unmöglich war. So ist es z. B. selbstverständlich, daß Gustav Mensching zu den bedeutendsten Religionswissenschaftlern zählt. Seine Arbeiten sind jedoch überall zugänglich, und somit mußte ich an seiner Stelle weniger bekannte Wissenschaftler aufnehmen, deren Beiträge aber durchaus dem Sinn und den Aufgaben dieses Readers dienen können.

Manche der aufgenommenen Texte mußten mehr oder weniger gekürzt und auch die Anmerkungen auf ein Minimum reduziert werden, um Raum für wertvolle Texte zu gewinnen. Dadurch entstehen jedoch keine Nachteile für den Reader, denn jedem veröffentlichten Text folgt zusätzliche Literatur von grundlegender Bedeutung, die das Verständnis des vorausgegangenen Textes erleichtern kann.

Der erste in diesem Band veröffentlichte Text stammt aus der Feder des Professors der Religionsgeschichte und -philosophie in London, *E. O. James,* und ist in doppelter Hinsicht wichtig. Einmal vermittelt er uns ein interessantes Bild der Glaubenswelt der sogenannten primitiven Völker, während er zum anderen die sozialen Funktionen des Zauberers, des Schamanen und des Medizinmannes im Unterschied zu denen des Priesters so schildert, daß sich einige Typen religiöser Autorität besser begreifen lassen. *Max Webers* Beitrag zum Thema Konfuzianismus wurde nicht nur wegen seines wertvollen Inhalts aufgenommen, sondern auch deshalb, weil während Webers Arbeiten, die sich mit der protestantischen Ethik und dem Geist des Kapitalismus befassen, berühmt geworden sind, seine nicht weniger interessanten und aufschlußreichen Aufsätze über die Wirtschaftsethik der Weltreligionen als Stiefkinder der Weberschen Religionssoziologie behandelt wurden.

Carmen Blacker hat sich besonders mit modernen religiösen Erscheinungen in Japan auseinandergesetzt und ist somit in der Lage, eine der wichtigsten »neuen religiösen« Sekten Japans, die unter dem Namen »Soka Gakkai« wegen ihrer politischen Aktivitäten und Erfolge weltbekannt wurde, mit Erfolg zu beschreiben. Nicht weniger interessant für das Verständnis der japanischen Religiosität scheint mir der Beitrag des Japaners *Tokutaro Sakurai,* der in seiner Eigenschaft als Professor für japanische Geschichte an der Tokyo University of Education und als Direktor der Japanese Society for Folklore bestens informiert ist über den Volksglauben in Japan, dem er sich hier widmet.

Der indische Philosoph und Politiker *Sarwepalli Radhakrishnan,* der Vizepräsident (1952) und Präsident (1962) Indiens wurde, begegnet uns mit einem ausgezeichneten Beitrag zum Hinduismus und der Hindu-

Kultur, der u. a. dem »westlich« denkenden Menschen einige wertvolle Hinweise für die Bewältigung jener Probleme geben kann, die sich aus dem reellen oder oft fiktiven Gegensatz von Tradition und Fortschritt ergeben. Zum Thema Buddhismus wurde ein Kapitel aus dem Buch »Die Weisheit des Buddha« des Indologen und Religionshistorikers *Helmuth v. Glasenapp* aufgenommen, das die Summe der buddhistischen Heilslehre beziehungsweise die vier edlen, das heißt heiligen Wahrheiten, die Buddha schon in seiner ersten öffentlichen Predigt in Benares verkündigt hat, sowie das stufenweise Vorwärtsschreiten zur Vollendung und das Thema Nirvana behandelt. Instruktiv und allgemeinverständlich illustriert von Glasenapp das große Ziel des Buddhismus, nämlich die Befreiung der Menschheit von allen Leiden, sowie den Weg, den der Buddhist einschlagen muß, um dieses Ziel zu erreichen. Der Beitrag des bekannten Religionswissenschaftlers und Professors an der Universität Marburg *Ernst Benz* zeigt die Erneuerungsbewegungen im Bereich des Buddhismus auf, bei gleichzeitiger Darstellung der Methoden, die eine nichtchristliche Religion entwickelt, um sich ausbreiten zu können. Die Arbeit des ungarischen Orientalisten *Ignaz Goldziher,* »Muhammed und der Islam«, die aus dem Jahre 1910 stammt, ist nicht nur wegen ihrer Sachlichkeit von besonderer Bedeutung, sondern gewinnt auch dadurch an Wert, daß wir sie einem Gelehrten verdanken, der als einer der Begründer der Islamwissenschaft gilt.

Der verglichen mit seinen Arbeiten über die christlichen Kirchen und Gruppen weniger bekannte Beitrag von *Ernst Troeltsch* zum Verständnis des Judentums wird hier an Hand seiner Arbeit »Glaube und Ethos der hebräischen Propheten« vorgestellt, die die welthistorische Bedeutung des Prophetismus und den Propheten selbst als Typos religiöser Autorität auf eine Weise illustriert, die als brauchbare Kritik einiger religionswissenschaftlicher Richtungen verwandt werden kann, die sich entweder einseitig positivistisch-empirisch oder idealistisch-transzendental orientieren. Einen sehr guten Eindruck über den Glauben des Judentums gewinnt man durch den Beitrag des Religionsphilosophen und Soziologen *Martin Buber,* der einem Sammelband entnommen wurde, der die Summe dessen enthält, was Buber über Juden und Judentum sagte und schrieb.

Mit einer Arbeit des international bekannten Religionswissenschaftlers, Theologen, Ökumenikers, Erzbischofs von Uppsala und engagierten Christen *Lars Olof Jonathan Nathan Söderblom,* der auf dem Sterbebett am 22. Juli 1931 sagte: »Ich weiß, daß Gott lebt. Ich kann es beweisen durch die Religionsgeschichte«, verlassen wir die nichtchristlichen Religionen und wenden uns der Einzigartigkeit Christi und dem institutionalisierten Christentum in seinen verschiedenen Erscheinungsformen zu.

Der Beitrag von *Demosthenes Savramis* wurde deshalb aufgenommen, weil der Verfasser vorläufig der einzige Theologe, Religionswissenschaftler und Religionssoziologe ist, der die Ostkirchen systematisch und kritisch so untersucht hat, daß man die realpolitische, -wirtschaftliche und -soziologische Bedeutung dieser Kirchen erfassen und begreifen kann. Die Arbeit des im Jahre 1919 von der katholischen Kirche zum Protestantismus übergetretenen weltberühmten Religionswissenschaftlers *Friedrich Heiler* über die Wesensmerkmale des Katholizismus entstammt einem Werk, welches im Jahre 1923 erschien und das Adolf von Harnack damals folgendermaßen lobte: »Das beste Buch, welches wir über den römischen Katholizismus in der Totalität seiner Erscheinung und seines Lebens besitzen. Dem Verfasser ist es gelungen, eine Darstellung zu geben, die alles Wesentliche im Katholizismus richtig erfaßt und aufklärt; er vermochte das, weil er ein sehr feines Verständnis für wirkliche Religion besitzt und weil ihm keines der Elemente innerlich fremd ist, welche den komplexen Charakter des Katholizismus begründen.« Für das Verständnis des Katholizismus ist der Beitrag des Religionssoziologen *Nikolaus Monzel* insofern wichtig, als er auf eine sehr wichtige Seite der katholischen Kirche hinweist, und zwar auf die Abhängigkeit der Katholiken von der Institution Kirche sowie auf die Folgen dieser Abhängigkeit für das Denken und Handeln des Menschen.

Rudolf Otto, der bedeutende Theologe und Religionswissenschaftler, dem wir die geniale Analyse des »Heiligen« verdanken, wird hier mit einem kurzen religiösen Psychogramm Luthers vorgestellt, während die konstruktiven Momente des Protestantismus von *H. Richard Niebuhr* beschrieben werden, dessen Buch »The Social Sources of Denominationalism« (1929) zu den wichtigsten Untersuchungen über die nichttheologischen Faktoren gehört, die zu der Zersplitterung der Kirchen beigetragen haben. Was die Sekten betrifft, so bleibt m. E. nach wie vor die von *Ernst Troeltsch* entworfene Typologie wichtig und brauchbar. Vor allem trägt sie entscheidend dazu bei, den Begriff Sekte von etlichen Vorurteilen zu entlasten.

Die Beiträge zum Thema Religionskritik wurden an dieser Stelle beziehungsweise im Zusammenhang mit dem Christentum aus zwei wichtigen Gründen aufgenommen. Einmal deshalb, weil die hier veröffentlichte Arbeit *Ludwig Feuerbachs* aus seiner wichtigsten religionsphilosophischen Schrift: »Das Wesen des Christentums« (1841), stammt, die als sein Hauptwerk gilt und die *Friedrich Engels* so begeisterte, daß er schrieb: »Man muß die befreiende Wirkung dieses Buches selbst erlebt haben, um sich eine Vorstellung davon zu machen. Die Begeisterung war allgemein: wir waren alle momentan Feuerbachianer.« Zum anderen hat Feuerbach seine größte Wirkung durch die marxistische Religionskritik erfahren, die sich wiederum grundsätzlich gegen das Christentum und die Kirchen richtet, wie es u. a. die hier aufgenommene Arbeit von *W. I. Lenin* zeigt. Es ist Trevor Ling zuzustimmen, daß Karl Marx' Kritik an der Religion, daß sie nämlich nichts anderes sei als die ideologische Begleiterscheinung der grausamen, d. h. der ökonomischen Realitäten des Daseins, fast ausschließlich auf seinen Erfahrungen mit dem Wesen und den Praktiken des europäischen Protestantismus im 19. Jahrhundert beruht.

Mit Recht hat man das zwanzigste Jahrhundert als das »ökumenische Zeitalter« bezeichnet. Zu den bedeutendsten Erscheinungen dieses Zeitalters gehören die ökumenische Bewegung, der katholische Ökumenismus und der Dialog als eine theologische Methode, die sich aus dem ökumenischen Geist des zweiten Vatikanischen Konzils ergab. Der Dialog bewirkte, daß sich Theologie, Kirche und Gesellschaft von vielen Vorurteilen befreien konnten, die den Haß unter den Menschen verschiedener Konfessionen, Religionen oder Weltanschauungen aufrechterhielten und vertieften und der Mehrheit aller Menschen guten Willens im Wege standen. Viele dieser Vorurteile wurden mittels dieses Dialogs abgebaut, und somit können heute alle Menschen, die einige Grundwerte akzeptieren, die sich um die Idee einer einheitlichen, humanen Menschheit gruppieren, miteinander statt gegeneinander für eine bessere Welt kämpfen.

Kein Berufenerer konnte besser eine knappe und instruktive Darstellung der geschichtlichen Hintergründe des ökumenischen Gedankens geben als *Willem A. Visser't Hooft,* der sich als Sekretär des Weltkomitees des Christlichen Vereins Junger Männer, als Generalsekretär des Christlichen Studentenweltbundes und ganz besonders als erster Generalsekretär des in Amsterdam (August 1948) gegründeten Ökumenischen Rates der Kirchen stets um die Realisierung dieses Gedankens bemühte. Die ehrlichen Bemühungen vieler Christen, sich von Vorurteilen zu befreien, die den Haß unter den Menschen perpetuieren können, haben besonders auf einem Gebiet gewirkt, welches das sogenannte christliche Abendland sehr belastet, nämlich auf dem Gebiet der Beziehungen zwischen Christen und Juden. Eine knappe, jedoch sehr eindrucksvolle Schilderung dieser Beziehungen verdanken wir der hier aufgenommenen kleinen Arbeit des bekannten evangelischen Theologieprofessors *Helmut Gollwitzer*.

Der Beitrag von *Josef L. Hromadka* schildert Sinn und Möglichkeiten des Dialogs zwischen Christen und Marxisten, ein Dialog, dem sich der reformierte tschechische Theologieprofessor und Präsident der Christlichen Friedenskonferenz zeit seines Lebens verpflichtet fühlte. Die Bereitschaft der Christen, den Dialog mit Menschen anderer Religionen zu pflegen, dokumentiert sich in der in diesem Band veröffentlichten Erklärung, die anläßlich einer Tagung entworfen wurde, die vom Ökumenischen Rat der Kirchen vom 27. Februar bis 5. März 1967 in Kandy (Ceylon) einberufen worden war. Diesem Dokument kommt dadurch eine besondere Bedeutung zu, weil es das Resultat gemeinsamer Arbeit aller christlichen Kirchen einschließlich der römisch-katholischen ist.

Der letzte Beitrag des vorliegenden Bandes stammt von dem bedeutenden Religionswissenschaftler und Religionssoziologen *Joachim Wach,* und zwar aus seiner – verglichen mit seiner »Religionssoziologie« – weniger bekannten »Einführung in die Religionssoziologie«. Joachim Wach formuliert hier einige Thesen, die sich durch das in diesem Reader veröffentlichte Material verifizieren lassen und die – genau wie die gesamte vorliegende Sammlung – uns erlauben, diese Einleitung mit der These abzuschließen, daß zu den Hauptcharakteristika der Religion auch die Tatsache zählt, daß sie ein *universales Phänomen* ist. Nach wie vor behält Plutarch recht, der hinsichtlich der Religiosität der Menschen schrieb: »Man kann in der Fremde wohl Städte finden ohne Mauern, ohne Bücher, ohne Könige, ohne Prachtbauten, ohne Reichtümer, ohne Münzen, auch ohne Kenntnis von Theatern und Ringschulen, aber eine Stadt ohne Tempel und Götter, die nichts weiß von Gebeten, Eiden und Weissagungen, von Opfern zur Erlangung des Gewünschten oder zur Abwehr von Übeln hat noch niemand gesehen und wird sie niemand sehen, eher, glaube ich, wird eine Stadt ohne Boden entstehen und sich erhalten können, als ein Staat nach völliger Ausrottung alles Gottesglaubens.« (Moralia 1125, Adversus Coloten 31, 4.)

I.
Religion in der primitiven Gesellschaft

E. O. James

Magisch-religiöse Praktiker in der primitiven Gesellschaft*

Bei Aufnahme einer Untersuchung über das Wesen, die Stellung und Funktion des Priestertums in der sozialen Ordnung und im Leben des Individuums stehen wir sofort dem Problem der Beziehung zwischen dem Heiligen und dem Weltlichen in der menschlichen Gesellschaft gegenüber. Zu allen Zeiten und in allen kulturellen Zuständen war und ist die Religion das Mittel, womit die Menschen sich an ihre physische, gesellschaftliche und geistige Umgebung und Kategorien des Denkens anpassen. Unter dem Einfluß ihrer Sanktionen, ihres Glaubens und ihrer Institutionen sind sie fähig, in Ordnung und gegenseitiger Unterstützung zusammenzuleben und die Bedürfnisse ihrer Triebe, Wünsche und Gefühlserregungen sowohl wie ihrer häuslichen, wirtschaftlichen, politischen und gesellschaftlichen Organisationen zu befriedigen.

Das Priestertum und die Zauberkunst

Nirgends ist dies offensichtlicher als in der Funktion des Priestertums. Ungeachtet der Gefahr des Mißbrauchs ist es, wo es sich unwandelbar festgesetzt hat, das offizielle Organ für die Erhaltung des Gleichgewichts zwischen dem Heiligen und dem Weltlichen gewesen. Durch die Anwendung seiner vorgeschriebenen Techniken und Disziplinen ist es in der Herstellung von wirksamen Beziehungen zur transzendenten Macht, die dem jeweiligen Glauben gemäß das Universum und die menschlichen Angelegenheiten und Schicksale beherrscht, eine stabilisierende Kraft in der sozialen Struktur und im religiösen Leben der Gemeinschaft. Und so ist es in seinen verschiedenen Fähigkeiten der dynamische Mittelpunkt der religiösen Ordnung mit ihren weitreichenden Auswirkungen auf den Staat.

Eng und oft geradezu untrennbar mit dem Priestertum verbunden ist die Paralleldisziplin der Magie. Und so sind sie in der praktischen Ausübung der Beherrschung des Übernatürlichen in der primitiven Gesellschaft voneinander so schwierig zu unterscheiden, daß einige Anthropologen die Zeit für gekommen glauben, den Gebrauch des Terminus »Magie« ganz und gar aufzugeben. Aber obwohl beide Techniken, direkte und indirekte, in dem gleichen Ritus angewandt werden und Seite an Seite in identischen Verrichtungen existieren, kommen doch besonders in primitiven Kulturzuständen häufig zwei fundamental ver-

* Aus: *E. O. James*, Das Priestertum: Wesen und Funktion, S. 13–18 und 26–28, Rheinische Verlagsanstalt GmbH, Wiesbaden, o. J. Abdruck mit freundlicher Genehmigung des Verlages.

schiedene Arten von Gedanken, Wirkkräften und Intentionen vor, von denen jede ihre eigenen wesentlich unterschiedenen Charaktermerkmale hat. Da ist auf der einen Seite die religiöse Zuflucht zu einer übernatürlichen wirkenden Kraft, die in irgendeiner transzendenten Quelle wohnt und durch menschliche Vermittlung unter Beihilfe eines dazwischentretenden Priestertums und seines Kultes gespendet wird. Und demgegenüber findet sich auf der anderen Seite die Handhabung der anderen Macht, unmittelbar durch das Ritual angewandt und gewöhnlich als unpersönlich angesehen oder nur als vag persönlich, per se wirkende Kraft, die ihrem Verwalter als Ergebnis eines ausgearbeiteten Prozesses von Initiation, Training, Instruktion und Kindschaft innewohnt. Diese sogenannte magische Wirksamkeit beruht auf dem Gebrauch der heiligen Macht durch die Hilfe von Analogie, Ideenassoziation, Autosuggestion, durch okkultes Wissen und okkulte Praxis, Volksmedizin, Heilkunst und ähnliche Kunstgriffe, denen die erwünschten Wirkungen zugeschrieben werden, wie Förderung der Fruchtbarkeit, Erzeugung von Regen, Heilung von Krankheiten, oder umgekehrt, unerlaubte böswillige und destruktive Ergebnisse. Die Technik besteht gewöhnlich im äußerst präzisen Aussprechen von mystischen Formeln, in denen die magische Kraft wohne, und in der Ausführung von nachahmenden Gesten.

Die Technik der Magie

Die meisten dieser Zauberformeln sind innerhalb des Gewerbes seit undenklichen Zeiten von Geschlecht zu Geschlecht überliefert worden und so intim mit der innewohnenden Kraft verbunden, daß häufig die geringste Veränderung der Wortform oder der vorgeschriebenen Bewegungen als Grund angesehen wird, die Zauberformel gebrochen und den Ritus ganz vergeblich ausgeführt zu haben. Indem sie in ihrer Art zu wirken unpersönlich ist, ist die wirkende Kraft der Magie in ihrer Aktion uniform, wirksam durch sich selbst und gibt so ex opere operato einem Haus oder einem Kanu Stabilität, bewirkt Sonnenschein oder Regenfall, verwundet einen Feind oder zieht eine Geliebte zu ihrem Liebenden. Doch obgleich der Ritus den Zauber durch seine eigene ihm innewohnende Kraft an das Objekt übermittelt, hängt er dennoch sehr weitgehend von der Geschicklichkeit und Wirksamkeit des Ausführenden ab, da dieser mehr handelnde Person als Vermittler der okkulten Macht ist. Deshalb ist der Medizinmann oder Zauberer die Zentralfigur in der Zauberkunst, und ist er folglich, während er sich eines sehr beachtlichen sozialen Ranges, Ansehens und entsprechender Autorität erfreut, so heilig und prekär in seinem Amt, daß er mit Tabus umgeben wird, die ihn gegen schädliche Kontakte, deren Einflüsse ihn unwirksam machen könnten, zu schützen haben.

Ungleich dem heiligen Mann, der als Vermittler von persönlichen göttlichen Wesen oder Geistwesen handelt, ist der Zauberer eine veränderliche Größe, hinsichtlich seiner sehr unsicheren Stellung in der Gemeinschaft abhängig von seinen Fähigkeiten, und so immer in Gefahr, von seinem hohen Rang herabzustürzen. Um seine Position zu erreichen, hat er sich einem strengen Kurs von Training zu unterziehen, der über einen drastischen Initiationsprozeß hinaus Kenntnis der Meteorologie, der Kräuter, Gifte, Heilkunst, Therapie, Trepanierung, Unterbindung von Adern (Ligaturen), Massage, des Aderlasses und der Geburt einschließt. Auch Taschenspielerkünste, Bauchredekunst und ähnliche Ausflüchte mögen zusammen mit der Entfaltung der nötigen psychischen und okkulten Eigenschaften einen Teil seines Trainings bilden. Während Scharlatanerie nicht ausgeschlossen werden kann, involviert das Amt eine Persönlichkeit, eine Geistesbeschaffenheit und einen Gemütszustand, geeignet, die Ergebnisse zu erzielen, die erstrebt werden.

Manchmal werden gewisse physische und psychische Absonderlichkeiten, die von körperlichen Deformierungen bis zur Epilepsie reichen, als unerläßliche Qualifizierung zur Ausübung der Magie angesehen. Von Buckeligen und Zwittern z. B. vermuten Völker in primitivem Kulturzustand häufig, daß sie sich als Medizinmänner eignen, Zwillinge werden in Afrika oft Regenmacher und werden in verschiedener Hinsicht als mit übernatürlichen Kräften ausgestattet angesehen. Aber der professionelle Zauberer muß in seinem Gewerbe ein Experte sein, gleichviel ob er physische Befähigungen zeigt oder sich als psychopathische Persönlichkeit erweist, oder ob er seine Macht durch Vererbung erwirbt oder durch natürliche Begabung, durch Kauf, als Geschenk oder persönlichen »Ruf«. Deshalb ist ein Spezialtraining für ihn eine conditio sine qua non.

Da die Magie an die Tradition gebunden und ihre Wirksamkeit abhängig ist von einer handelnden menschlichen Person, in der ihre wirkende Kraft wohnt, muß der Zauberer die Technik lernen, ehe er ihre Macht mittels Ritus und Zauberwort gegebenenfalls zur Wirkung bringen kann. Materielle Objekte mögen in einer mimischen Weise verwendet werden – ein Stock, Bein oder Wurfspeer, geworfen oder gezielt auf ein Opfer; Gerüche und berauschende Reizmittel, um damit eine Person oder einen Geist abzustoßen oder anzuziehen; oder »Medizinen«, gespendet, um Krankheiten zu heilen. Aber diese Objekte können nur dann wirksam werden, wenn der Zauberer sie zu einem Vehikel der magischen Kraft macht, indem er über sie »singt« oder sie im Ritus als Teil der dramatischen Handlung verwendet. So, ungleich der mystischen Macht, die mit furchteinflößenden und mysteriösen Phänomenen in Natur und menschlichen Affären verbunden ist und von den Melanesiern mana genannt wird, ist Magie an ihre eigene Technik gebunden. Sie kann nicht an irgend etwas, wie sehr mit göttlicher Kraft geladen und heilig es auch sein mag, übermittelt werden, wenn sie nicht durch die vorgesehenen Kanäle, die nur der die Zauberkunst Ausübende kennt, in seinen Wirkungsbereich gebracht worden ist. Deshalb können die Funktionen der Disziplin nur in ihrem eigenen Bereich, und können nur jene, die in ihre Geheimnisse vorschriftsgemäß eingeweiht worden sind, in Verkehr mit ihren Mächten kommen.

Die angenommenen Methoden können je nachdem, ob die Macht in den gebrauchten Medizinen oder Instrumenten wohnt, variieren, im Ritus oder im Zauberwort. Wenn sie im magischen Objekt selbst wirksam ist, so z. B. in einem Quarzkristall oder in einer parasitischen Pflanze, wird der Nachdruck auf die Dinge gelegt. Im Fall des Ritus und des Zauberwortes sind die durchgeführten Bewegungen und gesprochenen Worte die entscheidenden Elemente. Wenn sie die beabsichtigten Ergebnisse nicht hervorbringen, wird das Versagen mit Gegenzauber oder irgendeinem Fehler in der Technik erklärt, oder mit Bedingungen, unter denen sie verrichtet worden sind, so daß also dadurch der Glaube an die Zauberkunst und das Ansehen des sie Ausübenden nicht beeinträchtigt werden. Dessenungeachtet haben Zauberer sich einen Ruf zu schaffen und ihn zu erhalten. Das kann nur geschehen, indem sie ihre Geschicklichkeit in der Beherrschung der unberechenbaren Gewalten in der Natur beweisen und dadurch jenen, deren Herzensfrieden und Gedeihen von ihrer Macht abhängig sind, Vertrauen einflößen, in Liebeszauber und Gartenbau, bezüglich der Gesundheit, Wirtschaft und Beschützung, oder umgekehrt, wie unter den Azande an der Nil-Kongo-Wasserscheide, indem sie jede Einzelheit des täglichen Lebens fähig machen, durch eine destruktive Magie in der Form eines Giftorakels bestimmt zu werden.

Ein so tief in der sozialen Struktur und im persönlichen Leben verwurzelter Glaube kann nicht geringgeschätzt oder die ihn Praktizierenden ignoriert werden, solange sie ihre Berufsgeschäfte als Beherrscher der übernatürlichen Macht zum Guten oder Üblen mit Erfolg vollziehen. Als Instrumente einer der wirksamsten Gewalten in der Gesellschaft sind ihr Einfluß und ihre Bedeutung für die Erweckung von Hoffnung, Vertrauen und Furcht des Individuums und für die Bestimmung des Geschickes des Volksstammes als Ganzes unberechenbar. Aber wo in dieser Organisation die Linie zwischen Magie und Religion, zwischen Zauberer und Priester gezogen werden muß, ist nicht leicht zu entscheiden, da der Medizinmann, während er seine Funktionen durch die Wirksamkeit der in ihm wohnenden magischen Mächte und den Ritus und das Zauberwort, welche er gebraucht, ausüben mag, wohl nicht selten zu geistigen »Helfern« Zuflucht nehmen dürfte, sowohl während der Periode seines Trainings wie in der nachfolgenden Erfüllung seiner Berufung . . .

Der Zauberer und der Häuptling

Die Gleichstellung des Zauberers mit dem Häuptling eines Clans oder Dorfes ist ein Hinweis auf den Weg, auf welchem ein Amt, das als Familienvorrecht begonnen haben mag, im Laufe der Zeit eine weitere Bedeutung angenommen hat, da die Gruppe im Verhältnis zum Stamm als Ganzes eine spezialisierte Einheit mit ihren eigenen Verpflichtungen und in Departments aufgeteilten Funktionen geworden ist, und das auf der

Grundlage eines magisch zusammenwirkenden Systems. Da die Zauberer die Intelligenz der primitiven Gesellschaft bilden, trachten fähige und erfolgreiche Praktiker natürlich danach, Positionen von großer Wichtigkeit und von Einfluß zu erlangen, und gewinnen über ihre eigenen Bereiche hinaus Ansehen. Deshalb stehen sie an Rang fast immer dem Häuptling am nächsten, und, es mag sein, manchmal ihm gleich und höher als er. Kraft der ihnen innewohnenden Gewalten sind sie als Person oft heilig, obgleich auch . . . immer in Gefahr, eine Degradierung zu erleiden, wenn sie ihre Zauberkraft und damit ihren Ruf verlieren sollten.

Zauberer sind jedoch nicht nur ihres Standes, ihrer Kenntnis, Schlauheit und persönlichen Gaben wegen heilige Männer oder Experten des Rituals, sondern auch deshalb, weil sie oft übernatürliche Einsichten zur Schau tragen, die ihrem direkten Zugange zur transzendenten heiligen Ordnung als Vermittler der Geistwesen zugeschrieben werden. Obgleich sie aus diesem Grunde Häuptlinge werden können, ist das doch durchaus nicht die allgemeine Regel. Die zwei Positionen sind auch insofern ganz verschieden, als ein begabter Praktiker in der Magie nicht deshalb auch ein guter Verwalter sein muß und die für einen Häuptling notwendigen Eigenschaften haben dürfte. In Australien, wo sich nie ein Häuptlingswesen herausgebildet hat, ist die politische Autorität in den Händen der Stammesälteren, unabhängig von ihren magischen Kräften. In Nordamerika kamen die Indianerärzte, obwohl sie im Stamm ständig einflußreiche Positionen innehatten, nicht kraft ihres Amtes allein zur Macht.

Es kann deshalb nicht behauptet werden, daß der Häuptling der geradlinige Nachfolger des Zauberers sei, oder, was Frazer verficht, daß das Priesteramt sich dadurch aus dem Amt des Medizinmannes entwickelt habe, daß man den Versuch, die Naturprozesse direkt zu beherrschen, aufgab und statt dessen durch die Anrufung der Götter die gleichen Ziele indirekt zu erreichen trachtete und so tat, was der Zauberer selbst tun zu können sich nicht mehr einbildete. Diese Theorie ruht auf der Annahme, daß ein magisches Zeitalter einem religiösen vorausgegangen sei, so, daß der »Mensch versuchte, die Natur seinen Wünschen durch die bloße Gewalt von Zaubersprüchen und Bezauberungen zu unterwerfen, ehe er danach strebte, eine sittsame, launische oder jähzornige Gottheit durch sanft schmeichelnde Gebete und Opfer zu bewegen und zu besänftigen«.

Gegen diese einfache Erklärung einer komplizierten Situation spricht die Tatsache, daß unter den Völkern eines primitiven Kulturzustandes die Disziplinen der Magie und Religion so unentwirrbar vermischt sind, daß es unmöglich ist, sie auf eine ordnunggemäße chronologische Aufeinanderfolge zurückzuführen. Überall und offensichtlich zu allen Zeiten haben die führenden Personen des Kults, Priester, Wahrsager, Regenmacher und Weissager, ihre die Beziehung zum Heiligen betreffenden Funktionen entweder durch ihre eigenen ihnen innewohnenden Kräfte oder durch die Hilfe übermenschlicher und göttlicher Wirksamkeit ausgeübt. Es ist wahr, daß Magie eine besondere Kunst zu besonderen Zwecken ist, überliefert von Geschlecht zu Geschlecht als eine hochspezialisierte Tradition in einem Gewerbe, das in der Gesellschaft eine anerkannte Stellung einnimmt. Auf der anderen Seite ist Religion eine universale Verwandtschaft mit der transzendenten Heiligkeit, die die Naturereignisse und menschlichen Affären beherrscht und durch eine Mannigfaltigkeit von Kanälen wirksam und zugänglich gemacht ist. In der Praxis aber sind die entsprechenden Techniken so in eine irremachende Verwirrung verflochten, daß keine von ihnen auf eine einzige Kategorie zurückgeführt und als Magie oder Religion etikettiert werden kann.

Daß in den paläolithischen Zeiten eine ähnliche Situation existierte, wird durch den Gebrauch von lebenspendenden magischen Mitteln nahegelegt, wie z. B. von rotem Ocker (als Ersatz für Blut) und von Muscheln, die als wiederbelebende Amulette verwendet wurden, um die Toten aus dem Jenseits wieder ins Leben zurückzurufen. Und außer der magischen Beherrschung der Jagd, für die sich in den Höhlenzeichnungen Beispiele finden, waren Versuche gemacht worden, vorteilhafte Beziehungen zu heiligen Arten herzustellen, die als über den Menschen erhaben angesehen wurden und als die letzte Quelle der Nahrungsversorgung, und zwar durch Maskentänze, worauf z. B. die prähistorischen Höhlentempel in Tuc d'Audoubert und Les Trois Frères in den Pyrenäen hinweisen. So scheint es also, daß in den frühesten Versuchen des Menschen, sein Schicksal durch rituelle Erfindungen zu bestimmen, Magie und Religion in ihrer Beziehung zu menschlichen Bedürfnissen und Schicksalen als alternative Techniken Seite an Seite existierten. Der Vermittler dürfte seine Funktionen mittels Zauberspruch und Ritus durchgeführt haben, die als menschlicher Besitz im Zauberer und seiner Tradition, und auf gewisse Objekte für diesen Zweck angewendet, wirksam sind. Umgekehrt scheint er aber auch transzendente in einer übernatürlichen Ordnung der Wirklichkeit wohnhafte Mächte außerhalb seiner selbst angerufen zu haben. Doch da findet sich nichts, was auf die Evidenz hinwiese, daß eine Disziplin und der ihr zugehörige Personenstand nach Zeit und Stellung und Funktion Priorität über die andere gehabt hätten oder sich aus der anderen entwickelt haben würden.

Das Ansehen der übernatürlichen Macht

Was für eine Methode immer angewendet worden sein mag, die Handhabung übernatürlicher Macht hat in der primitiven Gesellschaft jenen, die sie ausübten, Ansehen gegeben, auch wenn sie nicht notwendig Häuptlinge und Könige geworden sein mögen. Zu ihnen hat man Zuflucht genommen, wenn sich bei seinen nicht unterstützten eigenen Bemühungen außerhalb der unmittelbaren Kontrollmöglichkeiten des Menschen bestürzende emotionale Situationen eingestellt haben; denn sie sind es gewesen, die über Kenntnis, Geschicklichkeit und Techniken verfügten, dazu geeignet, sich mit unvoraussehbaren Elementen in der menschlichen Erfahrung zu befassen und die Unfähigkeiten, Vereitelungen und Verlegenheiten der täglichen Vorgänge zu überwinden. Besonders in kritischen Momenten, wie Geburt, Jugendzeit, Heirat und Tod, zur Jahreswende oder in Zeiten der Trockenheit, Überschwemmungen und des Hungers, wurden ihre Dienste als Priester und Zauberer verlangt, weil man fühlte, daß von der übernatürlichen Macht, die sie beherrschen, das Wohlbefinden des einzelnen wie der Gemeinschaft abhängig sei. Deshalb sind, solange diese Bedingungen und Überzeugungen bestehen, die einzigartige Position und das Ansehen des erfolgreichen Praktikers gesichert.

Der Schamane und die visionäre Erfahrung

Eng verbunden mit den führenden Personen im Kult, aber in einer etwas verschiedenen Kategorie, ist der Amtswalter im Bereich des Okkulten, der gewöhnlich als Schamane bezeichnet wird. Wie andere heilige Männer in der primitiven Gesellschaft ist er eine mehrseitige Gestalt, zugleich Medizinmann, Prophet und Priester. Aber er verläßt sich fast ausschließlich auf psychische Einflüsse und Erfahrungen, die er durch Träume und Visionen, Trance und Ekstase gewinnt. Ohne aus erster Hand bezogene Kenntnis des Okkulten würde es in der Tat für niemand möglich sein, unter den eingeborenen Stämmen Sibiriens zu schamanisieren, also dort, wo das Wort *»shaman«* (engl.) aus dem tungusischen Terminus *saman,* der »gehoben«, »erregt« bedeutet, entstand und ausschließlich im Zusammenhang mit ekstatischen Individuen gebraucht wird, die durch direkten Verkehr mit und als Begünstigung von den Geistern, mit denen sie *en rapport* zu sein behaupten, okkulte Macht ausüben. So kann nur ein Individuum, das zu zeigen vermag, daß es die richtige Disposition hat, hoffen, eine Berufung für das Amt zu entdecken; und wo das Vererbungsprinzip aufrechterhalten wird, werden unter den in Aussicht stehenden Kandidaten in der Kindheit Anzeichen von abnormen Eigenschaften gesucht.

Unter den Ostyaks z.B. wählt der Schamane einen seiner Söhne als wahrscheinlich in Frage kommendes Subjekt und tut alles, was in seiner Macht steht, in dem Jugendlichen, der erwarten läßt, daß er darauf anspricht, eine neurotische Beschaffenheit zu pflegen. Ohnmacht, Reizbarkeit, grämliches Wesen und Liebe zur Einsamkeit sind Symptome, die auf eine Berufung hinweisen. Sie müssen sorgfältig gepflegt werden unter der Leitung eines Praktikers, der auch in der Geisterkunde Unterricht gibt und seinen Schüler mit der Methode, die Geister anzurufen, bekannt macht. Niemand wird in diesem Bezirk auf Grund eigener freier Wahl Schamane; der Ruf kommt nolens volens zu ihm ... Manchmal wird behauptet, daß ein verstorbener Schamane einen besonderen Mann im Traum besucht und ihm befohlen habe, sein Nachfolger zu werden. Der zeigt sich dann »schwach, als ob betäubt, und nervös« und stößt plötzlich unzusammenhängende Wörter aus, fällt in Ohnmacht, rennt durch den Wald und lebt von Baumrinden, wirft sich ins Feuer und Wasser, sucht Halt bei Waffen, verwundet sich selbst und benimmt sich allgemein in einer verrückten Art und Weise. Er bekommt dann Unterricht, und es wird ihm gezeigt, wie man Geister anruft. Während der Periode des Trainings erscheinen ihm einige von ihnen in verschiedenen Gestalten, manchmal als Menschen und manchmal als Vögel, um ihn mit Macht auszustatten und ihm die Geheimnisse seiner Kunst zu offenbaren. Aber es ist sehr wichtig, daß er mit den richtigen Geistern in Kontakt kommt, und deshalb hat er zu lernen, sie zu prüfen.

Wenn unter den Yakuts ein Schüler zur Einweihung reif ist, wird er von einem alten Schamanen, der für seine Ausbildung verantwortlich gewesen ist, auf einen hohen Berg oder ins freie Feld geführt. Dort wird er mit den Amtskleidern bekleidet, ihm ein Tamburin und ein Trommelstock überreicht, dann wird er, nachdem der Einweihende ihm eine eigene Robe umgelegt hat, veranlaßt, seinem Schutzgeist, der ihn adoptiert hat und seine Bitten erfüllen wird, lebenslängliche Treue zu geloben. Man zeigt ihm, wo die verschiedenen Dämonen leben, welche Krankheiten sie verursachen und wie sie günstig gestimmt werden können. Schließlich schlachtet der neue Schamane ein Opfertier, mit dessen Blut sein Kleid besprengt wird.

Andererseits wird behauptet, daß im Altai-Gebiet die Schamanen ihren Auftrag ohne irgendeine Art von vorbereitenden Instruktionen lediglich durch Inspiration erhalten. Plötzlich fällt die Macht auf einen Mann (und gelegentlich auf eine Frau) und macht ihn, erfaßt von heftigem Zittern und Gähnen, schwach. Er fühlt ein schweres Gewicht auf seiner Brust und ist angereizt, unartikulierte Schreie auszustoßen. Er wird von »fieberhaften Schauern« geschüttelt, »seine Augen rollen rapid, er schlägt vor sich hin und dreht sich um sich wie besessen, bis er von Schweiß bedeckt zusammenbricht; er wälzt sich auf dem Boden, ein Opfer epileptischer Krämpfe«. Wenn diese Symptome ihren Höhepunkt erreichen, ergreift er die Trommel und beginnt zu schamanisieren. Die Macht der Vorfahren ist in ihn gefahren, und in ihrer Kraft führt er seine Funktionen aus. Wenn dieser Bericht genau stimmt, möchte es scheinen, daß die Menschen, die diese Erfahrungen machen, in ihrer Jugendzeit unterrichtet und in kultischen Traditionen aufgezogen sein müssen. Anders würde es für sie unmöglich sein, diesen Wahnsinn zu entfalten und, als Folge davon, diese Kunststücke aufzuführen, die man von ihnen als Schamanen erwartet.

Was immer den Ruf und das Training dieser inspirierten Menschen ausmachen mag: daß sie neurotische Personen sind, gewöhnlich von Kindheit an pathologisch, steht sicher fest. So wird gesagt, daß die toten Vorfahren der Buriats aus ihren lebenden Nachkommen einen Knaben wählen, der schwermütig ist, die Einsamkeit liebt, Anfällen ausgesetzt und zu Visionen geneigt ist. Während er sich in diesem Zustand befindet, wird angenommen, daß seine Seele zu den Aufenthaltsorten der Geister gegangen ist, um unter der Leitung der toten Schamanen die Geheimnisse der Schamanenkunst und die Namen der Arten der Götterverehrung zu erfahren. In dem Maße, als der Bursche zur Reife heranwächst, mehren sich die Träume, Ohnmachten und ekstatischen Erfahrungen. Er führt ein rastloses Leben, geht von Dorf zu Dorf und versucht zu schamanisieren, während er zu gleicher Zeit seine okkulten Übungen fortsetzt. Diese Periode der Vorbereitung dehnt sich auf eine Anzahl von Jahren aus, und wenige werden im Alter von unter zwanzig Jahren graduiert.

Einmal ordnungsgemäß in ihrem Beruf anerkannt, beginnen sie zu schamanisieren. Das besteht darin, daß sie in anomale Zustände fallen, die sie befähigen, periodische Besuche in den verschiedenen Gegenden des Himmels zu machen, um sich mit den Geistern zu unterhalten und herauszubringen, ob ein Opfer günstig aufgenommen worden ist oder nicht, ferner, um Voraussagen über das Wetter und über die Aussichten für die Feldfrüchte und die Ernte zu erhalten. Die Geister sprechen jedoch nicht tatsächlich durch den Schamanen wie im Falle eines spiritistischen Mediums, obgleich er durch eine Art von Bauchredekunst die eindruckvollsten Effekte hervorzubringen vermag, und durch den Gebrauch von unverständlichen Lauten, die einem herannahenden Wirbelsturm gleichen, der in das Innere der Erde dringt und verschwindet. Die ganze Verrichtung ist tatsächlich sehr sorgfältig arrangiert, um bei seinen Zuhörern einen starken dramatischen und gefühlsmäßigen Anklang zu finden, obgleich andererseits die visionäre Erfahrung doch oft einem Zustand wirklicher ekstatischer Trunkenheit gleichkommt, die an sogenannte »Besessenheit« grenzt.

Es ist dessenungeachtet wahr, daß die Einrichtung unter den nordasiatischen Völkern ihre primitive Spontaneität verloren hat und in vielen Fällen zu wenig mehr als einer theatralischen Aufführung geworden ist. Während Schamanen an öffentlichen Festen mitwirken, nehmen sie in der Gesellschaft doch einen verhältnismäßig untergeordneten Platz ein. Ihre Gegenwart bei Opfern ist nicht unbedingt notwendig, und die Ausübung ihrer okkulten Macht ist nicht ausschließlich ihr Privileg. Obgleich es heute ein fast total männlicher Beruf ist, gibt es einige Gründe dafür, anzunehmen, daß der Schamanismus in Sibirien in früheren Zeiten ein großenteils von Frauen ausgeübter Kult war, ebensosehr, wie in Afrika, Indonesien und Amerika Zauberinnen manchmal ihre männlichen Konkurrenten an Zahl übertreffen. Aber gewöhnlich beschränken sich Frauen in ihren okkulten Bemühungen auf Wahrsagerei und die Deutung von Träumen und Omina.

Der Schamane ist der herrschende Typ des Zauberers, nicht nur unter den nordasiatischen Völkern, sondern auch auf den Pazifischen Inseln, im malaiischen Inselbereich, im dravidischen südlichen Indien und in Afrika, wie bei einigen amerikanischen Indianerstämmen, neben denen von Alaska und den Queen-Charlotte-Inseln auch die Yuma von Arizona, die Bororo von Brasilien, die Jivaro von Ekuador und die Arecuna von Venezuela. Als der Mittler zwischen Mensch und Geisterwelt ist er das Sprachrohr der Wesen, von denen er während seiner ekstatisch visionären Erfahrungen »besessen« ist, und wird deshalb ständig von den Menschen um seine Dienste gebeten. Es ist zwar wahr, daß okkulte Macht selten das ausschließliche Privileg berufsmäßiger Schamanen ist, wie sich denn in der primitiven Gesellschaft gewöhnlich jedermann mit einigen Formen von Zauber (z. B. Zaubersprüchen und Bezauberungen) und dem Gebrauch von übernatürlichen Gaben befaßt; aber nur jene, die sich als wirkliche psychopathische Persönlichkeiten erweisen und einen hohen Grad von Autosuggestion mit innerer Disziplin und spezialisiertem Training verbinden, können den anomalen physiologischen Zustand hervorbringen, der zur Ausführung der Kunststücke, die ihr Amt verlangt, notwendig ist.

So war das Forscherehepaar Seligman überzeugt, daß ungeachtet eines Elements von Humbug und Pomp in einigen von den Verrichtungen, die in der Gegenwart von Besuchern stattfanden, die weniger sophistischen Veddas tatsächlich beinahe ihr Bewußtsein verloren während des Singens und der Tanzbewegungen, auf die sie sich einließen, um die Geister, insbesondere die Seelen der Toten *(yaku)*, anzurufen. Die ehrlichsten Praktiker, die sie an verschiedenen Orten befragten, waren von dem Glauben an die Existenz der *yaku* und an ihre kommende Besessenheit beherrscht, und sie erklärten ihre Gefühle, während sie sich in einem Zustand von Halbbewußtsein befanden. Gelegentlich mögen unter den Veddas auch Frauen besessen worden sein; in dem einzigen Fall einer weiblichen Ekstase, deren Zeugen diese Beobachter wurden, fand sich ein beträchtliches Element von bewußter Irreleitung. Normalerweise jedoch, so räumen sie ein, gibt sich der Schamane ganz dem Tanz hin, und dieser Umstand, verbunden mit der unterbewußten Erwartung, erzeugt ein wirkliches psychisches Erlebnis.

In Sumatra unterwerfen die Bataks den Geist einer toten Person *(begu)*, den sie bei einer schamanistischen Verrichtung beschworen haben, einem Kreuzverhör, um sich zu versichern, daß sie es nicht mit einem Betrüger zu tun haben; und wenn dann die Glaubwürdigkeit des vom Medium beschworenen Hingeschiedenen festgestellt ist, wird er von seinen Nachkommen, nachdem sie die von ihm verlangten Opfer dargebracht haben, befragt. Abgesehen von einem Element von Betrügerei, befindet sich hier der besessene Mann in einem Zustand von Gefühllosigkeit und einer Verdunkelung des persönlichen Bewußtseins. Die Spontaneität des Erlebnisses beweist die Tatsache, daß Batak-Christen, die Medien waren, in Gefahr sind, gegen ihren Willen von Gewalten befallen zu werden, deren sie sich nicht zu erwehren vermögen und die »Wille und Denken aufheben und sie durch eine fremde Macht ersetzen«. Und dieses Phänomen tritt an Personen auf, die nicht neurotisch oder epileptisch sind und von denen man nicht wüßte, daß sie unter geistigen Abnormitäten leiden würden. Aber zufällige Besessenheit unterscheidet sich von vorsätzlichen Versuchen, durch ein professionelles Medium *(basandaran)* mit Trommeln, Tanz und schamanistischen Techniken Geister zu zitieren. Um diese spezialisierten Funktionen eines Schamanen, der hochgeschätzt wird, durchzuführen, ist eine spiritistische Gemütsart wesensnotwendig; und die Erlebnisse erschöpfen so sehr, daß man das Leben eines Mediums gewöhnlich für kurz zu halten pflegt. Teilweise mag deren frühen Tod freilich der Umstand erklären, daß oft schwache und kränkliche Leute für das Amt ausgewählt werden. In einigen Bezirken sind es hauptsächlich Frauen, die als Medien wirken. Von der Malaiischen Halbinsel berichtet Skeat über die Beschwörung des Geistes eines Tigers durch die Frau eines Schamanen im Exorzismus an einem kranken Mann und die folgenden Krämpfe des Ehemannes, die seinen Zusammenbruch mit Verlust des Bewußtseins mit sich brachten.

In Polynesien wird andererseits die Inspiration oft durch das Trinken des heiligen *kava* hervorgerufen und werden ohne Musik, Tanz und ekstatische Bewegungen göttliche Erklärungen ausgesprochen, obgleich manchmal Symptome eines Krampfes die Offenbarung begleiten. Wenn in Melanesien ein Mann von einem *tindalo* (Geist) besessen wird, niest und zittert er, schäumt sein Mund und befindet er sich schließlich in einem Zustand der Erschöpfung, wenn die Heimsuchung vorüber ist. Es gibt aber keine Rangordnung von Schamanen, und okkulte Erfahrungen dieser Art können unerwartet irgendeine Person befallen, die von dem *mana* eines Geistes überwältigt wird. Manchmal mag ein Mensch Zauber anwenden, um sich in den Zustand der Besessenheit zu bringen, aber dies ist zu unterscheiden von der spontanen Offenbarung einer solchen Macht durch seine Seele oder einen Geist, und von vorsätzlichen Versuchen, durch Besuche an heiligen Orten, wo diese wohnen, unter Einfluß eines Geistes zu kommen. Wenn in Neu-Guinea ein Mann oder eine Frau wünscht, Schamane zu werden, nimmt er bzw. sie an einer Versammlung von Trauernden, die um einen Leichnam herumsitzen, in der Hoffnung teil, daß der Geist des Abgeschiedenen in ihn einkehren werde. Wenn er in Ekstase fällt, unterzieht er sich dem Training für diesen Beruf.

Der Schamane, der Zauberer und der Priester

So ist es klar, daß der Schamane seine okkulte Macht und Einsicht von den Geistern und Seelen, mit denen er *en rapport* ist, herleitet, und sie sind es, von denen er hinsichtlich seiner Spezialbegabungen abhängig ist. Manchmal mag er auch ein professioneller Zauberer sein, wenn er jedoch schamanisiert, steht er unter dem Einfluß übernatürlicher Gewalten außerhalb seiner selbst. Ungeachtet der Tatsache, daß die Funktionen eines in der Zauberei Arbeitenden in ein und derselben Person vereinigt sein können, ist die Unterscheidung zwischen dem Medizinmann und dem Schamanen, dem Zauberer und dem Priester fundamental; denn der eine stützt sich allein auf die Ausübung seiner eigenen psychischen Macht, der andere dagegen sucht die Hilfe von Geistwesen, mit denen er in ständigem Verkehr steht. Aber während der Schamane sich in dieser Weise vom Zauberer und Medizinmann unterscheidet, hebt er sich auch vom Priester ab, und zwar durch das sehr beträchtliche Maß an Einfluß, den er auf die transzendente Wirksamkeit, die er seinem Willen unterordnet, ausübt. Während er gelegentlich mit priesterlichen Funktionen beschäftigt sein mag, steht seine eigentliche Arbeit mit Heilung und Wahrsagerei im Zusammenhang; und sofern er direkten Zugang zu der Geisterwelt hat und seine Macht von besonderen Schutzgeistern herleitet, die ihm mehr oder weniger gehorchen, werden seine unglaublichen Kunstgriffe kraft übernatürlicher Gaben und ihrer Auswertung durchgeführt, die aus seiner Macht über oder aus seinem Einfluß bei Geistern herstammen.

Deshalb nimmt er eine vermittelnde Stellung zwischen dem Zauberer, der ausschließlich aus eigener Autorität und Initiative handelt, und dem Priester ein, der höhere Gewalten über ihm selbst anfleht und versöhnt, die in seiner Obhut befindlichen heiligen Überlieferungen bewahrt und als Meister seiner Opferzeremonien strikt innerhalb der Grenzen seines Amtes wirkt. Der eine versieht sein Amt in seinem eigenen Namen und mittels seiner okkulten Methode; der andere dient am Altar und im Tempel oder Heiligtum als der Stellvertreter der Gemeinschaft in ihren Beziehungen zu den Göttern und der unsichtbaren Welt. Beide haben sich einem speziellen Training zu unterziehen und empfangen eine formale Weihe; aber der Schamane muß prinzipiell die rechte Disposition und das Temperament haben, entweder durch Vererbung oder erworben, während weder der Zauberer noch der Priester psychopathische Tendenzen aufzuweisen hat; denn sie sind Meister einer Technik oder Inhaber eines Amtes, das ihnen durch eine Weihe übertragen wurde. Der Medizinmann muß in seinem Beruf erfolgreich sein, während der Priester ein Fachwissen in der heiligen Gelehrsamkeit haben muß, und zwar in allem, was zum Priesteramt, seinem Ritual, seiner Mythologie, seinem Recht, seiner Lehre und seiner Organisation gehört. Der Schamane und der Zauberer mögen Individualisten sein, der Priester aber übt seine Funktionen, da er für die Aufrechterhaltung der rechten Verwandtschaft zwischen der Gemeinschaft und ihren Göttern verantwortlich ist, in einer körperschaftlichen Befähigung aus. Wie das Opfer das lebendige Band der Vereinigung in dieser Verwandtschaft ist und der Altar der Mittelpunkt ihres Kultes, so treten demgegenüber schamanistische Geistersitzungen, visionäre Erfahrungen und ekstatische Äußerungen, oder Ritus und Zauberwort des Zauberers entweder öffentlich oder geheim zu erlaubten oder unerlaubten Zwecken in Wirksamkeit. Im Schamanen sind alle drei Disziplinen – Inspiration, Magie und Religion, lose verbunden, aber Weissagung und Wahrsagerei und die Ausübung okkulter Macht bilden die bestimmenden Merkmale des Amtes.

Mit diesen psychischen Gaben reichlich ausgestattete Individuen erwerben sich zwar ein beträchtliches Ansehen, selten aber, wenn überhaupt je, haben Schamanen in der Gesellschaft eine Position, die mit der einer organisierten Hierarchie vergleichbar wäre oder mit der eines hervorragenden Zauberers wie z. B. eines berühmten Regenmachers. Man hat vor ihnen gemäß ihren Kräften in verschiedenen Graden Respekt und Furcht, aber sie bilden keine bestimmte gesellschaftliche Rangordnung und üben, wenn sie nicht zugleich Medizinmänner oder kultische Führer sind, keine administrativen Funktionen aus, selbst wenn sie auch nach dem Tode geehrt werden mögen und der Mittelpunkt eines Kultes werden. Sie können jedoch die Funktionen eines Arztes und eines Experten in der okkulten Kunst vereinigen. Indem sie durch ein langes Training und Erfahrung in der Ausübung ihrer Begabungen sich einen Besitz von einer ansehnlichen psychologischen Erkenntnis erworben haben, nehmen sie eine Schlüsselstellung in der Gesellschaft ein. Ihre Mißerfolge mindern ihr Ansehen nicht ernstlich, weil es anerkannt wird, daß sie wie unsere eigenen praktischen Ärzte ihre Begrenzungen haben. Das System ist zu fest begründet, um niederzubrechen, wenn ihre Bemühungen keinen Erfolg haben; die Unfähigkeit, eine Heilung zu bewirken, wie in dem eben erwähnten Fall eines Medizinmannes, wird durch das Dazwischenkommen eines mächtigeren Schamanen erklärt.

In ihren sozialstrukturellen Beziehungen üben sie einen zweifachen Einfluß aus. Innerhalb ihrer eigenen Gruppe bemühen sie sich, insofern eine konsolidierende Kraft zu sein, als sie ihre guten Dienste etwa dafür verwenden, Dispute zu schlichten, Meinungen zu lenken, die Geister zu überreden oder zu zwingen, daß sie das Wohlsein eines Individuums und des Staates fördern, ferner die Harmonie zwischen den menschlichen und göttlichen Ordnungen zu begründen und festzuhalten. Auf der anderen Seite sind sie in ihren Intentionen gegenüber feindlichen Nachbarn böswillig und werden deshalb von jenen als mögliche Quelle der Übel, die sie befallen, angesehen. Es gibt also ein auseinanderreißendes Element im Schamanismus, das Groll fördert und nicht selten zwischen einander widerstreitenden Gruppen die Verlängerung von Feindschaft verursacht. Aber in jeder Eigenschaft, ob festigend oder auflösend in seinem Einfluß, ist der Schamane eine Zentralfigur in sozialstrukturellen Beziehungen und gesellschaftlichen Affären, indem er die existierende Organisation sowohl widerspiegelt als auch hervorbringt und die Haltung der unter seiner Kontrolle stehenden Geister zum Guten oder Üblen gegenüber Freunden wie Feinden bestimmt.

Zusätzliche Literatur

Eliade, Mircea, Schamanismus und archaische Ekstasetechnik, Zürich 1957.

Frazer, James G., Der goldene Zweig: Eine Studie über Magie und Religion, Köln/Berlin 1968.

Howells, William, The Heathens. Primitive Man and his Religions, New York 1950.

Jensen, A. E., Mythos und Kult bei den Naturvölkern, Wiesbaden 1951.

Lévy-Bruhl, Lucien, Die Seele der Primitiven, Düsseldorf 1956.
Nilsson, Martin P., Primitive Religion, Tübingen 1923 [2].
Radin, Paul, Gott und Mensch in der primitiven Welt, Zürich 1953.
Schüttler, G., Die letzten tibetanischen Orakelpriester. Psychiatrisch-neurologische Aspekte, Wiesbaden 1971.
Wach, Joachim, Religion und natürliche Gruppen, in: Religionssoziologie, Tübingen 1951.

II.

Die Lehre des Konfuzius und der Konfuzianismus

Max Weber

Die konfuzianische Lebensorientierung *

Der Konfuzianismus war, ebenso wie der Buddhismus, nur Ethik (»Tao«, darin[1] entsprechend dem indischen »Dhamma«). Aber er war, im schärfsten Gegensatz zum Buddhismus ausschließlich innerweltliche *Laien*sittlichkeit. Und in noch schärferem Kontrast zu ihm war er: Anpassung an die Welt, ihre Ordnungen und Konventionen, ja, letztlich eigentlich nur ein ungeheurer Kodex von politischen Maximen und gesellschaftlichen Anstandsregeln für gebildete Weltmänner. Die kosmischen Ordnungen der Welt waren ja fest und unverbrüchlich, und nur ein Sonderfall von ihnen waren die Ordnungen der Gesellschaft. Die kosmischen Ordnungen der großen Geister wollten offensichtlich das Glück der Welt und insbesondere der Menschen. Die Ordnungen der Gesellschaft ebenso. Die »glückliche« Ruhe des Reiches und das Gleichgewicht der Seele sollte und konnte also nur durch Einordnung in jenen in sich harmonischen Kosmos erreicht werden. Gelang diese im Einzelfalle nicht, so war menschlicher Unverstand, und zwar vor allem: ordnungswidrige Leitung des Staats und der Gesellschaft, daran schuld. So wurde etwa in einem Edikt (im 19. Jahrhundert) das Vorherrschen schlechter Winde in einer Provinz darauf zurückgeführt, daß die Bevölkerung gewisse polizeiliche Pflichten (Auslieferung Verdächtiger) versäumt und dadurch die Geister in Unruhe versetzt habe, oder: daß Prozesse verschleppt werden. Die charismatische Auffassung von der Kaisergewalt und der Identität von Ordnung im Kosmos und in der Gesellschaft bedingte diese Grundvoraussetzung. Auf das Verhalten der Menschen, welche für die Leitung der als eine große patrimonial regierte Gemeinschaft gedachten Gesellschaft verantwortlich waren: der Beamten, kam daher alles an. Die bildungslose Masse des Volkes sollte der Monarch als Kinder behandeln. Materielle und ideelle Fürsorge für die Beamtenschaft dagegen und eine gute und achtungsvolle Beziehung zu ihr gehörte zu seinen ersten Pflichten. Der einzelne Privatmann aber diente dem Himmel am besten durch Entwicklung seiner eigenen wahren Natur, die unfehlbar das in jedem Menschen verborgene Gute zum Vorschein bringen werde. Alles war also ein Erziehungsproblem mit dem Ziel der Selbstentwicklung aus der eigenen Anlage heraus. Es gab das »radikal Böse« nicht, – man muß bis in das 3. Jahrhundert vor Chr. zurückgehen, um Philosophen zu finden, welche die heterodoxe Lehre von der ursprünglichen Verderbtheit des Menschen vertraten[2]– sondern nur: Fehler, und diese als Folge ungenügender Bildung. Die Welt, insbesondere

* Aus: *Max Weber,* Gesammelte Aufsätze zur Religionssoziologie, Band 1, S. 441 bis 459, J. C. B. Mohr (Paul Siebeck), Tübingen 1920. Abdruck mit freundlicher Genehmigung des Verlages.

die soziale Welt war, so wie sie ist, gewiß ebensowenig vollkommen wie die Menschen: – es gab eben die bösen Dämonen neben den guten Geistern, – aber sie war so gut wie sie es eben nach dem jeweiligen Bildungsstande der Menschen und nach der charismatischen Qualität der Herrscher sein konnte. Ihre Ordnungen waren ein Produkt rein natürlicher Entwicklung der Kulturbedürfnisse, der unvermeidlichen Arbeitsteilung und der daraus folgenden Interessenkollisionen. Ökonomische und sexuelle Interessen waren nach der realistischen Auffassung des Meisters die grundlegenden Triebfedern des menschlichen Handelns. Daher waren nicht kreatürliche Verderbtheit und kein »Sündenstand« der Grund auch der als schlechthin gegeben hingenommenen Notwendigkeit von Zwangsgewalt und sozialer Unterordnung. Sondern – in sehr realistischer Art – ein schlichter ökonomischer Sachverhalt: die Knappheit der gegebenen Subsistenzmittel im Verhältnis zu den immer weiter vermehrbaren Bedürfnissen, woraus ohne die Zwangsgewalt der Krieg aller gegen alle folgen würde. Die Zwangsordnung als solche, die Besitzdifferenzierung und die ökonomischen Interessenkämpfe waren daher prinzipiell gar keine Probleme.

Der Konfuzianismus war – obwohl die Schule auch eine Kosmogonie entwickelt hat – an sich von jedem metaphysischen Interesse in sehr hohem Grade frei. Nicht minder bescheiden waren die *wissenschaftlichen* Ansprüche der Schule. Die Entwicklung der Mathematik, einst bis zu trigonometrischen Erkenntnissen vorgeschritten[3], verfiel früh, weil sie nicht gepflegt wurde[4]. *Konfuzius* selbst hat offenbar von der Präzession der Äquinoktien, die in Vorderasien längst bekannt war, nichts gewußt[5]. Das Amt des Hofastronomen (d.h. des Kalenderordners, wohl zu scheiden von dem *Hofastrologen*, der zugleich Annalist und einflußreicher Berater war) ging, als Träger von Geheimwissen im Erbgang über; aber irgend erhebliche Kenntnisse können kaum entwickelt worden sein, wie der große Erfolg der Jesuiten mit ihren europäischen Instrumenten beweist. Die Naturwissenschaften im ganzen blieben rein empirisch. Von dem alten botanischen (= pharmakologischen) Werk, angeblich eines Kaisers, scheinen nur Zitate erhalten. Den historischen Disziplinen kam die Bedeutung der alten Zeit zugute. Die archäologischen Leistungen scheinen im 10. und 12. Jahrhundert auf der Höhe gestanden zu haben, ebenso wie, bald nachher, die Kunst der Annalistik. Einen Fach*juristen*stand zur Besetzung der Ämter zu schaffen, hat *Wang-An-Schi* vergebens versucht. Für andere als rein antiquarische oder rein praktische Gegenstände interessierte sich jedenfalls gerade der orthodoxe Konfuzianismus nicht ...

Seine *grundsätzliche* Stellung zur Magie war also die: daß er, sowenig wie die Juden, Christen und Puritaner die Realität der Magie *bezweifelte* (man hat auch in Neu-England Hexen verbrannt). Aber die Magie hatte keine *Heils*bedeutung: Das war das Entscheidende. Wie bei den Rabbinen der Satz galt: »für Israel gelten keine Planeten«, d.h. die astrologische Determiniertheit ist *machtlos* gegen Jahwes Willen für den

Frommen, so im Konfuzianismus der entsprechende: die Magie ist machtlos gegen die *Tugend:* Der klassisch Lebende hat die Geister nicht zu *fürchten*, nur Untugend (Hochstehender) gibt ihnen Macht.

Vollends die Kontemplation des buddhistischen Heiligen und seiner taoistischen Nachahmer lag ihm gänzlich fern. Nicht ohne polemische Spitze gegen den mystischen Taoismus *Laotse's* läßt die Tradition den Meister es ablehnen, »im Verborgenen zu leben und Wunder zu tun, um dann bei späteren Geschlechtern Nachruhm zu ernten«. Die Stellungnahme zu einigen der großen Weisen der Vergangenheit, welche sich nach der Tradition in die Einsamkeit zurückgezogen, mußte dabei freilich etwas gewunden werden: nur aus dem schlecht regierten Staat dürfe man sich zurückziehen. Im übrigen verheißt – die einzige scheinbar auf mystische Grundlagen deutende Wendung – der Meister gelegentlich als Lohn der vollendeten Tugend die Gabe der Kenntnis der Zukunft. Sieht man näher zu, so handelt es sich aber nur um die Fähigkeit, Omina richtig zu deuten, also: nicht hinter den berufsmäßigen Divinationspriestern zurückzubleiben. Die schon erwähnte, in der ganzen Welt verbreitete einzige »messianische« Hoffnung auf einen künftigen Musterkaiser (dem, nach Rezeption dieser Märchenfigur, der Phönix vorangehen sollte) [6], war volkstümlichen Ursprungs und wurde vom Konfuzianismus weder verworfen noch angetastet. Denn diesen interessierten lediglich die Dinge dieser Welt, wie sie einmal war.

Der konventionell Gebildete wird die alten Zeremonien mit gebührendem und erbaulichem Anstand mitmachen, ebenso wie er alle seine Handlungen, einschließlich der physischen Gesten und Bewegungen, nach den ständischen Sitten und den Geboten der »Schicklichkeit« – ein konfuzianischer Grundbegriff! – in Höflichkeit und Anmut regelt. Die Quellen verweilen gern bei der Schilderung, wie der Meister, in den vom Standpunkt der Etikette kompliziertesten Situationen, alle Beteiligten dem Range gemäß weltmännisch zu begrüßen und sich dabei in vollendeter Eleganz zu bewegen wußte. Der in sich und in bezug auf die Gesellschaft harmonisch abgestimmte und ausgeglichene »höhere (»fürstliche«, »vornehme«) Mensch« – jener in vielen überlieferten Äußerungen des Meisters wiederkehrender Zentralbegriff – benimmt sich in jeder gesellschaftlichen Lage, sei sie hoch oder niedrig, dieser entsprechend und ohne seiner Würde etwas zu vergeben. Ihm eignet beherrschte Gelassenheit und korrekte Contenance, Anmut und Würde im Sinne eines zeremoniell geordneten höfischen Salons. Also, im Gegensatz zu der Leidenschaft und Ostentation des feudalen Kriegers im alten Islam: wache Selbstbeherrschung, Selbstbeobachtung und Reserve, vor allem: Unterdrückung der Leidenschaft, die in jeder Form auch der der Freude, das Gleichgewicht der Seele und ihre Harmonie, die Wurzel alles Guten, stört. Also die Loslösung nicht, wie im Buddhismus, von allem, aber von allem irrationalen Begehren, nicht, wie im Buddhismus, um der Erlösung von der Welt, sondern um der Einfügung in die Welt willen. Der Gedanke einer Erlösung fehlte der konfuzianischen Ethik natürlich völlig.

Weder von der Seelenwanderung noch von jenseitigen Strafen (die beide der Konfuzianismus nicht kannte), noch vom Leben (das er bejahte), noch von der gegebenen sozialen Welt (deren Chancen er durch Selbstbeherrschung klug zu meistern gedachte), noch vom Bösen oder einer Erbsünde (von der er nichts wußte), noch von irgend etwas sonst, außer: von der würdelosen Barbarei der gesellschaftlichen Ungeschliffenheit, begehrte der Konfuzianer »erlöst« zu werden. Und als »Sünde« konnte ihm nur die Verletzung der einen sozialen Grundpflicht gelten: der *Pietät*.

Denn wie der Feudalismus auf der Ehre, so ruhte der Patrimonialismus auf der Pietät als Kardinaltugend. Auf der ersten ruhte die Verläßlichkeit der Vasallentreue des Lehensmannes, auf der letzteren die Unterordnung des herrschaftlichen Dieners und Beamten. Der Unterschied war freilich kein Gegensatz, sondern mehr eine Akzentverschiebung. Auch der Vasall des Okzidents »kommendierte« sich und hatte, ebenso wie der japanische Lehensmann, Pietätspflichten. Auch der freie Beamte hat Standesehre, auf welche als Motiv seines Handelns gerechnet wird, in China wie im Okzident und im Gegensatz zum vorderasiatischen und ägyptischen Orient, dessen Beamte aus dem Sklavenstande aufstiegen. Die Beziehung des Offiziers und Beamten zum Monarchen behält eben überall gewisse feudale Züge. Auch heute ist schon der ihm persönlich geleistete Eid ihr Merkmal. Gerade diese Elemente in der Amtsbeziehung pflegen die Monarchen aus dynastischem, die Beamten aus ständischem Interesse zu betonen. Der chinesischen Standesethik haftete die Erinnerung an den Feudalismus noch ziemlich stark an. Die Pietät (hiao) gegen den Lehensherrn wurde neben derjenigen gegen Eltern, Lehrer, Vorgesetzte in der Amtshierarchie und Amtsträger überhaupt aufgezählt, – denn ihnen allen gegenüber war das hiao prinzipiell gleichen Charakters. Der Sache nach war die Lehenstreue auf die Patronagebeziehung innerhalb der Beamtenschaft übertragen. Und der grundlegende Charakter der Treue war patriarchal, nicht feudal. Die schrankenlose Kindespietät gegen die Eltern[7] war, wie immer wieder eingeschärft wurde, die absolut primäre aller Tugenden. Sie ging im Konfliktsfalle andern vor[8]. Es wird in einem Ausspruch des Meisters lobend erwähnt, daß ein hoher Beamter die unzweifelhaften Mißbräuche, die sein Vater in der gleichen Stellung geduldet hatte, aus Pietät, um ihn nicht zu desavouieren, weiter duldete, im Gegensatz allerdings zu einer Stelle des Schu-king, wo der Kaiser einem Sohn das Amt des Vaters beläßt, auf daß er dessen Verfehlungen wieder gut machen könne[9]. Keines Mannes Tun galt dem Meister als erprobt, ehe man gesehen hat, in welcher Art er um seine Eltern trauert. Es ist sehr begreiflich, daß in einem patrimonialen Staat einem Beamten – *Konfuzius* war zeitweise Minister – die Kindespietät, da sie auf alle Unterordnungsverhältnisse übertragen wird, als diejenige Tugend galt, aus der alle anderen folgen und deren Besitz die Probe und Garantie abgibt für die Erfüllung der wichtigsten Standespflicht der Bureaukratie: der unbedingten Disziplin. Die soziologisch grundlegende

Wandlung des Heeres vom Heldenkampf zur disziplinierten Truppe liegt in China vor der historischen Zeit. Der Glaube an die Allmacht der Disziplin auf allen Gebieten findet sich in sehr alten Anekdoten und stand schon bei den Zeitgenossen des *Konfuzius völlig fest.* »Insubordination ist schlimmer als niedrige Gesinnung«: deshalb ist »Extravaganz« – gemeint ist: prahlerischer Aufwand – schlimmer als Sparsamkeit. Aber – lautet die Kehrseite – Sparsamkeit ihrerseits führt zur »niedrigen«, d.h. plebejischen, im Sinne des Gebildeten unstandesgemäßen, Gesinnung, deshalb ist auch sie nicht positiv zu werten. Man sieht: die Stellung zum Ökonomischen ist hier, wie bei jeder ständischen Ethik, ein Problem des Konsums, nicht: der Arbeit. Das Wirtschaften zu erlernen lohnt sich für den »höheren« Menschen nicht. Ja es schickt sich eigentlich nicht für ihn. Nicht etwa aus grundsätzlicher Ablehnung des Reichtums als solchen. Im Gegenteil: ein gut verwalteter Staat ist der, in welchem man sich seiner Armut *schämt* (in einem schlecht verwalteten seines – im Zweifel im Amt unehrlich erworbenen – Reichtums). Die Vorbehalte galten nur der Sorge um Reichtums-*Erwerb*. Die ökonomische Literatur war Mandarinen-Literatur. Wie jede Beamtenmoral so lehnte natürlich auch diejenige des Konfuzianismus die eigene Teilnahme des Beamten am Erwerb, direkt wie indirekt, als ethisch bedenklich und standeswidrig ab. Um so eindringlicher, je mehr tatsächlich der Beamte, dessen Bezüge an sich nicht hoch waren, und überdies, wie in der Antike, vorwiegend in Naturalien-Deputaten bestanden, auf Ausbeutung seiner Amtsstellung als solcher angewiesen blieb. Irgendwelche prinzipiell antichrematistische Theorien aber hat diese utilitarische, weder feudal noch asketisch gestimmte, Ethik nicht entwickelt. Im Gegenteil. Der Konfuzianismus hat sehr modern klingende Theorien von Angebot und Nachfrage, Spekulation und Profit hervorgebracht. Die Rentabilität des Geldes (der Zins heißt chinesisch wie griechisch »Kind« des Kapitals) versteht sich im Gegensatz zum Okzident von selbst und auch von Zinsschranken weiß die Theorie anscheinend nichts (während allerdings kaiserliche Statuten gewisse Arten von »Wucher« verwarfen). Nur sollte der Kapitalist als privater Interessent nicht Beamter werden. Der literarisch Gebildete persönlich bleibe dem Chrematismus fern. Wo soziale Bedenken gegen das Gewinnstreben als solches auftraten, waren sie wesentlich politischer Natur.

Gewinnsucht galt dem Meister als Quelle sozialer Unruhen. Gemeint ist hier ersichtlich die Entstehung des typischen vorkapitalistischen Klassenkonflikts zwischen den Interessen der Aufkäufer und Monopolisten und den Konsumenteninteressen. Der Konfuzianismus war dabei naturgemäß vorwiegend konsumentenpolitisch orientiert. Aber Feindschaft gegen ökonomischen Gewinn lag ganz fern. Dies ist auch in der volkstümlichen Vorstellung nicht anders gewesen. Erpresserische und ungerechte Beamte, besonders Steuer- und andere Subalternbeamte, wurden bitter im Drama gegeißelt. Aber von Anklagen oder Verhöhnungen gegen Kaufleute und Wucherer scheint (relativ) sehr wenig die Rede zu sein. Die zornige Feindschaft des Konfuzianismus gegen das buddhistische Klosterwesen, welche zu dem Vernichtungsfeldzug des Kaisers *Wu-Tsung* im Jahre 844 führte, wurde in erster Linie damit begründet, daß die Klöster das Volk von nützlicher Arbeit ablenkten (tatsächlich spielte ... »Währungspolitik« dabei eine Rolle). In der gesamten orthodoxen Literatur tritt die Schätzung ökonomischer Aktivität stark hervor. Auch *Konfuzius* würde nach Reichtum streben, »selbst als Diener mit der Peitsche in der Hand«, – wenn nur der *Erfolg* dieses Strebens einigermaßen verbürgt wäre. Aber *das* ist eben nicht der Fall und *daraus* folgt der einzige, in der Tat sehr wesentliche Vorbehalt gegen Wirtschaftserwerb: Das Gleichgewicht und die Harmonie der Seele wird durch die Risiken des Erwerbs erschüttert. Der Standpunkt des Amts*pfründners* tritt so in ethischer Verklärung auf. Die amtliche Stellung ist vor allem auch deshalb die einzige eines höheren Menschen würdige, weil sie allein die Vollendung der Persönlichkeit gestattet. Ohne beständiges Einkommen, meint *Mencius,* vermöge der Gebildete nur schwer, das Volk aber gar nicht eine beständige Gesinnung zu haben. Wirtschaftlicher, ärztlicher, priesterlicher Erwerb ist der »kleine Weg«. Denn – ein mit dem vorigen eng zusammenhängender höchst wichtiger Punkt: – er führt zur fachlichen Spezialisierung. Der vornehme Mensch aber strebt nach Allseitigkeit, die nur die Bildung (im konfuzianischen Sinne) gibt und die gerade das Amt – charakteristisch für das Fehlen der rationalen Fachspezialisierung im Patrimonialstaat – vom Manne verlangt. Allerdings finden sich, wie politisch in *Wang An Schi's* Reformversuch, so auch in der Literatur, Anwendungen, welche die Schaffung von Fachkompetenzen der Beamten nach Art einer modernen Bureaukratie empfehlen, statt der traditionellen, unmöglich von einem einzelnen zu beherrschenden Allseitigkeit der Amtsgeschäfte. Aber eben diesen sachlichen Anforderungen und damit auch der Durchführung einer rationalen Versachlichung der Verwaltung nach Art unserer europäischen Mechanismen stand das alte Bildungsideal der Chinesen schroff gegenüber. Es mußte dem konfuzianisch gebildeten Amtsanwärter, der aus der alten Tradition herkam, fast unmöglich sein, in einer Fachbildung europäischen Gepräges etwas anderes als Abrichtung zum schmutzigsten Banausentum zu sehen[10]. Hier lag unzweifelhaft ein Teil der wichtigsten Widerstände gegen alle »Reform« im okzidentalen Sinne. Der grundlegende Satz: »Ein Vornehmer ist kein Werkzeug«, bedeutete: er war Selbstzweck, und nicht, wie das Werkzeug, nur Mittel zu einem spezifizierten nützlichen Gebrauch. Im geraden Gegensatz gegen das sozial orientierte platonische Ideal, welches auf dem Boden der Polis geschaffen, von der Überzeugung ausging: daß der Mensch nur, indem er in *einer* Sache Tüchtiges leiste, zu seiner Bestimmung gelangen könne, und in noch weit stärkerer Spannung zum Berufsbegriff des asketischen Protestantismus stand hier das ständische Vornehmheitsideal des allseitig gebildeten konfuzianischen »Gentleman« (wie schon *Dvořak* den Ausdruck Kiün tse, »fürstlicher Mann«, übersetzt hat). Diese, auf Allseitigkeit ruhende »Tugend«, d. h. die Selbstvollendung, war mehr als der nur durch Vereinseitigung zu gewinnende Reichtum. Man konnte in der Welt nichts ausrichten, auch in der einflußreichsten Stellung nicht, ohne die aus Bildung entspringende Tugend. Aber freilich auch umgekehrt nichts mit noch so viel Tugend ohne einflußreiche Stellung. Diese, und nicht Erwerb, suchte daher der »höhere« Mensch.

Dies sind in kurzer, meist dem Meister selbst zugeschriebener, Fassung die Grundthesen der Stellung zu Berufsleben und Besitz: der feudalen Freude am Aufwand, wie sie im alten Islam schon in Äußerungen des Propheten selbst hervortritt, ebenso entgegengesetzt wie der buddhistischen Verwerfung alles Hängens an den Weltgütern, der hinduistischen streng traditionalistischen Berufsethik und der puritanischen Verklärung der innerweltlichen asketischen Erwerbsarbeit im rational spezialisierten Beruf. Mit deren nüchternem Rationalismus besteht, wenn man von diesem Grundgegensatz einmal absieht, im einzelnen mancherlei Verwandtschaft. Die Versuchungen der Schönheit meidet der »fürstliche« Mensch. Denn, sagt der Meister richtig: »Niemand liebt die Tugend wie man ein schönes Weib liebt«[11]. Nach der Überlieferung hatte den Meister aus seiner Stellung beim Fürsten von Lu der eifersüchtige Nachbarfürst dadurch verdrängt, daß er dessen Herrn eine Kollektion schöner Mädchen zum Präsent machte, – an welcher der moralisch übel beratene Fürst mehr Gefallen fand als an den Lehren seines politischen Beichtvaters. Jedenfalls fand dieser persönlich das Weib, als ein durch und durch irrationales Wesen, ebenso schwierig zu behandeln wie die Dienstboten[12]. Herablassung zu ihnen lasse beide die Distanz verlieren, Strenge wiederum mache sie übel gelaunt. Die durch Weltflucht bedingte Frauenscheu des Buddhismus fand daher in der durch rationale Nüchternheit bedingten Nichtachtung der Frau im Konfuzianismus ihr Gegenbild. Die neben der einen legitimen Frau schon im Interesse der Nachkommenerzeugung notwendig zugelassenen Konkubinen grundsätzlich zu verpönen ist selbstverständlich für den Konfuzianismus nie in Frage gekommen: das (...) Kartell der Feudalfürsten wendete sich nur gegen die Gleichstellung der Konkubinensöhne als Erben, und der Kampf gegen die illegitimen Einflüsse des Harems kleidete sich in das Gewand des Kampfes gegen die drohende Übermacht der Yin-(weiblichen)Substanz über die Yang (männliche). Treue in der Freundschaft wird hoch gepriesen. Man bedarf der Freunde. Aber man suchte sie sich unter Gleichgestellten aus. Für die niedriger Gestellten habe man freundliches Wohlwollen. Im übrigen aber ging auch hier alle Ethik auf das urwüchsige Austauschprinzip des bäuerlichen Nachbarverbandes zurück: wie Du mir, so ich Dir, – die »Reziprozität«, welche vom Meister gelegentlich einer Anfrage geradezu als Fundament aller Sozialethik hingestellt wird. Die Feindesliebe der radikalen Mystiker *(Laotse, Mo Ti)* aber wurde, als der gerechten Vergeltung: einem Prinzip der Staatsräson, zuwiderlaufend entschieden abgelehnt: *Gerechtigkeit* gegen Feinde, Liebe für Freunde – *was* solle man *diesen* noch bieten, wenn man den Feinden *Liebe* böte? Der vornehme Gentleman des Konfuzianismus war alles in allem ein Mann, der »Wohlwollen« mit »Energie« und »Wissen« mit »Aufrichtigkeit« verband. Alles aber innerhalb der Grenzen der »Vorsicht«, deren Fehlen dem gemeinen Mann den Weg zur »richtigen Mitte« versperrte. Und vor allem – dies gab dieser Ethik erst ihr spezifisches Gepräge: – innerhalb der Grenzen des gesellschaftlich Schicklichen. Denn erst der Sinn für Schicklichkeit ist es, der den »fürstlichen« Mann zur »Persönlichkeit« im konfuzianischen Sinne formt. An den Geboten der Schicklichkeit hat daher auch die Kardinaltugend der Aufrichtigkeit ihre Schranke. Nicht nur also gingen dieser die Pietätspflichten unbedingt vor (Notlüge aus Pietät), sondern auch die gesellschaftlichen Anstandspflichten, nach des Meisters eigener, durch die Tradition geschilderter Praxis. »Wo wir zu Dritt sind, finde ich meinen Meister«, soll *Konfuzius* gesagt haben: das hieß: ich füge mich der *Mehrheit*. Nach dieser »Schicklichkeit« sind auch die klassischen Schriften von ihm ausgelesen ...

Keinerlei Vollkommenheit aber konnte anders erreicht werden als durch nie aufhörendes Lernen, und das hieß: durch literarisches Studium. Der »fürstliche« Mensch reflektiert und »studiert« über alle Dinge unausgesetzt und immer erneut. Und in der Tat waren angeblich neunzigjährige Kandidaten bei den offiziellen Staatsprüfungen durchaus keine Seltenheit. Aber dies unausgesetzte Studium war lediglich Aneignung vorhandener Gedanken. Aus der eigenen Brust zu schöpfen und durch bloßes Denken vorwärts zu kommen versuchte der Meister nach einer ihm zugeschriebenen Mitteilung noch im Alter vergebens und warf sich daher wieder auf das Lesen, ohne welches nach seiner Ansicht der Geist sozusagen »im Leergang« arbeitete. An Stelle des Satzes: »Begriffe ohne Anschauung sind leer«, stand also hier der Satz: »Denken ohne Lesefrüchte ist steril.« Denn ohne Studium, wird gesagt, vergeudet der Wissensdurst den Geist, macht uns das Wohlwollen dumm, Aufrichtigkeit unvorbedacht, Energie roh, führt Kühnheit zu Insubordination und Charakterfestigkeit zu Extravaganzen. Es wurde dann eben die »rechte Mitte« verfehlt, welche das höchste Gut dieser Ethik der gesellschaftlichen Anpassung war, innerhalb deren es nur *eine* wirklich absolute Pflicht gab: die Pietät als Mutter der Disziplin, und nur *ein* universelles Mittel der Vervollkommnung: die literarische Bildung. Als Regierungsweisheit des *Fürsten* aber galt: die Auswahl der (im klassischen Sinn) »richtigen« *Minister*, wie Konfuzius dem Herzog von Ngai gesagt haben soll.

Diese Bildung aber wurde allein vermittelt durch das Studium der alten Klassiker, deren schlechthin kanonische Geltung in der von der Orthodoxie purifizierten Form selbstverständlich wurde. Zwar findet sich gelegentlich eine Äußerung referiert, wonach ein Mann, der für die Probleme der Gegenwart das Altertum befrage, leicht Unheil anrichten könne, – allein dies ist wohl als Ablehnung der alten Feudalzustände zu deuten, schwerlich aber ... im antitraditionalistischen Sinn. Denn der ganze Konfuzianismus wurde rücksichtslose Kanonisierung des Traditionellen. Wirklich antitraditionalistisch war die berühmte, direkt *gegen* den Konfuzianismus gerichtete ministerielle Relation *Li-Se's*, welche die große Katastrophe der Bücherverbrennung nach der Schaffung des bureaukratischen Einheitsstaates herbeiführte (213 v. Chr.). Die Literatenzunft, hieß es darin, lobe das Altertum auf Kosten der Gegenwart, sie leite also zur Verachtung der Gesetze des Kaisers an, die sie am Maßstab ihrer Buchautoritäten kritisiere. Nützlich seien – in charakteristischer Umkehrung der konfuzianischen Werte – nur die Bücher über Wirtschaft, Medizin und Divination. Man sieht: dieser restlos utilitarische Rationalismus des Vernichters des Feudalsystems streifte zugunsten der eigenen Machtstellung die Traditionsgebundenheit ab, welche überall die Schranke des konfuzianischen Rationalismus war. Aber er brachte damit jenen klugen Kompromiß zwischen einerseits den *Macht*interessen und andererseits dem *Legitimitäts*interesse der herrschenden Schicht ins Schwanken, auf welchem die Staatsräson dieses Systems beruhte. Und es waren daher zweifellos Gründe der eigenen Sicherheit, welche bald darauf die *Han-Dynastie* veranlaßten, in aller Form auf den Konfuzianismus zurückzugreifen. In der Tat konnte ein in absoluter Machtstellung befindliches und dabei zugleich die offizielle Priesterfunktion monopolisierendes Patrimonialbeamtentum nicht anders als traditionalistisch gesonnen sein in bezug auf eine Literatur, deren Heiligkeit allein die Legitimität der seine eigene Stellung tragenden Ordnung verbürgte. Es mußte seinem Rationalismus an diesem Punkte ebenso Schranken ziehen wie gegenüber dem religiösen Volksglauben, dessen Bestand die Domestikation der Massen und, wie wir sahen, die Grenzen der Kritik am Regierungssystem garantierte. Der einzelne Regent konnte schlecht, also vom Charisma entblößt, sein. Dann war er nicht gottgewollt und ebenso abzusetzen wie der untaugliche Beamte. Das System als solches aber mußte auf der Grundlage der Pietät ruhen, welche mit jeder Erschütterung der Tradition in Gefahr geriet.

Der Konfuzianismus hat aus diesen uns schon bekannten Gründen auch nicht den geringsten Versuch gemacht, den bestehenden religiösen Glauben ethisch zu rationalisieren. Den offiziellen Kultus, der durch den Kaiser und die Beamten erfolgte, und den Ahnenkult des Hausvaters setzte er als Bestandteil der gegebenen weltlichen Ordnung voraus. Der Monarch des Schu-King faßt seine Entschlüsse nach Konsultierung nicht nur der Großen des Reiches und des »Volkes«, d. h. damals zweifellos: des Heeres, sondern auch zweier überkommener Divinationsmittel, und es wird lediglich kasuistisch erörtert, wie man sich beim Widerspruch dieser Erkenntnisquellen untereinander zu verhalten habe. Die Bedürfnisse des Privatlebens nach seelsorgerischer Beratung und religiöser Orientierung aber verharrten, vornehmlich infolge jener Haltung der Bildungsschicht, auf der Stufe des magischen Animismus und der Funktionsgötterverehrung, ganz wie überall sonst vor dem Eingreifen von Prophetien, die in China nicht aufkamen.

Dieser magische Animismus nun ist vom chinesischen Denken in ein System gebracht, welches *de Groot* mit dem Namen »Universismus«

bezeichnet hat. An seiner Schaffung ist aber *nicht* der Konfuzianismus allein beteiligt gewesen und wir müssen die, von ihm aus gesehen, heterodoxen Mächte betrachten, die dabei mitwirkten. Zunächst aber machen wir uns kurz deutlich, daß der Konfuzianismus auch von den Literatenlehren zwar die schließlich allein rezipierte, aber nicht die *immer* allein rezipiert *gewesene* Lehre war.

Der Konfuzianismus ist durchaus nicht immer die staatlich allein approbierte Philosophie – hung fan (= großer Plan) ist der technische Ausdruck dafür – Chinas gewesen. Auch war Literatentum mit konfuzianischer Orthodoxie, je weiter man zurückgeht, desto weniger identisch. Die Zeit der Teilstaaten kannte die Konkurrenz der Philosophenschulen, die aber auch im Einheitsreich keineswegs verschwand: er war jeweils auf dem Tiefstand der Kaisermacht besonders scharf. Der Sieg des Konfuzianismus entschied sich erst etwa im 8. Jahrhundert unserer Zeitrechnung. Es liegt hier nun fern, die Geschichte der chinesischen Philosophie zu rekapitulieren. Immerhin sei die Entwicklung zur Orthodoxie in folgenden Daten veranschaulicht:

Die Stellung Laotse's und seiner Schule bleibt, als ganz abseits stehend, vorerst beiseite. Noch nach Konfuzius finden sich Philosophen wie Yang tschu: ein epikuräischer Fatalist, der im Gegensatz zu den Konfuzianern die Bedeutung der *Erziehung* ausschaltete, weil die Eigenart eines Menschen sein unabwendbares »Schicksal« sei, und Mo Ti, der weitgehend traditionsfrei war. Vor und in Mencius' Zeit (4. Jahrhundert vor Chr.: Tiefstand der Kaisermacht) stand Sun Kung, aktiver Beamter in einem Teilstaat, auf dem antikonfuzianischen Boden der Verderbtheit der Menschennatur, standen die Dialektiker, die Asketen (Tschöu Tschang), die reinen Physiokraten (Hu Hing) mit *wirtschaftspolitisch* sehr verschiedenen Programmen gegeneinander, und noch im 2. Jahrhundert nach Chr. stand das Tschung Lun des Tsui Schi auf strikt antipazifistischem Standpunkt: die Sitten verschlechtern sich in langen *Friedens*zeiten, führen zu Ausschweifungen und Sinnenlust[13].

Alles das waren unklassische Ketzereien, – Mencius bekämpfte die seiner eigenen Zeit. Aber sein Zeitgenosse Hsün Tse, der die Güte des Menschen (konfuzianisch) als Kunstprodukt ansah, aber nicht Gottes, sondern des Menschen *selbst*: – politisch gewendet: »Gott ist der *Ausdruck* der Herzen des Volkes« – und der absolute Pessimist Yang Tschu, der das *Ertragen* des Lebens und die Abschüttelung der Todes*furcht* für der Weisheit letzten Schluß hielt, standen ihm gegenüber abseits. Daß Gottes Wille »unstet« sei, wurde oft als Grund des Leidens der Frommen hingestellt. Eine Systematik der antagonistischen Literatenschulen seiner Zeit findet sich bei Se Ma Tsien, dessen Vater Taoist gewesen zu sein scheint[14]. Sechs Schulen werden unterschieden: 1. Metaphysiker: die Yin- und Yang-Spekulation, gegründet auf Astronomie, – 2. Mi Tse (Micius und seine Schule): mystisch beeinflußt, für absolute Einfachheit der Lebensführung, auch des Kaisers, auch für die Beerdigungen, – 3. die Schule der Philologen mit Wortinterpretation und Begriffsrealismus (relativ unpolitisch, aus der Sophisten-Zeit überkommen), – 4. die Schule der Gesetze: Vertreter der Abschreckungstheorie (später durch Tsui Schui vertreten, s. o.) – 5. die Taoisten ... – 6. die »Literatenschule«: Konfuzianer, zu denen sich Se Ma Tsien selbst bekennt. Immerhin vertritt auch er den konfuzianischen Standpunkt noch in einer später in mehrfacher Hinsicht unklassisch erscheinenden Art. Er schätzte den bekannten zum Anachoreten gewordenen Kaiser Hoang Ti (taoistische Reminiszenzen[15]). Seine Kosmogonie (5-Elementen-Lehre) ist offenbar astrologischen Ursprungs. Seine Schätzung des Reichtums würden die orthodoxen Konfuzianer wohl mitmachen, auch die Motivierung: daß nur der Reiche die *Riten* richtig befolge. Aber die Empfehlung auch des Handels als Mittel des Erwerbes war ihnen anstößig[16]. Den Zweifel an der absolut determinierenden »Vorsehung« würden manche von ihnen nicht beanstandet haben: daß tugendhafte Leute vor Hunger starben, war bekannt. Auch die Monumente der Han-Zeit sagen ähnliches[17]. Immerhin war dies nicht unbedenklich. Daß Heroismus »unnütz« sei, entsprach der späteren, auf den Meister zurückgeführten Lehre. Aber daß der gefeierte *Name* alles sei – wie der *Kastrat* Se Ma Tsien lehrte –, daß die Tugend als »Selbstzweck« dargestellt wurde, daß andererseits unmittelbar *didaktische* Wirkungen für Fürsten beabsichtigt wurden, war wieder kaum klassisch. Dagegen stimmte der von Se Ma Tsien virtuos geübte absolute Gleichmut des Tons der Annalistik vorzüglich zu Konfuzius' eigener Praxis. Am meisten orthodox konfuzianisch mutet der Brief an, den Se Ma Tsien, der als politisch verdächtig *kastriert*[18], dann aber angestellt worden war, dem in Haft befindlichen Freund Jen Ngan schrieb, der sich um seine Hilfe (vergeblich) bewarb[19].

Ihm *real* helfen kann (oder will) er (um selbst nichts zu riskieren) nicht. Aber: die Seele dessen, *»der den langen Weg angetreten hat«*[20], könnte Zorn gegen ihn (Se Ma Tsien) behalten (also ihn schädigen), daher will er ihm die Gründe dafür auseinandersetzen. Denn: »der wertvolle Mensch gibt sich Mühe für den, der ihn zu würdigen weiß« (echt konfuzianisch). Statt des Eingehens auf das Schicksal des Unglücklichen findet sich aber lediglich eine Darlegung des *eigenen* Unglücks: der Kastration. Wie hat sich der Schreiber darüber hinausgeholfen? Die wichtigsten Punkte, heißt es, seien vier: 1. nicht die eigenen *Ahnen* entehren, – 2. nicht sich *selbst* entwürdigen, – 3. nicht die Vernunft und Würde und schließlich: – 4. nicht die »für alle gültigen Regeln« verletzen. Er, der Schreiber, werde die Schande durch *sein Buch* abwaschen.

Wenn der ganze Brief etwas an Abaelards uns durch ihre kalte Lehrhaftigkeit so verletzenden Briefe an Héloise erinnert (aus vermutlich ähnlichen Gründen!), so ist doch diese *kühle* Temperierung der Beziehung von Mensch zu Mensch echt konfuzianisch ... Die von Se Ma Tsien[21] wiedergegebene Inschrift Schi Hoang Ti's, welche Handeln gegen die »Vernunft« als verwerflich bezeichnet, würde von ihm (und den Konfuzianern) so interpretiert werden: daß die Anleitung dafür, wie man vernunftgemäß handelt, *nur* durch Studium[22] und *Wissen* erlangt werde.

»Wissen« – im Sinne der durch literarische Studien erlangten Kenntnis der Tradition und der klassischen Norm – blieb im Konfuzianismus das letzte Wort, und *dadurch* schied er sich ... von andern Systemen chinesischer Einstellung zur Welt.

Die »Vernunft« des Konfuzianismus war ein Rationalismus der *Ordnung:* »besser ein Hund und in Frieden als ein Mensch und in der Anarchie leben«, sagt Tscheng Ki Tong[23].

Und sie war, wie dieser Ausspruch zeigt, eben deshalb essentiell *pazifistischen* Charakters[24]. Diese Eigenart hat sich historisch stetig gesteigert, bis Kaiser Khian Lung in der Geschichte der Ming-Dynastie den Satz schreiben konnte[25]: »Nur wer *kein* Menschenblut zu vergießen trachtet, kann das Reich zusammenhalten.« Denn »die Wege des Himmels sind wandelbar und nur die *Vernunft* hilft uns«. *Das* war – während noch *Konfuzius* selbst *Rache* für die Tötung von Eltern, älteren Brüdern und Freunden als Mannespflicht gefordert hatte, – das Endprodukt der Entwicklung im Einheitsreich. Pazifistisch, innerweltlich und nur an der Angst vor den *Geistern* orientiert blieb also diese Ethik.

Es fehlte zwar nicht eine sittliche Qualifikation der Geister. Im Gegenteil: wir sahen schon, daß, wie in Ägypten, auch in China die irrationale Justiz auf dem spätestens unter der Han-Dynastie entwickelten festen, aus idealisierter Projektion der Bureaukratie und des Beschwerderechts in den Himmel erwachsenen Glauben ruhte: daß der Schrei des Bedrückten unfehlbar die Rache der Geister herbeiführe, vor allem gegen jeden, dessen Opfer an Selbstmord, Kummer, Verzweiflung gestorben sei. Auch daß die große, jeden Beamten zur Nachgiebigkeit zwingende Macht der im Cortège heulenden Massen (Begleiter eines wirklich oder angeblich Bedrückten) – zumal bei der Gefahr, daß die hysterischen Massenemotionen Selbstmorde herbeiführen könnten – auf dem gleichen Glauben beruhte. Gegen einen Mandarinen, der seinen Küchenjungen geschlagen hatte, so daß dieser starb, wurde durch die Menge ein Todesurteil *erzwungen* (1882): der Geisterglaube in dieser Funktion war die einzige, aber *sehr* wirksame offizielle Magna Charta der Massen in China. Die Geister wachten aber auch über den Verträgen aller Art. Sie versagten dabei ihren Schutz erzwungenen oder unsittlichen Kontrakten. Die *Legalität* als Tugend wurde also auch in concreto, nicht nur als Gesamthabitus, animistisch garantiert. Aber was *fehlte*, war: die zentrale methodisch *lebensorientierende* Macht einer Erlösungsreligion.

Zusätzliche Literatur

Bary, W. Theodore de, *Wing-tsit,* Chan, und *Burton,* Watson, Sources of Chinese Tradition, New York 1960.

Forke, Alfred, Geschichte der alten chinesischen Philosophie, Hamburg 1927.

Forke, Alfred, Geschichte der mittelalterlichen chinesischen Philosophie, Hamburg 1934.

Groot, Johannes J. M. de, The Religious System of China, 6 Bde., Leiden 1892 bis 1910.

Groot, Johannes J. M. de, Universismus. Die Grundlage der Religion und Ethik des Staatswesens und der Wissenschaften Chinas, Berlin 1918.
Grube, Wilhelm, Religion und Kultus der Chinesen, Leipzig 1910.
Schmitt, Erich, Konfuzius – Sein Leben und seine Lehre, Berlin 1925.
Staiger, Brunhild, Das Konfuzius-Bild im kommunistischen China: Die Neubewertung von Konfuzius in der chinesisch-marxistischen Geschichtsschreibung, Wiesbaden 1969.
Stange, Hans O., Gedanken und Gespräche des Konfuzius, Lun Yü. Aus dem chinesischen Urtext neu übertragen, München 1953.
Wilhelm, Hellmut, Gesellschaft und Staat in China, Hamburg 1960.
Yutang, Lin, Konfuzius, Frankfurt/Main 1957.

Fußnoten

1 Der Ausdruck ist vieldeutig . . .

2 Und diese mit der höchst unchristlichen Schlußfolgerung: daß das Gute im Menschen Kunstprodukt der Kultur sei, also im Resultat mit noch emphatischerer Bejahung der »Welt« der »Kultur«, vor allem: der Bedeutung der Erziehung, als selbst die orthodoxe Lehre.

Immerhin scheinen sich einige ihr eigene metaphysische Aufstellungen angeben zu lassen (vgl. F. *Farjenel* im Journ. Asiat. G. Soc. 20, 1902, p. 113 ff.): Ewigkeit der Materie, deren geistiges Prinzip (ai-ki), pantheistisch als Prinzip der Güte gedacht, die Welt hervorbringt, – logisch, wie es scheint, mit wenig Konsequenz seit dem 11. Jahrhundert durch eine orthodoxe Kommentatorenschule vertreten. Im übrigen wird angenommen, daß schon *Konfuzius* die später von *Se Ma Tsien* vertretene astrologisch unterbaute Kosmogonie (die 5 Elemente folgen aufeinander in Gestalt der alten Herrscher) geglaubt habe (so *Chavannes,* Vorrede zu Band I seiner Ausgaben *Se Ma Tsien's,* Paris 1895, p. CXLIII).

3 Der angeblich im 6. Jahrhundert in der chinesischen Arithmetik bekannte Stellenwert der Zahlen (s. J. *Edkins,* Local value in Chin. Arithm. Not., Journ. of the Peking Or. Soc. I, Nr. 4, p. 161 f., der seine Kenntnis auf Babylon – ? – zurückführt) bleibt problematisch. Im 19. Jahrhundert benutzte man den Abacus mit Lokalwert der *Kugeln.*

4 Immerhin gab es bis in die Gegenwart unter den neuen Fächern des fakultativen Zusatzexamens, dem man sich teils zur Erlangung vorzugsweiser Beförderung, teils als Versicherung für den Fall der Degradation unterziehen konnte, auch Mathematik als Prüfungsgegenstand.

5 So *Eitel,* China Review XVIII, p. 266. Der babylonische Ursprung der altchinesischen Kultur ist gleichwohl von T. de *Lacouperie* (Western Origin of the ancient Chin. civil., London 1894) vertreten worden.

6 S. das Schih Luh Kuoh Kiang Yu Tschi, übersetzt von *Michels,* p. XXI der »Notes« zum Kommentar.

7 Auch gegen die Mutter. Ein Sohn war (im Jahre 1882) in der Trunkenheit gegen die ihn scheltende Mutter handgreiflich geworden. Diese engagiert einige Männer, läßt den Sohn fesseln und trotz inständiger Bitte aller Beteiligten *lebendig begraben.* Die Mitbeteiligten wurden wegen formeller Inkorrektheit bestraft, aber sofort begnadigt. Eine Bestrafung der Mutter kommt gar nicht in Frage (Reskript in der Peking Gazette vom 13. 3. 1882).

8 Auch dem Gehorsam gegen den Fürsten. Auf Befehl eines Fürsten soll in der Feudalzeit ein Beamter den eigenen Sohn wegen Felonie ergreifen und festnehmen. Er weigert sich und das gleiche tut ein Beamter, der den Vater wegen dieses Ungehorsams festnehmen soll. Der Vater begeht darauf Selbstmord und die Tradition belastet mit der Sünde dieses Verschuldens den Fürsten.

9 Vgl. den in der Peking Gazette vom 8. 6. 1896 abgedruckten Bericht über das

Ansuchen des Sohnes des im Kriege mit Japan wegen Feigheit zur Zwangsarbeit an den Poststraßen im Westen degradierten Kommandanten von Niutschwang: statt seines durch die Strapazen erkrankten Vaters seinerseits die Strafe übernehmen oder ihn mit 4000 Taëls auslösen zu dürfen. Der Bericht wird unter Hinweis auf die löbliche Pietät des Antragstellers an den Kaiser weitergegeben.

10 Das Memorial, welches dem Reskript betreffend Abschaffung der alten »Kultur«-Examina vom 2. 9. 1905 zugrunde lag, ist ziemlich inhaltsleer und macht wesentlich nur geltend: daß der Eifer für Volks- (Realschul-)Bildung dadurch gehemmt werde, daß jedermann sich auf das Examen als Titel für eine Pfründe verlasse.

11 *Se Ma Tsien's* Biographie des *Konfuzius* ed. Chavannes p. 336.

12 Die »Sinnlichkeit« wird als die Feindin aller Tugend schon in der alten Annalistik als *unheilbar* angesehen ... Der Konflikt zwischen Liebe und Staatsraison wird glatt zugunsten dieser gelöst: in der Poesie findet sich eine »Tragik« dieser Lage wenigstens einmal behandelt.

13 Fr. *Kuhn,* Abh. der Berl. Ak. 1914, 4.

14 S. *Chavannes,* Vorrede zu seiner Ausgabe, p. XIII.

15 *Edkins,* The place of Hoang Ti in early Taoism, China Rev. XV, p. 233 f.

16 Hiergegen Pen Piao in der App. II von *Chavannes* a.a.O. abgedruckten Stelle.

17 Grabinschrift aus der Han-Zeit (ca. 25 v. Chr.), Journ. As. X Ser. 14, 1909, ed. *Chavannes* p. 33: Trauerinschrift für den vorzeitigen Tod eines Mannes: »Menschen, die einen untadeligen Wandel führten, *ohne* dafür Lohn zu empfangen, hat es seit dem Altertum gegeben« (Beispiel). »Sein *Andenken* besteht weiter« (cf. Se Ma Tsien). »Er wird seine Nachfahren adeln« (dies die *alte,* erbcharismatische Auffassung, anders die neue, wie erwähnt). »Er ist in ein kaltes Schattenreich gezogen.«

Grabinschrift v. 405 n. Chr.:

»Alles Lebende muß sterben.« Der vollendete Mensch hat keine *individuellen* Merkmale (ist mit dem Tao vereinigt, s. VII, Einfluß Tschang tse's?).

Gerühmt wird der *Gleichmut* gegen Beförderung und Amtsverlust (p. 36). Beförderung motiviert mit: »Gradheit«, »Kindespietät«, »Totenpietät«.

Aber im ganzen:

»Der Himmel kennt keine Gnade, er wurde krank und starb.« – Ein »Gott« wird *nie* genannt. Die Gesamtgesinnung und -stimmung ist Se Ma Tsien verwandt. Der gewaltsame *Optimismus* der späteren Zeit fehlt.

18 Ein für Chinesen furchtbares Unglück wegen des Ahnenkults!

19 S. ihn bei *Chavannes* Vol. I, App. I, p. CCXXVI f.

20 Unsterblichkeitsglaube wäre unklassisch. Es handelt sich nur um *Geister*glauben.

21 p. 166 seiner Biographie Schi Hoang Ti's, ed. *Chavannes.*

22 Gerühmt in den eben zitierten Inschriften der Han-Zeit.

23 China und die Chinesen, deutsch von A. Schultze (1896), p. 222.

24 Schon Konfuzius selbst soll sich in militärischen Dingen als unkompetent bezeichnet haben.

25 Yu tsiuan tung kian kang mu, übers. von *Delamarre* (Paris 1865), p. 20. Zahlreiche ähnliche Dikta ließen sich zusammentragen.

III.
Religion und Religiosität in Japan

Carmen Blacker

Soka Gakkai: Der politische Aktivismus einer buddhistischen Sekte *

Der *Soka Gakkai* ist eine religiöse Laiengruppe, die mit der buddhistischen Sekte *Nichiren Shoshu* liiert ist. Sie wurde vor mehr als 30 Jahren gegründet, hat aber erst nach dem Krieg von sich reden zu machen begonnen, und zwar als eine der *shinko-shukyo*, eine der »neuen religiösen Sekten«, die von dem Augenblick an, als General MacArthur die gesetzlichen Beschränkungen für die Bildung neuer Kultgemeinschaften aufhob, zu Dutzenden entstanden. Unter der bunten Vielfalt der *shinko-shukyo* wurde der *Soka Gakkai* aufgrund seiner aggressiven Propaganda, seiner betonten Intoleranz anderen Äußerungen religiösen Lebens gegenüber und durch den militärischen Stil seiner Organisation sehr bald besonders bekannt.

Im Jahre 1956 hielt er in aller Stille seinen Einzug in die nationale Politik, indem drei seiner Kandidaten, die annähernd eine Million Stimmen auf sich vereinigen konnten, in das Oberhaus des japanischen Parlamentes gewählt wurden. Bei den Wahlen von 1959 stellte er sechs Kandidaten vor, die an die drei Millionen Stimmen erreichten. Diese ... Ergebnisse führten in den Tages- und Wochenzeitungen zu Diskussionen über die politischen Ziele des *Soka Gakkai* und seine vermeintlich faschistischen Tendenzen. Die Voraussage eines Anwachsens seiner Kandidatenzahl bei den folgenden Wahlen bestätigte sich, als im Sommer 1962 seine Abgeordnetenzahl im Oberhaus auf 15 anstieg, mit einer Stimmenzahl von mehr als vier Millionen, das heißt 11 % der Gesamtwählerschaft.

Der *Soka Gakkai* wurde 1931 von einem Schullehrer namens Makiguchi und seinem engsten Freund, Toda Josei, gegründet. Wegen des damals herrschenden totalitären Regimes hatte er Schwierigkeiten, sich durchzusetzen. Als zehn Jahre später wegen seiner Opposition gegen das Shinto-Regime seine Führer ins Gefängnis kamen und die Partei gewaltsam aufgelöst wurde, zählte er nicht mehr als 3000 Mitglieder. Makiguchi starb im Gefängnis, aber Toda überlebte, tauchte nach dem Krieg wieder auf und reorganisierte die Gruppe auf vollkommen neuer Grundlage. Seiner starken Persönlichkeit und dem Einsatz durchschlagender Propagandamittel und Methoden zur Gewinnung von Anhängern verdankte er es, daß er bis zu seinem Tode im Jahre 1958 die eindrucksvolle Zahl von 800 000 »Familien« um sich sammeln konnte. Nach einer Statistik vom Juli 1962 soll diese Ziffer inzwischen auf 2,6 Millionen angestiegen sein.

Das Verfahren, durch das der *Soka Gakkai* seine Mitgliederzahl in

* Aus: *Blacker,* Carmen: Le Soka Gakkai Japonais. L'activisme politique d'une secte buddhiste. Abdruck mit freundlicher Genehmigung der Archives de sociologie des religions, 17 (Janvier–Juin 1964), S. 63–67.

derart schwindelndem Tempo zu steigern wußte, ist im wesentlichen dasselbe wie das, wodurch die meisten *shinko-shukyo* ihre Reihen erweiterten: Den Leuten wird nahegelegt, aus dem seelischen Zustand auszubrechen, der als *happo-fusagari* charakterisiert wird, wortwörtlich aus der »Zusperrung in den acht Richtungen«, d.h. aus der »Unfähigkeit, einen Ausweg zu finden«. Im Nachkriegs-Japan, wo der Mangel an allem zum Leben Notwendigen durch die Folgen der Niederlage und den Zusammenbruch jahrhundertealter Glaubensvorstellungen erschwert wurde, gab es viele Menschen, die in Angst und Verzweiflung dahinvegetierten. Ihnen wurde gelehrt, man brauche nur zu »glauben«, dann werde sich das Unglück schon zerstreuen und zu einem wunderbaren Segen irdischer Gnaden werden. Sie sollten sich nur von ganzem Herzen an das neue Credo klammern, und augenblicklich werde ihnen aus den unerwartetsten Quellen Geld zuströmen; binnen weniger Tage würden sie von als unheilbar angesehenen chronischen Krankheiten geheilt werden; Harmonie und Zärtlichkeit werde in ihren Familien herrschen; ihre bisher auf die Beschaffung des Lebensnotwendigen eingeengte Existenz werde sich zu erfreuenden und begeisternden Aufgaben ausweiten. Spricht man mit der Mehrzahl der Anhänger, so bestätigen sie die Wirkung dieser »frohen Botschaft«. Sie erzählen mit frommem Eifer immer in derselben Weise und fast mechanisch, daß sie sich aufgrund einer unerklärlichen Krankheit oder eines zum Alkoholismus neigenden und verschwenderischen Ehegatten oder schwerer Familienzwistigkeiten oder der Unmöglichkeit, ihr Brot zu verdienen, in Not und Elend befanden, nun aber durch die wunderbaren Wohltaten, die ihnen ihre neue Religion verschafft hat, davon befreit worden sind. In einem Augenblick der Verzweiflung, so heißt es, hätten sie es mit der neuen Religion »versucht« und sehr bald zu ihrer Überraschung entdeckt, daß diese offenbar auf ihr Geschick einwirke, indem es schien, als seien ihnen auf vollkommen unerklärliche Weise irdische Güter und Wohltaten zuteil geworden. So fühlten sich diese Menschen nun, als seien sie zu einer neuen Existenz aufgebrochen. Nicht allein ihre Persönlichkeit habe sich geändert. Sehr häufig erzählen sie, sie seien ganz plötzlich von einem unwiderstehlichen Selbstvertrauen beseelt gewesen, kraft dessen ihnen bis dahin unüberwindlich erscheinende Schwierigkeiten mit einmal gegenstandslos vorgekommen seien, auch ihre allgemeine Lebensauffassung, ja selbst ihre Umwelt habe sich verändert. Diese Lebensauffassung wird in ihnen zu einer heiteren Entsagung gegenüber dem Leben und der Gesellschaft der Menschen, so wie es ihnen »gegeben« ist. Alle Formen des Unheils: Elend, Krankheit, Streit, Verbrechen, früher Tod, erscheinen diesen Gläubigen nun mit einer immer größeren Gewißheit als einfache Ausgeburten ihrer Phantasie. Die Wiederkehr von Glück und Wohlstand schreiben sie der wunderbaren Kraft ihres neuen Glaubens zu, der ihnen die Gunst der Götter verliehen hat; Schicksalsschläge deuten sie als »Warnung« oder »Strafe« angesichts der Lauheit ihres Glaubens oder der Nachlässigkeit in ihren Bemühungen, den Geboten ihrer Religion entsprechend zu leben und zu handeln.

Die Überzeugung der Gläubigen des *Soka Gakkai*, nach der sie die Ursache für Ungeschick und Unglück in sich selbst tragen, führte im Jahre 1957 zu einer Auseinandersetzung mit der Bergarbeitergewerkschaft von Hokkaido (Tanro). Die Gewerkschaft beklagte sich, die Zelle des *Soka Gakkai* arbeite den gewerkschaftlichen Bemühungen um Verbesserung der Lebensbedingungen für die Bergarbeiter entgegen. Ihre Mitglieder verträten den Standpunkt, Elend, unerwartete Entlassung, Unfälle und Lohnsenkungen seien auf einen Mangel an Religion zurückzuführen, und wollten daher nicht zugeben, daß von Gruppen, die im außerreligiösen Bereich tätig seien, etwas gebessert werden könne. Tatsächlich bewegen sich auf diesem Gebiet einige der neuen Sekten offenbar in einem Teufelskreis, indem sie ihre Gläubigen dazu veranlassen, den status quo zu erhalten, mit anderen Worten die Ursachen der Unruhe und Unsicherheit, die sie dazu veranlaßt hat, sich ihrem neuen Glauben anzuschließen, aufrechterhalten.

Dies macht deutlich, daß auch beim *Soka Gakkai* eine Unvereinbarkeit besteht zwischen einerseits der Behauptung, der Ursprung allen Unglücks sei in uns selbst und nicht in äußeren Umständen zu suchen, und andererseits seiner Tätigkeit im politischen Bereich. Aber gerade diese politische Tätigkeit führt uns an den Zusammenhang heran, der zwischen der ursprünglichen Lehre des *Soka Gakkai* und der des *Nichiren* besteht. Letztere nämlich trägt apokalyptische und millenaristische Züge und betont, daß eine enge Verbindung zwischen dem Geschick der Nation und ihrer Religion besteht, die eine Beteiligung am politischen Leben rechtfertigt.

Nichiren war ein heiliger Mann, dessen bewegtes Leben sich im 13. Jahrhundert abspielte, als Japan von der Invasion des von *Kublai Khan* entsandten mongolischen Expeditionsheeres bedroht wurde. Er gründete eine neue buddhistische Sekte. Ihre sie vom übrigen Buddhismus unterscheidende Eigentümlichkeit war ihr Glaube an die einzigartige Macht des *Lotus Sutra* und der mystischen Anrufung *Namu Myoho Rengekyo* (»Heil dem Lotus des wunderbaren Gesetzes«) sowie ihre massive Intoleranz gegenüber den anderen buddhistischen Sekten, da nach ihrer Auffassung der Glaube, den man den anderen Sekten entgegenbrachte, Hauptursache für alles nationale Unglück, einschließlich der Mongoleninvasionen, war.

Der *Soka Gakkai* hat sich diese Lehre *Nichirens* zu eigen gemacht und ihr eine zugleich einfachere und aggressivere Form verliehen. Nach seiner Doktrin ist unsere Zeit die entartete Zeit des *mappo*, der »Letzten Tage des Gesetzes«, die seit langem in der Lehre Buddhas vorausgesagt sind: die Zeiten, in denen das Gesetz Buddhas beginnen wird, seine Kraft zu verlieren. In dieser unglückseligen Zeit werden die Lehren dieses Gesetzes vollends bedeutungslos sein. So wiederholt das Brevier des *Soka Gakkai* eindringlich, daß unsere Zeit ihren eigenen Buddha mit seinen eigenen Heiligen Schriften und seiner eigenen Liturgie hat, die nichts mit denen gemeinsam haben, die in Indien vor 2500 Jahren in Geltung waren. Dieser Buddha unserer Zeit ist nicht Sakyamuni, sondern Nichiren selbst. Ebenso hat, was die Schriften anbetrifft, der umfangreiche und unhandliche Tripitaka gegenwärtig keinen Sinn mehr: hier genügen allein die sieben chinesischen Schriftzeichen, die die heilige Formel *Namu Myoho Rengekyo* bilden. Der einzig gültige Gegenstand der Verehrung ist das »*Mandala*«, ein Papierband, auf das Nicheren von oben nach unten diese mystische Formel geschrieben hat.

Kurz gesagt, kann die heutige Zeit ihr Heil nur dadurch erlangen, daß sie sich der *neuen* Religion der Wahrheit anschließt, deren Prophet und Gründer Nichiren gewesen ist. Die Leiden und Drangsale, die das japanische Volk im Laufe der letzten sieben Jahrhunderte erlitten hat, haben ihren Grund in der hartnäckigen Verkennung der Sendung Nichirens und einer ebenso beharrlichen Treue gegenüber falschen Glaubensvorstellungen. Alle Nöte und Leiden, die von den Mongoleninvasionen bis zur Niederlage des Jahres 1945 über Japan gekommen sind, sind *butsubatsu*, das heißt »Strafen, die wegen seiner Halsstarrigkeit von Gott über das Volk« verhängt worden sind.

Aber wie das Brevier überdies sagt, tragen die Anhänger der wahren Religion seit langer Zeit in ihren Herzen das Wort: »Wartet auf die günstige Zeit.« Denn nach der Vorhersage von Nichiren wird unfehlbar die Zeit kommen, in der die wahre Religion nicht allein von ganz Japan anerkannt wird, sondern auch von der ganzen übrigen Welt. Gemäß gewisser Anzeichen sei die so sehr erwartete Zeit nunmehr bereits nahe. In Kürze werde sich der Kaiser bekehren, und der *Soka Gakkai* wird zur nationalen Religion Japans werden. Danach dann, so heißt es, wird die Bekehrung der übrigen Welt folgen, und wir werden den Anbruch des tausendjährigen Reiches erleben ...

Die Idee eines Millennium als letztes Ziel, auf das die Menschen ihre Bemühungen richten sollen, ist eine Vorstellung, die dem *Soka Gakkai,* aber auch gewissen anderen Sekten, die ihre Inspiration der Lehre des Nichiren entnehmen, eigentümlich ist.

Die erste dem Gläubigen auferlegte Verpflichtung besteht darin, möglichst viele seinesgleichen für die Bekehrung zur wahren Religion zu gewinnen und ihnen zu zeigen, wie sinnlos und unwirksam ihre gegenwärtigen Glaubensvorstellungen sind. Diese Propaganda- und Bekehrungsmethode heißt *shakubuku* (zerbrechen und unterwerfen). Die hierfür geltenden Regeln sind entwickelt in dem *Shakubuku Kyoten*, dem offiziellen Brevier der Lehre des *Soka Gakkai*. Der Gläubige findet dort Antworten auf Einwände aller Art, angefangen von denen des passiven Skeptikers bis zu denen des militanten Gegners. Diese Argumente beruhen im wesentlichen auf der Androhung von Strafe und der Verheißung von Lohn. Der Beweis, daß der *Soka Gakkai* die einzige wahre Religion ist, liegt darin, daß sie die einzige Religion ist, die durch Wunder irdische Belohnung gewähren kann. Sehen Sie sich, so sagt man, die Proselyten der anderen buddhistischen Sekten an: sie werden krank und sterben, machen Bankerott oder werden von Wahnsinn geschlagen; sehen Sie sich ihre Familien an: sie bringen gesundheitlich und geistig schwache Kinder hervor; aber betrachten Sie dagegen die Bekenner des *Soka Gakkai:* sie werden mit Segnungen überschüttet.

Die Angehörigen der Sekte werden angehalten, in der Praktizierung des *shakubuku* Spott und Feindschaft entgegenzutreten, und zwar mit der Lehre, daß eine unbarmherzige Strafe diejenigen treffen wird, die den *shakubuku* vernommen haben, aber davon unberührt geblieben sind oder ihn sogar ins Lächerliche ziehen. Je mehr Prüfungen die Propagandisten in der Erfüllung ihrer Aufgabe zu ertragen haben, desto eher ist das unheilvolle *»karma«* ihrer vergangenen Fehler aufgehoben, und desto schneller schreiten sie auf die Glückseligkeit des Millennium zu.

Die Unklarheit und Verschwommenheit der Schilderungen des neuen Zeitalters findet in einer gewissen Weise eine Parallele in dem politischen Programm der Partei des *Soka Gakkai* im japanischen Oberhaus. Sie führt den Namen *Komei Seiji Remmei oder* »Liga der loyalen Politik« und hat ein kaum profiliertes und jegliches Risiko ablehnendes Programm. Die *Komei-Liga* erklärt sich für den Frieden, für die Beibehaltung der Verfassung in ihrer gegenwärtigen Form, für eine saubere Politik und eine Förderung des Bildungswesens und der sozialen Sicherheit. Sie lehnt bedingungslos die Produktion und Anwendung nuklearer Waffen ab. Etwas mehr Originalität zeigt sie, wenn sie die Schaffung wirtschaftlicher Beziehungen zum kommunistischen China und die Rückgabe der Riu-Kiu-Inseln von Amerika fordert.

Ein solches Programm erweckt keine Kontroversen und gestattet überdies keinerlei politische Lokalisierung weder nach rechts noch nach links. Während die Partei die Sympathie der Liberaldemokraten genießt, stehen ihr die Sozialisten und Kommunisten mit höchstem Mißtrauen gegenüber, da sie in der Fraktion der *Soka Gakkai* einen heimtückischen Konkurrenten erblicken, der darauf aus ist, das Proletariat den von ihnen propagierten sozialen Reformen abspenstig zu machen. Überdies stoßen auch die faschistisch anmutenden Züge seiner militanten Organisation sowie gewisse totalitäre Tendenzen von verschiedenen Seiten her auf lebhafte Kritik. Es läßt sich nicht bestreiten, daß es seine soldatische Straffheit und sein militärischer Aufbau waren, die es dem *Soka Gakkai* ermöglichten, alle seine Kandidaten ins Oberhaus wählen zu lassen. Es ist bekannt, daß vor den Wahlen die einzelnen Führungsstäbe ihren Leuten die Kandidaten genannt haben, die sie zu wählen hatten, nachdem die dem einzelnen Kandidaten zugesprochenen Stimmen einem begrenzten Territorium zugewiesen und, soweit möglich, ausgeglichen worden waren. Wenn im übrigen der *Soka Gakkai* seine Ambitionen auf das Oberhaus beschränkt hat, dann vermutlich weil dieses allein eine Anzahl Mitglieder hat, die nicht in Einzelwahlkreisen gewählt werden. Bedeutend schwieriger wäre es für seinen straff organisierten Apparat, sich die Tore zum Unterhaus zu öffnen, in dem Abgeordnete nicht über eine Reichsliste gewählt werden.

Die Leistungsfähigkeit des Apparates kann zur Wahlzeit zweifellos

Neid erregen. Doch ist man auf der anderen Seite betroffen, wenn man an einem Sonntagnachmittag der Zeremonie im großen Tempel von Daisekiji beigewohnt hat: Die Atmosphäre ist absolut militärisch; alle an der Versammlung teilnehmenden Gläubigen haben abgestempelte Kennkarten; sie sind eingeteilt in Züge und Bataillone, die unter der Führung junger Leute mit gelben Armbinden stehen; alle rufen sie in gleichem Tonfall die heilige Formel und betreten oder verlassen den Tempel auf einen über Lautsprecher gegebenen Befehl . . .

Zusätzliche Literatur

Blacker, Carmen, New Religious Cults in Japan, in: Hibbert Journal, 60, 1962, S. 305–313.

Jaeckel, Theodor, Psychological and Sociological Approaches to Japans New Religions, in: Japanese Religions II/1, Kyoto 1960, S. 6–13.

Kohler, Werner, Die Lotus-Lehre und die modernen Religionen in Japan, Zürich 1962.

Nambara, Minoru, Religion und Geist im Nachkriegsjapan, in: Zeitschrift für Religions- und Geistesgeschichte, 9, 1957, S. 309 ff.

Offner, Clark B., und *Van Straelen,* Henry, Modern Japanese Religions, Leiden 1963.

Sheldon, Charles D., Religion in Politics in Japan: The Soka Gakkai, in: Pacific Affairs, Dezember 1960.

Thomsen, Harry, The New Religions in Japan: A Spotlight on the most Significant Development in Postwar Japan, Tokyo 1963.

Tokutaro Sakurai

Die Hauptzüge und Charakteristika des japanischen Volksglaubens *

I. Definition des Volksglaubens

Nur sehr schwer läßt sich das komplexe religiöse Leben der Japaner vollständig erfassen und exakt schildern. Der Grund, weshalb es so kompliziert ist, liegt zuvörderst in der historischen und geographischen Situation Japans. Nahezu zweitausend Jahre sind vergangen, seit Japan unter eine einheitliche politische Macht gelangt ist. Im Laufe der Zeit entwickelten sich die primitiven Glaubensvorstellungen der Steinzeit zum auf landwirtschaftlicher Kultur basierenden *Schintoismus,* der nach und nach zu einer besonderen Form unter den gegenwärtigen Glaubensformen heranreifte. Diese nationalen Glaubensformen waren nicht systematisch geordnet, sondern spiegeln in chaotischer Form den Lauf einer langen Geschichte wider. Überdies hatte die topographische Vielfalt der japanischen Inseln einen starken Einfluß auf die Lebensbedingungen und Denkweisen ihrer Bewohner. Ferner rührt die Komplexität von den Klimaunterschieden her, die vom subtropischen bis zum subpolaren Bereich der Aleuten reichen. Insoweit die japanischen Inseln in Richtung des eurasischen Kontinentes liegen, verbreiteten sich verschiedene religiöse Glaubensformen vom Kontinent aus ostwärts und erreichten unsere Inseln, die dadurch sozusagen in eine Art »kulturelle Schneeverwehung« gerieten. Überdies gilt es, die Einführung und Annahme fremder Glaubensformen zu beachten, namentlich den Einfluß des Konfuzianismus, des Taoismus, des Buddhismus und des Christentums. Diese fremden Religionen wurden, nachdem sie in Japan Fuß gefaßt hatten, zu einem Teil des Lebens unseres Volkes und verursachten so die Vielfalt des Volksglaubens.

Ein dritter Faktor ist die Unterschiedlichkeit der vorherrschenden ökologischen Bedingungen, die den Volksglauben beeinflussen. Die Leute in den Gebirgsgegenden waren Jäger, Waldarbeiter und Handwerker. In den Ebenen bildete der Reisanbau die Hauptbeschäftigung, während die Bewohner der Meeresküsten als Fischer und Salzproduzenten tätig wurden. Die in den Primärindustrien Tätigen wollten ihre eigenen, primitiven Schutzgötter haben und arbeiteten unter deren göttlicher Obhut; für die Bergbewohner war es *yama-no-kami* (Berggott), für die Bauern *ta-no-kami* (Reisfeldgott) und für die Bewohner der Fischerdörfer

* Aus: *Sakurai,* Tokutaro: The Major Features and Characteristics of Japanese Folk Beliefs, in: The Sociology of Japanese Religion, Edited by: Kiyomi *Morioka* und Wiliam H. *Newell.* E. J. Brill, Leiden 1968, S. 13–24. Abdruck mit freundlicher Erlaubnis des Verlages.

umi-no-kami (Meeresgott). Überdies hat der verspätete Beginn der modernen industriellen Revolution dazu beigetragen, daß diese traditionellen Formen des Volksglaubens bestehen blieben und heute noch das religiöse Leben beeinflussen.

Der vierte Faktor ist die im japanischen Nationalcharakter liegende Großzügigkeit gegenüber Glaubensformen und Religionen, die von außen her eingeführt wurden, was von allen, die den Volksglauben in Japan studierten, betont worden ist. Die Geschichte zeigt, daß die Japaner fremden Glaubensformen und Religionen gegenüber größte Toleranz und verständnisvolle Großzügigkeit an den Tag legten, außer im Falle der unmenschlichen Unterdrückung des Katholizismus, der im 16. Jahrhundert eingeführt wurde. Viele fremde Religionen, so z. B. der Buddhismus, wurden ohne den geringsten Widerstand und erst recht ohne Unterdrückung eingeführt und haben im religiösen Leben des Volkes tiefe Wurzeln geschlagen und starken Einfluß ausgeübt.

Ein letzter Faktor ist die tiefe Pietät und der Enthusiasmus der Japaner. Frömmigkeit war früher in Japan einer der wichtigsten Maßstäbe zur Bewertung der Persönlichkeit eines Menschen. Man nannte sie *kami-shinjin* (Treue gegenüber den Göttern). In diesem Falle darf *kami* (Götter) nicht als dem Begriff »Gott« verwandt angesehen werden, da dieser ein monotheistischer Begriff ist, während hinter dem ersten der beiden Begriffe eine mehr polytheistische Idee liegt. Irgendwie hat das japanische Volk dennoch eine ausgeprägte Haltung der Anbetung einem absoluten Wesen gegenüber, dem der Mensch unterworfen ist. Doch ist dieses absolute Wesen nicht immer als der einzige, transzendentale Gott definiert worden. So entstand bisweilen der Anschein, als wären die Japaner in einem Stadium der Naturreligion steckengeblieben. Es entstand die Tendenz, Gegenstände der anbetenden Verehrung, wie Götter, Buddhas, Jesus oder Sakya unterschiedslos nebeneinander anzubeten, ohne eine weitreichende Unterscheidung zu treffen. Daher dürften die Grundelemente, die das religiöse Leben Japans so vielschichtig und bunt erscheinen lassen, in eben diesem *kami*-Begriff liegen.

1. Organisierte Religionen und Volksglauben

Man kann daher mit gutem Grund sagen, daß Japan ein »Schatzhaus« oder ein »Ausstellungspark« für alle Religionen der Welt ist. So ist es natürlich sehr schwierig, die diversen japanischen Volksglauben zu umschreiben. Zunächst einmal ist es notwendig, sich darüber klarzuwerden, wie man an diese Formen des Volksglaubens herantreten will. Die beste Methode zur Klärung ihrer Eigentümlichkeiten dürfte sein, die Formen des Volksglaubens mit den in Japan anerkannten organisierten Religionen zu vergleichen.

Bei den Formen des Volksglaubens gibt es keinen Gründer, der Dogmen erläßt, wie es bei den organisierten Religionen der Fall ist. Die

Glaubensvorstellungen erwachsen aus dem einfachen Volk der Städte und Dörfer. Es sind also Gemeinschaften, aus denen sie entstehen und die sie tragen. Darin liegt der Hauptunterschied zu amtlichen, organisierten Religionen, die von der Gläubigkeit des einzelnen abhängig sind. Daher haben sie auch ein starkes Lokalkolorit und einen ausgeprägten Erdgeruch; sie besitzen keine geschichtsübergreifenden oder überregionalen Züge.

An vielen Stellen in Japan organisieren die Leute sich selbst in örtlichen Gruppen wie *Kannon-ko, Jizo-ko, Yakushi-ko, Koshin-ko* und *Ise-ko,* in denen Handlungen der Volksreligion vollzogen werden. Auf den ersten Blick könnte man diese *ko*-Gruppen als Organe einzelner organisierter Religionen identifizieren. Und in der Tat gibt es einige *ko*-Gruppen, wie *Hoon-ko* von den *Shinshu*-Sekten und *Hokke-ko* von der *Nichiren*-Sekte, die von diesen buddhistischen Orden organisiert werden, sowie auch solche der *kyoha*-Sekte des Schintoismus. Jedoch hiervon gibt es nur wenige. Sie sind von denen des Volksglaubens grundlegend verschieden. Die Organisation von *ko*-Gruppen des Volksglaubens dürfen nicht verglichen werden mit den *ko*-Gruppen, die örtliche Versammlungen etablierter Religionsgemeinschaften darstellen, weil bei den erstgenannten kein spezieller Missionar oder Propagandist vorhanden ist. Jedes Mitglied der Gruppe, das als *ko-ju* oder *ko-in* bezeichnet wird, kann eine Versammlung leiten und den Vorsitz bei den religiösen Handlungen führen. Er übernimmt turnusmäßig als Vertreter der Gemeinde für einen Monat oder ein Jahr die Organisation dieser Handlungen und Tätigkeiten. Gewöhnliche Mitglieder spielen die Rolle der Missionare. Mit anderen Worten: Dorfbewohner, die Mitglieder einer *ko*-Gruppe sind, werden manchmal zu Missionaren, ein andermal Beauftragte der Gemeinde, während sie zu anderen Zeiten, je nach der Situation, einfache Gläubige sind.

Der Unterschied zwischen diesen beiden Arten von *ko*-Gruppen ist deutlich dort, wo sie Gläubige organisieren. Allgemein gesprochen, ist es den amtlichen Religionsgemeinschaften zur Bildung einer größeren Organisation, die verschiedene Gruppen umfaßt, gelungen, in Dörfern, Städten, Bezirken und Ländern und selbst außerhalb Japans viele Gläubige zu gewinnen. Der Rahmen der *ko*-Gruppen des Volksglaubens hingegen ist sehr eng, und die Mitglieder rekrutieren sich weitgehend aus einem einzelnen Dorf oder einer Siedlung. Organisationen, die das ganze Land umfassen, sind daher unmöglich. Die historischen Ursprünge der Formen des Volksglaubens werden deutlich durch die Namen der Gruppen: *Kannon, Jizo, Yakushi* stammen aus dem Buddhismus, *Ko-Shin* aus dem Taoismus und *Ise* aus dem traditionellen Schintoismus. Das bedeutet, daß sie auf der Grundlage dieser etablierten Religionen entstanden sind. Obwohl in diesem Sinne jeweils beide Glaubensformen zutiefst miteinander verwandt sind, bleiben sie in ihren Organisationen und Funktionen dennoch völlig verschieden . . .

2. Der Bereich des Volksglaubens

Eine Definition, die sagt, Volksglaube seien »alle Glaubensformen außerhalb des Bereiches der etablierten organisierten Religionsgemeinschaften«, wäre ungenau. Denn unter den verschiedenen heutigen Ausprägungen des Glaubens gibt es sicher auch solche, die keine Gemeinschaft mit organisierten Religionsgemeinschaften haben. Historisch gesehen besitzt in manchen Fällen der Volksglaube enge Beziehungen zu organisierten Religionsgemeinschaften und hat oft auch denselben Ursprung wie diese. Das heißt, der Volksglaube hat in seinen verschiedenen Formen durch den Prozeß ihrer Annahme durch die Gemeinden viele Faktoren von organisierten religiösen Glaubensgemeinschaften abgeleitet. Das bedeutet eine Änderung mancher der grundlegendsten Elemente der organisierten Religionen im Prozeß der Anpassung an die jeweils ortsansässige Bevölkerung. Daher ist es unmöglich, diese beiden Typen von religiösem Glauben, die einmal sehr vielfältige und starke Kontakte miteinander hatten, voneinander zu trennen.

Ungeachtet dieser historischen Zusammenhänge haben sich die in dieser Weise angepaßten Formen des Volksglaubens von den ursprünglichen Lehren und Bekenntnissen der organisierten Religionen entfernt, sich aus ihren Organisationen ausgeklammert und sich außerhalb des Rahmens ihres Systemes heimisch gemacht.

So gibt es zum Beispiel auf den Goto-Inseln im Nordwesten von Kyuschu zahlreiche kleine Dörfer von Christen, die sogenannten *kakure-kirishitan* oder *sempuku-kirishitan* (verborgene Christen). Es sind dies Nachkommen der im späten 16. Jahrhundert vom hl. Franz Xavier zum katholischen Glauben Bekehrten. Ihre Vorfahren überlieferten ihren Glauben über Generationen hin in aller Heimlichkeit, ungeachtet der Verfolgung durch die *Tokugawa-Schogune*. Obwohl sie weder die Bibel, noch Missionare oder Leiter für ihre rituellen Handlungen haben konnten, verehrten sie die Jungfrau Maria, getarnt als *kannon* (Göttin der Barmherzigkeit) hinter dem *butsudan* (buddhistischer Hausschrein). Sie gaben vor, Buddhisten zu sein, während sie in Wirklichkeit Tag und Nacht zu der verborgenen Jungfrau Maria beteten.

Die religiösen Rituale der verborgenen Christen haben sich in den Jahrhunderten seit der Bekehrung ihrer Vorfahren so geändert, daß in ihnen heute die ursprünglichen rituellen Formen des Katholizismus nicht mehr leicht erkennbar sind. Ihre heutigen Rituale sind denen des Volksglaubens in anderen japanischen Gemeinden sehr verwandt und fast völlig verschieden von den früheren katholischen Ritualen. So sind selbst nach der Restauration von 1868, als das Verbot der christlichen Propaganda aufgehoben wurde, die Untergrundchristen nicht zur katholischen Kirche zurückgekehrt, sondern haben es bis auf den heutigen Tag abgelehnt, mit Außenstehenden in Verbindung zu treten.

Der Glaube und die Rituale der *kakure-kirishitan*, die der christlichen Welt von heute so sehr entfremdet sind, können nicht in den Bereich der organisierten Religionen des Landes einbezogen werden. Sie müssen als Phänomen anderer Art, als Phänomen des Volksglaubens, angesehen werden ...

Wenn wir Glaubensinhalte und Rituale, die von solchen angenommenen Religionen abgeleitet sind, mit unter den Volksglauben einbeziehen, wird der Bereich unseres Themas außerordentlich ausgeweitet. Im Mittelpunkt stehen die ursprünglichen Formen von Volksglauben: primitive, naive, der Naturreligion nahestehende Glaubensvorstellungen des *Schinto*. Und so sehen wir als nächstes das Problem der Mischung des Schintoismus mit Buddhismus und Christentum, die sich während des Vorganges der Übernahme dieser fremden Religionen vollzog; daneben stehen Tabus, die die täglichen Aktivitäten der Menschen regeln.

Natürlich ist es vollkommen unmöglich, hier auf alle diese Aspekte des Volksglaubens einzugehen. So werden wir unsere Ausführungen auf die traditionellen Glaubensformen der Naturreligion beschränken, die den zentralen Teil des Spektrums der verschiedenen Ausprägungen des Volksglaubens bilden. Die charakteristischen Züge japanischen Volksglaubens sollen in den folgenden Abschnitten behandelt werden, und zwar hinsichtlich der traditionellen, der Naturreligion entstammenden Glaubensvorstellungen, die im einfachen Volk Wurzeln gefaßt haben.

II. Einzelne Aspekte des Volksglaubens

1. Glaube an Hausgötter

a) *Kamado-gami (Ofengott)*. Der *kamado* (Ofen) steht für gewöhnlich mitten in der Küche auf dem Boden. Im wärmeren Südwesten Japans kann eine Wohnung aus mehreren Gebäuden bestehen, die für verschiedene Zwecke gebraucht werden. In diesem Falle wird in einer Hütte, genannt *kama-ya* (Ofenhaus), gekocht. In ihr steht ein Schrein des *Hi-no-kami* (Feuergott). Dieser Gott wird für gewöhnlich *kamado-gami* oder *kama-gami-sami* genannt. Im Nordosten Japans, wo die Küchen innerhalb des Hauses sind, steht der Schrein des *kamado-gami* auf einer Säule in der Nähe des Herdes. Diese Götter sind Feuergötter, das heißt behütende Gottheiten, die die Mitglieder des Hauses vor Feuer und Brand schützen.

b) *Ebisu-gami (Gott des Reichtums)* und *Daikoku-gami (Gott des Erfolges)*. Die Familienmitglieder speisen, unterhalten sich und machen ihre Pläne in dem Raum, der *daidokoro* oder *katte* genannt wird, in dem ein Herd in der Mitte steht. Dies ist der Platz, an den sie sich stark emotional gebunden fühlen und zu dem, wie man glaubt, Wohlergehen und Glück des *ie* (Haus) als Inbegriff am tiefsten in Beziehung stehen. Daher stehen der Schrein des *Ebisu* oder *Daikoku* in einer Ecke eben dieses Raumes.

Zweimal im Jahr wird das *Ebisu-ko,* das Fest zu Ehren von *Ebisu,* gehalten. Am 20. Januar werden Schüsseln mit Eßwaren auf dem Altar geopfert, damit das neue Jahr zu einem Jahr des Überflusses werde. Am 20. Oktober werden zum Ausdruck des Dankes für reiche Ernte und reichen Ertrag landwirtschaftliche Produkte und Produkte des Meeres geopfert.

c) *Kami-dana (Haushaltaltar).* An die Innenseite dieses Wohnraumes grenzt für gewöhnlich ein Raum, der nicht für täglichen Gebrauch der Familienmitglieder bestimmt ist, sondern nur für geladene Gäste. In einer Ecke dieses Raumes steht ein Hausaltar, wo der *ofuda* (Talisman) der *Schinto*-Götter steht, vor dem die Hausbewohner jeden Morgen beten ... Diese Götter, so glaubt man, lenken das Schicksal des Haushaltes und bieten ihm Schutz. Daher opfern fromme Familien den Göttern geweihten *sake* (Reiswein) und geweihten Reis, zünden ihnen ein Licht an, und die einzelnen Familienmitglieder bekunden ihre Verehrung, indem sie sich zweimal vor dem Altar verbeugen und in die Hände klatschen.

d) *Nando-gami (Gott des Hinterzimmers).* Im Südwesten Japans verehren viele Leute *nando-gami* im *nando,* dem Schlafraum des Familienoberhauptes und seiner Frau. In vielen Häusern in Zentraljapan wird der Reiskasten in diesen Raum gestellt und nur von der Hausfrau verwaltet. Der Reiskasten wird als Symbol des Wohlstandes des *ie* betrachtet, und *nando-gami* wird als Hüter dieses Wohlstandes verehrt.

Dieser *nando-gami* ist ebenso wie der *kamado-gami* besonders typisch für die Kategorie der *uchino-kami* (Götter des Hausinnern) und existiert seit der frühesten Zeit japanischer Geschichte. Selbst heute wird er stets noch als Schutzgottheit des Haushalts verehrt.

Neben diesen Göttern wird in der Nähe von Brunnen oder Quellen der *mizu-no-kami* (Wassergott) als Schutzgottheit des Trinkwassers verehrt. Da der Platz eines Gottes geheiligt ist, sind Unreinheit oder Befleckung verboten. Die Leute achten die Heiligkeit des Platzes, indem sie ihn stets reinhalten. Am Neujahrstag bringt ein besonders gereinigter *toshi-otoka* (ein Mann für dieses eine Jahr) geweihten Reis, betet zu dem Wassergott und schöpft Wasser. Neben diesem Brauch wird einmal im Jahr eine Brunnenreinigung oder Bachreinigung durchgeführt, um das Wasser klar zu halten.

2. Glaube an Landgötter

a) *Yashiki-gama (Gott der Heimstatt).* Auf den Halbinseln Satsuma und Osumi im Süden der Insel Kyushu heißt der ländliche Schutzgott von Haus und Heim *uchi-gami* oder *kado-gami.* Für gewöhnlich werden zwei oder drei Steinbilder von dem Gott gemacht, in kleine Schreine gelegt und in einer Ecke des Hauses aufgestellt. Die Leute sagen, daß, wenn die

Anzahl der Steinbilder zunimmt, der Wohlstand des Hauses wächst; wenn sie abnimmt, kommt Krankheit über die Familie oder Wohlstand und Glück nehmen ab.

Die Feste zu Ehren von *kado-gami* werden im allgemeinen an einem bestimmten Tag im November, dem Monat des Frostes, gefeiert. Die Leute legen *mikin* (heilige Gewänder) aus Papier, nach Art von menschlichen Gewändern, auf die Steine. Da immer ein neues Gewand über das Gewand vom vorigen Jahr gelegt wird, wird jeder *kado-gami* immer dicker. Das ist ein Symbol für Glück und Wohlstand und wird freudig begrüßt. Andererseits können diese Gewänder auch reißen oder verschleißen. Dann haben die Leute Angst, weil sie darin ein Vorzeichen von Unglück erblicken. Auf diese Weise wollen sie das künftige Schicksal des Hauses und der Familie vorhersehen.

Ursprünglich war *kado-gami* ein Landgott, dem Schreine aufgestellt wurden, damit er böse Geister rund um das Haus vertreibt. So ist er seinem Ursprung nach eine Art Erdgeist. Erst nach und nach wurde er zur Schutzgottheit von Haus und Heim und danach ein geistiges Wesen, das die Geschicke des Hauses und seiner Bewohner regelte. So stellt man sich die historische Entwicklung des *kado-gami* vor.

b) *Sae-no-kami (Gott, der die Grenzen bewacht). Sae-no-kami* oder *doso-jin* ist eine Art Volksgott auf dem Land. Früher wurden ihm zu Ehren Steinmale an der Grenze der Dörfer und an Wegkreuzungen errichtet. Heutzutage finden sie sich dort nicht länger, sondern zusammen mit dem Schinto-Schrein des Dorfes auf dem Dorfplatz oder an der Straßenkreuzung mitten im Ort, dort, wo die Leute oft zusammenkommen.

Diese Gottheit hatte früher ihren Schrein an der Dorfgrenze und an Gebirgspässen. Die Dorfbewohner riefen *sae-no-kami* zum Schutz für Leib und Leben an, wenn immer sie geschäftlich in andere Dörfer mußten oder zur Arbeit über den Paß in die Berge gingen. Dieser Brauch besteht nach wie vor. Ältere Leute opfern stets noch an Stellen Blumen, an denen längst keine Spur mehr von diesen Steinmälern zu finden ist.

Da die Dorfgrenze für den Japaner wichtig ist, wird dieser Brauch noch heute durch die Zeremonie des *sakamukae* gepflegt. Wallfahrten zu Schreinen außerhalb der eigenen Gemeinde sind eine altehrwürdige Gewohnheit. Bei der Rückkehr von einer Pilgerfahrt versammeln sich Bekannte, Freunde und Nachbarn, um den zurückkehrenden Pilger an der Dorfgrenze zu empfangen, und verrichten dort ein Ritual zur Behebung seiner Müdigkeit. Sie bringen ihm Kleider und Schuhwerk zum Wechseln, Schüsseln mit Eßwaren und geweihten *sake* (Reiswein) zur Stärkung.

Auch eine am Hochzeitstag vollzogene Zeremonie wird *saka-mukae* genannt. Sie vollzog sich ursprünglich so, daß die Familie des Bräutigams einen Boten entsandte, der die Braut und ihre Verwandten an der Dorfgrenze zu empfangen hatte, sowie beim Empfang eines von der Pilgerfahrt Zurückgekehrten ...

Es ist die wichtigste Funktion der *sae-no-kami,* das Dorf vor bösen Geistern und Teufeln zu schützen. So werden vor dem Schrein dieses Gottes oft enorm große Strohsandalen aufgestellt: eine magische Handlung, um das Dorf vor dem Eindringen von Seuchen und Schreckgespenstern zu bewahren. Naive Japaner haben nämlich geglaubt, Krankheits- und Unglücksfälle rührten vom Einbruch böser Geister und Teufel her. Sie glaubten, diese bösen Gottheiten würden das Weite suchen, wenn man sie durch die übergroßen Schuhe erschrecke. Von einer solchen naiven Vorstellung rührt der besagte magische Brauch her.

Magische Verrichtungen zur Abwehr von Seuchen und bösen Einflüssen von dem Dorf werden *eki-jin-okuri* (Fortschicken des Seuchengottes) und *mushi-okuri* (Fortschicken schädlicher Insekten) genannt.

Die magischen Verrichtungen des *eki-jin-okuri* werden im Hochsommer vorgenommen, wenn die Gefahr von Epidemien besonders groß ist. In jedem Haus kochen die Leute geweihten Reis, für gewöhnlich zusammen mit roten Bohnen, und setzen dies Gekochte auf ein Strohkissen. Dazu schneiden sie aus Papier oder Stoff schmale Fähnchen und stecken sie auf das Kissen. Dann stimmen sie einen Zauberspruch an und ziehen zu dem *sae-no-kami*-Schrein an der Dorfgrenze, um dort das Kissen mit den Gaben zu opfern. Da Sommer ist, beginnen der Reis und die anderen Opfergaben auf dem Strohkissen bald zu faulen, und Fliegen und andere Insekten umschwärmen sie und verbreiten Krankheitskeime. Die Alten glaubten, diese Magie sei ungeachtet ihrer unhygienischen Form zur Abwehr der Krankheiten und Seuchen von ihrem Dorf wirksam.

Auch der magische Ritus des *mushi-okuri* zum Schutz gegen Seuchen und Insekten hängt eng zusammen mit dem *sae-no-kami.* Da die Japaner ein Bauernvolk waren, ging es ihnen vor allem um die Reisernte. Sie waren daher ängstlich darauf bedacht, alle Ursachen auszuschalten, die eine gute Ernte beeinträchtigen konnten.

Einen Abend im Frühsommer, wenn die Umsetzung der Reispflanzen völlig beendet ist, ziehen sie aus den einzelnen Häusern mit Pechfackeln, dröhnenden Gongs und lärmenden Trommeln über die schmalen Pfade, die die Reisfelder miteinander verbinden . . . Schließlich versammeln sie sich auf dem Platz des *sae-no-kami* und rufen, begleitet von Musikinstrumenten, laut den Zauber gegen schädliche Einflüsse. Sie glauben, durch solche magischen Handlungen seien diese schädlichen Einflüsse ausgeschaltet. Bei der heute allgemein üblichen Verwendung chemischer Mittel in der Landwirtschaft wirkt dies als völlig unwissenschaftlicher Unsinn. Dennoch fühlen sich diese Leute, auch wenn sie Insektenvertilgungsmittel einsetzen, ihrer Sache keineswegs sicher, solange sie nicht diese traditionelle *mushi-okuri*-Zeremonie verrichtet haben. Jedenfalls läßt sich ein Aspekt japanischer Volksfrömmigkeit daraus ableiten, daß *sae-no-kami* für den Schutz der Äcker verantwortlich gemacht wird.

3. Produktionstätigkeiten und Volksglaube

Unter den Bevölkerungskreisen, die in den sogenannten Urgewerben, das heißt Landwirtschaft, Waldwirtschaft, Fischerei usw., tätig sind, lassen sich viele primitive und frühe Formen des Volksglaubens beobachten. Obwohl der Bereich solcher Glaubensvorstellungen durch die Industrialisierung nach und nach eingeengt worden ist, existieren sie noch immer. Sie weisen sehr spezielle Eigentümlichkeiten des japanischen Volksglaubens auf. Die grundlegendsten davon sollen in den folgenden Absätzen behandelt werden.

a) *Der Glaube an die Yama-no-kami (Berggötter).* Im Frühjahr (März oder April) und im Herbst (Oktober oder November) veranstalten die Leute Festlichkeiten zu Ehren des *yama-no-kami*, der seinen steinernen Schrein an einem Berghang hat. Die Feste tragen den Namen *yama-no-kami-matsuri* und werden vor allem von Bergbewohnern begangen, die als Jäger, Köhler oder Holzfäller tätig sind.

Am Festtag versammeln die Dorfbewohner sich im Haus der Ehrerbietung, um vor dem Bild des *yama-no-kami*, das an der Wand des *tokonoma* (Nische des Hauses) hängt, oder vor dem auf dem Berg stehenden Schrein ihre Gebete zu verrichten. Dort halten sie ein großes Festmahl und verbringen den ganzen Tag mit essen, trinken, singen und tanzen. Die gesamte Szene ähnelt dem aus dem Schintoismus bekannten Schreinfest . . .

An den Festtagen des *yama-no-kami* darf unter keinen Umständen jemand in die Berge gehen. Bricht ein Mensch dieses Tabu, so wird ihn unvermeidlich ein schweres Unheil treffen. Er kann durch einen Erdrutsch getötet, durch einen fallenden Baum verletzt oder durch eine plötzliche Windbö umgeworfen werden. Daher muß während der Festtage des Berggottes den ganzen Tag über alle Arbeit in den Bergen ruhen. Die Begründung für dieses Tabu ist die folgende: Während des Festtages im Frühling setzt *yama-no-kami* angeblich junge Bäume oder läuft über die Berge und sät. Daher müssen die Leute *yama-no-kami* ungestört säen und setzen lassen. Am entsprechenden Festtag im Herbst entlaubt *yama-no-kami* die Bäume. Da der Gott binnen weniger Tage eilends rund um die Welt läuft, wird jeder, der ihm in den Weg kommt, zu Boden geworfen. Weil der Gott zornig ist, trifft den Menschen, der das Tabu, an diesen Tagen das Gebirge zu betreten, verletzt, ein unerwartetes Unheil.

Dem modernen Leser braucht wohl nicht erklärt zu werden, daß diese Legende vollkommen ungereimt ist. Weshalb aber gehorchen die Leute einem solchen Tabu und halten weiter die Festtage des *yama-no-kami-ko*? Es handelt sich um einen traditionellen Glauben, aus vergangenen Vorstellungen, nach denen der Lebensprozeß der Bäume ein mystischer Akt des Schöpfers ist. Wenn diese Vorstellung auch mit der Entwicklung des menschlichen Wissens gegenstandslos geworden ist, wünschen sich die in der Waldwirtschaft Beschäftigten des 20. Jahrhunderts doch nach wie vor eine gute Jagd, einen guten Baumbestand und hohe Preise für das Holz. Und gemäß traditionellem Glauben besitzt *yama-no-kami* den Schlüssel zur Verwirklichung dieser Wünsche. Diese Wünsche der Bergbewohner sind es also, die sie veranlassen, solche Festlichkeiten zu Ehren des Gottes zu veranstalten ...

Der Glaube an *yama-no-kami* als Gott neuen Wachstums gilt heute als eine der repräsentativsten Formen des Volksglaubens, was deutlich ersichtlich wird aus der weiten Verbreitung der kleinen Schreine des *yama-no-kami* über ganz Japan und nicht nur in den Bergdörfern.

b) *Der Glaube an den ta-no-kami (Reisgott).* Die Bauern in den feuchtheißen Gebieten glauben an *ta-no-kami* und beten zu ihm um eine gute Ernte. Das Symbol dieses Gottes, eine Steinfigur oder ein kleiner Schrein, steht an einer Ecke des Reisfeldes. Manchmal wird der Gott auch im Hause des einzelnen Bauern auf einem Altar stehend verehrt, der je nach dem Stand des Reises aus dem Haus auf das Feld gebracht wird. So halten zum Beispiel in den nördlichen Bezirken von Mitteljapan die Leute eine Versammlung, wenn sie *ta-no-kami* vom Haus auf das Reisfeld tragen, bevor sie mit der Bestellung beginnen. Dieser Kult heißt *ta-no-kami-okuri* (Aussendung des Sumpffeld-Gottes). Im Spätherbst oder Frühwinter, wenn die Ernten abgeschlossen sind, findet eine *ta-no-kami-mukae*-Zeremonie statt (Empfang des Sumpffeld-Gottes), um den Gott wieder in das Haus aufzunehmen und ihm Dank abzustatten für die Mühen beim Schutze des Reisanbaus. Der Altar steht in einer Nische des Ruheraumes, des heiligsten Teiles eines jeden Hauses. Nahrungsmittel von Land und See werden zusammengetragen, um dem Gott das Beste darzubieten. Das Familienoberhaupt empfängt in voller Festtagskleidung und mit großer Würde den Gott an der Tür des Hauses und begrüßt ihn dort. Dann lädt er ihn ein, ins Bad zu kommen, um sich den Schmutz abzuwaschen, der sich den Sommer über auf seinem Körper abgesetzt hat. Anschließend lädt er den Gott in den Ruheraum und bietet ihm Schüsseln mit Speisen an. Da alle diese Zeremonien wortlos vor sich gehen, können die Zuschauer sich vor Lachen nicht halten, während die Mitglieder der betreffenden Familie durchaus ernst bleiben müssen. Mit dieser Zeremonie wird *ta-no-kami* bis zur *ta-no-kami-okuri*-Zeremonie im nächsten Frühjahr wieder auf den Altar in der Nische des Hauses aufgestellt.

c) *Der Glaube an Ryo-jin (Fischergott)* und *funadama (Bootsgeist).* Da Japan auf allen Seiten vom Meer umgeben ist, gewinnen dort viele Menschen ihren Lebensunterhalt durch Seefischerei. Und da diese Arbeit bedeutend gefährlicher ist als die Landarbeit, waren die Fischer in ihrem Alltagsleben stets bedeutend frömmer. Angesichts dieser Situation haben sich unter ihnen verschiedene Formen von Volksglauben entwickelt.

Weitverbreitete Verehrung genießt ein Meeresgott mit Namen *Ryuo* (Drachenkönig). Dieser Glaube steht in einem gewissen Zusammenhang mit dem aus China stammenden Glauben an den *Ryu-jin* (Drachengott). Doch von allen Fischergöttern ist *Ebisu-gami* (Gott des Reichtums) am tiefsten mit dem Leben der Fischer verbunden. Wie bereits erwähnt, hat *Ebisu-gami* in vielen japanischen Häusern seinen Schrein, unabhängig von der Berufstätigkeit ihrer Bewohner, jedoch am meisten verbreitet ist er unter den Fischern als Fischergott. Für gewöhnlich wird ihm ein kleiner Schrein am Hafeneingang oder auf der Spitze eines Vorgebirges aufgestellt. Und bevor ein Fischerboot mit gutem Fang in den Hafen einläuft, erweisen die Fischer diesem Gott, den sie *Ebisu-mairi* nennen, die Ehre. Die Fischer, die Blaufisch fangen, zerschneiden einen Blaufisch zu *sashimi* (eßbarem Rohfisch) und bringen ihn *Ebisu* als *hatsu-ho* (erster Fang) dar. Dann nehmen sie den *hatsu-ho* mit nach Hause und teilen ihn dort mit ihren Familienmitgliedern.

Für alle, die auf dem Meer arbeiten, sind die Boote das wichtigste Werkzeug. Das Motto, unter dem sie leben, drückt sich am besten in dem Sprichwort aus: »Ein Seemann hat nur ein Brett zwischen sich und dem Untergang.« Sie verwahren *funadama* (Bootsgeist) als Wächter- und Schutzgottheit in einem Loch nahe am Bug des Schiffes und decken den Schrein zu. Sie treten niemals auf diese Stelle, gleich was geschieht; denn diese ist der heiligste Platz im Boot. Bei stürmischer See und wenn Gefahr droht, beten sie zu *funadama-sama* um Rettung. Das Symbol für *funadama* besteht für gewöhnlich aus ein paar Haaren des Schiffsbesitzers und seiner Frau, einem Würfel, einer Papierpuppe, alten Münzen und Körnern verschiedener Art. In manchen Gebieten heißt es, man brauche zwölf Arten von Symbolen. Bei der Zeremonie des Stapellaufes *(shinzo-oroshi)* ist es Brauch, die Frau oder die Tochter des Schiffsbesitzers ins Meer zu stoßen. Dieser Brauch heißt *funadama-sasagi* und ist möglicherweise eine Erinnerung an den früheren Brauch des Menschenopfers.

III. Charakteristika des japanischen Volksglaubens

1. Geschichtete Struktur

Strukturell gesehen bestehen die in verschiedenen Gesellschaftsbereichen des japanischen Volkes vorkommenden unorganisierten Glaubensvorstellungen in Schichten. Ebenso wie Hausgemeinschaften, Gemeinden und Arbeitsplätze in ihren sozialen Beziehungen Schichtungen erzeugen, werden die Personen stark in die Glaubensvorstellungen ihrer jeweiligen Schicht einbezogen und unterwerfen sich denjenigen magischen Vorstellungen, die zu ihrer Berufstätigkeit Bezug haben. Dementsprechend weisen diese Glaubensvorstellungen notwendigerweise eine geschichtete Struktur auf und sind ihre Formen so außerordentlich verschiedenartig.

Überdies sind die historischen Bedingungen, unter denen die verschiedenen Formen des Volksglaubens entstanden sind, zu berücksichtigen. Wie bereits erwähnt, finden sich im japanischen Volksglauben Spuren von Naturreligion und Animismus, die aus einer längst vergangenen Gesellschaft stammen und sich in ihrer Funktion durch die Geschichte hindurch erhalten haben. Das ist zum Beispiel der Fall bei den Glauben an *yama-no-kami, ta-no-kami* und *hi-no-kami* (Feuergott). Auf der Grundlage dieser primitiven Glaubensvorstellungen haben sich andere, komplexe Glaubensvorstellungen ausgebildet, und zwar im Zusammenhang mit der Annahme fremder Religionen wie Buddhismus, Konfuzianismus, Taoismus und Christentum, was eine weitere Schichtung zur Folge hatte.

Natürlich kennen wir auch bei vielen anderen Völkern Religionen mit ähnlicher Struktur. Aber in Japan ist man nie dazu übergegangen, alte Glaubensvorstellungen zu beseitigen oder neu zu organisieren: sie bleiben in ihren ursprünglichen Formen erhalten. Die Hinzufügung neuer Glaubenselemente hat dann die Schichtung nur verstärkt.

2. Materielles Interesse

Untersucht man den Charakter der Volksgötter Japans, so finden wir bei allen einen deutlichen Zug, so wie er ausdrücklich von den *fuku-no-kami* (Göttern des Reichtums) dargestellt wird, obwohl dies nicht nur für japanische Götter typisch ist. *Yama-no-kami* oder *ryo-jin,* um nur zwei Beispiele zu nennen, werden beide als Götter verehrt, die Reichtum und Überfluß erzeugen.

Am bemerkenswertesten ist in dieser Hinsicht *Ebisu-gami.* Ursprünglich war dies ein Gott, von dem die Fischer glaubten, er bringe eine Menge Fische aus dem Meer herauf. Später aber wurde er der Hauptgott des Reichtums, der Glück und Wohlstand bringt. Dieser Glaube verbreitete sich dann unter der Bevölkerung der ländlichen, ja sogar der gebirgigen Gegenden, die die Produkte für ihren Lebensunterhalt in den Bergen suchten. Und schließlich verbreitete sich dieser Glaube ganz allgemein, weil dieser Gott ein *fuku-no-kami* war, von dem man annahm, er bringe seinen Anhängern sichtbare Vorteile.

Seit alter Zeit hat das japanische Volk alle Götter angenommen, die ihm Reichtum brachten, ohne bei der Wahl besonders feine Unterschiede zu machen. Das heißt, bei seiner Haltung den Göttern gegenüber ist der Zug des materiellen Interesses offenkundig: die *ruku-no-kami,* die Götter des Reichtums, wurden daher überall sehr volkstümlich.

Doch wie stark auch das Trachten nach Reichtum und Glück ist – im Grunde kann man nie wissen, worin das persönliche Glück eines Menschen besteht. In vielen Fällen beklagen die Menschen das Unglück, das sie unerwartet getroffen hat. Solche Unglücksfälle treffen den Japaner sehr häufig, weil ein großer Teil des Volkes sein ganzes Leben als Fischer, Bauer oder Waldarbeiter verbringt. Sie fürchten Schaden durch schlechtes

Wetter und Taifune, sind auf See von Schiffbruch und an Land durch Erdrutsch und Lawinen bedroht. Je weiter wir in die Vergangenheit zurückgehen, desto stärker wurden die Menschen von solchen Unglücksfällen heimgesucht. Daher waren sie so sehr auf den Schutz durch die Götter des Reichtums und des Wohlstandes bedacht, und ihr Glaube trägt notwendigerweise einen materiellen Charakter. In ganz typischer Form bringt das Sprichwort »Nur in der Not wendet der Mensch sich an Gott« diesen Charakter des japanischen Volksglaubens zum Ausdruck.

3. Magischer Charakter

Der Zug des materiellen Interesses ist häufig von einem magischen Charakterzug begleitet. Beide stehen in enger Beziehung zueinander. So vollziehen zum Beispiel japanische Bauern zu Beginn des neuen Jahres vor dem Altar der Götter imitierend den Vorgang der bäuerlichen Tätigkeit im ganzen Jahresablauf. Durch diese Handlung versuchen sie, für das kommende Jahr Wohlstand und Überfluß vorauszusagen. Am *Setsubun*, dem Frühlingsanfang und letzten Tag des Winters, werfen sie zwölf Sojabohnen ins Feuer, um aus dem Verbrennen der einzelnen Bohnen das Wetter der nächsten zwölf Monate vorauszusagen. Der verbrannte schwarze Teil der Bohne zeigt die Regentage des Monats an, der helle Teil die Sonnentage. Bisweilen stecken sie auch ein Bambusrohr in leicht angekochten Reis und sagen danach für das landwirtschaftliche Leben wichtige Dinge eines jeden Monats voraus, indem sie nachmessen, wieviel von dem Reis in dem Rohr hängengeblieben ist. Diese magischen Praktiken findet man nicht allein in Bauerndörfern, sondern auch in Gebirgs- und Fischerdörfern . . .

Zusätzliche Literatur

Anesaki, Masaharu, History of Japanese Religion, London 1930.
Bellah, R. N., Tokugawa Religion. The Values of Pre-Industrial Japan, Glencoe 1957.
Creemers, Wilhelm H. M., Shrine Shinto After World War II, Leiden 1968.
Eder, Matthias, Figürliche Darstellungen in der Japanischen Volksreligion, Peking 1951.
Gundert, Wilhelm, Japanische Religionsgeschichte, Stuttgart 1943.
Howe, S., New Writings on Japan's Religions, in: Pacific Affairs, Sommer 1964.
Ono, Sokyo, The Kami Way. An Introduction to Shrine Shinto, Tokyo 1959.
Rosenkranz, Gerhard, Shintô. Der Weg der Götter, München 1944.
Rosenkranz, Gerhard, Götterglaube und Gottesglaube in Japan, in: Deutsch-Japanische Studien, November 1959.
Tsudzumi, Tsuneyoshi, Japan das Götterland, Leipzig 1936.

IV.
Der Hinduismus

S. Radhakrishnan

Hindu-Dharma *

Hindu-Kultur

Während andere Kulturen untergegangen oder im Wandel von mehr als fünftausend Jahren aufgesogen worden sind, steht die indische Kultur, die Zeitgenössin der ägyptischen und babylonischen, noch immer in Kraft. Wir können nicht sagen, daß sie ihren Weg hinter sich hat oder im Begriff ist, ein vorgezeichnetes Schicksal zu vollenden. In mancher Hinsicht könnte Indien als ein Land abgestorbener Werte und verfallender Sitten erscheinen. Wir besitzen jedoch prophetische Seelen, die bemüht sind, diesen Verfall zu entlarven und die einfachen Wahrheiten wieder in Kraft zu setzen. Dies zeigt ihre Lebenskraft. Denen, die der Idee des Fortschritts verfallen sind – mit seinen zahllosen Veränderungen, deren eine der anderen in unabsehbarer Reihe folgt –, mag die Dauerhaftigkeit der indischen Kultur als ein der Erklärung bedürftiges Phänomen erscheinen. Mit Hilfe welch merkwürdiger sozialer Alchimie hat Indien seine Eroberer unterworfen, indem es sie nach seinem eigenen Wesen umschuf? Wie konnte es das Wunder fertigbringen, inmitten sozialer Wanderungen, Aufstände und politischer Veränderungen, die anderwärts das Antlitz der Gesellschaft gewandelt haben, sich gleich zu bleiben? Wie kam es wohl, daß ihre Eroberer außerstande waren, dieser indischen Welt ihre Sprache, ihre Art des Denkens und ihre Gebräuche aufzuzwingen – es sei denn in ganz oberflächlicher Weise? Nicht mit Gewalt oder zufolge der Entwicklung aggressiver Anlagen hat Indien seine Mission erfüllt. Ist nicht das Schicksal Indiens und Chinas eine Manifestation jenes allgemeinen Naturgesetzes, nach dem die Gattung der Säbelzahn-Tiger zurückgegangen ist, während sich die zum Widerstand unfähigen Schafe in großen Mengen erhalten haben?

Der Hinduismus ruht nicht auf rassischen Voraussetzungen. Wenn auch die Kultur im geistigen Leben der vedischen Arier wurzelt und die Spuren ihres Ursprungs nicht verloren hat, hat sie doch soviel vom gesellschaftlichen Leben der Draviden und anderer eingeborener Stämme angenommen, daß es schwer ist, im modernen Hinduismus die vedischen und nichtvedischen Bestandteile zu entwirren. Die gegenseitige Durchdringung ist umfassend, innig und andauernd gewesen. Die verschiedenen Gemeinschaften, die den Hinduismus annahmen, stiegen zu dem Niveau der sie umgebenden Gesellschaft auf, bildeten sich in seinem Geist fort, nahmen seine Färbung an und trugen zu seiner Entwick-

* Aus: *S. Radhakrishnan*, Religion und Gesellschaft: Persönliche Freiheit und soziale Bindung, S. 113–155, Holle Verlag, Darmstadt und Genf o. J. Abdruck mit freundlicher Genehmigung des Verlages.

lung bei. Die Epen *Ramayana* und *Mahabharata* beschreiben die Ausbreitung der Hindu-Ideale, auch wenn in ihnen die geschichtlichen Tatsachen in einem Legenden-Nebel verdunkelt sind. Zu der Zeit, da sich diese Ausbreitung in weiten Teilen Indiens vollzog, fand sich die vedische Kultur bereits in einer Welt veränderter Werte. Alte Einrichtungen wie das Yajña wurden verunglimpft, und ein neuer Ansturm frommer Gefühle durchdrang die Atmosphäre. Der Hinduismus beschränkt sich nicht auf das geographische Gebiet, das den Namen Indien trägt. In frühen Tagen erstreckte sich seine Herrschaft auf Campa, Kambodscha, Java und Bali. Es gibt nichts, was ihn hindern könnte, sich bis in die fernsten Bezirke der Erde auszudehnen. Indien ist eine Überlieferung, ein Geist, ein Licht. Seine physikalischen und geistigen Grenzen fallen nicht zusammen.

Der Hinduismus ist ein Erbe von Ideen und Bestrebungen, die mit dem Rhythmus des Lebens selbst lebten und webten, ein Erbe, zu dem jedes Volk Indiens seinen besonderen und ausgezeichneten Beitrag geleistet hat. Seine Kultur stellt eine gewisse Einheit dar, wenn sich diese auch bei näherer Prüfung in eine Vielzahl von Schattierungen und Färbungen auflöst. Die Unterschiede sind noch nicht vollständig aufgeklärt, auch wenn schon seit dem Morgendämmern des Geistes der Traum der Einheit über die Szene schwebte und die Phantasie der Führer bezauberte. Um die gegenwärtige Lage der indischen Gesellschaft zu bessern, um ihrem Lebensstil von neuem eine Form zu geben, die der Würde vergangener Zeiten angemessen ist, müssen wir ihre Seele wiederentdecken, die wir als Erbe im Blute haben, jene unaussprechbaren Ideale, all das, was auf dem Grunde unseres Seins als dauernde Möglichkeit liegt. Unsere Werte ändern sich nicht; aber die Mittel und Wege des Ausdrucks tun es. Indien stellt geistige Werte höher als andere Völker.

Geistige Werte

Geistige Erfahrung beginnt mit der Annahme, daß die Welt, so wie sie ist, unzulänglich und die menschliche Natur, so wie sie ist, unideal ist. Aber die Bestimmung des Menschen besteht nicht darin, vor seiner Unvollkommenheit zu fliehen, sondern sie als einen Antrieb zur Besserung zu nützen. Unwissenheit und Unvollkommenheit sind nicht fortwährend lauernde Sünden, die wir überwinden sollen, sondern die echten Voraussetzungen für die Manifestation des Geistes. Unser begrenztes Bewußtsein soll als Schlüssel zu einer höheren, unendlichen Selbstexistenz und Glückseligkeit dienen. Das Begrenzte und das Unbegrenzte, das Unvollkommene und das Vollkommene sind keine ewigen Gegensätze. Auch der *Advaita Vedanta* behauptet nicht nur, daß zwischen Wahrheit und Vorstellung ein Gegensatz besteht, sondern auch, daß das Göttliche in allem lebt, daß all dies zugleich jenes ist. Der um das Brahman Wissende wirkt und bewegt sich in der Welt und lebt doch in Frieden und Freiheit. Wir brauchen nicht nach einer anderen Welt um der Schönheit und Vollkommenheit willen Ausschau zu halten, die diese Welt uns darbietet. Die Welt ist der Schauplatz der geistigen Befreiung. Der kosmische Prozeß ist nicht einfach eine Wiederholung derselben Erscheinungen, sondern ein Marsch nach vorwärts, ein unaufhörlicher Aufstieg von ursprünglicher Unbewußtheit zu einem immer feiner entwickelten Bewußtsein. Es liegen geistige Möglichkeiten vor uns, die wir nicht erreicht haben. Die *Taittiriya Upanishad*, die von dieser Fortentwicklung spricht, bleibt bei dem unvollkommenen geistigen Wesen, Mensch genannt, nicht stehen. Vijnana oder menschliche Intelligenz ist nicht die letzte Stufe geistiger Entwicklung. Es gibt ein weit größeres Bewußtsein, wir können es kennzeichnen als unbegrenzte Selbstexistenz, als reines Gewahrsein und ungehemmtes Entzücken, ananda, das das in uns wohnende Göttliche nicht nur zum Teil und unvollkommen, sondern vollständig und absolut entfesselt. Dieser evolutionäre Anstieg aus der Welt des unbelebten Stoffes (anna) über Leben (prana), Seele (manas) und Vernunft (vijnana) zu selbst-existenter Bewußtheit und Verzückung (ananda) geht nicht automatisch oder willkürlich, sondern unter dem Einfluß des Göttlichen vor sich. Der geistige Fortschritt zu einem weit umfänglicheren Bewußtsein als dem des menschlichen Geistes ist selbst eine Kundgebung göttlicher Betätigung. Leben in der Welt ist nicht eine Entfremdung vom Endziel, sondern ein Mittel zu seiner Erreichung. Das menschliche Leben darf nicht als unwert betrachtet werden. Menschliche Wünsche sind die Mittel, durch die das Ideale gegenwärtig wird. Die Welt ist kein Fehlgriff oder Trugbild, das von der Seele beiseitegeworfen wird, sondern ein Schauplatz geistiger Entwicklung, durch die aus dem materiellen das göttliche Bewußtsein offenbart werden kann. Samkara betrachtet geistige Erfahrung (avagati) als Ziel des kosmischen Prozesses überhaupt. Die Erde ist nichts anderes als der Himmel im Werden. Zufällige Existenz kann zu unbedingter Bedeutung erhoben werden. »Ewigkeit liebt die Geschöpfe der Zeit.« »Gott besitzt die Himmel, aber er überwölbt die Erde.« . . .

Der Begriff des Dharma

Die Grundsätze, die wir im Alltag und in den sozialen Beziehungen zu beobachten haben, bilden das sogenannte Dharma. Das ist die Verkörperung der Wahrheit im Leben und die Kraft, unser Wesen neu zu formen . . .

Unter dem Begriff des Dharma faßt der Hindu die Formen und Tätigkeiten zusammen, die das menschliche Leben gestalten und aufrechterhalten. Wir haben verschiedene Interessen, mancherlei Wünsche, widersprechende Bedürfnisse, die entstehen und sich im Entstehen wandeln. Sie zu einem Ganzen abzurunden, ist die Aufgabe des Dharma. Das Prinzip des Dharma regt uns zur Erkenntnis geistiger Realitäten nicht durch Weltentsagung, sondern dadurch an, daß es die beherrschende

Kraft des geistigen Glaubens zu seiner Belebung, seiner Beschäftigung (artha) und seinem Vergnügen (kama) einsetzt. Das Leben ist ein Ganzes, und in ihm finden wir keinen Unterschied zwischen Heiligem und Weltlichem. Bhakti und Mukti stehen nicht im Gegensatz zueinander. Dharma, artha und kama gehen Hand in Hand. Die gewöhnlichen Geschäfte des Alltags sind in wahrem Sinne Dienst für den Höchsten. Die Gemeinschaftsaufgaben sind ebenso wirkungsvoll wie klösterliche Hingabe.

Der Hindu verherrlicht das Asketentum ebensowenig wie den unfruchtbaren Verzicht auf die Freuden des Lebens. Physisches Wohlbefinden ist ein wesentlicher Teil des menschlichen Wohlbefindens. Vergnügen ist ein Teil des rechten Lebens, das sowohl sinnlich wie geistig ist. Den Sonnenschein genießen, der Musik lauschen oder ein Schauspiel erleben, sind Vorgänge sowohl sinnlicher wie geistiger Art. Vergnügen an sich darf nicht verworfen werden.

So ist auch der wirtschaftliche Faktor ein wesentliches Element im Menschenleben. Reichtum ist keine Sünde, ebenso wie Armut keine Tugend ist. Die Bemühungen eines Menschen, seinen Reichtum zu vermehren, können nicht verurteilt werden; erst wenn der Erwerb von Reichtum für andere geldlichen oder moralischen Schaden bedeutet, dann erhebt sich die Frage, ob die Anhäufung von Reichtum mit solchen Methoden und solchen Ergebnissen gutzuheißen ist. Das Hindu-Gesetz verlangt, daß der Beweggrund sozialer Dienst, nicht aber persönlicher Gewinn ist. Die verschiedenen Lebenswerte müssen auf gleiche Weise und nicht einer auf Kosten des anderen angestrebt werden. Bhavabhuti sagt, daß »philosophisches Wissen für die Bestimmung der Wahrheit preiswürdig sei; Reichtum werde nur um der Hilfe willen begehrt, die er bei der Erfüllung sozialer, wirtschaftlicher und religiöser Pflichten und Verbindlichkeiten leiste; und das Eheleben sei vollkommen, weil es zur Aufzucht einer wertvollen Nachkommenschaft diene.« Kalidasa sagt in seinem Werke *Raghuvamsa*: »Wer Reichtum erwarb, um ihn wegzugeben, wer sparsam sprach, um seinen Glauben zu bewahren; wer begierig war, Ruhm zu gewinnen, und wer sich verheiratete, um Nachkommenschaft zu bekommen.« Man fordert uns auf, daß wir jedes Staubteilchen in süßen Honig verwandeln. Die Entwicklung des Landes auf den Gebieten der Kunst und Kultur, des Handels und der Industrie war bedeutend. Die Qualität des Stahls bei der Asoka-Säule in Delhi erregt noch heute die Bewunderung der Stahlindustriellen auf der ganzen Welt. Reichtum und Vergnügen stehen nicht im Gegensatz zu Rechtschaffenheit und Vollendung. Werden sie um ihrer selbst willen betrieben, so sind sie nicht zu billigen, aber wenn sie als Mittel zu geistigem Wohlbefinden und sozialem Glück verwendet werden, dann sind sie der Anerkennung wert.

Dharma ist ein Wort von proteushafter Bedeutung. Es wird von der Wurzel dhr (aufrechterhalten, unterstützen, nähren) abgeleitet. Es ist die Norm, nach der das Weltall erhalten wird, das Prinzip einer Sache, vermöge dessen sie ist, was sie ist. In den Veden wird es zur Bezeichnung religiöser Riten verwendet. Die *Chandogya Upanishad* spricht von den drei Zweigen des Dharma, die sich auf die Pflichten des Familienvaters, des Einsiedlers und des Gelehrten beziehen. Wenn die *Taittirija Upanishad* uns ermuntert, Dharma praktisch auszuüben, so meint sie die Verpflichtungen der Lebensstufe, der wir angehören. In diesem Sinne wird es von der *Bhagavadgita* und von Manu gebraucht. Für den Buddhisten ist es eins der drei Juwele (triratna) zusammen mit dem Buddha und dem Sangha oder Gemeinschaft. Nach der *Purva Mimamsa* ist es ein erstrebenswerter Gegenstand, nach einer Richtung hin definiert. Das *Vaisesika Sutra* bezeichnet Dharma als das, woraus Glück und Seligkeit hervorgehen. Für unsere Zwecke können wir es definieren als das menschliche Sittengesetz im Verhältnis zum vierfachen Lebenszweck (dharma, artha, kama und moksa) durch Mitglieder der vier Gruppen (caturvarna) und der vier Stufen (caturasrama). Während das höchste Ziel der Sozialordnung darin besteht, die Menschen für einen Zustand geistiger Vollkommenheit und Heiligkeit zu erziehen, ist ihr wesentlicher Zweck infolge seiner zeitlichen Begrenzung auf die Entwicklung solcher sozialen Verhältnisse gerichtet, die die breiten Massen moralisch, materiell und intellektuell im Einklang mit der Wohlfahrt und dem Frieden aller heben; das sind die Bedingungen, die jedermann in der fortschreitenden Verwirklichung seines Lebens und seiner Freiheit unterstützen.

Das Grundprinzip des Dharma ist die Verwirklichung der Würde des menschlichen Geistes, der Wohnstätte des Höchsten. »Die Kenntnis davon, daß der Höchste Geist im Herzen jeder lebendigen Kreatur wohnt, ist das ewige Grundprinzip jeglichen Dharmas.« »Erkenne, daß dies das Wesen des Dharma ist, und dann setze es in Taten um; tu anderen nicht an, was du nicht wünschest, das man dir tue.« »Wir sollten anderen nicht antun, was uns beleidigt. Das ist Dharma seinem Wesen nach; ein anderes Verhalten entspringt der Selbstsucht.« Wir müssen andere betrachten wie uns selbst. »Derjenige, der im Handeln, Denken und Sprechen unaufhörlich für die Wohlfahrt anderer wirkt und jegliches Menschen Freund ist, o Jajali, der kennt den Sinn des Dharma.« Die Tugenden, die allen obliegen, sind Sympathie für alle Wesen in Gedanken, Worten und Taten, guter Wille und Barmherzigkeit. Freiheit ist ohne Disziplin nicht denkbar. Mit anderen Worten: unser Gesellschaftsleben muß so geregelt werden, daß das Lebensrecht jedes einzelnen Menschen, als Persönlichkeit zu leben, zu wirken und zu wachsen, anerkannt wird. Es ist geheiligte Aktivität. Das Kernstück des Individuallebens führt ihn über die Gesellschaftsformen hinaus, auch wenn er ihrer bedarf. Das soziale Leben ist ein vorübergehender Zustand, nicht der Endzweck. Dieser Zustand ist immer ein solcher der Spannung und Bewegung. Es herrscht jederzeit ein Verlangen, das allgemeine Daseinsniveau im Verhältnis zu den gegebenen Bedingungen so hoch wie möglich zu heben. Das Hindu-Dharma gibt uns einen Katalog von Regeln und Bestimmungen und gestattet uns, sie unaufhörlich zu verändern. Die Dharma-Gesetze sind das vergängliche Fleisch unvergänglicher Ideen und deshalb wandelbar.

Die Quellen des Dharma

Die Quellen des Dharma sind: 1. die Sruti oder die Veden, 2. die Überlieferung und die Praxis derer, die sie kennen, 3. die Lebensführung tugendhafter Männer und 4. das individuelle Gewissen.

Der Veda ist die Grundlage der Hindu-Religion. Seine Worte sind einfach, charakteristisch und altertümlich, von Glauben und Hingabe, Vertrauen und Gewißheit erfüllt. In ihnen konzentrieren sich die ewige Hoffnung und der Trost des Menschen. Es ist schwer, sich den Ernst der Weisen zu vergegenwärtigen, von deren Lippen zum erstenmal das hehre Gebet erklang: »Aus der Unwirklichkeit führe mich zur Wirklichkeit, aus der Dunkelheit führe mich zum Licht; vom Tode führe mich in das ewige Leben.« Die vedischen Sprüche sind in ihrem Deutungsreichtum unbegrenzt. Die Sruti schließt Veden und Tantren laut Harita ein. Für die Angehörigen einiger Sekten, die zum Hinduismus zählen, gelten die Veden nicht als kanonische Schriften. Medhatithi sagt: »So glauben alle fremden Sekten wie die Bhojakas, Pancaratrikas, Nirganthas, Anarthavadas, Pasupatas und andere, daß die großen Männer und die besonderen Gottheiten, die ihre Bekenntnisse gestiftet haben, die ihnen zugrundeliegenden Wahrheiten unmittelbar wahrgenommen haben, und sie sind daher überzeugt, daß das Dharma nicht aus den Veden hervorgegangen ist.«

Die Veden enthalten keinen systematischen Dharma-Katalog. Sie verzeichnen die Ideale und erwähnen bestimmte Bräuche. Regeln und Gebote im Unterschied zu Beispielen des Verhaltens finden sich in den Smrtis und den Dharmasastras, die im Grunde gleichbedeutend sind. Smrtis beziehen sich buchstäblich auf das, was von den Weisen im Gedächtnis behalten wird, die mit der Gelehrsamkeit der Veden wohlvertraut sind. Jedes Gebot in einer Smrti, für das eine Vedaquelle nachgewiesen werden kann, wird von der Autorität des Veda gestützt. Stehen Sruti und Smrti im Widerspruch, so verdient erstere den Vorzug.

Die Weise, in der sich die Gebildeten (sista) verhalten, ist ebenfalls eine Quelle des Dharma. Es wird vorausgesetzt, daß das Handeln guter Menschen im Einklang mit den heiligen Schriften steht, und es gilt daher als Richtschnur des Verhaltens. Gute Menschen brauchen nicht unbedingt Brahmanen zu sein . . .

Zugleich mit dem Handeln der Auserwählten besitzen wir das »gute Gewissen« als anerkannte Quelle des Dharma. Yajnavalkya erwähnt das, was einem angenehm ist, und das Verlangen, das aus gewissenhafter Überlegung stammt. Es ist das Gewissen der Gebildeten, nicht die Laune eines Oberflächlichen. Was das Herz heiligt oder was von den Ariern gerühmt wird, ist Dharma. Manu fordert von uns, das zu tun, was das innere Selbst befriedigt (antaratman). Was auf gesunder Überlegung beruht, sollte anerkannt werden, auch wenn es von einem Kinde oder einem Schwätzer ausgeht. Was aber nicht derart ist, sollte verworfen werden, auch wenn es von einem alten Mann oder von dem weisen Suka selbst stammt.

Von diesen Geboten der Pflicht gibt es Ausnahmen in Notzeiten. Not kennt kein Gebot, und jede Art von Lebensführung, die der Erhaltung dient, ist unter den Gesetzen von *apaddharma* gestattet. Visvamitra hielt es für nötig, Hundefleisch zu stehlen, um sein Leben zu retten, und rechtfertigte sich mit den Worten, am Leben zu bleiben sei besser als zu sterben. Man muß zunächst einmal leben, ehe man nach dem Gesetz des Dharma leben kann. Sruti besitzt die höchste Autorität; an Wichtigkeit folgt als zweites Smrti, die von Menschen begründete Überlieferung, und zwar ist sie autoritativ insoweit, als sie im Einklang mit dem Veda steht, von dem sie ihre Autorität herleitet. Gewohnheiten oder Bräuche (acara) sind glaubwürdig, wenn sie von den Gebildeten anerkannt werden. Individuelles Gewissen hat ebenfalls autoritative Geltung.

Die Veden konnten nicht alle unsere Bedürfnisse vorwegnehmen, und wir haben der Weisheit der Weisen zu vertrauen, die den Geist der Veden gründlich kennen. Wenn sie auch nicht für jeden denkbaren Fall Vorkehrungen getroffen haben, so haben sie doch gewisse allgemeine Grundsätze aufgestellt, die wir auf neue Fälle mit einiger Urteilsfähigkeit anwenden können. Die Entscheidungen der Parisads oder gelehrter Konzilien können angenommen werden, wenn wir überzeugt sind, daß sie unparteiisch sind. Zweifelhafte und strittige Fälle sind von ihnen zu entscheiden. Bei Manu und Parasara ist bestimmt, daß ein Parisad gebildet werden soll, wenn lebenswichtige Veränderungen in den Gewohnheiten des Volkes eingeführt werden. Ein Parisad soll im allgemeinen hundert weise Brahmanen zählen, aber in kritischen Augenblicken kann sogar ein einzelner, wenn er nur beherrscht und einsichtsvoll ist, als Parisad fungieren. *Smrti candrika* glaubt, daß eine Zusammenkunft Tugendhafter die gleiche Autorität genieße wie der Veda. Manu bestimmt, daß auch die Ansicht eines einzigen hervorragenden Brahmanen genügt, wenn keine Konzilien gebildet werden können. Nur diejenigen, die erzogen sind, Mitleid mit allen Lebewesen zu empfinden, in den Veden und den Methoden logischer Folgerungen erfahren, Menschen praktischer Denkart (desakalavibhagajnah) und makellosen Charakters sind befugt, Gesetze für die Gemeinschaft aufzustellen. Diese bilden Verantwortungsbewußtsein und Gewissen der Nation. Soziale Maßstäbe treten nicht unmittelbar durch einen natürlichen sozialen Entwicklungsprozeß ins Dasein. Sie sind das Ergebnis der geistigen Anstrengung individueller Seelen von genialer Schöpferkraft. Wenn sie auch immer in der Minderheit sind, wirken sie auf Menschen gewöhnlicher Herkunft nicht auf dem Wege unmittelbarer Erleuchtung, sondern durch eine Art sozialen Exerzitiums. Gewöhnliche Leute führen eine Evolution mechanisch durch, die sie aus eigener Initiative nicht hätten vollbringen können.

Wir müssen den Ablauf des Handelns in jedem Zusammenhang bestimmen. Apastamba sagt: »Dharma und Adharma laufen nicht umher und sagen: ›hier sind wir‹, noch erklären die Götter oder die Gandharvas oder die Vorfahren: ›das ist richtig, das ist falsch‹.« Wir sollen unsere Vernunft anwenden und die Überlieferung ausdeuten. Wir sollen nicht blindlings den Schriften folgen, ohne ihre Wichtigkeit zu berücksichtigen. Was die Edlen rühmen, ist richtig; was sie tadeln, ist falsch. Das steht im Einklang mit der Sruti-Vorschrift, daß die Meinung der Frommen gelten solle, wenn Zweifel entstünden, ob etwas erlaubt sei oder nicht. Mitaksara sagt: »Tue nicht, was die Welt verabscheut, auch wenn es nach dem Dharma gestattet ist, denn du erhältst dafür nicht den Segen des Himmels.« Wo es schwierig ist, sich zu vergewissern, welche Handlungsweise richtig ist, dort ist der, welcher seine anbefohlene Pflicht tut, frei von Schuld. Wenn einmal das Richtige feststeht, dann müssen wir uns nach ihm richten. Vyasa fordert uns auf, dem Dharma zu entsprechen, auch wenn es die Vereitelung aller weltlichen Wünsche in sich schließt, zu schlimmen Folgen und Armut führt und mit der Zerstörung des Lebens droht. Bhartrhari sagt: »Die Seele des Gerechten wird nicht vom rechten Weg abweichen, gleichgültig ob die klugen Weltkinder sie loben oder tadeln, ob sie Vermögen dabei gewinnen oder verlieren, und ob die unmittelbare Vernichtung oder ein langes Leben daraus folgt.« . . .

Grundsätze der Wandlung

Eine von Leben erfüllte Gesellschaft muß die Kraft zur Kontinuität und die Kraft zur Veränderung besitzen. In einer primitiven Gemeinschaft vollzieht sich von einer Generation zur anderen kaum ein Fortschritt. Änderungen werden mit Argwohn verfolgt und alle menschlichen Kräfte auf die Erhaltung des *status quo* konzentriert. In einer zivilisierten Gesellschaft dagegen sind Fortschritt und Wandlung das Herzblut ihrer Tätigkeit. Nichts erschüttert die Gesellschaft so stark wie blinde Anhänglichkeit an leere Formen und veraltete Gewohnheiten, die lediglich aus Trägheit weiterleben. Die Weltanschauung des Hindu gestattet wesentliche Veränderungen. Es darf kein gewaltsamer Bruch mit der sozialen Überlieferung eintreten, und doch müssen die neuen Konflikte und Verwirrungen angegangen und überwunden werden. Die geistigen Wahrheiten sind von Dauer – die Gesetze verändern sich von Zeitalter zu Zeitalter. Unsere gehegten Institutionen gehen dahin. Sie haben ihre Zeit und sterben ab. Sie sind Produkte der Zeit und werden von der Zeit außer Kraft gesetzt. Wir können jedoch Dharma mit keiner spezifischen Reihe von Einrichtungen gleichsetzen. Es ist dauerhaft, weil seine Wurzeln in der menschlichen Natur liegen, und es wird jede ihrer geschichtlichen Verkörperungen überleben. Die Methode des Dharma ist die des experimentellen Wechsels. Alle Institutionen sind Versuche, so wie jedes Leben ein Experiment ist. Gesetzgeber werden durch ihre Umwelt gehindert, auch wenn sie versuchen, über sie hinauszugehen. Was Gesetz und Institutionen betrifft, so gibt es nichts Geheiligtes und Unverletzliches. *Parasara Smrti* erklärt, daß in den vier Zeitaltern von Krta, Treta, Dvapara und Kali die Gebote *Manus, Gautamas, Sankhalikhitas* und *Parasaras* jeweils das höchste Ansehen besaßen. Wir können die Gebräuche und Überzeugungen nicht von einer Epoche auf die andere übertragen. Moralische Auffassungen von sozialen Verhältnissen sind nicht absolut, sondern stehen in einem bestimmten Verhältnis zu den Bedürfnissen und Bedingungen verschiedener Gesellschaftstypen. Wenn auch Dharma absolut ist, so hat es doch keinen absoluten zeitlosen Inhalt. Das Einzige, was in bezug auf Moral ewig ist, ist des Menschen Verlangen nach dem Besseren. Aber Zeit und Umstände bestimmen, was in jeder Lage das »Bessere« ist. Wir können soziale Übereinkünfte nicht zu absoluten Gesetzen erheben, ohne die tatsächlichen begleitenden Umstände zu berücksichtigen. Es gibt keine tatsächliche menschliche Handlung, die *a priori* als absolut richtig oder falsch bezeichnet werden kann, ganz ohne Berücksichtigung der Umstände, unter denen sie sich vollzieht. Die Formen der Lebensführung gelten auf den verschiedenen Stufen der Zivilisation als gut oder schlecht, je nachdem, ob sie das menschliche Glück fördern oder hemmen. Die Hindu-Gesetzgeber waren weder Träumer noch Realisten. Sie besaßen Ideale, aber keine unpraktischen. Sie erkannten, daß die Gesellschaft langsam wächst. Mancherlei stirbt ab und muß beseitigt werden. Institutionen und Dogmen, die ihre Lebenskraft verloren haben, müssen verschwinden. Die unsterblichen und zeitlosen Wahrheiten tun sich in immer wiederkehrender Lebensfrische kund. Vijnanesvara war ein konservativer Jurist, bestand aber trotzdem darauf, daß die Gesellschaft das Recht haben solle, ungeeignete Gesetze zu verwerfen, auch wenn sie sich auf die heiligen Schriften berufen konnten. Er nennt als Beispiel das Opfern von Kühen und den Genuß von Rindfleisch – beides einst erlaubt, wenn auch zu seiner Zeit als Sünde verworfen. So war auch die Praxis des Niyoga in der Vergangenheit durchaus gesetzlich, während sie heute als unerlaubt gilt. Gesetze wurden erlassen und aufgehoben, wie es die Zeit erforderte. Wer mit der Arbeit der Kommentatoren von Hindu-Gesetzeswerken vertraut ist, kennt den Umfang der Änderungen, die von ihnen bewirkt wurden. Die Herrscher, die das Gesetz mit der Unterstützung von Pandits anwandten, sahen die Bedürfnisse der Gesellschaft voraus und führten Änderungen herbei. Ethik und Recht spiegeln die Gedanken und Interessen einzelner Phasen der Gesellschaftsentwicklung wider und wirken Änderungen in hohem Maße entgegen, sobald sie besondere Heiligkeit durch Verknüpfung mit der Religion erfahren. Soziale Anpassungsfähigkeit ist der Hauptwesenszug des Hindu-Dharma gewesen. Die Aufrechterhaltung des sanatana dharma bedeutet keinen Stillstand, sondern die Erfassung der lebenswichtigen Grundsätze und ihre Anwendung in der Gegenwart. Alles echte Wachstum bewahrt durch allen Wechsel hindurch seine Einheit. Wenn der Same zur Pflanze, wenn das Sperma zum vollausgebildeten Säugling wird, geschieht dies in einem ununterbrochenen Zusammenhang. Ergeben sich Veränderungen, so werden sie als solche nicht empfunden, weil gleichzeitig die einende Kraft wirkt und den neuen Stoff verbindet und überwacht. In der *Chandogya Upanishad* erläutert der Vater den aktiven Charakter des Realen an dem Beispiel des Nyagrodha-Baumes. »Hole mir von dort eine Frucht des Nyagrodha-Baumes.« »Hier ist eine.« »Brich sie auf.« »Sie ist aufgebrochen.« »Was siehst du da?« »Nichts, Vater.« Da sagte der Vater: »Mein Sohn, jene feine Essenz, die du nicht wahrnehmen kannst: Von eben jener Essenz lebt dieser große Nyagrodha-Baum.«

Das Wesen des Baumes liegt in jener unsichtbaren, aber aktiven Kraft, ohne die der Baum hinwelken und eingehen würde. Wenn der Baum des Dharma erhalten werden soll, müssen wir diese unsichtbare Kraft die zunehmenden Manifestationen des Lebens ordnen und erhalten lassen. Soll unsere Gesellschaftsordnung nicht in die Brüche gehen, soll der soziale Gedanke nicht seinen Zusammenhang verlieren, so müssen wir den äußeren Erfahrungen, die unablässig auf uns eindringen, einen Sinn geben und sie überwachen. Die Grundsätze des Dharma, die Wertmaßstäbe müssen wegen der Bedeutung der neuen Erfahrungen erhalten bleiben. Nur dann wird es uns möglich sein, einen ausgeglichenen oder integralen gesellschaftlichen Fortschritt zu erreichen. Wenn wir versuchen, ererbte Gesetze unter veränderten Bedingungen in Geltung zu halten, dann wird das Ergebnis zu Unsicherheit, wenn nicht zur Katastrophe führen. Wir sollten heute Reformen einleiten und den Inhalt des Hindu-Dharma den modernen Verhältnissen anpassen. Das Eindringen neuer Mächte in unsere Gesellschaft, die Industrialisierung eines vorwiegend agrarischen Landes, die Trennung zwischen Privileg und Verdienst, der Eintritt von Nicht-Hindus in die Hindu-Gesellschaft, die Rassenmischung durch Heirat oder Bekehrung und die Emanzipation der Frau sind einige der Fragen, die in einem liberalen Geist behandelt werden müssen . . .

In dieser schicksalsschweren Stunde, da unsere Gesellschaft zum weglosen Dschungel geworden ist, müssen wir den neuen Tönen ebenso wie den Stimmen der Vorfahren lauschen. Kein Brauch kann für jedermann zu allen Zeiten von Nutzen sein. Wenn wir uns allzusehr den Gesetzen der Vergangenheit unterwerfen, wenn der lebendige Glaube der Toten zum toten Glauben der Lebendigen wird, dann wird die Kultur untergehen. Wir müssen vernünftige Änderungen vornehmen. Wenn ein Organismus die Kraft verliert, seine Exkremente auszuscheiden, dann geht er zugrunde. Freiheit gehört nur den Lebenden. Der Geist der Freiheit lehnt die Vergangenheit nicht ab, sondern erfüllt ihre Versprechungen. Er bewahrt das Beste und gestaltet es mit erneuter Lebenskraft um. Werden altüberkommene Gepflogenheiten als endgültig aufgefaßt, dann werden sie zu Fesseln des lebendigen Geistes. Der Preis der sozialen Freiheit ist nicht nur ewige Wachsamkeit, sondern auch unablässige Erneuerung, unendliche Initiative, die ununterbrochene Aktivität des schöpferischen Geistes. Leben ist kein Leben, wenn es sich nicht in immer neuen Formen ausdrückt. Sind wir mit dem zufrieden, was unsere Väter geleistet haben, dann wird der Abstieg beginnen. Wenn wir uns um die schwierige Aufgabe, das Erbe unserer Kultur zu verbessern, aus Trägheit und Faulheit drücken, die das mittelalterliche Christentum unter die Todsünde rechnete, wird unsere Zivilisation darunter leiden. Denn seit einiger Zeit sind alarmierende Zeichen einer fast allgemeinen geistigen Ermüdung sichtbar geworden, die dem Grade nach auf verschiedenen Gebieten variieren. Auch diejenigen, die für die Würde der Vernunft eintreten, handeln nach dem Diktat des Herkommens. Wir können die Gebräuche der vedischen Zeit nicht wiederherstellen, denn das hieße die Dialektik der Geschichte leugnen. Wir können ferner nicht *ab ovo* beginnen, als habe Indien bisher keine Geschichte gehabt und als könne die Bevölkerung ihr Wesen nur auf gedanklichem Wege ändern. Möglichkeiten müssen sich auf die Natur des Aktuellen gründen. Kulturen müssen nach der Art ihrer eigenen Erfahrungen leben. Wie die Individuen können auch die Nationen ihre Erfahrungen nicht bei anderen ausleihen. Sie können unseren Weg erleuchten, aber unsere eigene Geschichte versorgt uns mit den Voraussetzungen des Handelns. Die einzigen Revolutionen von Dauer sind solche, die im Vergangenen wurzeln. Wir können unsere eigene Geschichte gestalten, aber wir können dabei nicht nach Belieben handeln – unter Bedingungen, die wir uns auswählen. Sogar eine Kultur, die tot zu sein scheint, kann ins Leben zurückkehren, wenn zwei oder drei große Männer eine neue lebendige Tradition einleiten. Kultur ist Tradition, und Tradition ist Gedächtnis. Die Dauer dieses Gedächtnisses hängt vom ununterbrochenen Auftreten schöpferischer Persönlichkeiten ab. Eine Kultur stirbt eines natürlichen Todes, wenn sie zu Kristall erstarrt oder gefriert – eines zufälligen oder künstlichen Todes, wenn ihre Überlieferung unterbrochen wird.

In der Geschichte jeder Gemeinschaft kommt einmal der Tag, da radikale Änderungen der Gesellschaftsordnung obligatorisch sind, wenn die Gemeinschaft als lebendige Kraft existieren und in ihrer Entwicklung fortschreiten soll. Ist sie zu der nötigen Anstrengung nicht mehr fähig, ist ihre Kraft verbraucht und ihre männliche Frische erschöpft, dann wird sie von der Bühne der Weltgeschichte abtreten. Eine günstige Gelegenheit für Sozialreformen liegt vor uns. Wir müssen die Gesellschaft von Ungleichheiten und Ungerechtigkeiten menschlichen Ursprungs reinigen und vor allem Gleichheit der Chancen für Wohlbefinden und Entwicklung des Individuums schaffen. Heute werden wir im Geist der Hinduüberlieferung handeln, wenn jene, die in unserer Kultur zu Hause sind (bahusrutah) und sich um die Erhaltung dieses Geistes bemühen, radikale Veränderungen in unserer sozialen Organisation durchsetzen.

In Indien können wir nicht einfach die Schiefertafel abwischen und auf die jungfräuliche Oberfläche ein neues Evangelium schreiben. Echter Fortschritt ist ein organisches Geschehen wie das Wachstum eines Baumes. Wir müssen das dürre Holz ausscheiden und die verwitterte Vergangenheit abstoßen. Wir haben früher so oft geändert, daß eine einfache Änderung den Geist der Religion nicht verwirrt. Einige unserer Institutionen sind furchterregende Hindernisse für die soziale Gerechtigkeit und das wirtschaftliche Wohlergehen geworden; wir müssen uns um die Beseitigung dieser Hindernisse bemühen, die Mächte bekämpfen, die den Aberglauben am Leben erhalten, und den Volksgeist verwandeln. In diesen Jahren, da sich das Lebenstempo beschleunigt, da sich die Kenntnis mehrt und der Ehrgeiz ausdehnt, müssen wir Reformen herbeiführen, weil es sonst heißt, wir seien unwiderruflich am Ende und hätten den schöpferischen Geist verloren.

Die Reaktionäre haben ihre Aufgabe überlebt. Sie haben zu lehren und zu lernen, zu begeistern und zu erleuchten aufgehört. Initiative und geistige Ausbildung scheinen ihnen verlorengegangen zu sein. Am liebsten möchten sie sich einen unschuldigen und meditativen Schlaf sichern. Wäre ihr Vermögen zur Erziehung geistlicher und weltlicher Art verwendet worden, die allgemeine geistige und moralische Verfassung des Landes wäre gehoben worden. Sie können sich nicht vorstellen, daß die Überlieferung die Institutionen überlebt, die sie verkörpern.

Die großen Erneuerer des Hindu-Lebens haben oft im Widerspruch zum Leben des Alltags gestanden. Sie verlangen schon durch ihr bloßes Dasein die Rückkehr zu Grundprinzipien, eine Revolution im Denken und Handeln, heroische Festigkeit und Grundehrlichkeit. Indem sie eine Erneuerung des moralischen und geistigen Lebens in der eigenen Seele vollziehen, beschleunigen sie die Reform der Gesellschaftsordnung. Auf dem Stoff, den das Leben liefert, errichten sie neue Konstruktionen. Diese Neuerer und Rebellen sind eine starke Triebfeder in der Hindu-Geschichte gewesen, indem sie den größeren Teil ihrer wertvollen Energien zur Überwindung nutzlosen Ballasts, der Leichtgläubigkeit und der Orthodoxie verwendeten. Aufbegehren gegen veraltete Gebräuche ist notwendig, um das Behagen der Mehrheit aufzustören, die sich mit den veralteten Formen des Denkens und Fühlens abfindet. Die neue Betonung der Würde und Freiheit des Menschen verlangt eine Neugestaltung der Sozialordnung ...

Religiöse Einrichtungen

Religion ist ein Streben, dem Göttlichen ähnlich zu werden. Sie soll uns helfen, aus den Tiefen des Geistes zu leben. Meditation und Gottesverehrung sind Mittel, durch die der Geist, das Temperament und die Einstellung zum Leben veredelt werden. Der Gegenstand der Meditation ist die höchste Gottheit, die strenggenommen nicht in Worte gefaßt werden kann. Sie spottet jeder Form; niemand kann sie mit dem Auge erblicken. Sie kann mit nichts Handgreiflichem und Empirischem verglichen werden. Wir können nur sagen, daß das Selbst der Herrscher über alles, der Herr über alle, der König von allen ist.

Unser Nachdenken über den Höchsten stützt sich indessen auf Bilder oder Veranschaulichungen. Nur wenige glauben von Grund auf an Gott und brauchen keinerlei Symbol für ihren Glauben. Volkstümliche Sinnbilder sind für die vielen unentbehrlich, die geistig außerstande sind, die wahre Weisheit aufzunehmen. Wir dürfen die geistig Armen nicht kränken, jene Menschen eines beschränkteren geistigen Horizonts, die auch ihr Recht beanspruchen. Sonst werden sie vollständiger Dunkelheit überantwortet werden. Lehrer, die sich bemühen zu helfen, anstatt zu verwirren, bieten philosophische Wahrheit in Symbolen dar, welche die Menge versteht. Feinsinnige Wahrheiten tragen mythologisches Gewand. Symbolismus ist die Sichtbarmachung des Unendlichen im Endlichen. Seinem ganzen Wesen entsprechend, unterwirft ein Symbol nicht das Unendliche dem Endlichen. Es macht das Endliche transparent und läßt uns hinter ihm das Unendliche erkennen. Kein Bild kann den Höchsten in seiner ganzen Fülle widerspiegeln. Tritt es herrisch an die Stelle der Realität, dann haben wir es mit Abgötterei zu tun.

Alles Bilderwesen ist notwendig mit Irrtum behaftet. Es gibt jedoch verschiedene Stufen des Irrtums. Das Bild ist nur ein Symbol der höchsten Gottheit, dazu bestimmt, ein Gefühl für die unermeßliche und letzte Realität zu wecken. Es vermittelt uns die wesenhafte Wahrheit des Realen, das über jede Form hinausgeht. Im Tempel zu Chidambaram, der Siva als Nataraja geweiht ist, enthält das Allerheiligste (garbhagrha) weder Bild noch Inschrift. Die Verehrung ist nicht auf irgendeine begrenzte Verkörperung der Gottheit, sondern auf den allumhüllenden kosmischen Geist gerichtet, der formlos ist, aber alle Formen in sich schließt, das Licht, die Quelle allen Lichtes. An einer leeren Wand wird in einem dunklen Raum eine sichtbare und berührbare Girlande dem Unsichtbaren und Unberührbaren um den Hals gelegt. Madhusudana Sarasvati, der Verfasser von *Advaitasiddhi,* sagt, daß er keine höhere Wirklichkeit kenne als Krsna, den Herrn in leibhaftiger Gestalt.

Heraklit sagt: »Wer ein Bildnis anbetet, plappert an eine Steinmauer hin.« Wir beten nicht den Stein an, sondern die Gestalt, die auf ihm dargestellt ist, die psychologische Gegenwart, die kosmische Macht.

Meditation über das Überpersönliche und Verehrung des Persönlichen werden empfohlen. Die Menschen schreiten einzeln vor Gott vorüber, jeder mit einem besonderen Namen und Schicksal, das ihm gehört. Gott spricht zu dem Menschen immer nur »Du«, nicht »Ihr«. In der Einsamkeit lernt der Mensch das Geheimnis seines Selbsts kennen. Die Gaben des Geistes sollen nicht aus zweiter Hand entgegengenommen werden. Gott wohnt im innersten Heiligtum jedes Menschenherzens. Meditation ist die Verehrung des Gottes in uns.

Die erste Voraussetzung für Meditation ist unbedingte Ehrenhaftigkeit. Wir müssen wenigstens so ehrbar sein, wie es unsere Schwachheit erlaubt. Wir müssen den wahren Charakter der Entschuldigungen kennenlernen, die wir im allgemeinen uns selbst gestehen. Durch Meditation gelangen wir von den Belanglosigkeiten des Alltags zur Gegenwart des Ewigen. Ein Mensch ist, was er denkt, und wir sollen darum beten, daß unser Herz voll edler Gedanken sei. Diejenigen, denen abstrakte Meditation schwerfällt, können ihrer Anlage entsprechende Formen wählen. Diese Formen sind nicht frei erfunden, sondern die Formen des Höchsten, die zum Heile der Suchenden angenommen worden sind; und diese Formen dauern bis an der Welt Ende. Auch wenn sie Schatten sind, werden sie doch vom Licht allen Lichtes geworfen. Das religiöse Symbol ist das vom Gläubigen bevorzugte Symbol der Wahrheit. Wäre es unwirklich, so könnte es nicht auf solche Weise wirken. Wenn kein Zusammenhang zwischen unserem unergründlichsten Geist und der religiösen Vorstellung besteht, werden wir von ihr nicht beeindruckt werden. Es handelt sich hier nicht um eine Frage der wissenschaftlichen Wahrheit, sondern um eine, die mit dem inneren Verhältnis zu tun hat, das zwischen der transzendenten Realität und unserem innersten Selbst besteht; dieses kann nicht als Objekt behandelt werden. Sind die Seelen bereit, dieses Verhältnis sich zu vergegenwärtigen, ist die Wahrheit offenbar. Der Hinduismus sucht jedes Wesen entsprechend seinen eigenen Anlagen zu führen, so daß es zu seiner vollsten Entwicklung gelangt. Bei allem, was in jemandes Glauben ehrenhaft wahr und liebenswert ist, ist der Geist Gottes am Werke. Gott ist die Realität der Welt, nicht das Monopol dieser oder jener Sekte. Der Hinduismus erkennt an, daß die Kräfte der menschlichen Natur, die für Gott zeugen, bei verschiedenen Individuen in verschiedenem Grade entwickelt sind; deshalb müssen viele Wege den Hügelhang hinaufführen, auch wenn sie sich alle auf dem Gipfel treffen. Das Medium des Gottesglaubens ist in weitem Umfang traditionell und mit geschichtlichen Assoziationen verbunden. Wir brauchen das nicht als ein Zugeständnis an den Polytheismus zu betrachten. Es besteht ein grundsätzlicher Unterschied zwischen der Gottesverehrung, die einer Mehrheit von Wesen verliehen ist, die als unabhängig voneinander oder gar als einander feindlich gelten, und einer Gottesverehrung für solche, die als Aspekte eines einzelnen höchsten Geistes zu verstehen sind. Zahlreiche Heilige und Engel treten in den Kalendern der großen christlichen Kirchen auf, und doch sind die Sekten monotheistisch. Von jeher aber herrscht im Hinduismus die Auffassung, daß die Bilderverehrung von untergeordneter Bedeutung sei, eine wie große Rolle sie auch für das gewöhnliche Volk spiele. »Vereinigung mit dem Höchsten ist die oberste Stufe, Meditation die nächste, niedriger noch ist die Stufe, auf der Hymnen und Mantras rezitiert werden, die unterste aber ist der äußere Gottesdienst.« In einem anderen Verse heißt es, »daß unzählige Handlungen des Gottesdienstes so viel wert wie ein Hymnus, zahllose Hymnen so viel wie ein Mantra-Vortrag, zahllose Mantra-Vorträge so viel wie eine Meditation und zahllose Meditationen so viel wert wie ein Versinken im Höchsten sind.« Jeder Gott, den wir verehren, ist mit dem Höchsten identisch. Und ich neige mich vor dir, Ganapati, Du einziger Schöpfer und Du einziger Beschützer, Du einziger Zerstörer, Du einziger unverkennbarer Brahma!« lautet eine Stelle im *Atharva Veda*. Das Höchste als Mutter des Universums ist der Absoluten Gottheit gleichzusetzen . . .

Das Hauptstreben des Hindu-Glaubens geht dahin, den Bilderdienst als Mittel zur Entwicklung des religiösen Geistes, zur Erkenntnis des Höchsten zu gestatten, der seinen Tempel in allen Wesen hat. In der *Bhagavat* wird der Herr mit den folgenden Worten geschildert: »Ich bin in allen Wesen gegenwärtig als ihre Seele, aber da sich die Sterblichen meiner Anwesenheit nicht bewußt sind, führen sie das Schauspiel des Bilderdienstes auf.« Es wird uns gestattet, zu ihm unsere Zuflucht zu nehmen, wenn wir geistig noch nicht reif genug geworden sind, die Gegenwart des Höchsten allenthalben wahrzunehmen. »In Erfüllung seiner Pflicht soll mich, den Herrn, jedermann in Bildern und dergleichen nur solange verehren, als er mich nicht in seinem Herzen als in allen Wesen beheimatet wahrnimmt.« Bilder sind für die geistig Armen, denn der Weise sieht den Höchsten überall. Die Ungebildeten haben eine natürliche Neigung zum Bilderdienst, aber ihr untergeordneter Charakter kann nicht übersehen werden. Ein bekannter Vers unterstreicht nachdrücklich, daß die Beschwörung der Gegenwart Gottes die höchste Art von Religion sei; diejenigen, die dazu unfähig sind, werden aufgefordert, Meditation und Kontemplation zu betreiben; sind wir außerstande, uns zu dieser Höhe zu erheben, mag der Bilderdienst gelten; für den primitiven Barbaren sind Pilgerfahrten und Opferungen angezeigt.

Kennen wir das Prinzip, das dem Bilderdienst zugrunde liegt, dann sollen wir uns über die dabei verwendeten Bilder nicht streiten. Der Hindu gibt zu, daß nichts erkannt werden kann außer in der Weise des Erkenners. Canakyaniti sagt: »Weder im Holz, noch im Stein oder Ton lebt die Gottheit. Die Gottheit ist dort dank eines mystischen Gefühls. Deshalb ist das mystische Gefühl die Hauptsache.« Die Frucht der Gottesverehrung folgt dem Glauben des Handelnden. Ein echtes Symbol trägt Meinungsschicht auf Meinungsschicht mit sich und spricht auf den verschiedenen Ebenen des Verständnisses zu jedermann. Da sich unser Glauben vertieft, wird auch sein Sinn angemessener. Wir mögen mit irgendeinem Symbol beginnen – in dem Maße, wie unsere innere Haltung reift, nähert sich das Symbol der Realität. Der Hindu erkennt nicht nur, daß alle Wege zu dem einen Höchsten führen, sondern auch, daß jeder einzelne *den* Weg wählen muß, der von dem Punkte ausgeht, an dem er sich im Augenblick des Aufbruchs befindet.

Der Geist der Gottesverehrung muß im Ritual und in Institutionen verkörpert werden. Das religiöse Leben der Gemeinschaft muß gefühlsmäßig und institutionell zum Ausdruck gebracht werden. Sonst entfaltet der Gottesdienst nur selten seine ganze Fülle und Kraft. Soll unser geistiges Bemühen nicht blutleer und abstrakt bleiben, muß es selbst auf die Gefahr hin, seine Reinheit zu verlieren, in Formen Gestalt gewinnen, die sich der verschiedenen Kräfte und Fähigkeiten des Menschen bedienen werden. Es besteht dann natürlich die Gefahr, daß die Form den Geist erstickt, daß der Ritus an die Stelle des Gebetes aus dem Bedürfnis des Augenblicks tritt und schließlich das äußerliche und sichtbare Zeichen die innere Gnade verdunkelt. Doch tragen geheiligte Gegenstände und zeremonielle Handlungen dazu bei, daß die menschliche Gottesverehrung in den konkreten Lebenstatsachen wurzelt und die Kraft entwickelt, das Leben selbst zu verwandeln. Der Tempeldienst, die verschiedenen Einzelheiten des Gottesdienstes und die Pilgerfahrten sind die Träger unausgesprochener Überzeugungen.

Die vedischen Arier besaßen keine Tempel und verwendeten keine Götterbilder. Die dravidische Kultur dagegen förderte den Bilderdienst und hielt an der Puja anstatt des Yajña fest. Die verschiedenen Abhandlungen über Tempel und Bilderglauben wurden verfaßt, nachdem der Hinduismus dem Vedismus entwachsen war. Vedische Gesänge erklangen jedoch auch weiterhin, der befeuernde Genius der Seher verschmolz die vedischen und nichtvedischen Elemente und verlieh den Agamas das gleiche Ansehen wie den Veden. Tempel sind die sichtbaren Sinnbilder der Hindu-Religion. Sie sind die Gebete der Erde zum Himmel. Sie sind an einsamen und eindrucksvollen Plätzen gelegen. Die hohen Gipfel der Himalayas bilden in ihrer Majestät und Reinheit den natürlichen Hintergrund für die großen Tempel. Der Brauch, in der Abenddämmerung zum Beten an den Fluß zu gehen, ist viele Jahrhunderte hochgehalten worden. Die Schönheit der Bauten in ihrer geheimnisvollen Ruhe, die matten Lichter, die das Gefühl der Abgelegenheit und Ehrfurcht wecken, der Gesang und die Musik, das Götterbild und der Gottesdienst – all das übt eine suggestive Macht aus. Alle Künste: Architektur, Musik, Tanz, Poesie, Malerei und Skulptur dienen dazu, uns die unerklärliche Gewalt der Religion spüren zu lassen, die keine Kunst angemessen ausdrücken kann. Alle, die am Gottesdienst teilnehmen, fühlen sich eins mit der geschichtlichen Hindu-Erfahrung und den untergründigen geistigen Kräften, die das Beste unseres Erbes geformt haben ...

Der religiöse Geist wird beim Familiengottesdienst im Hause aufrechterhalten, wo die Frauen eine führende Rolle spielen. Gottesdienst im Tempel und jahreszeitliche Feste ziehen große Menschenmassen an. Die Bhagavatars, die erfahrenen Geschichtenerzähler und Rezitatoren, ziehen von Dorf zu Dorf, um die Klassiker zu erklären; die Acaryas oder die Führer asketischer Orden halten die Überlieferung aufrecht und erziehen die Jungen. Die Hauptstütze der Hindu-Religion ist der Prophet gewesen. Unbekannt ist, woher er kommt, und keine Autorität stützt ihn. In ununterbrochener Nachfolge hat Indien diese Propheten in jedem Teil des Landes und in jeder Periode seines Lebens von den Rsis der Upanishads und von *Buddha* bis zu *Ramakrsna* und *Gandhi* besessen.

Die zahlreichen Fastenzeiten und Nachtwachen, die ins einzelne gehenden Regeln über Essen und Trinken dienen als Hilfen zur Selbstbeherrschung. Manu sagt: »Im Fleischessen und Weintrinken oder im Geschlechtsverkehr liegt nichts Unnatürliches, denn alle Geschöpfe neigen dazu; sich ihrer zu enthalten, verdient hohe Belohnung.« Das *Mahabharata* bemerkt, daß niemandes Wünsche durch ihre Befriedigung gestillt werden, sondern auflodern wie das Feuer, wenn flüssige Butter hineingegossen wird.« Die Hindu-Weisen benutzten das Ritual nur als Mittel zur inneren Reinigung. Gautama beschreibt in seinem *Dharma Sutra* die vierzig geheiligten rituellen Pflichten, die ein guter Mensch zu erfüllen habe, und sagt: »Dies sind die vierzig geheiligten Regeln. Und nun kommen die acht guten Eigenschaften der Seele. Es sind: Mitleid mit jeglicher Kreatur, Geduld, Zufriedenheit, Reinheit, ernstes Bemühen, glückverheißendes Denken, Freiheit von Habsucht, Freiheit von Neid. Wer all die geheiligten Pflichten befolgt hat und diese Eigenschaften nicht besitzt, gelangt nicht zur Vereinigung mit Brahma und kommt nicht in seine Welt; wer aber auch nur eine dieser geheiligten Pflichten erfüllt hat und die guten Eigenschaften besitzt, gelangt zur Vereinigung mit Brahma und kommt in seine Welt.« Tugend ist eine Angelegenheit geistiger Auszeichnung. Die moralischen Tugenden müssen von allen ausgeübt werden.

Auf der moralischen Seite der Pilgerfahrten liegt das Schwergewicht. *Viramitrodaya* zitiert das *Mahabharata,* um zu zeigen, daß der Mensch, der gierig, betrügerisch, grausam, eitel und weltlich gesinnt ist, durch ein Bad nicht gereinigt werden könne, an welchem heiligen Platze es auch sei. Er wird sündig und unsauber bleiben. Wir werden nicht einfach dadurch rein, daß wir den Schmutz vom Körper waschen; wir werden dadurch rein, daß wir uns von der inneren Befleckung befreien. Die heiligen Plätze sind heilig, weil gottesfürchtige Männer dort leben. Es heißt, ein Bad im Ganges spüle die schlimmsten Sünden hinweg; aber ›Ganges‹ steht für den Dharma-Strom selbst. Das *Mahabharata* sagt, »das ganze Veda-Studium oder das Bad in heiligen Wassern ist, o bester der Könige, nicht einmal ein Sechzehntel des Verdienstes wert, wenn einer die Wahrheit spricht.« Ferner: »Dieses gewaltige Weltall ist der heilige Tempel Gottes, ein reines Herz ist das geheiligte Pilgerziel, und die ewige Wahrheit ist die unsterbliche Schrift.« Der Weg, die Wasser des Lebens zu überschreiten, ist die Erfüllung der Moralgesetze. »Entziehe anderen nichts, verletzte nicht die Gefühle anderer. Denke immer an Gott!« ...

Wenn der Schutz der Kuh als religiöse Pflicht gilt, so beweist das nur, daß die Überlieferung der Jahrhunderte nicht abgerissen ist. Als an die Stelle des Jäger- und Nomadenlebens der Ackerbau trat, als der Nahrungsmittelerzeuger den Nahrungsmittelsammler ablöste, da wurde die Kuh, die die Milch für den täglichen Bedarf lieferte und bei der Landbestellung mithalf, für den Haushalt von großer Bedeutung. Auch heute werden unter den Hindus, die Vegetarier sind, Milch und ihre Produkte hochgeschätzt. Die Kuh wurde als die Nährmutter des Menschengeschlechts betrachtet. Schon frühzeitig wurde die Kuh unter religiösen Schutz gestellt. Solange die Mehrheit der indischen Bevölkerung von der Landwirtschaft abhängt, und die Landwirtschaft nicht mechanisiert ist, ist der besondere Schutz der Kuh nützlich. Mit der Religion hat er jedoch nichts zu tun. Die Kuh ist das Sinnbild der animalischen Welt, und Achtung vor der Kuh bedeutet nichts anderes als Achtung vor dem Tier schlechthin. Und doch greifen die Unempfindlichkeit gegenüber dem Leiden der Tiere und die Schlachtung von Tieren zu Opfer- und Sportzwekken im heutigen Indien um sich, wie sehr sie auch dem Hindu-Geist widersprechen. Vielen Hindu-Fürsten und Landsleuten scheint das gleichgültig zu sein.

Kaste und Unberührbarkeit

Kastenspaltungen beruhen auf individueller Gemütsanlage, die nicht unveränderlich ist. Anfänglich gab es nur eine Kaste. Wir waren alle Brahmanen oder alle Sudras. Ein Smrti-Text sagt, daß man als Sudra geboren und durch Läuterung zum Brahmanen wird. Das Volk zerfiel nach den gesellschaftlichen Erfordernissen und nach individueller Tätigkeit in verschiedene Kasten. Die Brahmanen sind die Priester. Sie sollen weder Besitz noch Exekutivgewalt haben. Sie sind die Seher, das Gewissen der Gesellschaft. Die Ksatriyas sind die Verwalter, deren Grundsatz Achtung vor dem Leben ist. Die Vaisyas sind die Händler und Handwerker, Menschen von technischer Geschicklichkeit, die auf den Nutzeffekt ausgehen. Die Berufsarbeiter, das Proletariat, sind die Sudras. Sie sind an ihrer Arbeit als solcher, bei der sie Anweisungen ausführen und zu der sie nur einen Bruchteil beitragen, nicht interessiert. Sie führen ein harmloses Triebleben und gehen die herkömmlichen Wege. Ihre Freude besteht in der Erfüllung der familiären Pflichten, die Ehe, Elternschaft und andere persönlichen Beziehungen mit sich bringen. Die Kastengruppen sind vor allem Handelsgilden, die in dem kulturellen, politischen, wirtschaftlichen und industriellen Bereich der Gesellschaft tätig sind. Der Hinduismus hat die arischen, dravidischen und mongoloiden Rassen, die vom Osten her ins Gangestal eingedrungen waren, und die Parther, Skythen und Hunnen, die von jenseits des Himalaya-Gebirges kamen, gewonnen. Er brachte eine sehr verschiedene Zahl von Völkern unter seinen Einfluß und gestattete seinen Konvertiten die Beibehaltung von Gebräuchen und Überlieferungen ihrer alten Bekenntnisse innerhalb der neuen Religion, wenn auch immer mit Änderungen in der Form. Im *Mahabharata* sagt Indra zu Kaiser Mandhatr, er möge alle fremden Völker wie die Griechen unter arischen Einfluß bringen. Der Hinduismus besitzt eine verwirrende Fülle verschiedener Rassetypen auf allen Stufen der Entwicklung. In der Zeit der *Rig-Veda* begegnen wir der Einteilung in Arier und Dasas und unter den Ariern selbst keinen starren Unterscheidungen. In der Zeit der *Brahmanas* wurden die vier Klassen streng in Gruppen getrennt, bei denen die Zugehörigkeit durch die Geburt bestimmt wurde. Als Künste und Gewerbe an Zahl und Umfang zunahmen, entstanden Kasten, die sich auf die Berufe gründeten. Die Smrtis führen die zahllosen Kasten auf Vermischungen der vier Varnas durch Anuloma- und Pratiloma-Ehen zurück. Da die vedischen Arier eine heterogene Bevölkerung verschiedener Stämme und Klassen unterschiedlicher Rasse und Farbe vorfanden, die andere Götter und Geister anbeteten, ihren eigenen Gebräuchen und Lebensgewohnheiten folgten und von Stammesgesinnung erfüllt waren, versuchten sie sie alle durch Einführung der Vierklassenordnung zu einem organischen Ganzen zusammenzufügen. Die vier Ordnungen überlagern die ursprünglichen rassischen Unterschiede. Es handelt sich hier um eine Klassifikation psychologischer Art, die sich auf soziale Tatsachen gründet. Die Anerkennung des Geistes im Menschen ist der charakteristische Zug der Hindu-Religion, und in dieser Hinsicht sind alle Menschen gleich. Die Kaste bezeichnet die funktionelle Verschiedenheit, und das Lebensziel verlangt ein Hinausschreiten über die Kastenverschiedenheit durch uneigennützige Hingabe. Das Kastenschema soll für die ganze Menschheit gelten. Im *Mahabharata* wird erzählt, daß die Yavanas (Griechen), die Kiratas, die Daradas (Dards), die Chinas (Chinesen), die Sakas (Skythen), die Pahlavas (Parther), die Savaras (vordravidische Stämme) und verschiedene andere Nicht-Hinduvölker zu der einen oder anderen der vier Klassen gehörten. Diese fremden Stämme wurden von der Hindu-Gesellschaft aufgesogen. Die gesellschaftliche Anpassung, die Ausländern den Eingang in die Hindu-Gesellschaft gestattete, vollzog sich schon sehr früh. Solange die Fremden der allgemeinen Überlieferung und dem anerkannten Gesellschaftsgesetz folgten, wurden sie wie Hindus behandelt. Die großen Reichsgründer, die Nandas, die Mauryas und die Guptas waren nach orthodoxer Anschauung niedriggeboren. Die Gupta-Kaiser heirateten Licchavis, die als Mlecchas galten. Späterhin haben Hindus gelegentlich europäische und amerikanische Frauen geheiratet. Wenn auch starke rassische Unterschiede ihre Wirkung haben, so haben derartige Mischehen doch nicht unbefriedigende Folgen gehabt. Bei günstiger sozialer Lage werden sie noch erfolgreicher sein. Das System war dazu bestimmt, zunächst die verschiedenartige Bevölkerung Indiens und später der ganzen Welt in einem einzigen gemeinsamen wirtschaftlichen, sozialen, kulturellen und geistigen Bund zu vereinigen. Durch die Zuordnung bestimmter Funktionen und Pflichten und auf Grund von Rechten und Privilegien erwartete man von den verschiedenen Klassen eine angenehme Zusammenarbeit und die Herbeiführung rassischer Harmonie. Es ist eine Form, in die alle Menschen entsprechend ihrer Berufung und ihres Temperaments gegossen werden können. Nach dem Grundsatz des Varna-Gharma soll jeder Mensch versuchen, das Gesetz seiner Entwicklung zu erfüllen. Wir müssen unser Leben im Einklang mit der Form unseres Daseins disziplinieren, anstatt unsere Energien an Stellen einzusetzen, wo sie nicht wirksam werden können . . .

Der Mensch ist immer im Zustand des Werdens. Sein Wesen befindet sich in Bewegung, nicht in einem zum Stillstand gebrachten Augenblick. Es herrschte eine gesunde soziale Beweglichkeit, und lange Zeit wurden die Kasten nicht erblich - sie versteinerten nicht. Die beruflich bedingten Spaltungen funktionierten von Anfang an nicht. *Megasthenes* überliefert eine von der Kastenordnung verschiedene Einteilung. Nach ihm steht an der Spitze die Klasse der Staatsmänner und Beamten; die sechste Gruppe setzt sich aus den Jägern und den Menschen im Dschungel zusammen. *Patanjali* führt Brahmanenkönige und *Manu* Sudra-Herrscher an. Es gab zur Zeit *Alexanders* unter den Soldaten Bahmanen, wie es noch heute der Fall ist. Aber was auch immer beabsichtigt war: die Kaste entwickelte ein Gefühl des Hochmutes und führte zur Entwürdigung der niedrigeren Klassen. Im Epos Ramayana tötet *Rama Sambhuka,* weil dieser Enthaltsamkeit übte. *Manus* unglückliche Anspielungen auf die Sudras beruhten vielleicht auf seiner Opposition gegen den Buddhismus, der ihnen die höchste Stufe des religiösen Studiums und des Klosterlebens gestattete. Für *Manu* waren es die Sudras, die sich den Anschein der Zweimalgeborenen gaben. *Manu* beschränkt das Recht auf das Studium der Dharmasatras auf die Brahmanen, während *Samkara* glaubt, daß sie von Angehörigen aller Kasten gelesen werden dürfen. Als übertriebener Formalismus die frühe Ordnung überwucherte, wurde bei den Anhängern des Jainismus und Buddhismus Widerspruch laut, die das Ideal der maitri oder der menschlichen Bruderschaft in den Vordergrund rückten. Vor allem jene, denen die Gelegenheit zum vollen Einsatz ihrer Kräfte versagt blieb, bekannten sich zu den neuen Überzeugungen. Die Hindu-Acaryas lehnten den Kastengeist ab. *Vajrasucikopanisad* glaubt, daß viele, die eine nicht-brahmanische Mutter hatten, bis zum Rang brahmanischer Heiliger aufgestiegen seien. Bald aber setzten sich Kastengeist und Vorurteile durch und trieben viele von denen, die ihnen unterworfen waren, in das Lager des Islams. Um die verlöschenden Funken des Lebens und Lichtes in der Hindu-Gesellschaft neu zu entfachen, standen Prediger der menschlichen Bruderschaft auf, wie *Ramananda* und *Caitanya, Kabir, Nanak, Dadu* und *Namdev*. Als Folge des liberalisierenden Einflusses der abendländischen Zivilisation wandeln sich die Kasten-Gebräuche langsam, und die Ehebeschränkungen werden gelockert. *Ram Mohan Roy, Dayanand Sarasvati* und *Gandhi* trugen unter anderen zu der schweigenden Revolution bei. Sie fanden dabei manche Unterstützung in der Auffassung der alten Schriften. Ein Vipra heißt so wegen seiner vedischen Gelehrsamkeit und ein Brahmane so wegen seiner Gotteserkenntnis. Ein berühmter Vers des *Mahabharata* legt dar, daß wir alle geborene Brahmanen sind und nur zufällig auf Grund unserer Lebensführung und Berufstätigkeit zu den verschiedenen Klassen gehören. Die ganze Welt bildete eine einzige Klasse, und die vier Gruppen wurden entsprechend ihrer Lebensführung eingerichtet. Die Hinduisierung der eingeborenen Stämme hat sich allmählich und unaufdringlich vollzogen – dank der natürlichen Anziehungskraft höherer Ideale. Um des Glückes und Erfolges willen sollten deshalb die Kasten-Hindus ihren Geist der Absonderung und des Hochmutes aufgeben. Kastenspaltungen haben die Entwicklung der Einheitlichkeit unter den Hindus verhindert. Der Kastengeist muß verschwinden, um einem bestimmten Grad von organischer Ganzheit und einem Gefühl für Gemeinsinn Platz zu machen. Wir müssen die zahllosen Kasten und Outcasts preisgeben samt ihrem Geist der Ausschließlichkeit, Eifersucht, Habgier und Furcht ...

Sakramente

Unter den Samskaras oder Sakramenten sind die folgenden am wichtigsten: 1. Jatakarma oder Geburt; 2. Upanayana oder Einweihung in geistiges Leben; 3. Vivaha oder Ehe; 4. Antyesti oder Begräbnisfeierlichkeiten. Die anderen, wie Namakarana oder Namensgebung des Kindes, Annaprasana oder erstmalige Verabreichung gekochter Speise an das Kind, Vidyarambha oder Schulanfang für das Kind tragen volkstümlichen Charakter; sie drücken Liebe und Zuneigung zum Kind aus. Mit Ausnahme des Upanayana werden sie von allen Hindus, wenn auch in verschiedenen Formen, heilig gehalten. Upanayana ist geistige Wiedergeburt. Die erste Geburt schließt Entzweiung, Absonderung und Unterwerfung unter die Notwendigkeit ein. Die zweite ist geistige Geburt zur Vereinigung und Freiheit. Die erste setzt eine rein äußerliche Form von Dasein voraus; die zweite will sagen, daß das Leben auf einer tieferen inneren Ebene gelebt wird. Das Upanayana-Sakrament ist indo-iranischen Ursprungs. Sein Wesen besteht in der Zuteilung des geheiligten Gayatri-Mantra. Es ist ein an Savitr (die Sonne) gerichtetes Gebet, die als Quell und belebende Kraft des Kosmos betrachtet wird. Jede Wahrheit trägt symbolischen Charakter. Die Sonne, der unmittelbare Licht- und Lebensquell, drückt das Wesen der Göttlichkeit weit besser als jedes begriffliche Zeichen aus. Sie ist die vornehmste sichtbare Kundgebung der göttlichen Kraft. Das Mantra lehrt: »Wir meditieren über die strahlende Glorie des göttlichen Lichtes; mag es unser Verständnis inspirieren.« Zur Zeit der Upanishaden war Upanayana eine einfache Zeremonie. Der Schüler näherte sich dem Lehrer mit Brennmaterial (samidh) in der Hand und sprach den Wunsch aus, in die Gemeinschaft der Lernenden (brahmacarya) aufgenommen zu werden ...

Sehen wir von der Vergangenheit ab; es ist wesentlich, daß unsere geistige Erbschaft allen denen zugänglich ist, die sich Hindus nennen. Einige Saivite und Vaisnava-Heilige gehören zu der Klasse der Unberührbaren, andere sind seine Brahmanen. Viele, die keine Mitglieder der Brahmanen-Klasse sind, haben das höchste Ideal der Heiligkeit und Vergöttlichung erreicht. Jeder religiöse Reformer versucht die ganze Gemeinschaft auf den Brahmanenstand mit seinen Idealen der Wahrheit, der Gewaltlosigkeit, Besitzlosigkeit und Selbstbeschränkung zu heben. Man hat Vorkehrungen getroffen, mit deren Hilfe Menschen zuchtvollen Lebensstiles die Kastenschranken überschreiten können. Die Sramanas, die sich zur buddhistischen Weltanschauung bekennen und die Gelübde der Keuschheit und freiwilligen Armut halten, sind den Brahmanen gleichzustellen. Die großen Heiligen (Bhaktas) wuchsen über die Kastengrenzen hinaus. Die Tore zur Selbstverwirklichung mit all ihren Möglichkeiten öffneten sich unzähligen Frauen. Die Lehre von der Gleichheit aller Menschen unter spirituellem Gesichtspunkt, die Tatsache, daß sogar jene, die nicht den drei oberen Kasten angehören, zur Selbstverwirklichung gelangt sind, und das Zugeständnis der Hindu-Gesetzgeber, daß auch Sudras ein Recht auf Selbstverwirklichung haben, zwingt uns heute dazu, allen Hindus, gleichgültig welcher Kaste oder Stellung, die geistige Erbschaft zugänglich zu machen. Brahmanenschaft ist kein Orden, sondern eine seelische Verfassung. Jeder kann sie besitzen, obwohl viele geborene Brahmanen sie nicht haben. Sie ist unabhängig von Geschlecht oder Beruf, Geburt oder Bildung. Jeder hat ein Recht auf Brahmanenschaft, auf den Zustand, wo sich innere Anmut und äußere Schönheit miteinander verschmelzen.

Das Gayatri-Gebet ist so alt wie die indische Kulturgeschichte und muß von allen Männern und Frauen, gleich ob hoch oder niedrig, gelernt werden. Es geht davon aus, daß eine dauernde Unruhe in allen Dingen an sich herrsche, ein ewiges Suchen nach einem besseren Weg, ein unaufhörlicher Fortschritt einer besseren Welt entgegen. Die kostbarste Gabe des Lebens ist der Traum von einem höheren Leben. Jeden verlangt nach einem tieferen, intensiveren und weitergespannten Sich-selbst-bewußt-sein und einer klaren Selbsterfassung. Wir wollen streben, etwas Besseres als uns selbst zu verwirklichen. Auch Skeptiker und Theisten können sich zu ihm bekennen, ohne ein intellektuelles Opfer zu bringen. Es setzt den Glauben an die menschliche Seele und an einen Sinn im menschlichen Bemühen voraus. Es ist das Sinnbild der wahren Religion, die ein geistiges Abenteuer, eine unaufhörliche Erneuerung bedeutet. Gott ist unablässige Wiedergeburt. Wir müssen unser Selbst unverhüllt und ohne die Maske der Falschheit finden. Erst dann sind wir Wiedergeborene.

Ein Hindu in unserem Sinne ist jemand, der sich in seinem Leben und seiner Haltung zu einer der religiösen Überlieferungen bekennt, die sich in Indien auf vedischer Grundlage entwickelt haben. Nicht nur jene, die von Hindu-Eltern geboren sind, sondern auch jene, die nur von einer Elternseite Hindu-Ahnen besitzen und weder Mohammedaner noch Christen sind, sind Hindus.

In neuerer Zeit hat der Hinduismus geringe Neigung oder gar Unfähigkeit gezeigt, sich den Bedürfnissen der Zeit anzupassen. Allzu bereite Eile, den Änderungen der Umwelt grundsätzliche Zugeständnisse zu machen, beweist einen Mangel an Vertrauen zu den Prinzipien unserer Überlieferung; aber sich überhaupt nicht zu ändern, ist ein Zeugnis von Beschränktheit. Wer das alte System, so wie es auf uns gekommen ist, verteidigt, kämpft auf der falschen Seite. Die großen Ideale unserer Kultur können nicht verworfen werden; aber über ihre zeitbedingten Formen und Einrichtungen müssen wir hinausschreiten. Geschichte läßt sich nicht umkehren. Wir müssen eine radikale Revolution ebenso vermeiden wie eine Rückkehr zur Vergangenheit. In unserer Ungeduld sind wir gelegentlich versucht, die Vergangenheit überhaupt preiszugeben und einen ganz neuen Start zu beginnen. Tradition wird als drückende Bürde empfunden, die keinen angemessenen Schutz vor dem Chaos gewährt, das über uns hereinbricht und doch einen neuen Anfang im Leben verhindert. Ein solches Verfahren lohnt sich nicht. Aus einem Studium der unvergänglichen Grundsätze, die aus unserer Vergangenheit entwickelt worden sind, müssen wir neue institutionelle Bürgschaften zum Schutze der menschlichen Würde, Freiheit und Gerechtigkeit heranbilden. Die echten Kräfte des Neuen müssen mit den gültigen Prinzipien der Vergangenheit zu einer neuen Einheit verwoben werden. Dieses

Land hat eine ruhmvolle Standhaftigkeit bewiesen, als es seine Ideale während langer Jahrhunderte der Knechtschaft aufrechterhielt. Nie ist die Flamme der Hoffnung erstickt worden. Am hellsten brennt sie vor dem finsteren Hintergrund der Fremdherrschaft. Doch radikale Änderungen in unseren sozialen Gewohnheiten und Einrichtungen sind unerläßlich, wenn Indien vor dem geistigen und körperlichen Tod bewahrt werden soll. Wir müssen heute unser religiöses Denken und Handeln reorganisieren, wenn der Hinduismus seine unwiderstehliche Kraft und Macht wiedergewinnen soll zu Fortschritt, Durchdringung und Befruchtung der Welt.

Zusätzliche Literatur

Eliot, C. H., Hinduism and Buddhism, 3 Bde., London 1921.
Glasenapp, Helmuth von, Der Hinduismus, München 1922.
Glasenapp, Helmuth von, Die Religionen Indiens, Stuttgart 1943.
Gonda, Jan, Die Religionen Indiens, 2 Bde., Stuttgart 1960 und 1963.
Gonda, Jan, Change and Continuity in Indian Religion, Den Haag 1965.
Hutton, J. H., Caste in India. Its Nature, Function, and Origins, Oxford 1961[3].
Nikhilananda, Swami, Der Hinduismus: Seine Bedeutung für die Befreiung des Geistes, Berlin 1958.
Radhakrishnan, S., Indische Philosophie, 2 Bde., Baden-Baden, 1955/1956.
Wolff, Otto, Indiens Beitrag zum neuen Menschenbild, Hamburg 1957.
Zaehner, Robert Charles, Der Hinduismus. Seine Geschichte und seine Lehre, München 1964.

V.

Der Buddhismus

Helmuth von Glasenapp

Der Weg zur Erlösung *

I. Die vier edlen Wahrheiten

Die Summe der buddhistischen Heilslehre ist in den vier edlen (ârya), das heißt heiligen Wahrheiten enthalten, die Buddha schon in seiner ersten öffentlichen Predigt in Benares verkündet hat. Auf ihren kürzesten Ausdruck gebracht, lautet diese also:

»Dies ist die edle Wahrheit vom Leiden: Geburt ist leidvoll, Altern ist leidvoll, Krankheit ist leidvoll, Sterben ist leidvoll. Mit Unlieben vereint zu sein ist leidvoll, von Lieben getrennt zu sein ist leidvoll, und wenn man etwas, das man sich wünscht, nicht erlangt, auch das ist leidvoll – kurz die fünf ›Gruppen‹ (skandha) von Daseinsfaktoren, die durch den Lebenshang bedingt sind, sind leidvoll.

Dies ist die edle Wahrheit von der Entstehung des Leidens: Es ist der Durst, der die Wiedergeburt hervorruft, der von Freude und Leidenschaft begleitet ist, der hier und dort seine Freude findet, der Durst nach Sinnengenuß, der Durst nach Werden, der Durst nach Entwerden.

Dies ist die edle Wahrheit von der Aufhebung des Leidens: Es ist dieses Durstes Aufhebung durch völlige Leidenschaftslosigkeit, das Aufgeben, Sich-Entäußern, Sich-Loslösen, Sich-Befreien von ihm.

Dies ist die edle Wahrheit von dem zur Aufhebung des Leidens führenden Wege: Es ist dieser edle achtgliedrige Pfad, nämlich: rechte Anschauung, rechte Gesinnung, rechtes Wort, rechte Tat, rechtes Leben, rechtes Streben, rechtes Überdenken, rechtes Sich-Versenken.«

Diese vier Wahrheiten enthalten für den Buddhisten nicht nur die Grundgedanken seiner Heilslehre, sondern sie sollen auch das ewige Schema jeder möglichen Heilslehre sein, denn so wie jede Fußspur von Lebewesen in der Fußspur des Elefanten Platz hat, so soll jede andere Erlösungstheorie in diese vier Wahrheiten eingeschlossen werden können.

Der Zentralbegriff, um welchen sich alles in diesen vier Lehrsätzen dreht, ist das Leiden. So wie der indische Mediziner, wenn er eine Krankheit zu behandeln hatte, sich die Fragen vorlegte: »Worin äußert sich die Krankheit, woraus entsteht sie, was muß am Körper in Ordnung gebracht werden, um sie zu heilen, und auf welche Weise läßt sie sich heilen«, so werden auch hier die entsprechenden Fragen hinsichtlich der großen Krankheit, an welcher jedes Einzelwesen leidet, gestellt und finden dann eine knappe, aber ausreichende Beantwortung.

* Aus: *Helmuth von Glasenapp,* Die Weisheit des Buddha, S. 117–157, R. Löwit-Verlag, Wiesbaden o. J. Abdruck mit freundlicher Genehmigung des Verlages.

a) *Das Leiden.* Das Wort »dhukha« (im Pâli: dukkha), das man sich gewöhnt hat im Deutschen durch das Wort »Leiden« wiederzugeben, bezeichnet jede Art von Unlustempfindung, von dem kaum bemerkten Unbehagen bis zum brennenden Schmerz körperlicher oder seelischer Art. In eindrucksvoller Weise werden zunächst die vier großen Leiden, denen jedes vergängliche Wesen unterliegt, vorgeführt. Das Leiden beginnt schon mit der Geburt, weil dem im Mutterleib eingezwängten Embryo das mühsame Herauskommen heftige Schmerzen verursacht, es folgen dann die drei leidvollen Erfahrungen des Alterns, der Krankheit und des Todes, welche dem Prinzen Gautama, der Legende zufolge, als er in seinem von der Außenwelt abgeschlossenen Park lebte, zuerst durch von Göttern veranlaßte Erscheinungen nahegebracht wurden und ihn zu seiner Weltentsagung veranlaßten. Wenn von der Vereinigung mit Unlieben und der Trennung von Lieben gesprochen wird, so können damit sowohl Personen als Dinge beziehungsweise Daseinsfaktoren (dharma) gemeint sein.

Der buddhistische Begriff des Leidens umfaßt jedoch noch mehr als die verschiedenen Arten von Schmerzen, welche hier aufgeführt werden. Denn leidvoll ist für Buddha alles, was empfunden wird, weil auch das, was lustlos ist, dahinschwindet und dadurch Leid verursacht. Der Satz, daß die fünf Skandhas, das heißt ein Individuum und seine Erlebniswelt, leidvoll sind, ist also nur ein anderer Ausdruck dafür, daß sie vergänglich und wesenlos (das heißt ohne beharrende Substanz) sind. Man muß diese weite Fassung des Begriffes Leid kennen, um den Buddha richtig zu verstehen und ihm nicht die falsche Ansicht unterzuschieben, daß es in der Welt überhaupt keine Lust gebe. Er unterscheidet vielmehr deutlich zwischen lustvollen und leidvollen Empfindungen und solchen, die weder das eine noch das andere sind, und betont, daß die Wesen sich nicht zu den fünf »Gruppen« von Daseinsfaktoren hingezogen fühlen würden, wenn diese einseitig leidvoll und nicht auch lustvoll wären. Der leidvolle Charakter alles Daseins besteht also nicht darin, daß dieses unausgesetzt Schmerzen verursacht, sondern darin, daß die in ihm tatsächlich zutage tretende positive Lust nicht von Dauer ist. Der Unterschied zwischen dem Weltmenschen und dem Heiligen wird darin gesehen, daß der erstere die vergänglichen Genüsse für lustvoll hält, obwohl sie wegen ihres Dahinschwindens Leid hervorrufen, während dem Heiligen nur das Unvergängliche Lust bereitet (wie das Nirvâna) . . .

b) *Die Ursache des Leidens.* Als Ursache des Leidens wird der »Durst« (trishnâ, Pâli: tanhâ) bezeichnet. Unter Durst wird die unersättliche, sich immer erneuernde Begierde verstanden, welche unablässig nach Befriedigung sucht und von Wiedergeburt zu Wiedergeburt führt . . .

Der Durst wird näher bestimmt als kâma-, bhava- und vibhava-trishnâ. Kâma-trishnâ ist Durst nach Sinneslust, bhava-trishnâ Durst nach Werden (das heißt nach einem fortdauernden Weiterexistieren); über die Bedeutung von vibhava-trishnâ sind die Ansichten verschieden, weil das

Wort in doppeltem Sinne gebraucht werden kann. Vibhava kann Entfaltung, Wohlsein, Macht bedeuten; manche verstehen deshalb unter vibhava-trishnâ den Durst nach Macht. Vi-bhava kann aber auch als das negative Gegenstück von bhava aufgefaßt werden, weil die Präfix »vi« oft den Sinn von »weg von etwas« hat. Dann ist vibhava-trishnâ der Durst nach dem Nichtmehrwerden, nach dem Zunichtewerden, nach dem ewigen Tode. Für die letztere Auffassung spricht der folgende Ausspruch des Erhabenen: »Die meisten Götter und Menschen freuen sich am Werden; wird ihnen die Lehre von der Aufhebung des Werdens verkündet, so finden sie an ihr keine Befriedigung. Andere wieder fühlen sich durch das Werden bedrückt und abgestoßen, sehen das Heil im Entwerden und meinen: ›Daß man nach dem Tode restlos zunichte wird und nicht mehr ist, das ist die Ruhe, das höchste Gut.‹ Wie aber sehen die, welche Augen haben, die Sache an? Ein solcher betrachtet das Gewordene als Gewordenes, wendet sich vom Gewordenen ab und bringt es durch Leidenschaftslosigkeit zur Aufhebung. Hier wird der Wunsch zu sterben, restlos vernichtet zu werden, wie ihn Materialisten hegen, die glauben, daß mit dem Tode alles aus ist, und die deshalb den Selbstmord demjenigen empfehlen, der mit seinem Leben nicht zufrieden ist, als eine besondere Form der Bejahung des Durstes angesehen. Der Weise soll sich von der Gier nach Werden und Entwerden, vom Lebenstrieb wie vom Todestrieb gleicherweise frei machen und nach dem Grundsatz handeln: »Ich freue mich des Sterbens nicht, ich freue mich des Lebens nicht; ich warte meine Zeit ab, wie der Diener seinen Lohn.« In ruhiger Gelassenheit soll er nach dem Nirvâna streben, das weder ein absolutes Sein noch ein absolutes Nichtsein, sondern ein jenseits von beiden liegender, dem Weltmenschen unbegreiflicher Zustand völliger Triebfreiheit ist.

Die zweite edle Wahrheit stellt also fest, daß der Durst, die nie befriedigte Begierde, die Ursache für das leidvolle Dasein von der Geburt bis zum Tode ist. In diesem Sinne kann ein Individuum geradezu als eine Manifestation des Durstes bezeichnet werden. »Der Wille, die Leidenschaft, die Freude, die Gier, durch die einer am Körperlichen und den anderen Gruppen von Daseinsfaktoren haftet, das ist das Wesentliche an einem Lebewesen.« Die nie verlöschende Begierde ist der rote Faden, der sich durch die ganze Existenz zieht und diese mit einer früheren und einer späteren Reinkarnation verknüpft. »Das Vergangene ist das eine Ende, das Zukünftige ist das andere Ende, das Gegenwärtige steht in der Mitte, die Gier aber ist die Näherin. Denn die Gier knüpft alles zusammen zur Wiedergeburt in dieser oder in jener Daseinsform.« ...

c) *Die Aufhebung des Leidens.* Ist der »Durst« die Ursache des Leidens, so ist folgerichtig das Fahrenlassen dieses Durstes die einzige Möglichkeit zur Aufhebung des Leidens. Nicht irgendwelche äußeren Mittel noch auch in friedlicher Entwicklung oder durch gewaltsamen Umsturz erzielte Veränderungen in der äußeren Einrichtung der Welt sind imstande, das

Leid dauernd zum Verschwinden zu bringen; einzig und allein ein grundlegender Wandel in der Einstellung des Menschen zur Welt und allem, was in ihr den Durst immer von neuem reizt, kann hier Abhilfe schaffen. Die Erkenntnis, daß das wahre Glück nicht in äußeren Verhältnissen, sondern in der geistigen Haltung liegt, die wir der Welt gegenüber einnehmen, ist von jeher von Philosophen gelehrt und die Unerschütterlichkeit des Gemütes als Vorbedingung der Glückseligkeit gepriesen worden. Daß nur eine Verneinung des Willens zum Leben zu einem Zustand dauernden Heils führen kann, ist die gemeinsame Überzeugung westlicher und östlicher Mystiker. Die Anschauungen darüber, auf welche Weise und in welchem Umfange die Unterdrückung der Triebe vor sich gehen soll, sind freilich im einzelnen sehr voneinander verschieden; während manche eine rein geistige Loslösung von den irdischen Dingen für ausreichend halten, ohne eine grundlegende Veränderung der Lebensführung (Klosterleben und so weiter) zu fordern, sehen andere in harten Bußübungen und schmerzvollen Kasteiungen die unerläßliche Vorbedingung für die tatsächliche Befreiung von den Fesseln der Welt. Buddha nimmt in dieser Hinsicht eine gemäßigte Stellung ein. Er hält die Hingabe an die Sinnesgenüsse für unvereinbar mit echter Weltentsagung; er verwirft andererseits auch wieder die Selbstpeinigung als leidvoll, unedel und zwecklos. Der wahre Heilsweg ist für ihn der Weg in der Mitte von diesen beiden Extremen, der Weg, »der das Auge und die Erkenntnis schafft, der zur Ruhe, zum Wissen, zur Erleuchtung, zum Nirvâna führt. Es ist dies der edle Pfad, der da besteht aus acht Gliedern: 1. rechte Anschauung, 2. rechte Gesinnung, 3. rechtes Reden, 4. rechtes Handeln, 5. rechtes Leben, 6. rechtes Streben, 7. rechtes Überdenken, 8. rechtes Sich-Versenken.«

d) *Der edle achtfache Pfad.* Die acht Glieder des »edlen Pfades«, der zur Aufhebung des Leidens führt, werden in drei Gruppen zerlegt: die »Gruppe der Erkenntnis« (Glied 1, 2), die »Gruppe der Zucht« (3, 4, 5) und die »Gruppe der Meditation« (6, 7, 8). In ihrer Gesamtheit umfassen sie die ganze buddhistische Heilslehre in allen ihren Teilen, insofern als das 1. Glied das Wissen um das wahre Wesen von Ich und Welt zur Voraussetzung hat, die Glieder 2–6 die gesamte . . . praktische Ethik zum Inhalt haben und die beiden Schlußglieder die Meditationen als die Mittel nennen, welche schon in dieser Existenz eine zeitweise Loslösung von der Welt ermöglichen.

In der starken Hervorhebung der Meditation tritt ein bezeichnender Wesenszug des Buddhismus hervor. Er verlangt von seinen Bekennern, daß sie die Einsamkeit ertragen können und sich eingehend mit sich selbst beschäftigen. Der Buddhist unterscheidet sich in dieser Hinsicht nicht nur vom modernen Massenmenschen, der dauernd von außen Ablenkung und Anregung sucht, sondern auch vom Theisten, der auch in den Stunden der stillen Betrachtung nicht allein ist, sondern sich mit seinem Gott verbunden fühlt, auch wenn er nicht im Gebet mit ihm Zwiesprache hält. Mit Recht hat Buddha deshalb gesagt: »Nur für den Einsamen eignet sich diese (meine) Lehre, nicht für den, der an der Geselligkeit seine Freude hat.« Er selbst liebte die Einsamkeit, sagt er doch einmal: »Zu einer Zeit, wo ich auf der Landstraße wandere und niemanden vor noch hinter mir sehe, zu einer solchen Zeit fühle ich mich wohl, und sei es auch nur, um Harn und Kot zu entleeren.« Ausführlich schildert er, wie er sich in seiner Jugend erst an das Alleinsein im Walde gewöhnen und Furcht und Angst überwinden mußte, bis er sich auch in der Nacht in der Nähe von Bestattungsplätzen wohl fühlte. Die Wonnen der Einsamkeit sind der Gegenstand der Schilderung vieler buddhistischer Gedichte . . .

Die Gruppe der Erkenntnis

1. Rechte Anschauung (samyag-drishti) ist die Kenntnis der vier edlen Wahrheiten und der mit ihnen zusammenhängenden Lehren von der Vergänglichkeit, Wesenlosigkeit und Leidhaftigkeit alles Daseins, von dem »Entstehen in Abhängigkeit« und so weiter.
2. Rechte Gesinnung (samyak-sankalpa, wörtlich »rechter Entschluß«) ist ein Wollen, das von Begierde, Bosheit und Gewalttätigkeit frei ist.

Die Gruppe der Zucht

3. Rechtes Reden (samyag-vâc, wörtlich »rechtes Wort«) ist das Abstehen von Lüge, Verleumdung, Schimpfen und Schwatzen. Die positive Seite des rechten Redens wird zusammengefaßt in dem Rat, »zur rechten Zeit, wahrheitsgemäß, sanft, zweckentsprechend und in freundlicher Gesinnung zu reden«.
4. Rechtes Handeln (samyak-karmânta) besteht in dem Unterlassen von Töten, Stehlen, Unkeuschheit und anderen verbotenen körperlichen Akten und in der Ausführung von guten Werken wie Spenden und so weiter.
5. Rechtes Leben (samyag-âjîva) äußert sich darin, daß der Unterhalt in angemessener Weise gewonnen wird. Damit ist gemeint, daß ein Beruf, der jemanden mit den ethischen Normen des Buddhismus in Konflikt bringt, zugunsten eines solchen aufgegeben wird, der ihnen entspricht. Als verbotene Berufe gelten solche, welche verstoßen gegen die Gebote des Nicht-Tötens (Schlächter, Vogelsteller, Jäger, Fischer, Henker, Räuber, Verkäufer von Waffen, von Fleisch und so weiter), Nicht-Stehlens (Dieb), Nicht-Lügens (Wahrsager und ähnliches), Nicht-Alkoholtrinkens (Branntweinhändler).

Die Gruppe der Meditation

6. Rechtes Streben (samyag-vyâyâma) richtet sich darauf, 1. die schlechten, unheilvollen »Dinge« (dharma, Gemütsregungen), welche noch nicht entstanden sind, nicht entstehen zu lassen und sie 2., soweit sie schon entstanden sind, zu beseitigen; 3. die noch nicht entstandenen guten, heilvollen Dinge zum Entstehen zu bringen und 4. die schon entstandenen guten Dinge festzuhalten, zu mehren und zur Vollendung zu bringen. Dies geschieht vornehmlich durch Meditationen, welche das Herz von Leidenschaften reinigen.

7. Rechtes Überdenken (samyak-smriti, rechtes Sich-Erinnern, Gedenken, Daran-Denken) ist ein besonnenes Betrachten 1. des Körpers, 2. der Emfindungen, 3. des Denkens und 4. der »Dinge«.

Bei der besonnenen Betrachtung des Körpers vollzieht der Weisheitsjünger alle körperlichen Akte mit aufmerksamer Bewußtheit, er atmet, geht, steht, ißt, trinkt, entleert sich in ernster Besinnung darauf, daß es sich bei allen diesen Betätigungen um vergängliche Prozesse handelt, die in Abhängigkeit von anderen entstehen. Oder er stellt sich den Leib von den Fußsohlen bis zum Scheitel vor und zerlegt ihn im Geiste in seine einzelnen Bestandteile, indem er diese von den Haaren bis zum Harn aufzählt oder sich vergegenwärtigt, daß der Körper aus den vier Elementen Erde, Wasser, Feuer und Luft zusammengesetzt ist. Oder schließlich er denkt an einen in Verwesung begriffenen Leichnam und sagt sich, »auch mein Körper ist so«.

Bei der besonnenen Betrachtung der Empfindungen vergegenwärtigt er sich mit voller Bewußtheit, wenn er eine Empfindung fühlt, »dies ist eine angenehme oder unangenehme oder indifferente Empfindung; dies ist eine fleischliche oder eine nicht-fleischliche Empfindung«, und so weiter.

Bei der besonnenen Betrachtung des Denkens ist er sich dessen bewußt: »Das Denken ist voll oder frei von Haß, Gier, Wahn, Aufmerksamkeit, Größe, Hoheit, Sammlung, Befreiung.«

Bei der besonnenen Betrachtung der »Dinge«, das heißt der Gegenstände des Denkens, vergegenwärtigt er sich die vier edlen Wahrheiten, die fünf Skandhas, die sechs Sinnesorgane und Sinnesobjekte und dergleichen oder die fünf Hemmungen (Lustgier, Übelwollen, schläfrige Trägheit, aufgeregte Unruhe, Zweifelsucht) oder die sieben Glieder der Erleuchtung (Überdenken, Lehre-Ergründung, Kraft, Freude, Ruhe, Versenkung, Gleichmut). Der Zweck dieser Meditationen ist, durch vollkommene geistige Erfassung des Wesens dieser Dinge die vollständige Herrschaft über sie zu gewinnen.

8. Rechtes Sich-Versenken (samyak-samâdhi) besteht in der Gewinnung eines geistigen Zustandes zeitweiser Weltentrücktheit. Ein solcher Zustand tritt als Folge intensiver geistiger Konzentration ein; Konzentration besteht darin, daß das ganze Denken auf ein bestimmtes Objekt gerichtet und alles andere ausgeschaltet wird. Während für gewöhnlich

der menschliche Erkenntnisapparat jeden Augenblick sich anderen Objekten zuwendet, mögen diese nun Gegenstände in der Außenwelt sein oder Vorstellungen, Begriffe, Gedanken, die ihn beschäftigen, wird durch die Konzentration »Einspitzigkeit« (ekâgratâ) des Denkens angestrebt: es wird lediglich auf einen bestimmten Punkt fixiert, so daß dieser allein im Lichte des Erkennens steht, während alles andere ebenso im Dunkel bleibt wie etwas in einer stockfinsteren Nacht, auf welches kein Licht fällt. Die Voraussetzung für die Verwirklichung einer Konzentration ist eine mit großer Energie durchgeführte Bekämpfung aller immer wieder auftauchenden Störungen, die eine Zerstreuung der geistigen Tätigkeit und damit einen Zerfall der scharfen Erfassung des einen Objekts zur Folge haben. Dies ist nur durch lange und geduldige Übung zu erzielen. Die Mittel, welche das Ziel herbeiführen, sind sehr verschiedener Art. Zunächst einmal ist es erforderlich, daß der Meditierende seine Übungen an einem Ort vornimmt, wo er nicht durch äußere Dinge, Lärm und so weiter andauernd gestört wird, also am besten in der Einsamkeit des Waldes, in einer Felsengrotte oder in der stillen Klause eines Klosters. Des weiteren ist es nötig, eine bequeme Sitzart zu wählen, die von allen körperlichen Spannungen und Beschwerden frei ist. Dem Inder und Ostasiaten gilt die bekannte Buddha-Positur, bei welcher die Beine gekreuzt und untergeschlagen werden, als bequemste Ruhestellung (während der an sie nicht gewöhnte Europäer sie als höchst anstrengend empfindet). Von großer Bedeutung ist dann aber vor allem, daß die Konzentration von einem geeigneten »Stützpunkt« ausgeht, das heißt bei einem zweckmäßigen Gegenstand eingesetzt wird.

Ein rein äußerliches Verfahren zur Erzielung einer völligen Sammlung des Geistes besteht darin, daß der Übende seine ganze Aufmerksamkeit auf ein bestimmtes, in sich abgeschlossenes sichtbares Objekt richtet, wie auf einen Teich, ein deutlich abgegrenztes Stück Erde oder auf eine farbige, runde, bunte Scheibe. Mit zäher Ausdauer wird dieser Gegenstand so lange angeschaut, bis alles Erkennen ganz in ihm aufgeht. Es wird dann schließlich bei geöffneten wie bei geschlossenen Augen ein »Zeichen« (nimitta, Reflex) wahrgenommen, auf das dann alle Aufmerksamkeit wie auf einen Brennpunkt zu konzentrieren ist. Ist dies in der richtigen Weise eine Zeitlang geschehen, so schwinden alle Hemmungen ... und alle Regungen und Triebe schlafen ein. Damit ist die Möglichkeit zum Eingehen in die Versenkung gegeben.

Ein anderer Weg zur Erzielung einer Versenkung besteht darin, daß der Weisheitsjünger sein konzentriertes Denken der Atmungstätigkeit zuwendet und sich dazu zwingt, diese genau zu beobachten und alle Ablenkungen auszuscheiden ...

Gegenüber der ersten Methode, welche eine Versenkung auf mechanischem Wege zu erzielen sucht, und der zweiten, welche von der Konzentration des Denkens auf den eigenen Körper ausgeht, aber von dort zur Verwirklichung einer anschaulichen Erkenntnis der Heilswahrheit vom Nicht-Selbst (an-attâ) übergeht, arbeitet eine dritte mit rein geistigen Mitteln. Das Nachsinnen über die drei Merkmale irdischer Existenz, über ihre Vergänglichkeit, Wesenlosigkeit, Leidhaftigkeit, oder über einen anderen Satz der Lehre dient als »Stützpunkt« für die Überwindung der Triebe und die Erreichung der Versenkung.

Im ganzen werden neun Stufen der Versenkung unterschieden, die der Reihe nach durchlaufen werden können. Von diesen sind die ersten vier die wichtigsten. Sie werden gewöhnlich als das »erste, zweite, dritte, vierte dhyâna« (Pali: jhâna) bezeichnet. In ihnen erhebt sich der Übende über die »Region der Sinnenlust« hinaus zur »Region der reinen Formen«, in welcher die begierdefreien Götter höherer Ordnung existieren.

Auf der ersten Versenkungsstufe ist das Denken von freudiger Begeisterung und Glücksgefühl erfüllt, »wie ein von Flüssigkeit durchdrungener Seifenball«, aber es ist noch mit »Erwägen und Erfassen«, das heißt mit Hin- und Her-Überlegen und Festlegen, beschäftigt. Auf der zweiten Stufe hat es sich von Erwägen und Erfassen freigemacht; durchflutet von Freude und Glücksgefühl »wie ein See von einem kühlen Quellstrom«, genießt es inneren Frieden. Auf der dritten Stufe hat es Freude und inneren Frieden überwunden, es entfaltet an sich Gleichmut, Achtsamkeit und Besonnenheit und wird von freudefreiem Glücksgefühl umspült, »wie eine Lotusblume von kühlem Wasser«. Auf der vierten Stufe macht das Glücksgefühl einem Zustand völliger Erhabenheit über Glück und Leid Platz, so daß der Denker dasitzt »wie einer, der ganz und gar mit weißen Gewändern bedeckt ist«.

Über diesen vier Stufen liegen noch vier andere, in welchen der Meditierende über die »Region der reinen Formen« in die »Region der Nichtformen« vordringt, in die Sphäre von Gottheiten, die keine feinstofflichen Leiber mehr haben, sondern nur noch in geistigen Bewußtseinszuständen existieren. Nachdem alle Vorstellungen von Formen ausgeschaltet sind, verwirklicht das Denken der Reihe nach aufsteigend die »Unendlichkeit des Raumes«, die »Unendlichkeit des Bewußtseins«, die »Nichtirgendetwasheit« und die »Grenze von Unterscheiden und Nichtunterscheiden«, wo alles Vorstellen nur noch in geringem Maße besteht. Jenseits von diesen vier Stufen kann dann noch ein Stadium realisiert werden, auf dem alles Unterscheiden und alles Empfundene geschwunden ist und ein bis zu sieben Tagen anhaltender Zustand des Yoga-Tiefschlafs erreicht ist.

In den Versenkungen vollzieht sich eine steigende Loslösung von den Faktoren (dharma), welche eine Persönlichkeit ausmachen. Mit dem Eintritt in die erste Versenkung hatte der Übende alle triebhaften Neigungen und alle Störungen ausgeschaltet, sein Geist ist aber noch nicht zu völliger Ruhe gekommen, weil er noch überlegt. Auf der zweiten Stufe hat diese geistige Aktivität aufgehört und einer stillen Heiterkeit Platz gemacht. Auch diese ist aber ebenso wie die freudige Begeisterung der ersten und zweiten Stufe eine subtile Fessel, die durchschaut und überwunden werden muß. Auf der dritten Stufe ist dies erreicht, und hehrer Gleichmut breitet sich aus. Das Glücksgefühl über den Gleichmut ist aber auch noch eine Unzulänglichkeit, die entfernt werden muß. Auf der vierten Stufe ist deshalb nur noch der völlig geläuterte besonnene Gleichmut vorhanden. Auf den über der »Region der reinen Formen« liegenden Versenkungsstufen werden die Grenzen der Sinnenwelt überschritten, und eine immer größere Entleerung des Denkens von konkreten Inhalten greift Platz.

So hohe Bedeutung den Versenkungen auch beigemessen wird, so sind sie doch nicht als die notwendige Voraussetzung der Erlösung anzusehen. Denn erstens kann ein Mensch, der über das nötige Training verfügt, sie verwirklichen, ohne doch die für die Erlösung erforderlichen höchsten Qualitäten zu besitzen. Und zweitens sollen Personen das Nirvâna erlangt haben, welche nie in den Zustand einer Versenkung geraten waren, sondern das Nirvâna nur im Wege »trockener Einsicht« erreicht haben. Es gibt also Menschen, die für die Versenkung eine natürliche Anlage besitzen, während anderen diese fehlt. Die ersteren gelangen auf dem Wege der Vollberuhigung (shamatha), die anderen durch Einsicht in das Wesen der Dinge (vipashyana) zur Wahnversiegung.

Als Folge der durch Meditationsübungen gewonnenen Geistesmacht stellen sich bei dem Fortgeschrittenen Wunderkräfte ein, die es ihm ermöglichen, sich zu vervielfachen, den Raum zu durchfliegen, übernatürliche Töne zu hören, die Gedanken anderer zu erforschen und so weiter. Es handelt sich hier offenbar um Konzentrationserlebnisse rein subjektiver Art, denen die Inder freilich objektive Tatsächlichkeit zuschreiben. Diese Machtentfaltungen dürfen jedoch ebensowenig wie die bei der Versenkung in die Erscheinung tretenden angenehmen Empfindungen zum Selbstzweck werden, vielmehr hat sich der Meditierende immer wieder zu vergegenwärtigen, daß auch diese »Dinge« (dharma) bedingt entstehen. Ohne Zu- oder Abneigung, ohne von ihnen gefesselt zu werden, soll er weiterstreben, um sein Denken für die letzten Erkenntnisse und für die Überwindung aller störenden Kräfte zu wappnen. Sind dann alle Voraussetzungen für die endgültige Befreiung da, so wird das Ziel erreicht. Buddha schildert, wie er selbst in Uruvelâ, nachdem er die vier ersten Versenkungen nacheinander vollzogen hatte, die Erinnerung an seine früheren Existenzen und die Erkenntnis des Abscheidens und Wiederentstehens der anderen Lebewesen gewann und dann sein Denken auf die Erkenntnis der Vernichtung der Grundübel: Sinnenlust, Werdelust und Nichtwissen richtete. »Da erkannte ich der Wahrheit gemäß: ›Dies ist das Leiden‹, ›Dies ist die Entstehung des Leidens‹, ›Dies ist die Aufhebung des Leidens‹, ›Dies ist der zur Aufhebung des Leidens führende Pfad‹. Und: ›Dies sind die Grundübel‹, ›Dies ist die Entstehung der Grundübel‹, ›Dies ist die Aufhebung der Grundübel‹, ›Dies ist der Weg zur Aufhebung der Grundübel‹, erkannte ich der Wahrheit gemäß. Als ich so erkannte und schaute, wurde mein Denken erlöst von den Grundübeln der Sinnenlust, der Werdelust und des Nichtwissens, und es entstand die Erkenntnis: ›In dem Erlösten ist die Erlösung. Aufgehoben ist die Wiedergeburt, vollendet der heilige Wandel, getan ist, was zu tun war, nach diesem Leben gibt es kein anderes.‹ «

II. Das stufenweise Vorwärtsschreiten zur Vollendung

»Das große Meer senkt sich stufenweise, fällt aber nicht plötzlich steil ab. So gibt es auch in dieser Lehre und Zucht eine stufenweise Belehrung, eine stufenweise praktische Anwendung, ein stufenweises Vorwärtsschreiten und nicht ein plötzliches Gewinnen der Erkenntnis.« In diesen Worten wird der Grundgedanke alles Buddhismus dahin ausgesprochen, daß kein Lebewesen sofort und unmittelbar zu den Tiefen der Erkenntnis vordringen kann, sondern daß es einer langen, allmählichen geistigen Entwicklung bedarf, um das Heil zu erreichen. So wie der Buddha selbst seit unvordenklichen Zeiten im Sansâra umherwandern mußte, um nach vielen Wiederverkörperungen als Tier, Mensch und Gott schließlich als Mensch die Erleuchtung zu finden, so kann auch jeder andere nur nach langen Irrwegen schrittweise zur Erlösung kommen. »Wenn es oben im Gebirge regnet, dann füllt das herabfließende Wasser zuerst die Bergesklüfte, und nach und nach füllen sich dann die kleinen und die großen Teiche, die kleinen und die großen Flüsse, und schließlich füllt sich der Ozean. So auch bewirkt der Umgang mit guten Menschen das Hören des guten Gesetzes, und nach und nach erwachsen daraus der Reihe nach Glaube, Überlegung, Sinnenzügelung, guter Wandel, das vierfache Überdenken, die sieben Glieder der Erleuchtung und schließlich die Wissenserlösung.«

Einem System, das mit unendlich vielen Wesen in unendlich vielen Welten rechnet und annimmt, daß diese Wesen seit unabsehbar langer Zeit immer neue Daseinsformen durchzumachen haben, ist von vornherein der Gedanke fremd, daß es gewisse Lehren geben könne, die von allen verstanden, und gewisse ethische Vorschriften, die von allen befolgt werden könnten. Vielmehr entspricht ihm einzig und allein ein Gradualismus, bei welchem eine Flucht von Stufen von den untersten Stadien geistiger und sittlicher Verkommenheit zu der höchsten Vollkommenheit emporführt. Buddha hat deshalb nie geglaubt und erwartet, daß alle Wesen oder auch nur alle Menschen die von ihm verkündeten Heilswahrheiten annehmen oder die von ihm eingeschärften ethischen Prinzipien befolgen könnten, sondern er war von vornherein davon überzeugt, daß immer nur ein kleiner Teil der Bewohner der Erde überhaupt für seine Botschaft erreichbar sein werde und daß selbst von diesen nur wenige sie sich in ihrer höchsten Form praktisch zu eigen machen könnten. »So wie es auf diesem Kontinent«, sagte er, »nur wenige Gärten und Felder, aber viele Dschungel und Berge gibt, so gibt es nur wenige Lebewesen auf dem Lande, aber viel mehr im Wasser, nur wenige, die als Menschen wiedergeboren worden sind, aber viele außerhalb der Menschheit, nur wenige Menschen, die in den mittleren Ländern (wo die Buddhas auftreten) wiedergeboren wurden, aber viele, die in den Grenzländern wiedergeboren wurden, unter ungebildeten Barbaren, wenige Verständige, aber viele Toren, wenige, die die Lehre des Vollendeten vernehmen, aber viele, zu denen sie nicht dringt, wenige, die das, was sie gehört, beherzigen, aber viele, die das nicht tun, wenige, die um das Heil kämpfen, aber viele, die nicht ernstlich kämpfen, wenige, die die Erlösung erreichen, aber viele, denen dies nicht beschieden ist.«

Dementsprechend hat Buddha seine Lehrverkündigung von vornherein so eingerichtet, daß sie auf Personen von verschiedener geistiger Fassenskraft und von verschiedener moralischer Reife wirken konnte. Für einen großen Hörerkreis predigte er die elementaren Gebote, welche allen Sittenlehren gemeinsam sind: nicht zu töten, nicht die Ehe zu brechen, nicht zu stehlen und nicht zu lügen, und schilderte die Höllenstrafen und die Qualen der Wiedergeburt in der Welt der Gespenster, Tiere und Menschen, die den treffen, der den Vorschriften zuwider handelt. Dann pries er die Vorzüge der Schonung der Lebewesen, des keuschen Wandels, des Spendens und der guten Rede und stellte als Lohn für sie die Wiedergeburt in einem Götterhimmel oder in einem glücklichen Menschendasein in Aussicht. Er machte dann das Elende, Üble und Befleckende der Sinnenlüste klar und stellte in wirkungsvollen Gegensatz zu diesen die Tugend derer, die sich von ihnen befreiten. So erweckte er in den Hörern den Wunsch, selbst ein sittliches Leben zu führen, und die Achtung vor denen, welche, wie die Mönche und Nonnen, ihr ganzes Leben der Betätigung und Verkündigung des Guten geweiht hatten. Während er so von der großen Mehrzahl derer, die seinen Reden lauschten, nur verlangte, daß sie in ihrem Leben in Haus und Beruf entsprechend den Normen der moralischen Weltordnung handelten, suchte er die wenigen, die er für reif dafür hielt, durch eine Darlegung der vier edlen Wahrheiten und der metaphysischen Hauptlehren für das höhere Leben der Weltentsagung zu gewinnen. Die Mönche und Nonnen sollten der Idee nach also eine Elite darstellen, den engen Kreis derer, die durch strengere Tugendübung dem Heil näher zu kommen suchen. Der Zweck des Eintritts in den Orden sollte es sein, den Mönchen durch ihre völlige Loslösung aus ihrer gewohnten Umwelt und durch die Erschwerung der Möglichkeiten, gegen die moralischen Vorschriften zu verstoßen und sich sinnlichen Genüssen hinzugeben, die harte Arbeit der Selbstvervollkommnung zu erleichtern. Selbstverständlich wurde die Zugehörigkeit zum Orden nicht als unerläßliche Vorbedingung für die Erlangung des Nirvâna angesehen. Es wird vielmehr auch von einigen Laien berichtet, welche die Erlösung erreichten, indem sie sich von allen Bindungen an die Welt befreiten. Da der Asket, der an feste Regeln gebunden ist, sich leichter von den Versuchungen der Welt fernhalten kann als der Laie, ist die Chance für ihn größer, ein Heiliger, ein Arhat zu werden. Die überwiegende Mehrzahl der Mönche und Nonnen konnte freilich nicht damit rechnen, schon in ihrer jetzigen Existenz bis zum letzten Ziele vorzudringen, sondern nur hoffen, sich diesem zu nähern. Viele Buddhisten glauben heute, daß das Nirvâna gegenwärtig auf Erden überhaupt nicht mehr errungen werden könne, so daß also das Klosterleben im besten Falle nur eine beschleunigte Erlangung einer günstigen Existenz in einer anderen Welt vermitteln kann.

Die Vorbedingung dafür, daß der Mönch seinem Beruf gerecht wird, ist selbstverständlich die, daß er alle seine Pflichten treu erfüllt und geistig seinem hohen Amt gewachsen ist. Buddha wird nicht müde, immer erneut hervorzuheben, daß nicht der kahlgeschorene Kopf, das Befolgen asketischer Disziplin, das Leben von Erbetteltem oder das Studium den wahren Bhikshu (Pâli: Bhikkhu) ausmachen, sondern daß auf diesen Ehrentitel nur der Anspruch hat, der ein reines und beschauliches Leben führt und sich selbst bezähmt. In zahlreichen Versen wird die Seligkeit der Asketen besungen, der wie ein Felsblock, der vom Winde nicht bewegt wird, sich unerschütterlichen Gemüts von Lob und Tadel nicht erregen läßt, begierdelos unter den Begierigen, haßlos unter den Haßerfüllten heitere Ruhe gefunden hat und von sich sagen kann: »Ach, wie leben wir glücklich, die wir nichts besitzen. Von Freude werden wir uns nähren wie die strahlenden Götter.« . . .

Vom Standpunkt der buddhistischen Heilslehre betrachtet, gleicht die Menschheit einer gewaltigen Pyramide, deren breite Basis von den verschiedenen Graden der »Weltmenschen« eingenommen wird, die noch außerhalb des Buddhismus stehen. Die unterste Klasse der Bekehrten sind die Srotaâpannas (Pali: Sotâpannas), »die in den Strom (der heiligen Lehre) Eingetretenen«. Zu ihnen gehören alle, welche sich durch Aussprechen der Formel »Ich nehme meine Zuflucht zum Buddha, zur Lehre, zur Mönchsgemeinde« als Verehrer der »drei Juwelen« bekannt und durch Einhaltung der sittlichen Gebote als solche erwiesen haben. Sie sind dadurch, daß sie sich von den Grundübeln . . . frei zu machen begannen, davor gesichert, in den Höllen, als Gespenster oder als Tiere wiedergeboren zu werden, sie müssen aber noch siebenmal zur Welt zurückkehren, ehe sie die Erlösung erreichen.

Die zweite Stufe der Bekehrten bilden die Sakridâgâmins (Pali: Sakadâgâmins), die »Einmalwiederkehrer«. Diese haben Haß, Gier und Verblendung bis auf einen kleinen Rest vernichtet und müssen sich noch einmal als Menschen verkörpern, bevor sie in das Nirvâna eingehen.

Die Anâgâmins, die »Nichtwiederkehrer«, gelangen nach dem Tode in eine der höheren Götterwelten und kommen von dort zur Erlösung.

Die Arhats (Pâli: Arahats) sind die Heiligen, die schon hier auf Erden sich von Leidenschaft frei gemacht und im menschlichen Dasein das Nirvâna erreicht haben; wenn sie sterben, verlöschen sie.

Nur ganz selten ist nach der alte Lehre ein Mensch in der Lage, nicht nur die Stellung eines Arhat, sondern zugleich auch die eines Buddha zu gewinnen. Als solcher kann er entweder die aus eigener Kraft erworbene Erkenntnis für sich behalten und »einsam wie ein Nashorn« die Welt durchziehen – dann ist er ein »Pratyekabuddha«, ein »für sich selbst Erwachter«, ein Privatbuddha. Größer als alle diese Heiligen sind die »erhabenen, heiligen, Vollkommen-Erleuchteten, die Universal-Buddhas, die ihre erlösende Erkenntnis unter den Menschen verbreiten und eine Gemeinde stiften.

III. Das Nirvâna

Das Wort »Nirvâna« (im Pali: Nibbâna) ist abgeleitet von der Verbalwurzel »vâ«, das heißt »wehen«, mit der Präfix »nis« (die vor tönenden Konsonanten zu »nir« verändert wird), welche »aus, heraus« bedeutet; das »na« ist die Suffix des Vergangenheitspartizips des Passivs. »Nirvâna« heißt eigentlich »ausgeweht«; als Substantiv neutrius generis gebraucht: das »Verwehen, Verlöschen«. Es wird zum Beispiel von einer Lampe gesagt. Als philosophischer Terminus bezeichnet es zunächst das Verlöschen der individuellen Existenz, schließlich einen Zustand unüberbietbarer Seligkeit in dieser Existenz oder nach dem Tode.

Das Nirvâna besteht zunächst also im Erlöschen des Feuers der Gier, des Hasses und der Verblendung. Dieses Erlöschen tritt bei demjenigen ein, der das Nichtwissen vernichtet hat. Es wird schon bei Lebzeiten verwirklicht, während noch die aus den fünf Gruppen (skandha) von Daseinsfaktoren bestehende Individualität vorhanden ist. Der Heilige, bei dem alle Leidenschaft geschwunden ist, ist also schon bei Lebzeiten erlöst. Da jedoch das Karma, das sich in der gegenwärtigen Existenz auswirkt, nicht aufgehoben werden kann, sondern noch weiterrollt, wie ein Rad auf Grund eines früher erhaltenen Anstoßes, so muß der Lebend-Erlöste noch die Frucht der Taten kosten, die er vor seiner Befreiung von der Unwissenheit vollbrachte. Dies kann in der Weise vor sich gehen, daß er sie in seinem lezten Dasein in gemildeter Form realisiert. Bei dem von Buddha bekehrten Räuber Angulimâla (sein Name soll davon herrühren, daß er sich die Finger der Ermordeten an einer Kette um den Hals gehängt hatte) wirkte sich die von ihm angehäufte Blutschuld nach seiner Heiligwerdung nur darin aus, daß er durch nach ihm geworfene Steine und Scherben verletzt wurde, während er sonst Jahrtausende währende Höllenqualen hätte durchmachen müssen. Das Tun eines Erlösten hat hingegen keine karmischen Folgen, weil das Nichtwissen, welches sonst das Entstehen neuer Karma-gestaltender Triebkräfte (sanskâra) veranlaßt, aufgehoben ist.

Hat der Heilige sein Schicksal erfüllt, so stirbt er, um nie wieder eine Wiedergeburt zu erleben. Er geht dann aus dem noch mit Beilegungen versehenen Nirvâna in das »völlige Nirvâna« (parinirvârna) ein. Dies geschieht gewöhnlich im Zustand der Versenkung: von Buddha wird berichtet, daß er, nachdem er zum letzten Mal zu seinen Jüngern gesprochen hatte, zuerst die neun Stufen der Versenkung von der untersten bis zur höchsten durchmaß, diese dann wieder rückwärts bis zur ersten durchlief und von hier aus wieder bis zur vierten aufstieg; nachdem er sich aus der vierten Stufe erhoben hatte, erreichte er unmittelbar das vollkommene Erlöschen. Die buddhistische Kunst stellt den in das Parinirvâna eingehenden Buddha als einen friedlich Schlafenden dar, auf dessen Antlitz sich heitere Ruhe widerspiegelt.

Über das Wesen dieses endgültigen, höchsten Nirvâna ist in der europäischen Forschung seit jeher viel diskutiert worden; die einen haben es als ein absolutes Nichts, andere als einen Zustand absoluter Seligkeit definiert, und auch die gelehrten Mönche in Ceylon, mit denen ich 1938 mit Hilfe eines singhalesischen Kollegen von der Universität Colombo sprach, charakterisierten das Nirvâna bald als »nothing«, bald als »bliss unspeakable«. In den Texten finden sich zahlreiche Angaben, welche für die eine wie die andere Ansicht geltend gemacht werden können. An vielen Stellen wird dargelegt, daß bei dem ins Nirvâna Eingegangenen sowohl das Bewußtsein wie alle anderen Gruppen (skandha) von Daseinsfaktoren, welche ein Individuum bilden, nicht mehr vorhanden sind; sie sind mit der Wurzel ausgerissen und unfähig, je wieder zu entstehen. Der Heilige ist erloschen wie eine Lampe oder ein Funke, der unter den Schlägen des Schmiedehammers wegsprühte.

Auf der anderen Seite wird das Nirvâna mit einer Fülle von positiven Prädikaten belegt: es heißt das Todlose (amata), die todlose Stätte (amatapada), das jenseitige Ufer (pâra), das Reich des Friedens, das rettende Eiland (dîpa) und so weiter. Vor allem aber sollen schon die Buddhas der Vergangenheit gelehrt haben: »Nirvâna ist Wonne.« Die Frage: »Wie kann dort Wonne sein, wo es kein Empfinden gibt?«, wird beantwortet mit den Worten: »Darin besteht dort ja gerade die Wonne, daß dort nichts empfunden wird.«

Die verschiedenen Aussagen über das Nirvâna stehen in keiner Weise im Widerspruch miteinander, wenn man sie als das betrachtet, was sie notwendigerweise sein müssen – als den von zwei verschiedenen Seiten aus unternommenen Versuch, etwas, was sich völlig der Darlegung durch Worte entzieht, behelfsweise klarzumachen. Das Nirvâna ist allem Irdischen diametral entgegengesetzt, die empirische Welt enthält nichts, durch das man es wirklich ausreichend bestimmen könnte. Alle Worte versagen, um sein Wesen zu verdeutlichen, deshalb ist es, vom Standpunkt der Wandelwelt aus betrachtet, ein relatives Nichts, für den Heiligen, der es erlebt, hingegen die höchste Wonne.

Die Unerkennbarkeit und Unbestimmbarkeit des Nirvâna legt in bildlicher Weise der folgende Ausspruch dar: »Es ist der Bereich, wo nicht Erde, Wasser, Feuer, Luft ist, wo nicht der Bereich der Unendlichkeit des Raumes oder des Bewußtseins, nicht der Bereich der Nichtirgendetwasheit noch der Grenze von Unterscheidung und Nichtunterscheidung, nicht diese Welt, nicht jene Welt, nicht Mond und Sonne ist. Das nenne ich nicht Kommen und Gehen, nicht Feststehen, nicht Vergehen und nicht Entstehen. Ohne Grundlage, ohne Fortgang, ohne Halt ist es. Dies ist das Ende des Leidens.« »Kein Auge, keine Zunge, kein Denken vermag den (mit dem Tode) ins Nirvâna eingegangenen, allem Leid entronnenen Vollendeten zu erfassen.« »Tief, unermeßlich, unergründlich ist er wie der große Ozean.«

Die völlige Unangemessenheit unserer Begriffe für die Bestimmung des Zustandes eines Vollendeten wird auch dadurch erläutert, daß gesagt wird, daß auf ihn die vier möglichen Aussagen »er ist«, »er ist nicht«, »er ist und ist doch nicht« und »er ist nicht und ist doch« nicht zutreffen. Der Sinn dieses Quadrilemmas ist unsicher. Vielleicht ist es dahin zu erklären, daß die folgenden vier zeitgenössischen Ansichten über das Schicksal eines Verstorbenen nach dem Tode abgewiesen werden sollen: 1. er ist als geistig-leibliche Persönlichkeit im Himmel auferstanden (Lehre der vedischen Opfertexte), 2. er ist durch Auflösung der sein physisches wie sein geistiges Dasein ausmachenden Stoffe der vier Elemente restlos zunichte geworden (Lehre der Materialisten), 3. er existiert nur noch als reines Geistwesen, jedoch nicht mehr als eine geistig-leibliche Persönlichkeit (Lehre der Jainas), 4. er ist nicht mehr als Individuum vorhanden, jedoch als Teil des Allwesens, in das er bei der Erlösung einging (Lehre der Upanishaden).

Das Nirvâna des buddhistischen Heiligen wird damit als etwas charakterisiert, das völlig verschieden ist von dem Zustand, welchen andere Schulen ihren Meistern nach dem Tode zuschreiben. Es ist schlechthin unerklärbar, darum aber nicht weniger wirklich.

Daß das Nirvâna eine Realität ist, wird dadurch zum Ausdruck gebracht, daß es ausdrücklich als ein »Dharma«, als ein Daseinsfaktor bezeichnet wird. Von allen die Einzelwesen und die Wandelwelt bildenden Dharmas unterscheidet sich dieser Dharma aber darin, daß er nicht durch andere Dharmas, vor allem nicht durch Sanskâras bedingt ist und deshalb weder dem Entstehen noch dem Vergehen unterworfen und darum auch nicht leidvoll ist. Ein Text sagt darüber: »Bei dem, was von anderem abhängig ist, gibt es eine Bewegung, bei dem, was von nichts anderem abhängig ist, gibt es keine Bewegung; wo keine Bewegung ist, da ist Ruhe, wo Ruhe ist, da ist kein Verlangen, wo kein Verlangen ist, da gibt es kein Kommen und Gehen, wo es kein Kommen und Gehen gibt, da gibt es kein Sterben und Wiederentstehen, wo es kein Sterben und Wiederentstehen gibt, da gibt es weder ein Diesseits noch ein Jenseits noch ein Dazwischen – das ist eben das Ende des Leidens.«

Wenn das Nirvâna ein Dharma ist, dann ist es gleich allen anderen Dharmas »ohne Selbst«, das heißt keine unabhängige Wesenheit, die selbständig wollen und handeln kann. Die von einigen Forschern vertretene Auffassung, daß alle bedingten Dharmas, da vergänglich und leidvoll, »ohne Selbst« seien, das Nirvâna aber, weil unvergänglich und leidlos, das »wahre Selbst«, der âtman, sei, findet in den Pâli-Texten keine Bestätigung, vielmehr wird das Nirvâna selbst auch geradezu als »ohne Selbst« definiert. Die Meinung, weil Buddha vom Körperlichen und den anderen Bestandteilen der Persönlichkeit seine Jünger immer wieder sagen läßt, »das ist nicht mein, das bin ich nicht, das ist nicht mein Selbst«, müsse es etwas geben, von dem sich behaupten läßt, »das ist mein, das bin ich, das ist mein Selbst«, beruht auf einem Irrtum; die Worte haben keinerlei positive Korrelate. Der Buddhismus ist eben eine Philosophie, die keinerlei wie auch immer geartetes absolutes Wesen in der Erscheinungswelt oder als Basis hinter derselben anerkennt, vielmehr jedes Ich und sein Erleben ausschließlich durch das Zusammenwirken von vergänglichen, in funktioneller Abhängigkeit voneinander entstehenden Dharmas zustande kommen läßt.

Das Nirvâna ist nicht der transzendente Untergrund der Welt, ein Ur-Eines, aus dem alle Vielheit durch Emanation oder auf andere Weise hervorgegangen ist, wie die Brahmanen von ihrem höchsten Weltprinzip, dem Atman, Brahma oder Purusha, lehren. Es ist vielmehr der vollkommene Gegensatz zur vielheitlichen Welt und hat mit dieser nichts gemein. Sansâra und Nirvâna schließen sich gegenseitig aus; solange der erstere existiert, ist das zweite nicht vorhanden. Für Buddhas Lehre ist es also kennzeichnend, daß er im Gegensatz zu den Upanishaden nicht ein letztes Prinzip annimmt, das sich im Zustande der Bewegung (als Sansâra) und im Zustande der Ruhe (Nirvâna) manifestiert, sondern daß er beide als einander diametral entgegengesetzte Größen klar auseinanderhält.

In diesem gewissenhaften Scheiden von Einzelrealitäten, in dem Verzicht auf einen metaphysischen Ausgleich der Verschiedenheiten offenbart sich derselbe positivistische Grundzug von Buddhas Wesensart, der ihn auch davon abhielt, Fragen zu beantworten, die zu seiner Zeit wie zu allen Zeiten im Brennpunkt des Interesses weitester Kreise standen. So wenig er über den Anfang des Weltenkreislaufes Definitives aussagte, sondern sich damit begnügte, festzustellen, daß ein solcher nicht auszudenken sei, so wenig beantwortete er die Frage, ob alle Lebewesen einmal in zahllosen Existenzen geläutert in das Nirvâna eingehen werden. »Der Vollendete beunruhigt sich nicht darüber, wie viele erlöst werden, denn er weiß, daß alle, die aus der Welt herausgekommen sind, herauskommen oder herauskommen werden, dies nur können, wenn sie die fünf Hemmungen (nîvarana): sinnliche Begierde, Böswilligkeit, Schlaffheit, Unruhe und Zweifel, überwunden, die vier Arten des Überdenkens ... gepflegt und die sieben Glieder der Erleuchtung ... an sich entfaltet haben.«

Von entscheidender Bedeutung für Buddha war lediglich die Feststellung: »Es gibt ein Nichtgeborenes, ein Nichtgewordenes, ein Nichtgemachtes, ein (durch Triebkräfte einer früheren Existenz) Nichtbedingtes, das einen Ausweg bietet für das Geborene, das Gewordene, das Gemachte, das Bedingte.« Die Realität des Nirvâna aber ist für ihn eine unumstößliche Tatsache, weil er selbst seiner durch seine Erleuchtung innegeworden war und sich dieses Zustandes höchsten Heils immer wieder bewußt wurde. Für jeden anderen ist es zunächst ein bloßes Wort, mit dem er so wenig eine Vorstellung verbinden kann wie ein Blindgeborener mit einer Farbe. So wie aber der Blinde, wenn an ihm durch eine geeignete Operation die Sehkraft hergestellt worden ist, selbst die Farben sehen kann, von denen er bisher nur von anderen hörte, so soll auch jeder, der dessen fähig ist, durch eigene Nachprüfung imstande sein, die Wahrheit der Erlösung festzustellen. Einen Vorgeschmack von dieser vermittelt schon die Meditation. Denn diese, zumal wenn sie in eine Versenkung übergeht, befreit den Geist wenigstens zeitweise aus der Abhängigkeit der Leidenschaften und gibt ihm jene Ruhe und jenen Frieden, der das Ziel und die Sehnsucht der im Strom des Sansâra umhergetriebenen Pilger ist.

Als Buddha in das Nirvâna eingegangen war, sprach der Gott Indra eine Strophe, in welcher er die Unrast der im ständigen Wechselspiel von Werden und Vergehen sich erneuernden, durch die Triebkräfte hervorgerufenen Daseinsfaktoren (sanskâra) schildert und das Zurruhekommen (upashama) derselben im Nirvâna als das höchste Glück feiert. Da diese in der ganzen buddhistischen Welt hochberühmten Verse den Kerngedanken und dem Stimmungsgehalt von Buddhas Lehre einen angemessenen Ausdruck verleihen, mögen sie hier den Abschluß bilden. Sie lauten in freier deutscher Nachbildung:

»Vergänglich sind alle Daseinskräfte,
Werden und Altern ist ständig ihr Teil.
Entstanden müssen dahin sie schwinden,
Ihr stilles Verlöschen – das ist das Heil.«

Zusätzliche Literatur

Bechert, Heinz, Buddhismus, Staat und Gesellschaft in den Ländern des Theravada-Buddhismus; 1. Band: Allgemeines und Ceylon, Frankfurt 1966. 2. Band: Birma, Kambodscha, Laos, Thailand, Wiesbaden 1967.

Ch'en, K. K. S., Buddhism in China, Princeton 1964.

Conze, Edward, Der Buddhismus. Wesen und Entwicklung, Stuttgart 1953.

Conze, Edward, A Short History of Buddhism, Bombay 1960.

Dumoulin, H. (Hrsg.), Buddhismus der Gegenwart, Freiburg 1970.

Dutt, Sukumar, Buddhist Monks and Monasteries of India, London 1962.

Glasenapp, Helmuth von, Der Pfad der Erleuchtung. Grundtexte der buddhistischen Heilslehre, Düsseldorf/Köln 1956.

Jayasuriya, W. F., The Psychology and Philosophy of Buddhism, Colombo 1963.

Ling, Trevor, Buddha, Marx, and God, London/New York 1966.

Mensching, Gustav, Buddhistische Geisteswelt vom historischen Buddha zum Lamaismus, Darmstadt 1955.

Ernst Benz

Buddhistische Weltmissions-Zentren *

a) Das Internationale Buddhistische Missionszentrum in Rangoon, Burma

Die geistige Erneuerungsbewegung des Buddhismus geht von Ceylon und Burma aus und ist von einer engen Zusammenarbeit politischer und kirchlicher Führer Ceylons und Burmas getragen. Die Initiative lag dabei mehr bei Burma ...

Der ceylonesische Buddhistenkongreß beschloß auf seiner 28. Jahressitzung vom Dezember 1947, für das Jahr 1950 die Buddhisten aller Länder zu einem Buddhistischen Weltkongreß nach Ceylon einzuladen. Dem Beschluß lag bereits ein weltmissionarisches Programm zu Grunde: bis zum 2500jährigen Jubiläum des Todestages Buddhas, dem Jahr 1956, dem Jahr 2500 der buddhistischen Zeitrechnung, sollte die Lehre Buddhas auf der ganzen Welt verbreitet werden. Das bedeutete nicht, daß in dieser kurzfristigen Zeitspanne die ganze Welt zum Buddhismus bekehrt werden sollte, aber wenigstens, daß die buddhistische Lehre in allen Ländern durch eine neue oder wenigstens verstärkte Mission bekanntgemacht werden sollte. Im Mai 1950 wurde dann die erste buddhistische Weltkonferenz in Kandy, Ceylon, abgehalten, wo sich das größte buddhistische Heiligtum Ceylons, der Tempel des heiligen Zahnes, mit der Reliquie eines Zahnes Buddhas, befindet. Auf dieser Weltkonferenz versammelten sich insgesamt 129 Delegierte aus 30 Ländern, darunter auch Deutschland, Frankreich, Österreich, England, Nordamerika. Zum ersten Mal in der Geschichte des Buddhismus trafen hier auch Buddhisten der beiden großen Schulen, des südlichen, des Hinayana (Theravada)-Buddhismus und des nördlichen, des Mahayana-Buddhismus zusammen ...

Eine zweite buddhistische Weltkonferenz wurde dann im Mai 1952 in Hirosaki, in Japan abgehalten. Auf dieser Konferenz wurde eine »World Fellowship of Buddhists« gegründet, eine ständige Vertretung des Weltbuddhismus. An diese Tagung schloß sich im September und Oktober daselbst eine Tagung der »World Fellowship of Buddhists« an. Die Hauptaufgabe dieser Konferenz, an der 200 Delegierte aus 25 Ländern, darunter wiederum auch aus europäischen Ländern und aus Nordamerika, teilnahmen, war, eine Begegnung und freundliche Verständigung zwischen dem Mahayana- und Hinayana-Buddhismus herbeizuführen und eine Art von innerbuddhistischer Ökumene zu schaffen.

* Aus: *Ernst Benz,* Hinduistische und Buddhistische Missions-Zentren in Indien, Ceylon, Burma und Japan, in: Zeitschrift für Religions- und Geistesgeschichte, 10,1958, S. 333–363. Abdruck mit freundlicher Genehmigung des Verlages.

Die dritte Weltkonferenz wurde in Burma 1954 in Verbindung mit der Eröffnung des Sechsten Großen Buddhistischen Konzils gehalten. Auf dieser dritten Konferenz der »World Fellowship of Buddhists« wurden vier Kommissionen gegründet: für Erziehung, Social Services, für Dhammadhuta und für die missionarische Ausbreitung des Buddhismus. In einer Reihe von Resolutionen wurde zur Frage der Abschaffung der Todesstrafe, zur religiösen Erziehung buddhistischer Kinder, zur sozialen Aktivität der buddhistischen Organisationen, zur Restauration buddhistischer Heiligtümer, zur Errichtung buddhistischer Studien- und Missionszentren, zur Einführung bzw. Wiedereinführung des buddhistischen Kalenders, zur Gründung einer internationalen buddhistischen Universität, zur Festsetzung einer Art von buddhistischem Katechismus und einer einheitlichen Methode der Erziehung in der buddhistischen Lehre Stellung genommen und Regeln und Pläne für die Methode der buddhistischen Weltmission ausgearbeitet.

Ebenso bedeutungsvoll ist der Plan für die Veröffentlichung einer *buddhistischen Enzyklopädie*. In Ceylon fand 1956 eine Versammlung aller Sachverständigen für Kultur und Zivilisation und Geschichte des Buddhismus statt, die die Grundlage und das Arbeitsprogramm für diese buddhistische Enzyklopädie schuf, die alle Formen der Lebensäußerungen des Buddhismus in wissenschaftlichen Beiträgen der hervorragendsten Fachgelehrten auf den verschiedenen Gebieten der Wissenschaft zusammenfassen soll ...

Den größten Auftrieb jedoch erhielt der Buddhismus durch die Abhaltung des 6. Buddhistischen Weltkonzils.

Der südliche Buddhismus, der sich selbst als Theravada, Lehre der Alten, bezeichnet, kennt sechs Konzilien, zwei frühe und zwei moderne Theravada-Konzilien. Die beiden ersten Konzilien fanden statt 1. drei Monate nach dem Tode des Meisters in Rajagrha, 2. hundert Jahre danach in Vaisali. Danach gabelt sich die Tradition. Nach der Theravada-Überlieferung war die dritte Synode in Lätaliputra (heute Patna) zur Zeit des großen indischen Kaisers *Ashoka* (272–232). Sie dauerte neun Monate ... Neben der obligatorischen Pflege des Kanons ist besonders die Entsendung von Missionaren in neun Ländern hervorzuheben. Seit jener Zeit ist der Buddhismus in Ceylon, Burma und dessen Nachbarländern zu Hause. Es ist wichtig festzuhalten, daß dieses Konzil das Programm einer buddhistischen Weltmission festlegte, die sich sowohl nach Osten wie nach Westen erstreckte. Damals sind buddhistische Mönche als Verkünder der Lehre Buddhas nach den Urkunden des Königs Ashoka auch nach Kleinasien und Griechenland ausgesandt worden. Während es im Osten jedoch zu einer intensiven buddhistischen Ausbreitung des Buddhismus kam, so daß er auf südasiatischem Boden den Charakter einer Volksreligion annahm, ist es im Westen zu einer nachweislichen Bildung buddhistischer Gemeinden und Klöster nicht gekommen.

Um 29. v. Chr. fand dann in der Aloka-Höhle, auch Alu-Vihara genannt ..., ein viertes Konzil statt. Vorsitzender war der Mahathera Rakkhita. Fünfhundert Mönche rezitierten das Tripitaka mit Kommentaren. Alle Texte wurden sorgfältig auf Palmblätter niedergeschrieben. Erst im Jahre 1871 wurde dann das nächste fünfte Theravada-Konzil abgehalten, und zwar in Mandalay im oberen Burma unter König Mindon. Drei Mahatheras hatten den Vorsitz über 2400 Mönche. Die Rezitation fand im königlichen Palast statt und dauerte fünf Monate. Die Texte wurden auf 729 Marmortafeln aufgezeichnet, und zwar die Sutta auf 410, die Vinaya auf 111, die Abhidhamma auf 208 Tafeln.

Das sechste Konzil, das nach Rangoon auf das Jahr 1956 einberufen wurde, knüpfte bewußt wieder an die weltmissionarische Tradition des Ashoka-Konzils an. Auf einer vorbereitenden Konferenz im Februar 1952 wurde die Abhaltung eines sechsten Konzils aus folgenden Gründen als notwendig erklärt: Zur Reinigung, Prüfung und Ordnung der Lehrtexte, zu deren Rezitierung, Drucklegung und zu ihrer weltweiten Verbreitung und zur Verbreitung der Lehre selbst in fremden Ländern, wobei besonders an eine buddhistische Missionierung des Abendlandes, Europas und Amerikas, gedacht wurde. Die weltmissionarische Aufgabe ist also nicht eine Neuerung, die nunmehr eingeführt wurde, sondern die Besinnung auf den universalen Anspruch des ursprünglichen Buddhismus, getragen von einem erneuten universalen Sendungsbewußtsein. Maßgeblich war dabei der wiederholt ausgesprochene Gedanke, daß das Christentum als Weltreligion versagt habe, da die christliche Kultur nur eine Kette von immer neuen und immer umfassenderen und zuletzt globalen Kriegen erzeugt habe und daß der Friedensbotschaft des Buddhismus in dieser Weltsituation eine globale Aufgabe zufalle.

Die eigentliche Eröffnung des Konzils fand am 17. Mai 1954 statt, dem Frühjahrsvollmond, vor 2500 Mönchen und zahlreichen prominenten Ehrengästen, darunter vor allem die höchsten Spitzen der Regierungen der buddhistischen Nationen Asiens. Für das Konzil wurde eine imposante riesige neue Anlage geschaffen. Ihr Zentrum bildet die Friedenspagode, die inmitten eines gewaltigen Platzes liegt. In einigem Abstand davon befindet sich die gewaltige Versammlungshalle, die äußerlich als ein Felsberg gestaltet ist, aus aufeinandergetürmten unbehauenen Granitsteinen. Der Versammlungssaal befindet sich in diesem künstlichen Berg als eine Nachbildung der »großen Felshöhle« (Maha Pasana Guha), in der vor 2500 Jahren das erste Konzil zusammentrat. Auch architektonisch sollte in der Anlage die Anknüpfung an die älteste Tradition der buddhistischen Weltmission sinnfällig zum Ausdruck gebracht werden... Auf demselben Gelände ... befindet sich die große Verlagsanstalt und das Zentrum der buddhistischen Weltmission, in dem die Texte und die Zeitschriften in englischer Sprache gedruckt werden. Der Gründer und Director in Chief der burmesischen buddhistischen Weltmission ist der buddhistische Mönch *Anagarika P. Sugatananda*. Dies ist der Mönchsname eines zum Buddhismus übergetretenen Amerikaners namens *Francis Story*, der die Mönchsweihen erhalten hat und nunmehr die Rangooner Zentrale der buddhistischen Weltmission und deren Verlagsanstalt leitet...

Das Festjahr wurde in der ganzen buddhistischen Welt mit großen öffentlichen Feiern begangen. Am Nachmittag vor dem Vesak-Tag fand in der Konzilshalle, der »Großen Höhle«, eine sehr eindrucksvolle Feier statt: die Ordination von über 2500 zeitweiligen Novizen ... Es war ein höchst eindrucksvoller symbolkräftiger Akt der Loslösung vom Weltlichen, als im Verlauf der Ordinationshandlung diese 2500 die Laienkleidung abwarfen und die orangefarbenen Mönchsgewänder anlegten. Die Novizenregeln hatten sie von einem der bedeutendsten und verehrtesten Meditationsmeister des Landes erhalten. Nach ihrer Ordination wurden dann die neuen Novizen auf die zahlreichen Klöster Rangoons verteilt, wo sie einige Wochen verbrachten, bevor sie wieder ins Weltleben zurückkehrten. Eine derartige zeitweilige Ordination ist im übrigen nicht nur auf Jugendliche beschränkt, sondern auch Erwachsene treten häufig während ihrer Ferien oder Feiertage in ein Kloster ein, um sich dort dem Studium, der Meditation und den Mönchspflichten zu widmen.

Der vom Konzil genehmigte Pali-Text des Kanons liegt bereits in einer 40bändigen sehr schön gedruckten und gebundenen Ausgabe in burmesischen Schriftzeichen vor. Als nächstes ist eine sorgfältig revidierte Neuausgabe der alten Kommentare zum Kanon vorgesehen. Darauf sollen die Sub-Kommentare (Tika) folgen, von denen einige bisher nur in Palmblatt-Manuskripten vorliegen. Weitere Publikationspläne, vor allem auch englische Ausgaben betreffend, sind in verschiedenen Stadien der Vorbereitung.[1] Dieses Konzil hat als außerordentlicher Ansporn für die geistige Erneuerung und Weltausbreitung des Theravada-Buddhismus gewirkt ...

In den mehreren hundert Schulen, die bereits als buddhistische Schulen staatlich anerkannt sind, kommt die neue Haltung zum Teil auch in sehr scharfen Reaktionsmaßnahmen zum Ausdruck. So wurden in den buddhistischen Schulen der Sonntag abgeschafft und die Feiertage des buddhistischen Mondkalenders wiedereingeführt, ebenso hat eine sehr heftige Opposition gegen die Anstellung und Weiterbeschäftigung christlicher Schwestern und Diakonissen in staatlichen Krankenhäusern eingesetzt, da die buddhistischen Patienten gegen Bekehrungsversuche auf dem Kranken- und Sterbebett geschützt werden sollen ...

Das wichtigste Publikationsorgan des Zentrums der buddhistischen Weltmission ist die Zeitschrift »The Light of the Dhamma«, published by the Union of Burma Buddha Sasana Council ... Bei der Durchsicht der bisher erschienenen Nummern ist mir das Fehlen jeder Polemik gegen das Christentum aufgefallen. Alle Aufsätze behandeln entweder Fragen der buddhistischen Lehre und zwar sowohl systematische wie historische wie literarische Probleme oder bringen Informationen. Eigentliche polemische Artikel fehlen vollständig.

Ich stelle im folgenden einige ... Beobachtungen aus beliebig ausgewählten Heften der Jahresbände I–III (1953–1957) zusammen. So enthält das Heft 2 des I. Bandes (Jan. 1953) einen kurzen Bericht des Finnen *Mauno Nordberg*, des Vorsitzenden der finnischen Gesellschaft der

Freunde des Buddhismus, über die Motive seiner Konversion zum Buddhismus in englischer Übersetzung (»Why I am a Buddhist«). Dieselbe Nummer bringt den Bericht von einem englischen Arzt, der zunächst in Island Hermitage, Dodanduwa, bei buddhistischen Mönchen (u. a. bei dem deutschen Mönch *Nyanaponika Thera*, Ceylon) in die Meditationsübungen des Theravada-Buddhismus eingeführt wurde und dann seine Vipassana-Übungen in einem buddhistischen Kloster in Rangoon im November 1952 fortsetzte, weiter S. 65 den Faksimile-Abdruck eines Dankschreibens der buddhistischen Gemeinde Deutschlands, München, vom Oktober 1952, an die Union of Burma Buddha Sasana Council, Rangoon, Burma. Die Bücherschau weist besonders auf eine Schrift des Herausgebers *Francis Story*, »Buddhism Answers the Marxist Challenge«, hin. In dieser Schrift führt der Gründer und Director der Burmesischen Buddhistischen Weltmission den »unmißverständlichen Beweis, daß Buddhismus und Communismus ihrem Wesen und ihrer praktischen Anwendung nach sich ausschließende Gegensätze sind«.

Besonders aufschlußreich ist dann der Artikel über die Zweite Weltkonferenz der World Fellowship of Buddhists, die vom 25. September bis 13. Oktober 1952 in Japan abgehalten wurde . . . Die Verfassung dieser World Fellowship of Buddhists enthält ausdrücklich ein Weltmissionsprogramm. In dem S. 46 veröffentlichten Abschnitt »Constitution of the WFB«, heißt es: »Ziele und Aufgaben des WFB sind

1. unter den Mitgliedern eine strenge Befolgung und praktische Übung der Lehre Buddhas zu fördern,
2. Einheit, Solidarität und Bruderschaft unter den Buddhisten zu festigen,
3. die erhabene Lehre Buddhas zu propagieren,
4. alle Arten von Betätigung auf dem Feld des sozialen, erzieherischen, kulturellen und sonstigen humanitären Dienstes zu organisieren und im Gang zu halten,
5. für die Sicherung des Friedens und der Harmonie unter den Menschen für das Glück aller Wesen zu wirken und mit anderen Organisationen, die sich dieselben Ziele gesteckt haben, zusammenzuarbeiten.«

Für die Verwirklichung dieser Ziele und Aufgaben werden folgende Formen der Betätigung besonders empfohlen:

1. Die Gründung von regionalen Zentren in allen Ländern, in denen eine nennenswerte Zahl von Buddhisten lebt, und die Anerkennung von bereits existierenden Organisationen als solche regionale Zentren.
2. Die Gründung und Erhaltung von Dhammaduta-Zentren in der ganzen Welt zum Zwecke der Verbreitung der Lehren Buddhas, die Förderung und Ermutigung von praktischer Übung und Beachtung der Lehren Buddhas.
3. Die Gründung und Weiterführung bzw. die Förderung der Gründung und Weiterführung solcher Institutionen, die für das Studium und die Verbreitung des Buddhismus erforderlich sind.
4. Die Anregung und Förderung aktiver Übung und Beachtung der Prinzipien des Buddhismus.

5. Die Organisation und Weiterführung bzw. die Förderung der Organisation und Weiterführung von Institutionen für soziale, erzieherische, kulturelle und andere humanitäre Dienste.
6. Die Tätigkeit in Form aktiver Leitung und Koordination internationaler Dhammaduta-Zentren.
7. Die Organisation und Gründung eines Austausches von Missionen, Forschern und Studenten zwischen den verschiedenen buddhistischen Ländern ...

Aufschlußreich ist die in den Nummern der Zeitschrift »The Light of the Dhamma« regelmäßig wiederkehrende Werbung für englischsprachige buddhistische Zeitschriften und für englische buddhistische Organisationen in England und Amerika. Die Zeitschrift »The Light of the Dhamma« unterläßt es in ihrer Selbstanzeige und auf ihren Prospekten nicht darauf hinzuweisen, daß die Werbung für sie eine Tat ist, wodurch man sich im Hinblick auf die Gestaltung seines Karmas ein »Verdienst« im Sinn der buddhistischen Verdienst-Lehre erwerben kann ...

In der genannten Zeitschrift inserieren häufig die »Buddhist World Publications« von Colombo, Ceylon, die Zeitung »Buddhist World« mit der Empfehlung: »Propagating the pure Buddha-Dhamma to the world. The only international newspaper.« Ebenso wird häufig die buddhistische Monatszeitschrift »The Sangayana, A monthly Bulletin of Buddhism«, herausgegeben von der Union Buddha Sasana Council (Sixth Buddhist Council P. O.) Rangoon, Burma, inseriert. Als führende amerikanische buddhistische Zeitschrift empfiehlt sich »The Golden Lotus«, die seit 1944 erscheint ...

Gleichzeitig wissenschaftlichen und missionarischen Zwecken dienen die häufigen Annoncen der Pali Text Society, London, die ein Pali-English Dictionary, eine Pali Tiritaham-Concordance und einen Theragatha Commentary anzeigt. Ebenso wird in den Anzeigen auf das »University Buddhist Annual« (The Magazine of the Ceylon University Buddhist Brotherhood), Colombo, Ceylon, hingewiesen. Es handelt sich um eine englischsprachige, reich illustrierte Zeitschrift, die von der buddhistischen Bruderschaft der Universität Ceylon herausgegeben wird, der allein von der medizinischen Fakultät 200 Professoren und Studenten angehören. Von europäischen buddhistischen Gruppen annonciert am häufigsten »The Bouddhist Society«, London, »the oldest and largest Buddhist movement in the West« ...

Die Buddhist World Publications in Colombo, Ceylon und Rangoon, Burma, vertreiben auch eine internationale buddhistische Vierteljahrsschrift, »Happiness to All«, »A buddhist world publication, a quarterly International Journal of Buddhist Culture«. Eine burmesische buddhistische Wochenzeitschrift ist »Buddha Dhamma Loka«, »A Weekly Journal in Burmese published by the Buddhist World Mission«. Herausgegeben wird die Zeitschrift von den Headquarters Buddhist World Mission, Rangoon ... Schließlich findet sich noch eine Ankündigung der

Zeitschrift »Buddhist Wisdom for the West«, »Buddha Jayanti Souvenir Magazine, containing contributions of lasting interest by authoritative writers of the East and West«. Die Zeitschrift erscheint bei der Buddha Study Association, London . . .

Einen bedeutenden Anteil an der Verbreitung des Mahayana-Buddhismus in Deutschland haben die beiden deutschen buddhistischen Mönche, die sich in Forest Hermitage bei Kandy, Ceylon, ein Meditations- und Studienzentrum im tropischen Urwald geschaffen haben, *Bhadantacariya Nyanatiloka Mahathera und Bhadanta Nyanaponika Thera* (Mahathera = Großmönch, Thera = Mönch). *Nyanatiloka*, der im Jahr 1956 verstorben ist, genoß im Bereich des gesamten Theravada-Buddhismus wegen seiner Frömmigkeit, seiner umfassenden Kenntnis der buddhistischen Überlieferung, wegen seiner Weisheit und seiner hohen sittlichen Qualitäten allerhöchstes Ansehen. Er war am 19. Februar 1878 in Wiesbaden geboren und fühlte sich schon in seiner Jugend aufs stärkste durch die buddhistische Philosophie angezogen. 1903 kam er nach Ceylon, im folgenden Jahr nach Burma, trat in beiden Ländern mit den führenden Persönlichkeiten des buddhistischen Theravada-Mönchtums in Verbindung und empfing 1903 den niederen Grad, im Jahr 1904 den höheren Grad der Mönchsweihe. Er betrachtete es als seine Hauptaufgabe, die buddhistischen Pali-Texte zu studieren und in deutschen und englischen Übersetzungen dem Westen zugänglich zu machen. Er besuchte wiederholt von Ceylon aus die Hauptklöster und Studienzentren des burmesischen Buddhismus und hat viel zur engen Verbindung und zur geistigen Aktivierung des Mönchtums dieser beiden buddhistischen Länder beigetragen . . .

Von besonderer Bedeutung für die Erschließung des Buddhismus war sein »Buddhist Dictionary, Manual of Buddhist terms and doctrines«, Colombo 1956. Dieses Werk stellt den ersten Versuch eines authentischen Lexikons der buddhistischen Lehrbegriffe dar, wie sie im Pali-Kanon und in den klassischen Kommentaren dazu verwandt werden. Was dieses buddhistische Wörterbuch besonders wertvoll macht, ist, daß es nicht nur die im Pali-Kanon verwandten Originalbegriffe mit ihrer englischen Übersetzung, sondern auch die englischen philosophischen Termini mit ihrem entsprechenden Äquivalent in Pali bringt, so daß der europäische Leser, dem ein buddhistischer Text in englischer Sprache vorliegt, den darin verwandten Begriffen nachgehen und die ihnen zugrundeliegenden Pali-Begriffe feststellen kann. Bei den Pali-Begriffen sind jeweils die Hauptstellen ihres Vorkommens im Pali-Kanon vermerkt, die Textauszüge selbst, die den betreffenden Text erläutern, sind in englischer Übersetzung gegeben. Zur Verbreitung buddhistischer Geistesart hat Nyanatiloka dann vor allem durch sein Werk »Das Wort des Buddha« beigetragen, das zuerst auf deutsch im Jahr 1906, dann im Jahr 1917 in englischer Sprache erschien. Vor allem die englische Auflage hat eine weltweite Verbreitung erfahren und ist inzwischen in elf immer neu verbesserten Auflagen, erweiterten Anmerkungen und Zusätzen von neuen Text-Übersetzungen erschienen und gilt als die beste heutige Darstellung des Theravada-Buddhismus. Ihre Absicht ist, die gebildeten Kreise des Westens mit dem Hauptgedanken, mit dem Ethos und der Praxis der buddhistischen Geistesschulung bekannt zu machen.

Auch der zweite buddhistische deutsche Mönch, der im ceylonesischen und burmesischen Buddhismus ein großes Ansehen genießt, ist hessischen Ursprungs. *Nyanaponika* ist 1901 in Hanau als Sohn jüdischer Eltern geboren. Mit 22 Jahren wurde er als ein Einzelgänger unter dem Einfluß buddhistischer Literatur gläubiger Buddhist. Erst einige Jahre später, als er nach Berlin übergesiedelt war, kam er mit anderen deutschen Buddhisten in Berührung. In Berlin und später in Königsberg schloß er sich den buddhistischen Vereinigungen an, die in diesen Städten existierten. Im Februar 1936 kam er nach Ceylon und trat hier in das Island Hermitage Dodanduwa ein, wo er von Nyanatiloka, der dort den Rang eines Mahathera bekleidete, die Noviziat-Weihe (Pabbajja) und die höhere Weihe (Uyasampada) empfing. Bei Ausbruch des zweiten Weltkrieges wurde er als deutscher Staatsbürger von den Engländern in einem indischen Konzentrationslager interniert und kehrte erst 1946 von Indien nach Ceylon zurück, wo er einige Jahre später die ceylonesische Staatsbürgerschaft erhielt ... *Nyanaponika* ist mit einer großen Anzahl von Forschungen zur buddhistischen Lehre hervorgetreten. So hat er Forschungen zur buddhistischen Psychologie (Abhidhamma Studies, Researches in Buddhist Psychology, Colombo 1949) vorgelegt, ebenso Studien zur buddhistischen Meditation (Satipatthana, The Heart of Buddhist Meditation), sowie eine Reihe von weiteren Untersuchungen über »Die fünf geistigen Hindernisse« (Five Mental Hindrances), die »Vier erhabenen Zustände« (The Four Sublime States), während seine deutschen Werke hauptsächlich in deutschen Übersetzungen buddhistischer Texte des Pali-Kanon bestehen (Satipatthana, Sutta Nipata, Dhammasangani). Alle Übersetzungen sind sorgfältig kommentiert, enthalten zum Teil auch Auszüge aus den klassischen Kommentaren und geben eine sorgfältige historische und systematische Einführung ...

b) Buddhistische Missionszentren in Japan

Einen gewissen Auftrieb hat auch der japanische Buddhismus durch die Rückwirkung der Erneuerungsbewegung erfahren, die sich in Burma, Ceylon, Thailand, Laos, Kambodscha im Bereich des südlichen Hinayana- oder Theravada-Buddhismus entfaltet hat. Im Zusammenhang mit dieser Erneuerungsbewegung kam es vor allem auf Grund der von Burma ausgehenden Anregungen 1950 zur Bildung einer buddhistischen Weltorganisation, der Buddhist World Fellowship, die das sechste buddhistische Konzil in Rangoon 1956 vorbereitete. Der zweite Kongreß dieser Buddhist World Fellowship, die Second World Buddhist Conference, fand 1952 in Tokyo statt. Diese Konferenz, auf der zum ersten Mal im Verlauf der Geschichte Japans Delegierte von buddhistischen Gemeinschaften der ganzen Welt in Japan zusammenströmten, hat sehr zur Hebung des Selbstbewußtseins des japanischen Buddhismus beigetragen, der bereits in der Meji-Zeit durch die einseitige Bevorzugung des Shintoismus seitens der staatlichen Stellen in eine gewisse Defensivhaltung gedrängt worden war und der vor allem seit 1945 als rückständig, als Hindernis auf dem Weg des progressiven Anschlusses Japans an den modernen Weg der Wissenschaft und Technik dargestellt wurde. Vor allem hat die Tatsache, daß auf diesem Kongreß auch die europäischen Gemeinden und die buddhistischen Gemeinden der USA und von Hawaii vertreten waren, sehr belebend auf den japanischen Buddhismus gewirkt.

Zum ersten Mal haben sich die verschiedenen buddhistischen Schulen von Japan, die seit der Trennung von Kirche und Staat sich noch um eine große Anzahl vermehrt hatten, zu einem Bund zusammengeschlossen, der »Japan Buddhist Federation«, der sämtliche Schulen als Mitglieder angehören ... Japan hat seine Zugehörigkeit zum Weltbuddhismus auch dadurch zum Ausdruck gebracht, daß es durch eine große Delegation auf der dritten World Buddhist Conference in Burma vertreten war, die dort anläßlich des sechsten buddhistischen Konzils stattfand, das anläßlich des 2500jährigen Todestages Buddhas einberufen worden war ... Auch hat eine Belebung des japanischen buddhistischen Laientums stattgefunden. Es gibt verschiedene interdenominationelle buddhistische Studienzentren in den einzelnen Hauptstädten von Japan und große buddhistische Verbände wie den Zaike Bukkyo-Kai, der eine Monatsschrift »Zaike Bukkyo« herausgibt und monatliche Seminarsitzungen in Tokyo und Osaka abhält, in denen das Verhältnis des Buddhismus zur modernen Welt diskutiert wird ... Die zweite Organisation ist die »Buddhist Culture Research Association«, die in Tokyo wöchentliche Seminarsitzungen über Probleme des Buddhismus abhält und die dort gehaltenen Vorträge auch veröffentlicht ... Das dritte ist eine buddhistische Wochenzeitschrift, »Bukkyo Time«, mit einer Auflage von 50 000 ...

Im Zuge der modernen Erneuerungsbewegung des Gesamtbuddhismus ist auch der japanische Buddhismus in einigen seiner Schulen zur Mission auf europäischem und vor allem auf amerikanischem Boden übergegangen. Dabei stellt *Hawaii* sozusagen das Sprungbrett der buddhistischen Mission in den USA dar, da im letzten Jahrhundert eine starke japanische Immigration einsetzte, die zur Verbreitung des japanischen Buddhismus unter der japanischen, zum Teil in geschlossenen Siedlungen lebenden Bevölkerung Hawaiis führte. Der japanische Buddhismus dort wurde nach der Eingliederung Hawaiis in die Vereinigten Staaten 1897 auch für die Stärkung des Buddhismus unter den japanischen Einwanderern auf nordamerikanischem Boden, vor allem in Kalifornien, von Bedeutung und hat auch teilweise Amerikaner europäischen Ursprungs für die buddhistische Lehre gewonnen.

In den letzten Jahren hat nun aber der *Zen-Buddhismus* zahlreiche Anhänger auf nordamerikanischem Boden gefunden, vor allem durch die

Tätigkeit eines der bedeutendsten Führer des japanischen Zen-Buddhismus, des Philosophen *Daisetz Suzuki*, der seit vielen Jahren an der Columbia-University in New York als akademischer Lehrer tätig ist. Er hat vor allem durch seine Schriften über Lehren und Meditationsmethoden des Zen-Buddhismus die Aufmerksamkeit der intellektuellen Kreise Nordamerikas, nicht nur der Geistlichen, sondern vor allem auch der Psychologen, Psychiater und Therapeuten erregt, vor allem seit die *C. G. Jung*-Schule die engen Beziehungen zwischen dem Anliegen der Zen-Meditation und dem therapeutischen Anliegen der modernen Psychologie entdeckt hat.

Die literarische Auswirkung des Zen-Buddhismus reicht weiter als die Auswirkung des Zen-Meditations-Zentrums, das ein japanischer Zen-Meister am Waverly-Platz in New York-City gegründet hat, Mr. *Sasaki* – sein Name als Zen-Meister ist *Sokei-an* –, der 1944 in New York-City verstarb. Seine Gattin, Mrs. *Ruth F. Sasaki*, führt das Werk ihres verstorbenen Mannes weiter. Sie hat in Kyoto, der alten Kaiserresidenz Japans und dem Sitz zahlreicher buddhistischer Klöster, Tempel und Universitäten, im Bereich des wichtigsten Zen-Klosters, des Daitokuji, ein Institute of Zen Studies gegründet, in dem Japaner und Ausländer gemeinsam die Zen-Lehre studieren und Zen-Meditation üben, und das als ein Zweiginstitut des Zen-Institutes in New York-City gilt. Mrs. *Sasaki* ... mißt der geistlichen Erfahrung, die der Zen-Buddhismus und seine Meditationspraxis dem modernen Menschen vermittelt, eine große Bedeutung für die Bewältigung gerade der dem modernen Menschen gestellten Lebensprobleme zu ... Mit der mehr literarischen Form des Buddhismus, wie ihn Prof. *Suzuki* vertritt, ist sie gleich vielen japanischen Buddhisten nicht ganz einverstanden. Sie wirft Prof. *Suzuki* vor, er mache aus dem Zen-Buddhismus eine Weltanschauung und verschleiere die fundamentale Tatsache, daß der Zen-Buddhismus seinem eigentlichen Wesen nach Buddhismus, d. h. Religion, sei.

In ihrer Zen-Haltung machen sich gewisse charakteristische Züge des Ressentiments des Konvertitentums bemerkbar. Sie unterstreicht nachdrücklich, daß Zen-Buddhismus und Christentum unvereinbar sind und daß man zu einer Zen-Erfahrung nur vordringen kann, wenn man vorher alles Christliche über Bord geworfen hat.[2] Diese Auffassung steht in diametralem Gegensatz zu der Haltung japanischer Zen-Meister, die mir versicherten, daß auch eine Zen-Erfahrung nur in dem Rahmen der geistigen Formung zustandekommen könne, die eine Persönlichkeit mitbringe, und daß also ein Christ eine Zen-Erfahrung nicht außerhalb seiner spezifischen Prägung durch seine christliche Geisteshaltung suchen könne. Aufs letzte gesehen, wird indes Mrs. Sasaki recht haben, denn das spezifische Transzendenzerlebnis, das als Abschluß und Erfüllung der Zen-Meditation erwartet wird, schließt jede Fixierung auf eine bestimmte Vorstellung oder Idee oder Person, also letzthin das Festhalten an der Gestalt Christi aus.

In den letzten Jahren ist eine große Anzahl von Büchern über Lehre und Meditationsmethode des Zen-Buddhismus auch von amerikanischen und englischen Autoren in englischer Sprache erschienen. In Deutschland ist der Zen-Buddhismus vor allem durch das Buch von E. *Herrigel*, »Zen in der Kunst des Bogenschießens«, 1948, verbreitet worden. Mehrere japanische Zen-Meister haben mir zu meiner Überraschung unabhängig voneinander versichert, daß Herrigel der einzige Europäer sei, dessen Kenntnis von Zen auf einer echten, von ihnen selbst als solche anerkannten Zen-Erfahrung beruhe. Die übrigen Bücher von Europäern über Zen verglich ein Zen-Meister mir gegenüber in einem Gespräch mit dem Unterfangen eines Malers, der »einen Tiger malen wollte, aber es wurde eine Katze daraus«.

Auch in Deutschland und der Schweiz hat sich das Studium des Zen-Buddhismus vor allem mit der modernen Psychologie verknüpft, nicht zuletzt auf Grund der bereits erwähnten Tatsache, daß die aktuelle therapeutische Bedeutung der Zen-Methode von C. G. *Jung* entdeckt wurde, der auch die Einführung zu der deutschen Übersetzung verschiedener Werke Prof. *Suzuki's* geschrieben hat. Der Zen-Buddhismus ist wohl weniger als ein gemeinschaftsbildendes Element zu bewerten; er ist ein weltanschaulicher Beitrag des Buddhismus zum westlichen Denken, wie er sich auch sonst in dem starken literarischen Einschlag des Buddhismus in dem Werk von europäischen Fachphilosophen wie Hermann *Keyserling*, George *Santayana*, Irving *Babbit*, Bertrand *Russel* und bei angelsächsischen Schriftstellern wie Aldous *Huxley*, Charles *Morris*, auf deutschem Boden bei Albrecht *Schaeffer*, Ludwig *Deinhard*, Paul *Dahlke*, Karl *Bleibtreu*, Hermann *Hesse*, Adolf *Vogl* und viele andere findet.

Zusätzliche Literatur

Bunce, William K., Religions in Japan – Buddhism, Shinto, Christianity, Rutland/Vermont 1955.
Dumoulin, Heinrich, Zen: Geschichte und Gestalt, Bern 1959.
Eliot, C. H., Japanese Buddhism, London 1935.
Haas, William S., Östliches und westliches Denken: Eine Kulturmorphologie, Reinbek 1967.
Morioka, Kiyomi, und *Newele,* William H. (Hrsg.), The Sociology of Japanese Religion, Leiden 1968.
Shorjun, Bando, A Bibliography on Japanese Buddhism, Tokio 1958.
Suzuki, T. Daisetz, Essays in Zen Buddhism, 3 Bde., London 1926–1934.
Suzuki, T. Daisetz, Die große Befreiung. Einführung in den Zen-Buddhismus, Leipzig 1939.
Suzuki, T. Daisetz, Zen und die Kultur Japans, Stuttgart/Berlin 1941.

Fußnoten

1 S. den Bericht von Winfried Petri, Das 6. Theravada-Konzil zu Rangun, in: Zeitschr. f. Missionswiss. u. Religionswiss. 1957 Nr. 1 S. 63 ff.

2 S. hierzu auch Ruth Fuller Sasaki, Zen A Religion, New York, The First Zen Institute of America, 1958 S. 2: »If however, you demand of a religion that it have a God external to the universe and man: if you demand that it have a uniquely revealed scripture in which there must be implicit belief and faith: if you demand that there be an individual soul that exists through-out all eternity and eventually comes to reside either in eternal bliss in a heaven, or in eternal damnation in a hell: if you believe in sin that can be washed away by the sacrifice of another, or salvation that can be attained through a savior, then for you Zen will not be a religion and Zen will not be for you.«

VI.
Der Islam

Ignaz Goldziher

Muhammed und der Islam *

Seitdem Religion als Gegenstand unabhängiger Wissenschaft behandelt wird, sind von den Religionsforschern verschiedene Antworten gegeben worden auf die Frage: Was ist in psychologischem Sinne der Ursprung der Religion?

Der holländische Religionshistoriker C. P. *Tiele* hat in einer seiner Edinburgher Gifford-Vorlesungen eine Reihe jener Antworten gemustert und der Prüfung unterzogen. Da wird bald das dem Menschen innewohnende Ursächlichkeitsbewußtsein, bald das Abhängigkeitsgefühl, bald das »Innewerden des Unendlichen«, bald die Weltverneinung als die herrschende Emotion erkannt, aus der der Keim der Religion erstanden ist.

Ich glaube, daß diese Erscheinung im Seelenleben der Menschheit von viel zu verwickelter Natur ist, als daß es richtig wäre, ihre Betätigung aus einem *einzigen* Anstoß herzuleiten. Religion tritt uns nirgends als eine von bestimmten geschichtlichen Bedingungen losgelöste Gedankenschöpfung entgegen; sie lebt, in tieferen und höheren Gestaltungen, in bestimmten, durch die Verschiedenheit der gesellschaftlichen Bedingungen gesonderten Erscheinungsformen. In den verschiedenen Erscheinungsformen der Religion wird wohl je einer der obenerwähnten und noch mancher andere Erreger des religiösen Triebes eine *vorherrschende* Stellung einnehmen, ohne jedoch andere mitwirkende Kräfte vollends auszuschließen. Schon auf den ersten Stufen ihrer Entwicklung wird ihr Charakter durch das Überwiegen des einen Motivs beherrscht, das auch in ihrer weiteren Entwicklung, in ihrem ganzen geschichtlichen Leben seine Herrschaft über alle anderen Motive bewahren wird. Dies gilt auch von Religionsformen, deren Entstehen das Ergebnis individueller Erleuchtung ist.

Die Religion, mit deren geschichtlichem Leben wir uns ... zu beschäftigen haben, zeigt schon mit dem Namen, den ihr der Stifter von allem Anfang an verliehen hat, und unter dem sie nun schon seit vierzehn Jahrhunderten ihren Gang durch die Geschichte macht, welches der vorherrschende Grundzug und Charakter ihres Wesens ist.

Islam, d. h. Hingebung; die Hingebung der Gläubigen an Allah. In diesem Wort, das besser als je ein anderes den Inbegriff des Verhältnisses kennzeichnet, in das Muhammed den Gläubigen zum Gegenstand seiner Anbetung setzt, prägt sich vorwiegend das *Gefühl der Abhängigkeit* von einer unbeschränkten Allmacht aus, der sich der Mensch willenlos hinzu-

* Aus: *Ignaz Goldziher,* Vorlesungen über den Islam, S. 1–29, Carl Winter's Universitätsbuchhandlung, Heidelberg 1925². Abdruck mit freundlicher Genehmigung des Verlages.

geben hat. Dies ist der überragende Grundsatz, der allen Äußerungen dieser Religion, ihren Vorstellungen und Formen, ihrer Sittenlehre und ihrem Gottesdienst innewohnt und als ihr entscheidendes Merkmal das eigentümliche Wesen der durch sie beabsichtigten Erziehung des Menschen bestimmt. Sie ist das kräftigste Beispiel für die Aufstellung Schleiermachers, daß Religion im *Abhängigkeitsgefühl* wurzelt.

Die Aufgabe, die uns . . . gestellt ist, legt es uns nicht auf, die *Einzelheiten* des Systems dieser Religionsform zu zeichnen. Wir haben die Kräfte hervortreten zu lassen, die in ihrer geschichtlichen Ausgestaltung mitgewirkt haben. Denn der Islam, wie er in seiner vollen Ausbildung erscheint, ist das Ergebnis verschiedener Einwirkungen, durch die er sich als ethische Weltanschauung, als gesetzliches und dogmatisches System herausgeformt hat, bis daß er seine endgültige rechtgläubige Gestalt erlangte. Dann haben wir auch über die Faktoren zu sprechen, die den Strom des Islams in verschiedene Läufe geleitet haben. Denn der Islam ist keine *einheitliche Kirche*; sein geschichtliches Leben kommt eben in den Abarten zur Geltung, die er aus sich erzeugt hat.

Die Einwirkungen, die das geschichtliche Leben einer Einrichtung bestimmen, sind von zweierlei Art. Erstlich sind es *innere*, aus dem eigenen Wesen der Institution hervorquellende Antriebe, die als vorwärtstreibende Kräfte die geschichtliche Entwicklung fördern; dann sind es von *außen her* eindringende geistige Einflüsse, die den ursprünglichen Gedankenkreis befruchten und bereichern und seine geschichtliche Gestaltung bewirken. Wenn auch in der Geschichte des Islams die Betätigung der Triebkräfte ersterer Art nicht fehlt, so ist es zumeist die Assimilierung fremder Einflüsse, was die wichtigsten Momente seiner Geschichte kennzeichnet. Seine dogmatische Entwicklung geschieht im Zeichen hellenistischer Gedanken, seine gesetzliche Ausgestaltung läßt den Einfluß des römischen Rechtes nicht verkennen, seine staatliche Gliederung, wie sie sich im abbasidischen Chalifat ausformt, zeigt die Verarbeitung persischer Staatsgedanken, sein Mystizismus die Aneignung neuplatonischer und indischer Gedankengänge. Aber auf jedem dieser Gebiete erweist der Islam seine Fähigkeit zu organischer Einverleibung und Verarbeitung der fremden Bestandteile, so daß ihr fremder Zug sich nur der scharfen Zerlegung prüfender Forschung offenbart.

Dieser *rezeptive Charakter* ist dem Islam schon bei seiner Geburt auf die Stirn geschrieben. Sein Stifter Muhammed verkündet nicht neue Ideen. Den Gedanken über das Verhältnis des Menschen zum Übersinnlichen und Unendlichen hat er keine neue Bereicherung gebracht. Das mindert jedoch den bedingten Wert seiner religiösen Schöpfung keinesfalls herab. Wenn der Historiker der Sitten die *Wirkung* einer in die Geschichte tretenden Erscheinung zu beurteilen hat, wird die Frage der *Ureigenheit* nicht in dem Vordergrunde seiner Betrachtung stehen. Bei einer geschichtlichen Wertung des Werkes Muhammeds kommt es nicht darauf an, ob der Inhalt seiner Verkündigung eine in allen Teilen *eigenartige*, schlechthin bahnbrechende Schöpfung seiner Seele war. Die

Verkündigung des arabischen Propheten ist eine *eklektische* Komposition religiöser Vorstellungen, zu denen er durch Berührungen mit jüdischen, christlichen und noch anderen Elementen, von denen er selbst tief ergriffen wurde, angeregt war, und die er zur Erweckung einer ernsten religiösen Stimmung in seinen Volksgenossen für geeignet hielt; Verordnungen, die er, gleichfalls aus fremden Quellen schöpfend, zur Festigung eines Lebens im Sinne des göttlichen Willens für notwendig erkannte. Wovon er so in seinem tiefsten Innern angeregt wurde, fühlte er in ehrlicher, durch äußere Eindrücke unterstützter Eingebung als göttliche Offenbarung, deren Werkzeug zu sein er aufrichtig überzeugt war.

Unsere Aufgabe kann es nicht sein, den pathologischen Momenten nachzugehen, die in ihm das Offenbarungsbewußtsein erregten und festigten. Wir erinnern an das bedeutende Wort *Ad. v. Harnacks* über »Krankheiten, von denen nur die Übermenschen befallen werden, und sie schöpfen aus dieser Krankheit ein bisher ungeahntes neues Leben, eine alle Hemmnisse niederwerfende Energie und den Eifer des Propheten oder Apostels«. Vor uns steht die gewaltige *geschichtliche Wirkung* des Rufes zum Islam; vor allem die Wirkung auf den allernächsten Kreis, an den die Verkündigung Muhammeds unmittelbar gerichtet war. Der Mangel an Ursprünglichkeit wird aufgewogen dadurch, daß diese Lehren zu *allererst* durch Muhammed als innere Angelegenheit der *Gesamtheit* mit werbender Ausdauer verkündet und dem dünkelhaften Spotte der Massen mit aufopfernder Beharrlichkeit entgegengestellt wurden. Denn keine historische Wirkung hatte sich an den stillen Einspruch geknüpft, den fromm gesinnte Männer vor Muhammed, mehr durch ihr Leben als durch ihr Wort, gegen die heidnisch-arabische Lebensauffassung erhoben hatten ... Der *erste* geschichtlich wirksame Reformator des Arabertums ist ... Muhammed. Darin liegt seine Ureigenheit trotz des wenig ursprünglichen Stoffes seiner Verkündigung.

Durch Berührungen, die ihm sein Verkehr in der ersten Hälfte seines Lebens verschaffte und deren Ertrag er in einer Spanne beschaulicher Zurückgezogenheit innerlich verarbeitete, wurde das Gewissen des zu krankhafter Grübelei veranlagten Mannes gegen das gläubige und sittliche Wesen seiner Landsleute aufgepeitscht. Eine völlig im arabischen Stammesleben und seinen Gewohnheiten wurzelnde Gesellschaft wurde in ihrer Sittlichkeit nicht gehoben durch ihre krasse, aber ebenso öde Vielgötterei, deren fetischartige Pflege in Muhammeds Vaterstadt und Wohnort einen ihrer hervorragendsten Sammelplätze hatte – das Volksheiligtum der Ka'ba* mit »seinem schwarzen Stein«. Zudem war es ein vorwiegend materialistischer, hochmütiger, plutokratischer Zug, der die vornehmen Geschlechter dieser Stadt kennzeichnete, denen die Hütung des Heiligtums nicht nur religiöses Vorrecht, sondern hervorragender materieller Vorteil war. Muhammed klagt über die Unterdrückung der Armen, über Gewinnsucht, Unehrlichkeit in Handel und Wandel, über

* *Kaaba* (arabisch qa'ab = Würfel). Wichtigstes Heiligtum des Islams in Mekka. (Anm. des Herausgebers.)

protzige Gleichgültigkeit gegen höhere Angelegenheiten des menschlichen Lebens und seiner Aufgaben, gegen »das Bleibende und Fromme« (Sure 18 v. 44) neben dem »Flitter dieser irdischen Welt«. Die Eindrücke, die aus früheren Belehrungen in ihm rege blieben, wandte er nun auf die ihn beunruhigenden Beobachtungen an. In der Einsamkeit der Bergschluchten in der Nähe der Stadt, wohin er sich zurückzuziehen pflegte, fühlte sich der in reifem Alter stehende Mann in Gesichten, lebhaften Träumen und Halluzinationserscheinungen immer mehr und kräftiger von Gott aufgerufen, unter sein Volk zu gehen und es vor dem Verderben zu warnen, dem sein Tun es entgegenführte. Er fühlt sich unwiderstehlich dazu gedrängt, der Sittenlehrer seines Volkes zu sein, »sein Warner und Verkünder«.

Am Beginne seiner Laufbahn lösten sich diese Betrachtungen zu *eschatologischen* Vorstellungen aus, die seinen inneren Sinn immer gewaltiger beherrschten. Sie bilden gleichsam die »idée mère« seiner Verkündigungen. Was er über das dereinst hereinbrechende Weltgericht gehört hatte, das wendet er auf die Verhältnisse an, deren Erfahrung seine Seele mit Grauen erfüllte. Dem sorglosen und übermütigen, die Demut nicht kennenden Treiben der stolzen mekkanischen Reichen stellt er die Verkündigung vom nahenden Weltgericht entgegen, das er mit feurigen Zügen malt, von Auferstehung und Rechenschaft, deren Einzelheiten sich in seinen Verzückungen in grauenerregender Gestalt darstellen: Gott als Weltenrichter, als alleiniger Beherrscher des ›Tages des Weltgerichts‹, der aus den Trümmern der zerstörten Welt in Barmherzigkeit die wenigen Gehorsamen hervorholt, die dem Angstrufe des ›Warners‹ nicht Hohn und Spott entgegengesetzt hatten, sondern in sich gegangen waren und aus dem hochmütigen Gefühle ihrer auf die irdischen Güter gegründeten Macht hinweg sich zur Erkenntnis ihrer Abhängigkeit von dem *Einen* unbeschränkten Weltengotte aufgerafft hatten. Eschatologische Vorstellungen sind es vor allem, aus denen Muhammed den Aufruf zur Buße und Unterwerfung herausarbeitete. Und eine Folge, nicht Ursache dieses Innewerdens ist die Zurückweisung der Vielgötterei, durch die das Heidentum die unbeschränkte Allmacht Gottes zersplittert und verkleinert hatte. Nichts können sie dem Allah zugesellten Wesen »nützen oder schaden«. Es gibt nur Einen »Herrn des Weltgerichtstages«; nichts gesellt sich zu der Schrankenlosigkeit seines unverantwortlichen Urteilsspruches. Ein Gefühl so völliger Abhängigkeit, wie es Muhammed erfüllte, konnte nur *einem* Wesen gelten, dem alleineinzigen Allah. Aber das grauenhafte Bild des Weltgerichts, zu dem ihm die Züge zumeist aus dem in der Literatur der Apokryphen gepflegten Gedankenkreise geboten wurden, wird nicht ausgeglichen durch die Hoffnungen auf ein herankommendes »Himmelreich«. Muhammed ist ein Verkündiger der *dies irae*, des Weltunterganges. Seine Eschatologie pflegt in ihrem Weltbilde nur die pessimistische Seite; die optimistische ist für die Auserwählten ganz in das Paradies verlegt. Für die irdische Welt hat er keinen Hoffnungsstrahl übrig.

Es ist nun ein Gebäude von lauter entlehnten Bausteinen, die ihm für den Aufbau dieser eschatologischen Verkündigung dienen. Die Geschichte des alten Testaments . . . wird in Wirkung gesetzt, um das Schicksal der alten Völker, die sich den zu ihnen gesandten Mahnern widersetzten und sie verhöhnten, als warnende Beispiele vorzuhalten. Der Reihe dieser alten Propheten schließt Muhammed sich nun als letzter an.

Die in glühenden Farben gehaltenen Gemälde vom Weltuntergang und Weltgericht, die Mahnung zur Vorbereitung für dieses durch Verlassen der Gottlosigkeit und des weltlichen Lebenswandels, die Erzählungen von den Schicksalen der alten Völker und ihrem Verhalten gegen die zu ihnen gesandten Propheten, der Hinweis auf die Weltschöpfung und die wunderbare Bildung des Menschen zum Erweise der Allmacht Gottes und der Abhängigkeit der Geschöpfe, die er nach Belieben vernichten und wiedererwecken könne, sind in den ältesten Teilen jenes Offenbarungsbuches erhalten, das auch in der Weltliteratur als *Koran* (Vorlesung) bekannt ist. Es umfaßt im ganzen 114 Abschnitte *(Suren)* von sehr verschiedenem Umfange: etwa ein Drittel davon gehört in das erste Jahrzehnt von Muhammeds prophetischer Wirksamkeit, in die Zeit seines Wirkens in Mekka.

Ich werde hier nicht die Geschichte seiner Erfolge und Mißerfolge erzählen. Das Jahr 622 bezeichnet die erste Epoche in der Geschichte des Islams. Von seinen Landsleuten und Stammesgenossen verhöhnt, wandert Muhammed nach der nördlicheren Stadt *Jathrib* aus, deren aus Südarabien stammende Bevölkerung für die Aufnahme religiöser Stimmungen sich empfänglicher zeigte, und der auch, durch das dort vielfach vertretene Judentum, die durch Muhammed verkündeten Eingebungen geläufiger waren, mindestens weniger fremdartig erschienen. Durch die Hilfe, die das Volk dieser Stadt dem in seine Mitte aufgenommenen Propheten und seinen Getreuen gewährte, wurde Jathrib zur *Medina*, zur »Stadt (des Propheten)«, mit welchem Namen es seitdem benannt wird. Hier läßt sich nun Muhammed weiter durch den heiligen Geist eingeben, und der überwiegende Teil der Suren seines Korans trägt die Marke der neuen Heimat.

Aber, wenn er auch in den neuen Verhältnissen nicht aufhört, seinen Ruf als »Warner« zu fühlen und zu üben, so erhält seine Verkündigung doch eine neue Richtung. In ihr spricht nicht mehr bloß der eschatologische Schwärmer. Die neuen Verhältnisse machen ihn zum Kämpfer, zum Eroberer, zum Staatsmann, zum Ordner des neuen, immer mehr erwachsenden Gemeinwesens. Der Islam als *Einrichtung* erhält hier seine Urformung; hier bilden sich die ersten Keime seiner gesellschaftlichen, rechtlichen und staatlichen Ordnungen.

Die Offenbarungen, die Muhammed auf mekkanischem Boden verkündete, hatten noch keine neue Religion bedeutet. Es wurden nur in einem kleinen Kreise religiöse *Stimmungen* hervorgerufen und eine von fester Umgrenzung noch weit entfernte gottergebene Weltbetrachtung genährt, aus denen Lehren und Formen noch nicht mit größerer Bestimmtheit hervortraten. Die fromme Stimmung löste sich in weltflüchtigen Betätigungen aus, die man ebenso auch bei Juden und Christen erfahren konnte, in Andachtshandlungen (Rezitationen mit Kniebeugungen und Niederwerfungen), freiwilligen Enthaltungen (Fasten), Taten der Wohltätigkeit, deren Einzelheiten nach Form, Zeit und Maß noch durch keine feste Regel bestimmt werden. Und endlich waren auch die äußeren Umrisse der gläubigen Gemeinschaft noch nicht mit sicherer Abgrenzung ausgeformt. Erst in Medina gestaltet sich jetzt der Islam zur *Institution* und zugleich zu einem *kämpfenden* Verbande, dessen Kriegsposaune durch die ganze Geschichte des späteren Islams hallt. Der ergebene Dulder von gestern, der dem kleinen Häuflein seiner von den mekkanischen Vornehmen verhöhnten Getreuen ausdauernde Ergebung gepredigt hatte, veranstaltet nun kriegerische Unternehmungen, der Verächter von Hab und Gut schreitet an die Ordnung der Beuteanteile, an die Feststellung von Erb- und Vermögensgesetzen. Freilich hört er nicht auf, auch ferner von der Verwerflichkeit alles Irdischen zu reden. Aber daneben werden jetzt *Gesetze* gegeben, Einrichtungen geschaffen für die Übungen der Religion und die dringendsten Verhältnisse des geselligen Lebens. Hier gewinnen die auf die Lebensführung gerichteten Gesetze eine feste Gestalt, die als die Grundlage der späteren gesetzbildenden Tätigkeit gedient haben, wenn auch manches bereits in den mekkanischen Verkündigungen vorbereitet gewesen und von den mekkanischen Auswanderern in keimhafter Form nach der Palmenstadt in Nordarabien mitgebracht worden war.

In Medina wird also der Islam eigentlich geboren; hier gestalten sich die Gesichtspunkte seines geschichtlichen Lebens aus. So oft sich daher im Islam das Bedürfnis nach religiösem Wiederaufbau kundgegeben hat, hat man auf die *Sunna* (herkömmliche Gewohnheit) jenes Medina zurückgeblickt, in dem Muhammed mit seinen »Genossen« die erste greifbare Form der Lebensverhältnisse im Sinne seines Islams zu gestalten begann . . .

In der Geschichte des Islams ist demnach die *Hidschra* (Auswanderung nach Medina) ein Datum, das nicht nur für die Veränderung der *äußeren Schicksale* der Gemeinde von Bedeutung ist. Sie bezeichnet nicht nur den Zeitpunkt, an dem das in einen sicheren Hafen einlaufende Häuflein von Anhängern des Propheten von hier aus angriffsweise gegen die Gegner auftreten und Kämpfe führen kann, die 630 mit der Eroberung Mekkas und im Verfolg mit der Unterwerfung Arabiens gekrönt werden: sondern sie bezeichnet einen Abschnitt in der *religiösen Ausformung* des Islams.

Auch in dem Bewußtsein, das Muhammed von seinem eigenen Charakter in sich trägt, führt die medinische Zeit eine wesentliche Änderung herbei. In Mekka fühlte er sich als Propheten, der sich mit seiner Sendung der Reihe der biblischen Gottesgesandten anfügt, um gleich jenen seine Mitmenschen vor dem Verderben zu warnen und zu retten. In Medina nehmen unter geänderten äußeren Verhältnissen auch seine Ziele eine andere Richtung. In der von der mekkanischen verschiedenen Umgebung sind in bezug auf seinen Prophetenberuf andere Gesichtspunkte in den Vordergrund getreten. Er will nun als Wiederhersteller der verderbten und verfälschten *Religion Abrahams* gelten. Was er verkündigt, wird mit abrahamitischen Überlieferungen durchwoben; den Gottesdienst, den er einrichtet, habe bereits Abraham begründet, nur sei er im Laufe der Zeit verdorben und in heidnische Richtung getreten. Nun will er den *din* des *einen* Gottes im Sinne des Abraham wiederherstellen, wie er überhaupt gekommen sei, um für echt zu erklären *(musaddik)*, was Gott in früheren Offenbarungen kundgetan hatte.

Im allgemeinen gewinnt nun die Klage auf Fälschung und Verdüsterung der alten Verkündigungen einen großen Einfluß auf das Bewußtsein seiner eigenen prophetischen Stellung und seiner Aufgaben. Von liebedienerischen Überläufern wurde er wohl in der Meinung bestärkt, daß die Bekenner der alten Religionen ihre heiligen Schriften verdreht hätten, daß sie Verheißungen verheimlichen, in denen Propheten und Evangelisten sein dereinstiges Erscheinen verkünden; eine Anklage, die aus koranischen Keimen im islamischen Schrifttum später in überaus reichlicher Weise ausgebildet wurde. Die Geistesfehde gegen Juden und Christen nimmt nun einen breiten Raum in den Offenbarungen ein, die er sich in Medina geben ließ. Wenn er auch in früherer Zeit Klöster, Kirchen und Synagogen als wahre Stätten der Gottesverehrung anerkannt hatte (22 v. 41), bilden alsbald die *ruhban* (Mönche) der Christen und die *ahbar* (Schriftgelehrte) der Juden, eigentlich seine Lehrmeister, den Gegenstand seiner Angriffe; es will ihm nicht gefallen, daß sie unverdiente, fast göttliche Macht über ihre Getreuen haben (9 v. 31), während sie doch eigennützige Menschen seien, die die Leute vom Wege Gottes abwendig machen (9 v. 34); den büßerischen *ruhban* rechnet er ein anderes Mal ihr demütiges Verhalten als Verdienst an und findet, daß sie an Sympathie gegen die Gläubigen diesen näher stehen als die Juden, die sich dem Islam entschieden abweisend entgegenstellen (5 v. 85); den jüdischen *ahbar* wirft er die Zusätze vor, die sie zur göttlichen Gesetzgebung machten (3 v. 72).

Dies medinische Jahrzehnt war also eine Zeit der Abwehr und des Angriffs mit Schwert und Wort.

Die Wandlung in Muhammeds prophetischem Charakter konnte nicht verfehlen, auch im Stil und der rednerischen Haltung des Korans bemerkbar zu werden.

Bereits die ältesten Überlieferer des Buches haben in den 114 Suren, in die sein Inhalt eingeordnet ist, mit gutem Gefühl zweierlei Bestandteile fest unterschieden: die *mekkanischen* und die *medinischen* Teile.

Diese zeitliche Unterscheidung wird durch die kritische und ästhetische Betrachtung des Korans im großen und ganzen gerechtfertigt. Aus der mekkanischen Zeit stammen die Verkündigungen, in denen Muhammed die Schöpfungen seiner glühenden Erregtheit in einer aus der Unmittelbarkeit seiner Seele strömenden träumerischen Vortragsweise darstellt. Er rasselt nicht mit dem eigenen Schwert, er redet nicht zu Kriegern und

Untertanen, er kündet vielmehr der Schar seiner Widersacher die seine Seele beherrschende Überzeugung von der unendlichen Allmacht Allahs in seiner Weltschöpfung und Weltregierung, vom Nahen des schrecklichen Weltgerichts, des Weltunterganges, dessen Vision ihn aus seiner Ruhe aufscheucht, von der Züchtigung vorangegangener Geschlechter und Zwingherren, die sich den ihnen von Gott gesandten Warnern widersetzten.

Aber allmählich erschlafft die prophetische Urkraft in den medinischen Verkündigungen, die mit ihrer blassen, durch die Alltäglichkeit der Gegenstände auf eine tiefere Stufe herabgedrückten Redekunst zuweilen zu gewöhnlicher Prosa herabsinken. Mit kluger Berechnung und Erwägung, mit vorsichtiger Schlauheit und Weltklugheit arbeitet er jetzt gegen die inneren und äußeren Gegner seiner Ziele; er schließt seine Getreuen zusammen, schafft, wie wir bereits erwähnt haben, bürgerliches und religiöses Gesetz für die sich festigende Vereinigung, Regeln für die praktischen Verhältnisse des Lebens. Selbst seine eigenen ganz gleichgültigen persönlichen und häuslichen Angelegenheiten bezieht er zuweilen in den Kreis der an ihn ergangenen göttlichen Offenbarung ein. Die Erlahmung der rednerischen Kraft wird nicht wettgemacht durch das auch in diesen Teilen des Korans angewandte *sadsch'*, Prosareime, die durch die einzelnen Teile der Satzgefüge ziehen. Dies war die Form, in der auch die alten Wahrsager ihre Sprüche kündeten. In anderer Gestalt hätte sie kein Araber als Gottessprüche anerkennen mögen. Den Anspruch auf solchen Ursprung seiner Rede hat aber Muhammed bis an sein Ende festgehalten. Aber welcher Abstand zwischen dem *sadsch'* der frühen mekkanischen und dem der medinischen Reden! Während Muhammed in Mekka seine Gesichte in Sadsch'-Reihen kundgibt, deren einzelne Glieder gleichsam dem fieberhaften Pochen seines Herzens folgen, büßt in Medina diese Offenbarungsform ihren Schwung und ihre Kraft ein, selbst dann, wenn er auf die Gegenstände der mekkanischen Verkündigung zurückgreift.

Muhammed selbst erklärte seinen Koran für ein unnachahmbares Werk. Seine Gläubigen betrachten ihn, ohne einen stufenweisen Wertunterschied zwischen seinen Bestandteilen zu machen, als ein durch den Propheten vermitteltes göttliches Wunder, das höchste, womit der Prophet die Wahrhaftigkeit seiner göttlichen Sendung bekräftigte.

Der *Koran* ist also die erste Grundlage der Religion des Islams, seine heilige Schrift, seine geoffenbarte Urkunde. Er stellt in seiner Vollständigkeit eine Verquickung dar zwischen den beiden ersten im Wesen voneinander verschiedenen Zeitabschnitten der Kindheit des Islams.

Wenn auch der Sinn der Araber, ihrer Seelenanlage und ihren Lebensbedingungen nach, nicht eben auf überirdische Werte gerichtet war, haben die großen *Erfolge* des Propheten und seines ersten Nachfolgers gegen die Widersacher des Islams in den Arabern den Glauben an ihn und an seine Sendung gestärkt. Die unmittelbare geschichtliche Wirkung dieser Erfolge war, wenn auch nicht, wie man noch häufig anzunehmen pflegt, die völlige Einigung der in sich volklich gespaltenen und auch in religiöser Beziehung durch ihre Ortskulte auseinanderstrebenden, durch Hauptkultstellen nur lose aneinandergeknüpften arabischen Stämme, von denen noch viele den Islam entweder völlig ablehnten oder sich ihm nur lose angegliedert hatten, so doch wenigstens die Schlingung eines festeren Bandes um einen großen Teil dieser auseinanderstrebenden Teile. Der Prophet hatte das Hochziel aufgestellt des Zusammenschlusses zu einer sittlichen und religiösen Gemeinschaft, die nach seiner Lehre das Abhängigkeitsgefühl von dem Einen Allah einigen sollte . . . Gottesfurcht sollte von nun ab Vorzug verleihen, nicht die Rücksichten der Abstammung und des Stämmelebens. Der begriffliche Umfang dieser Einheit erweitert sich nach dem Tode des Propheten immer mehr durch Eroberungen, deren Erfolge in der Weltgeschichte ihresgleichen suchen.

Wenn wir in der religiösen Schöpfung Muhammeds etwas ursprünglich nennen können, so ist es die *negative* Seite seiner Verkündigungen. Sie sollten mit allen barbarischen Greueln des arabischen Heidentums in Kultus und Gesellschaft, im Stämmeleben und in der Weltanschauung aufräumen, mit der *dschahilijja*, Barbarei, wie er sie im Gegensatz zum *Islam* bezeichnet. Die positiven Lehren und Einrichtungen zeigen, wie wir bereits erwähnt haben, einen *eklektischen Grundzug*. Judentum und Christentum haben gleichen Anteil an den Elementen, aus denen sie gebildet sind, und auf deren Einzelheiten ich bei dieser Gelegenheit nicht eingehen kann. Es ist allgemein bekannt, daß in ihrer endgültigen Ausgestaltung es *fünf* Punkte sind, die als Grundpfeiler des Islambekenntnisses gelten, deren erste Anlagen (die liturgischen und humanitären) schon in die mekkanische Zeit zurückreichen, aber erst in der medinischen Zeit ihre festere förmliche Gliederung erhalten haben: 1. das *Bekenntnis* zu dem einzigen Gott und die Anerkennung Muhammeds als Gesandten Gottes; 2. der Brauch des *Gottesdienstes*, dessen Anfänge als Vigilien und Rezitationen, dessen begleitende Umstände, Kniebeugung und Niederwerfung sowie die vorhergehende Waschung, an Bräuche des morgenländischen Christentums anknüpfen; 3. das *Almosen*, ursprünglich ein freies Wohltun, später eine in ihren Maßen festbestimmte Beisteuer zu den Bedürfnissen der Gemeinde; 4. das *Fasten*, ursprünglich am 10. Tage des ersten Monats – eine Nachahmung des jüdischen Versöhnungsfastens *('aschura)* –, später auf den Ramadanmonat, den neunten des wandelbaren Mondjahres, verlegt; 5. die *Wallfahrt* zu dem alten arabischen Volksheiligtum in Mekka, der Ka'ba, dem Hause Gottes. Dies letzte Moment hat Muhammed aus dem Heidentum beibehalten, aber in monotheistischer Weise umgestaltet und mittels abrahamitischer Legenden umgedeutet.

Wie die christlichen Bestandteile des Korans zumeist durch den Kanal der apokryphen Überlieferungen und der im orientalischen Christentum zerstreuten Ketzereien zu Muhammed gelangen, so finden wir auch manches Element der orientalischen Gnostik vertreten. Muhammed hat allerlei aufgenommen, was ihm aus seinen oberflächlichen Berührungen im

Kreise seines Verkehrs zuflog, und er hat es zumeist ganz planlos verwertet. Wie weit ab steht von seiner sonstigen Gottesauffassung der mystisch klingende Spruch (Sure 24 v. 35), den die Muslime als »Lichtvers« bezeichnen! Die in gnostischen* Kreisen (Marcioniten** u. a.) herrschende Herabwürdigung des alttestamentlichen Gesetzes als Ausfluß des der Güte abgewandten strengen Gottes sickert durch die Auffassung, die Muhammed von den durch Gott den Juden gegebenen Gesetzen bekundet, namentlich den Speiseverboten, die ihnen Gott als Strafe für ihren Ungehorsam auferlegt habe. Bis auf sehr wenige seien diese Gesetze durch den Islam abgeschafft. Gott hat den Gläubigen nichts Wohlschmeckendes verboten. Die Gesetze seien Lasten und Fesseln, die Gott den Israeliten auferlegte. (2 v. 286; 4 v. 158; 7 v. 156). Dies klingt an marcionitische Lehrmeinungen an, wenn es mit ihnen auch nicht einerlei ist . . .

Auch das Parsentum***, dessen Bekenner neben Juden und Christen als *madschus* (Magier) in den Beobachtungskreis Muhammeds fielen, und das er mit jenen zusammen dem Heidentum entgegenstellt, ist nicht spurlos an dem empfänglichen Sinne des arabischen Propheten vorübergegangen. Eine wichtige Anregung, die er aus dem Parsentum übernahm, ist die Verneinung des Charakters des Sabbats als *Ruhetag.* Er hat den Freitag als Wochenversammlungstag eingesetzt, aber bei der Übernahme eines Schöpfungs-Sechstagewerks die Vorstellung, daß Gott am siebenten Tag *geruht* habe, entschieden zurückgewiesen. Darum wurde auch nicht der siebente Tag, sondern dessen Vorabend, auch nicht als Ruhetag, sondern als *Versammlungstag* eingesetzt, an dem nach Schluß des Gottesdienstes aller weltliche Handel und Wandel gestattet ist.

Wenn wir nun die Schöpfung Muhammeds als Ganzes betrachten und aus dem Gesichtspunkt ihrer ethischen Wirkungen ein Wort über ihren inneren Wert sagen sollen, müssen natürlich apologetische und polemische Zwecke uns vollends fern liegen. Auch neuere Darstellungen des Islams lassen sich verführen, seinen religiösen Wert nach Maßen abzuschätzen, die man von vornherein als *absolute* Wertmesser betrachtet, um die urteilende Betrachtung des Islams auf sein Verhältnis zu jenem Absoluten zu gründen. Man findet den Gottesbegriff des Islams tiefstehend, weil er den Gedanken der *Immanenz* in der sprödesten Weise ausschließe; seine Ethik gefahrbringend, weil in ihr der Grundsatz des Gehorsams und der Unterwürfigkeit – den schon der Name *Islam* erkennen läßt – vorherrschend sei. Als ob das den Gläubigen beherrschende

* *Gnosis* (griech.: Wissen). Erkenntnis der übernatürlichen Welt und des Göttlichen. *Gnostizismus:* Sammelbegriff für in den ersten nachchristlichen Jahrhunderten weitverbreitete, religiös-philosophische Richtungen iranischer, hellenistischer, jüdischer und christlicher Herkunft. (Anm. des Herausgebers.)

** *Marcion* (gest. um 160 n. Chr.). Häretiker der alten Kirche. Seine Anhänger führten ein asketisches Leben. (Anm. des Herausgebers.)

*** *Parsentum* = *Parsismus* (auch Mazdaismus, Zarathustrismus, Zoroastrismus genannt), die alte persische Volksreligion des Propheten *Zarathustra* (6. Jahrhundert v. Chr.). Er lehrte den Glauben an den einen Gott *Ahura Mazda,* den »Weisen Herrn«. (Anm. des Herausgebers.)

Bewußtsein, unter einem unverbrüchlichen göttlichen *Gesetze* zu stehen, oder als ob der Glaube an die Abgeschiedenheit des göttlichen Wesens im Islam sich als Hindernis erwiese, durch Glauben, Tugend und wohltätige Werke in seine Nähe zu gelangen und in seine Barmherzigkeit eingeführt zu werden (9 v. 100); als ob die innige Andacht des frommen Betenden, der im demütigen Bewußtsein seiner Abhängigkeit, Schwäche und Hilflosigkeit seine Seele zu der allmächtigen Quelle aller Kraft und Vollkommenheit erhebt, sich nach religionsphilosophischem Formelwesen unterscheiden könnte.

Man darf jenen, die die Religion der anderen mit einem subjektiven Wertmaße abschätzen, die guten Worte des Theologen A. *Loisy* (1906) in Erinnerung bringen: »Man kann von allen Religionen sagen, daß sie für das Gewissen ihrer Bekenner einen absoluten Wert, hingegen einen relativen Wert besitzen für das Verständnis des Philosophen und Kritikers.« In der Beurteilung der Wirkungen des Islams auf seine Bekenner hat man diese Tatsache zumeist aus dem Auge verloren. Man hat ferner für sittliche Gebrechen und geistige Rückständigkeit, die ihre Ursache in den Anlagen der Rassen finden, im Falle des Islams, in ungerechter Weise die Religion verantwortlich gemacht, die unter den zur Rasse gehörenden Völkern verbreitet ist, deren Roheit jene Religion eher gemäßigt als verschuldet hat. Auch der Islam ist kein Gedankending, das von seinen nach geschichtlichen Entwicklungszeiten, den geographischen Gebieten seiner Ausbreitung, dem völkischen Charakter seiner Bekenner verschiedenen Erscheinungsformen und Wirkungen losgelöst werden darf.

Um den geringen religiösen und sittlichen Wert des Islams zu erweisen, hat man auch Tatsachen der *Sprache* angerufen, in der seine Lehren zutage getreten sind. Es ist z. B. gesagt worden, im Islam fehle der ethische Begriff, den wir *Gewissen* nennen, und man will diese Behauptung daraus erweisen, daß »weder im Arabischen selbst, noch in einer anderen Sprache der Muhammedaner ein Wort zu finden sei, womit richtig ausgedrückt werden könnte, was wir unter Gewissen *(conscience)* verstehen«. Solche Folgerungen könnten auch auf anderen Gebieten leicht auf Abwege führen. Als Vorurteil hat sich die Annahme erwiesen, daß ein Wort allein als glaubhafter Zeuge für das Vorhandensein eines Begriffes anerkannt werden könnte. »Mangel in der Sprache ist nicht notwendig ein Zeichen für den Mangel im Herzen.« Wäre es dies, so könnte man ja folgerichtig behaupten, daß den Dichtern der Veden das Gefühl der Dankbarkeit unbekannt war, weil der vedischen Sprache das Wort »danken« fremd ist. Schon im IX. Jahrhundert widerlegt der arabische Gelehrte *Dschahiz* die Bemerkung eines laienhaften Freundes, der im angeblichen Fehlen eines Wortes für »Freigebigkeit« *(dschud)* in der Sprache der Griechen (Rum) einen Beweis für den geizigen Charakter dieses Volkes finden zu können glaubte, sowie die Folgerung anderer, die im Fehlen eines Wortes für »Aufrichtigkeit« *(nasiha)* in der Sprache der Perser einen untrüglichen Beweis für die diesem Volke angeborene Falschheit erblickten.

Stärkere Beweiskraft als einem Wort, irgendeinem Fachausdruck muß lehrenden Sittensprüchen, das ethische Bewußtsein spiegelnden Grundsätzen zuerkannt werden, wie sie der Islam auch in bezug auf die »Gewissensfrage« darbietet. Unter den »*vierzig* (eigentlich zweiundvierzig) *Traditionen des Nawawi*«, die einen Abriß der religiösen Hauptsachen des rechten Muslims darstellen sollen, finden wir als Nr. 27 folgenden Spruch, der aus den besten Sammlungen ausgezogen ist: »Im Namen des Propheten: Tugend ist (der Inbegriff) guter Eigenschaften; Sündhaftigkeit ist, was die Seele beunruhigt und du nicht wünschtest, daß andere Leute es von dir wüßten.« Wabisa b. Ma'bad erzählt: »Ich kam einst vor den Propheten. Dieser erriet, daß ich gekommen sei, um ihn darüber zu befragen, was Tugend ist? Er sagte: Befrage dein Herz (wörtlich: verlange ein *fetwa*, eine Entscheidung, von deinem Herzen); Tugend ist, wobei sich die Seele beruhigt, und wobei sich das Herz beruhigt; Sünde ist, was in der Seele Unruhe stiftet und im Busen poltert; was für Meinung auch immer die Menschen darüber haben sollten.« »Lege deine Hand auf deinen Busen und befrage dein Herz; was deinem Herzen Unruhe verursacht, das mögest du unterlassen.« Und dieselbe Lehre läßt die islamische Überlieferung den Adam vor seinem Tode seinen Kindern erteilen, mit dem Schlusse: »... Als ich dem verbotenen Baume mich näherte, da fühlte ich Unruhe im Herzen«, d. h. mein Gewissen beunruhigte mich.

Will man nicht ungerecht sein, so muß man zugeben, daß auch den Lehren des Islams »eine zum Guten wirkende Kraft« innewohnt, daß ein Leben in deren Sinne ein ethisch untadelhaftes Leben sein kann, das Barmherzigkeit gegen alle Geschöpfe Gottes, Ehrlichkeit im Handel und Wandel, Liebe und Treue, Unterdrückung der selbstsüchtigen Triebe und alle jene Tugenden fordert, die der Islam aus den Religionen schöpfte, deren Propheten er selbst als seine Lehrmeister anerkennt. Ein richtiger Muslim wird ein Leben betätigen, das strengen ethischen Anforderungen Genüge leistet. Nichts ist leichtfertiger als die Behauptung: »Ein Mann kann (im Islam) fromm und doch lasterhaft sein« oder die von Gottfried Simon aufgestellte parteiliche Behauptung, daß infolge der Übersinnlichkeit des islamischen Gottesglaubens dieser eines sittlichen Kernes entbehrt und dgl.

Allerdings ist der Islam auch ein *Gesetz* und er fordert auch äußerliche Handlungen von seinen Gläubigen. Aber nicht erst in den die Entwicklung des Islams bezeugenden altherkömmlichen Lehren, sondern bereits in deren einfachsten Grundurkunde, dem Koran, wird die *Gesinnung*, in der die Werke geübt werden, als der Maßstab ihres religiösen Wertes erklärt und die Gesetzlichkeit ohne begleitende Taten der Barmherzigkeit und Menschenliebe sehr gering geachtet.

»Nicht dies ist die Frömmigkeit, daß ihr eure Angesichter gegen Sonnenaufgang oder Sonnenuntergang wendet: sondern die Frömmigkeit ist (bei dem), der an Allah und den letzten Tag glaubt und an die Engel und an das Buch und an die Propheten und seine Habe gibt trotz seiner Liebe dazu den (armen) Angehörigen, den Waisen und Dürftigen, den Zugereisten und den Bittstellern und für die Gefangenen; der den Gottesdienst einhält und das Almosen abgibt, und die treulich ihre Bündnisse erfüllen, wenn sie solche eingegangen sind, und die ausharrend sind in Not und Drangsal und in Zeit der Angst: diese sind es, die wahrhaft sind, und diese sind die Gottesfürchtigen« (2 v. 172). Und indem Muhammed von den Gebräuchen der Wallfahrt spricht, die er verordnet (d. h. aus den Überlieferungen des arabischen Heidentums beibehält), weil »wir jedem Volke Opferbräuche festgesetzt haben, damit sie des Namens Allahs gedenken darüber, was er ihnen gewährt hat«, legt er das vornehmste Gewicht auf die fromme Gesinnung, die den Kultus begleitet. »Nicht erreicht Allah ihr Fleisch noch ihr Blut, sondern eure Gottesfurcht erreicht ihn« (22 v. 35. 38). Der größte Wert wird gelegt auf den *ichlas* (ungetrübte Reinheit) des Herzens (40 v. 14), auf *takwa alkulub*, »die Frömmigkeit der Herzen« (22 v. 23), auf *kalb salim*, »ein vollkommenes Herz« (26 v. 89), das dem *lebh shalem* der Bibel entspricht: Gesichtspunkte, unter denen der religiöse Wert der Rechtgläubigen in Betracht kommt. Diese Überzeugungen sind dann in den Überlieferungslehren ... weiter lehrhaft ausgesponnen und auf das ganze Gebiet des religiösen Lebens ausgedehnt worden in der Lehre von der Bedeutung der *nijja*, der Gesinnung, der den Werken zugrunde liegenden Absicht als Wertmesser der religiösen Tat. Der Schatten eines selbstsüchtigen oder gleisnerischen Motivs beraubt nach dieser Lehre jedes bonum opus seines Wertes ...

Und welches ist der »steile Weg« (vielleicht zu vergleichen mit der zum Leben führenden »engen Pforte« Matth. 7, 13), den die »Gefährten der Rechten« beschreiten, d. h. jene, denen die Freuden des Paradieses zuteil werden? Auf diesem Wege liegt nicht etwa ausschließlich ein in zeremonieller Werkheiligkeit zugebrachtes, allen Übungen und Formen des äußeren Kultus Genüge leistendes Leben, sondern – sofern es freilich auf gute Werke ankommt – »die Lösung des Gefesselten oder die Speisung einer nahverwandten Waisen oder eines im Staube liegenden Dürftigen am Tage des Hungers; ferner, daß der Mensch zu jenen gehört, die glauben und einander zu Ausdauer ermahnen und einander zu Barmherzigkeit ermahnen: die sind die *Gefährten der Rechten*« (90 v. 12–18, Umschreibung von Jes. 58, 6–9) ...

»Welches ist die beste Art des Islams?« Darauf antwortet der Prophet: »Der beste Islam ist, daß du die Hungrigen speisest, Frieden verbreitest unter Bekannten und Unbekannten (d. h. in aller Welt).« »Wer sich nicht von unwahren Reden fernhält, was gilt mir dessen Enthaltung von Speise und Trank?« Und in einer Reihe bei Malik b. Anas gesammelten Prophetensprüche werden sittliche Betätigungen den andächtigen und büßerischen Übungen gleichgestellt, ja höher als diese gewertet. »Niemand kommt ins Paradies, der seinem Nächsten Schaden verursacht.« Abu Hurejra berichtet: Jemand erzählte dem Propheten von einer Frau, die durch ihr Beten, Fasten, Almosengeben berühmt ist, jedoch ihre Nächsten viel mit ihrer Zunge beleidigt. »Die gehört in die Hölle«, urteilte der Prophet. Dann erzählte derselbe Mann von einer anderen Frau, die durch Vernachlässigen des Betens und Fastens berüchtigt ist, jedoch den Bedürftigen Stücke Molken zu spenden pflegt und ihre Nächsten niemals beleidigt. »Die gehört ins Paradies«, urteilte der Prophet . . .

Man hört in diesen Sprüchen und in zahlreichen Paralleltexten, die man leicht aufhäufen könnte, und die nicht etwa Sonderanschauungen ethisch gestimmter Leute, sondern (vielleicht in polemischer Absicht gegen die emporkommende Werkheiligkeit) das Gesamtgefühl des lehrenden Islams darstellen, nicht davon, daß die Seligkeit lediglich von der Übung formaler Gesetze abhängig gemacht würde. »An Gott glauben und fromme Werke tun«, d. h. Werke der Menschenliebe – dies wird fort und fort als der Inbegriff des gottgefälligen Lebens zusammengefaßt, und wenn vom Formalismus des religiösen Verhaltens im einzelnen geredet wird, so wird kaum irgend anderes in den Vordergrund gestellt als das *salat*, d. h. die durch die gemeinsame Liturgie zu bekundende Unterwerfung unter die Allmacht Allahs, und das *zakat*, d. h. die durch materielle Teilnahme an der vorgeschriebenen Almosensteuer zu leistende Förderung der Belange des Gemeinwesens, unter denen in erster Reihe die Sorge um die Armen, Witwen, Waisen und Wandersleute das Pflichtgefühl des Gesetzgebers erregt . . .

Nun aber auch etwas von den Schattenseiten. Wenn der Islam sich streng an die Zeugnisse der *Geschichte* hielte, so könnte er seinen Gläubigen auf den ethischen Lebensweg *eines* nicht mitgeben: eine *imitatio* des Muhammed. Aber es ist nicht das geschichtliche Bild, das die Gläubigen auf sich wirken lassen. An seine Stelle tritt sehr früh die fromme Legende mit ihrem *idealen* Muhammed. Die Theologie des Islams hat dem Postulat entsprochen, vom Propheten ein Bild zu zeichnen, das ihn nicht bloß als mechanisches Werkzeug der göttlichen Offenbarung und ihrer Ausbreitung unter den Ungläubigen erscheinen lasse, sondern als Leuchte und Vorbild der höchsten Tugendbildung. Das scheint Muhammed selbst nicht gewollt zu haben. Gott habe ihn gesandt als »Zeugen, Überbringer hoffnungsvoller und warnender Botschaft, als Rufer zu Gott mit seiner Erlaubnis und als leuchtende Fackel« (33 v. 44–45); er ist Wegweiser, aber nicht Musterbild; ein solches ist er nur in seiner Hoffnung auf Gott und den letzten Tag und in seiner fleißigen Andacht (v. 21). Es scheint vielmehr in ihm das Bewußtsein seiner menschlichen Schwächen ehrlich gewirkt zu haben, und er will von seinen Gläubigen als Mensch mit allen Mängeln des gewöhnlichen Sterblichen verstanden werden. Sein Werk war größer als seine Person. Als Heiligen hat er sich nicht gefühlt, und er will auch nicht als solcher gelten . . . Vielleicht ist es eben das Bewußtsein menschlicher Schwächen, das ihn auch alles Wundertun ablehnen läßt, das zu seiner Zeit und in seiner Umgebung als nötiges Attribut der Heiligkeit galt. Und dabei haben wir besonders sein Vorgehen in der Erfüllung seiner Sendung ins Auge zu fassen, zumal in seiner medinischen Zeit, in der die Verhältnisse seine Wandlung vom duldenden Asketen zum Staatsoberhaupt und Krieger vollzogen haben. Es ist das Verdienst des italienischen Gelehrten Don *Leone Caetani*, Herzogs von Sermoneta, in einem großangelegten Werke »*Annali dell' Islam*«, in dem der Verfasser eine umfassende kritische Nachprüfung der Quellen der Geschichte des Islams vollzieht, schärfer als dies in früheren Darstellungen geschehen ist, die weltlichen Gesichtspunkte in der ältesten Geschichte des Islams hervortreten zu lassen. Er veranlaßt dadurch manche wesentliche Berichtigung der Anschauungen über die Wirksamkeit des Propheten selbst.

Es ist klar, in der medinischen Zeit kann von seinem Werke nicht gelten der Spruch: »*More slayeth Word than Sword.*« Mit der Auswanderung aus Mekka war die Zeit vorüber, da er sich von den »Ungläubigen abwenden« (15 v. 94) oder sie bloß »durch Weisheit und gute Ermahnung auf den Weg Gottes rufen sollte« (16 v. 126); es war vielmehr die Zeit gekommen, da die Losung lautete: »Wenn die heiligen Monate vorüber sind, tötet die Ungläubigen, wo ihr sie findet; ergreift sie, bedrängt sie, und setzt euch gegen sie in jeden Hinterhalt« (9 v. 5). »Kämpfet auf dem Wege Gottes« (2 v. 245).

Aus den Gesichten des Unterganges dieser bösen Welt gestaltete er mit jähem Übergange den Begriff eines Reiches aus, das von *dieser* Welt ist. Sein Wesen hatte manche Nachteile mitzuführen, die bei der durch den großen Erfolg seiner Verkündigung herbeigeführten staatlichen Wandlung Arabiens und seiner eigenen führenden Rolle unausbleiblich waren. Er brachte das *Schwert* in die Welt und nicht bloß »mit dem Stabe seines Mundes schlägt er die Erde und nicht mit dem Odem seiner Lippen tötet er die Gottlosen«; sondern es ist wirkliche Kriegsposaune, in die er stößt; es ist das blutige Schwert, das er schwingt, um sein Reich herbeizuführen. Nach einer seine Laufbahn richtig erfassenden islamischen Überlieferung soll er ... den Beinamen haben: »Prophet des Kampfes und des Krieges.« Und nach einer anderen soll er selbst gelehrt haben: »Ich bin mit dem Schwert gesandt worden; das Gute ist im Schwert und mit dem Schwert.« »Das Paradies ist unter dem blitzenden Schwert *(al-dschenne taht al-barikati)*«, »ich bin gesandt worden, um zu ernten, nicht um Saaten zu streuen.«

Die Verhältnisse der Gesellschaft, auf die zu wirken er als seinen gottgewollten Beruf fühlte, lagen so, daß er sich nicht zuversichtlich in dem Vertrauen wiegen konnte: »Allah wird für euch kämpfen, ihr aber möget ruhig schweigen.« Er hatte einen materiellen irdischen Kampf zu bestehen, um seiner Verkündigung und, noch viel mehr, um ihrer *Herrschaft* Anerkennung zu verschaffen. Und dieser materielle irdische Kampf war das Vermächtnis, das er seinen Nachfolgern hinterließ. Der Friede war ihm kein Vorzug. »O ihr, die ihr glaubt! gehorchet Allah und gehorchet dem Gesandten und machet euere Taten nicht zunichte ... Werdet nicht schlaff und *rufet* (die Ungläubigen) *nicht zum Frieden*, während ihr die Oberen seid; und Allah ist mit euch und verkürzt euch nicht um euere Taten« (47 v. 35. 37). Es müsse gekämpft werden, bis daß »Gottes Wort die höchste Stelle hat«. Von diesem Kampfe zurückbleiben galt als Handlung der Gleichgültigkeit gegen den Willen Gottes. Friedensliebe gegen die Heiden, die vom Wege Gottes zurückhalten, sei nichts weniger als Tugend: »Nicht sind gleich die (vom Kampf) Zurückbleibenden von den Gläubigen, es sei denn die einen Schaden haben, mit den auf dem Wege Allahs mit ihren Gütern und ihren Seelen eifrig Kämpfenden. Allah hat mit (höherer) Stufe ausgezeichnet, die mit ihren Gütern und ihren Seelen kämpfen, über die Zurückbleibenden. Und allen hat Allah Gutes verheißen; aber Allah hat die eifrig Kämpfenden mit großem Lohn ausgezeichnet vor den Zurückbleibenden – mit Rangstufen von ihm (die er verleiht) und Vergebung und Erbarmen« (4 v. 97. 98).

Dieser Zusammenhang mit den Interessen der Welt, der Zustand fortwährender Kriegsbereitschaft, der den Rahmen des zweiten Abschnittes der Laufbahn Muhammeds bildet, hat, wie er seinen eigenen Charakter in die Region der Weltlichkeit herabzog, auch auf die Ausgestaltung der höheren Begriffe seiner Religion Einfluß geübt. »Das Irdische wächst und breitet sich aus, das Göttliche tritt zurück und wird getrübt« (Goethe). Kampf und Sieg als Mittel und Ziel seines prophetischen Berufes hat auch die *Gottesvorstellung* nicht unberührt gelassen, die er nun mit kriegerischen Mitteln zur Herrschaft bringen wollte. Den Gott, »auf dessen Weg« er seine Kriege führte und seine staatsmännische Arbeit tat, hat er zwar mit mächtigen Eigenschaften eines monotheistischen Gottesgedankens erfaßt. Seine unbedingte Allmacht, seine unbeschränkte vergeltende Gewalt, seine Strenge gegen verstockte Übeltäter vereinigt er mit der Eigenschaft der Barmherzigkeit und Milde *(halim)*; er ist gegen die Sünder in ausgedehntem Maße nachsichtig (*wasi 'al-maghfirati*, S. 3 v. 33) und sündenvergebend den Bußfertigen. »Er hat sich selbst – so sagt er im Koran – die Barmherzigkeit *(al-rahma)* als unverbrüchliches Gesetz vorgeschrieben« (6 v. 54). Wie eine Erklärung dazu erscheint die traditionelle Belehrung: »Als Gott die Schöpfung vollendet hatte, schrieb er in das Buch, das bei ihm am himmlischen Thron aufbewahrt ist: Meine Barmherzigkeit überwältigt meinen Zorn.« Wenn er auch »mit seiner Strafe trifft, wen er will, so umfaßt seine Barmherzigkeit alle Dinge« (7 v. 155). Und unter den Eigenschaften, die ihm Muhammed gibt, fehlt auch die der *Liebe* nicht; Allah ist *wadud*, »liebevoll«. »Wenn ihr Gott liebet, so folget mir, und Gott wird euch lieben und euere Sünden vergeben.« Freilich, »die Ungläubigen liebt Gott nicht« (3 v. 92).

Er ist aber auch der *Gott des Kampfes*, den er durch seinen Propheten und dessen Gläubige gegen die Feinde führen läßt. Und diese göttliche Eigenschaft hat manchen kleinlichen *mythologischen Zug* in die Gottesvorstellung Muhammeds gemengt, als hätte sich der allgewaltige Krieger gegen die hinterlistigen Pläne und Ränke der bösen Gegner zu wehren, ihnen fortwährend mit gleichen, aber gewaltigeren Mitteln die Spitze zu bieten. Denn nach einem alten arabischen Sprichwort: »Kriegführung ist Listigkeit«. Vom tüchtigen Krieger wird nicht nur Heldenmut, Tapferkeit und sicheres Erfassen der Lage, sondern auch vorzüglich die Listigkeit *(al-makida fi'l-harb)* gerühmt. Kindliche Vorstellungsweise hat nun diese Eigenschaften auch auf Allah übertragen. »Sie sinnen auf List – und (auch) ich sinne auf List« (86 v. 15. 16). Gott bezeichnet die Strafart, die er gegen die Leugner seiner Offenbarung anwendet, als eine »kräftige« List: »Die unsere Zeichen der Lüge zeihen, werden wir stufenweise herabbringen, von wo sie es nicht wissen. Ich gebe ihnen zwar Aufschub; fürwahr, meine List ist kräftig« (68 v. 45 = 7 v. 182). Hier wird überall das Wort *kejd* gebraucht, eine harmlose Art von List und Intrige. Stärker ist der Ausdruck *makr*, der einen schwereren Grad von Listigkeit bezeichnet; er wird ... bald mit *craft*, bald mit *plot*, bald mit *stratagem* übersetzt; er deckt aber auch den Begriff der *Ränke* (8 v. 30: »Sie üben Ränke gegen unsere Zeichen. Sprich: Gott ist schneller im Ränkemachen«). Dies gilt nicht nur im Verhältnis zu den zeitgenössischen Feinden Allahs und seiner Botschaft, die ihre Feindseligkeit in der Bekämpfung und Verfolgung Muhammeds bekunden. Dasselbe Verhalten Gottes wird auch gegenüber den früheren heidnischen Völkern ausgesagt, welche die zu ihnen gesandten Propheten verhöhnt hatten ...

Man dürfe freilich nicht denken, daß der Gottesvorstellung des Muhammed Allah wirklich als ränkeschmiedendes Wesen galt. Der richtige Sinn der aus seinen Reden angeführten Drohungen ist wohl dahin zu fassen, daß Gott jeden in einer seinem Vorgehen angemessenen Art behandelt, daß keine menschlichen Ränke etwas gegen Gott vermögen, der alles untreue und unredliche Treiben vereitelt und den bösen Plänen der Gegner zuvorkommend Verrat und Hinterlist von seinen Getreuen abwendet. »Fürwahr, Allah wehrt ab (das Böse) von denen, die glauben; fürwahr, Gott liebt keinen ungläubigen Verräter« (22 v. 39). In der Weise, in der der Sprachausdruck Muhammeds den Herrn der Welt die Schliche der Übeltäter beantworten läßt, spiegelt sich des Propheten *eigenes* politisches Verhalten gegen die Hindernisse, die sich in seinen Weg stellten. Seine eigene Gesinnung und sein Verfahren in der Bekämpfung der inneren Feinde wird auf Gott übertragen, den er seine Kriege durchkämpfen läßt. »Und wenn du Verrat von einem Volke befürchtest, *so schleudere (ihn) auf sie in gleicher Weise zurück*. Fürwahr, Allah liebt die Verräterischen nicht. Und meine nicht, daß die Ungläubigen voraus kommen; fürwahr, sie können Allah nicht zur Schwäche bringen« (8 v. 60).

Die Ausdrucksweise zeigt allerdings eher die Seelenstimmung des abwägenden Staatsmannes als die des ausharrenden Dulders. Es muß besonders hervorgehoben werden, daß sie die *Ethik* des Islams, die das hinterlistige Vorgehen *(ghadar)* selbst gegen Ungläubige hart verpönt, nicht beeinflußt hat. Jedoch es sind mythologische Auswüchse, die der Gottesgedanke Muhammeds mitschleppt, sobald Allah von seiner überirdischen Höhe als tätiger Mitarbeiter des in die Kämpfe dieser Welt verwickelten Propheten herabgezogen wird.

So hat sich im äußeren Fortschritte des Werkes Muhammeds der Übergang vollzogen von der Herrschaft der düsteren eschatologischen Vorstellungen, die seine Seele und seine Verkündigung zu Beginn seiner Prophetenlaufbahn erfüllten, zu den tatkräftigen weltlichen Bestrebungen, die im Verlaufe seiner Erfolge vorherrschend werden. Dadurch wurde dem geschichtlichen Islam, ganz im Gegensatz zu den Anfängen, in denen an ein dauerndes Reich innerhalb einer dem Untergange geweihten Welt nicht zu denken war, das Gepräge der *Kampfesreligion* aufgedrückt. Was Muhammed zunächst in seinem arabischen Umkreise getan, das hinterläßt er als letzten Willen für die Zukunft seiner Gemeinde: Bekämpfung der Ungläubigen, die Ausbreitung nicht so sehr des Glaubens als seiner Machtsphäre, die die Machtsphäre Allahs ist. Es ist dabei den Kämpfern des Islams zunächst nicht so sehr um Bekehrung als um *Unterwerfung* der Ungläubigen zu tun.

Man hat einander entgegengesetzte Anschauungen kundgegeben über die Frage: ob die nächste Absicht Muhammeds sich auf seine arabische Heimat beschränkte, oder ob das Bewußtsein von seinem Prophetenberuf ein umfassenderes gewesen sei; mit anderen Worten: ob er seinen Beruf als den eines Volks- oder aber als den eines Weltpropheten fühlte. Ich glaube, daß wir uns zur zweiten Annahme neigen dürfen. Es ist freilich nicht anders möglich, als daß er den inneren Ruf, die Angst um die Verdammnis der Ungerechten *zunächst* auf den nächsten Kreis bezog, dessen Anschauung ihm das Bewußtsein seines Prophetenberufs inne werden ließ. »Warne deine nächsten Stammesgenossen«, läßt er sich durch Gott anbefehlen (26 v. 214); er wird gesandt »zu warnen die Mutter der Städte und die ringsum wohnen« (6 v. 92). Aber es läßt sich nicht bezweifeln, daß sein innerer Blick schon zu Anfang seiner Sendung auch auf weitere Kreise gerichtet war, wenn ihn auch sein beschränkter geographischer Gesichtskreis die Umrisse einer Weltreligion kaum ahnen ließ. Er faßt von allem Anfang seine Berufung so auf, daß ihn Allah gesandt habe *rahmatan lil-'alamina* »aus Barmherzigkeit für die Welten« (21 v. 107); es ist geradezu ein Gemeinplatz im Koran, daß Gottes Lehre als *dikrun lil-'alamina* »Erinnerung für die Welten« ... bezeichnet wird (12 v. 104; 38 v. 87; 68 v. 52; 81 v. 27). Dies *'alamun*, das einem ungleich weiteren Umfang entspricht als etwa *al-nas*, die Menschen, wird im Koran stets in allumfassendem Sinne gebraucht. Gott ist »Herr der *'alamun*«. Er hat die Verschiedenheit der Sprachen und Farben der Menschen als ein lehrendes Zeichen für die *'alamun* eingerichtet (30 v. 21). Das ist doch die Menschheit im weitesten Umfange. In demselben Sinne erstreckt Muhammed seinen Beruf auf den ganzen Kreis, den dies Wort für seine Kenntnis umschreibt. Sein nächster Angriffspunkt ist naturgemäß sein eigenes Volk und Land. Jedoch die Verbindungen, die er gegen Ende seiner Laufbahn mit auswärtigen Mächten anknüpfen will, sowie die durch ihn angeordneten Unternehmungen zeigen ein Streben über den Kreis der arabischen Welt hinaus. Seine Ziele erstrecken sich ... auf Gebiete, in denen er sicher war, den Rhomäern als Feinden zu begegnen; der letzte der Züge, den er seinen Kriegern anbefahl, war ein Einbruch in das byzantinische Reich. Und die gleich nach seinem Tode unternommenen großen Eroberungen, vollführt von den besten Kennern seiner Absichten, sind sicherlich die beste Erklärung seines eigenen Willens.

Die islamische Überlieferung selbst drückt das Bewußtsein des Propheten, eine Sendung an die gesamte Menschheit, »an die Roten und Schwarzen« zu haben, in einer vielfach abgewandelten Reihe von Sprüchen des Propheten aus; sie erstreckt den allumfassenden Charakter seiner Sendung auf den denkbar weitesten Umfang. Auch den Gedanken der Welteroberung läßt sie durch den Propheten in unzweideutigen Worten aussprechen, in Gesichten erschauen und in bildlichen Handlungen vorher verkünden, ja sie will auch im Koran selbst (48 v. 61) die Verheißung der baldigen Eroberung des iranischen und des rhomäischen Staates erkennen. So weit können wir natürlich mit den muslimischen Theologen nicht gehen. Aber wenn wir auch ihre Übertreibungen mit kritischem Urteile behandeln, dürfen wir ihnen von den hier angedeuteten Gesichtspunkten aus im allgemeinen zugeben, daß schon Muhammed den Islam als eine über die Grenzen des arabischen Volkes weit hinausschreitende, große Kreise der Menschheit umspannende Macht sich vorstellt.

Er beginnt auch gleich nach dem Hingange des Stifters seinen Siegeslauf in Asien und Afrika.

Es wäre ein arger Fehler, in einer umfassenden Kennzeichnung des Islams das größte Gewicht auf den Koran zu legen oder gar das Urteil über den Islam *ausschließlich* auf dies heilige Buch der muhammedanischen Gemeinde zu gründen. Es deckt nur höchstens die zwei ersten Jahrzehnte des Entwicklungsganges des Islams. Der Koran bleibt durch die ganze islamische Geschichte ein als göttlich bewundertes Grundwerk der Anhänger der Religion Muhammeds, Gegenstand einer Bewunderung, wie sie wohl kaum noch einem anderen Erzeugnisse der Weltliteratur zuteil geworden. Wenn auch begreiflicherweise die späteren Entwicklungen immerfort auf ihn zurückkehren, die Werke aller Zeiten an seinen Worten messen und mit ihm in Einklang zu sein wähnen, mindestens sich anstrengen es zu sein: so dürfen wir die Tatsache nicht aus dem Auge verlieren, daß er zum Verständnis des geschichtlichen Islams bei weitem nicht ausreicht.

Schon Muhammed selbst wird durch seine eigene innere Entwicklung, sowie durch die von ihm selbst erlebten Gestaltungen dazu getrieben, über einzelne koranische Verkündigungen – freilich mittels neuerer göttlicher Offenbarungen – hinauszugehen; zuzugestehen, daß er auf göttlichen Befehl abschafft, was ihm kurz zuvor als Gottesspruch geoffenbart wurde. Was wird uns erst die Zeit bieten, da der Islam aus seiner arabischen Beschränktheit heraustritt und sich anschickt, eine völkerumfassende Macht zu werden!

Wir verstehen den Islam ohne Koran nicht, aber der Koran allein reicht für das volle Verständnis des Islams, in seinem geschichtlichen Verlaufe, bei weitem nicht aus.

Zusätzliche Literatur

Andrae, Tor, Mohammed – Sein Leben und sein Glaube, Göttingen 1932.
Austury, I., L'Islam face au développement économique, Paris 1961.
Bellah, Robert N., Islamic Tradition and the Problems of Modernization, in: Internationales Jahrbuch für Religionssoziologie 6, 1970, S. 65–82.
Enzyklopädie des Islam, Leiden/London 1954 ff.
Gardet, Louis, Islam, Köln 1968.
Gibb, Hamilton A. R., Mohammedanism, London/New York/Toronto 1953.
Handwörterbuch des Islam, hrsg. von A. J. *Wensinck* und J. H. *Kramers*, Leiden 1941.
Jockel, R. Islamische Geisteswelt, Darmstadt/Genf 1954.
Maudoodi, Sayyid Abu-l-A'la, Weltanschauung und Leben im Islam, Freiburg/Br. 1971.
Rosenthal, E. I. J., Islam in the Modern National State, Cambridge 1965.
Seyd, A. Ali, The Spirit of Islam, London 1946.
Smith, Wilfred Cantwell, Der Islam in der Gegenwart, Frankfurt/Hamburg 1963.
Watt, Montgomery, Islamic Philosophy and Theology, Edinburgh 1962.

VII.
Das Judentum

Ernst Troeltsch

Glaube und Ethos der hebräischen Propheten *

Die gegenwärtige Religionswissenschaft bewegt sich in zwei entgegengesetzten Richtungen. Von der einen Seite her kommt die positivistisch-empiristische Religionswissenschaft, die sich die Aufgabe stellt, die religiöse Vorstellungswelt aus den Bedingungen des primitiven Lebens und Denkens der sinnreich rekonstruierten Urmenschheit und der Wilden als Mythos zu erklären und allen Kultus aus der mit jener zusammenhängenden Magie herzuleiten. Die Religion ist Wissenschaft, Technik und Sozialphilosophie der Urmenschheit und seit den Griechen durch die von ihr sich loslösende reine und selbständige Wissenschaft teils spiritualisiert und ethisiert, teils überhaupt in den Hintergrund gedrängt oder auch ersetzt. Aller Nachdruck liegt hier auf der Vergangenheit und innerhalb dieser auf dem Zusammenhang mit der primitiven Urpsyche, von der aus auch alle erneuten religiösen Bewegungen als Wiederauflebsel begriffen werden können. Gegenwart und Zukunft kommen nur als Abschwächung und Absterben der Religion in Betracht. Die spezifisch-religiösen Gemüts- und Stimmungsgehalte werden als natürliche Folge jener Vorstellungswelt, als ihre Wirkung auf Phantasie und Gefühl erklärt und verschwinden mit diesen zusammen. Jede Auffassung, die in ihnen eine elementare Grundäußerung der Seele erblicken wollte, ist Nativismus und unwissenschaftliche Ausflucht ins Mystische oder Irrlehre einer unbelehrbaren Romantik.

Von der anderen Seite her kommt die idealistisch-transzendentale Religionswissenschaft, die dem menschlichen Geist die Erzeugung der Ideenwelt als wesentliche historische Selbstentwicklung zuschreibt und unter diesen Ideen die mit dem Organismus des Bewußtseins eng irgendwie verbundene religiöse Idee insbesondere.

Beide Theorien haben unzweifelhaft außerordentlich viel zu einer wissenschaftlichen Erhellung der religiösen Lebenswelt und ihrer Geschichte beigetragen, obwohl sie beide mehr an der Wissenschaft interessiert sind als an der Religion. Es ist doch auch für das Verständnis der letzteren unendlich viel abgefallen, sowohl seit Locke, Hume und Comte als seit Plato, Kant und Hegel. Nur an einem Punkte versagen beide gegenüber dem wirklichen Leben der Religion, und das ist gerade derjenige, den beide gemeinsam haben: an dem Punkte des vorausgesetzten Entwickelungsbegriffes. Dieser soll im einen wie im andern Fall genetisch das Werden erklären und eben damit zukunftsprogrammatisch ein vernunftnotwendiges Ergebnis festlegen. Das wirkliche Leben der Religion zeigt

* Aus: *Ernst Troeltsch,* Aufsätze zur Geistesgeschichte und Religionssoziologie, S. 34–65, J. C. B. Mohr (Paul Siebeck), Tübingen 1925. Abdruck mit freundlicher Genehmigung des Verlages.

nun aber nirgends eine solche Erklärbarkeit, weder aus primitivem Kausaldenken, das Analogien und Ähnlichkeiten statt wirklicher Kausalzusammenhänge für die Zwecke des Lebens verwendet, noch aus der Herausarbeitung einer ideellen Notwendigkeit inmitten einer chaotischen, an der Anschauung hängen bleibenden Bildlichkeit. Das wirkliche Leben zeigt vielmehr eine immer und überall, wenn auch verschieden stark auftretende Erregbarkeit und Reizbarkeit des religiösen Gefühls, wie man zur Bezeichnung einer nicht weiter auflösbaren und herleitbaren inneren Zuständigkeit zu sagen sich gewöhnt hat, eine Verwachsung dieses Gefühls mit den unbegrenzbar mannigfaltigen erregenden Objekten, die der innern und der äußern Welt angehören können, und eine ungeheure Rückwirkung dieser Verwachsungen auf Stärke und Gehalt jenes Gefühls selbst. Dabei ist jene Erregbarkeit nur selten die eines vereinzelten Menschen, sondern eine solche ganzer gleichzeitig und wesentlich übereinstimmend erregter Gruppen oder eine vom Einzelmenschen sofort auf einen weiteren Kreis sich übertragende, so daß es sich hier stets um ein Gesamtfühlen und -vorstellen handelt, an dem der einzelne für die Schwäche und Unselbständigkeit seiner eigenen Erregbarkeit Halt und Stärke findet, ja daß die gewöhnlichste Erregung überhaupt von der gruppenhaft bereits überkommenen Religionswelt erst ausgeht. Hier ist alles wohl zu verstehen und nachzufühlen, aber wenig zu erklären und herzuleiten. Warum einmal die Erregung (vom Tod und Traum und von der Gewalt von Häuptlingen und Ahnen, das andere Mal bei Kulturvölkern) vom Bilde der Sonne oder von der sozialen Macht der Sitte ausgeht, warum sie bei den einen stärker, bei den andern schwächer ist, warum Gruppen, Völker, Zeitalter in bezug auf religiöse Intensität so stark verschieden sind, das kann niemand erklären. Auch die Lehre von der Interessenverdrängung kann hier nichts erklären, da ja gerade auch die Stärke des Verdrängenden nur aus der Schwäche des Verdrängten sich erläutert und Stärke und Schwäche gleich unerklärbar sind. All das kann man aber bei genügend klarer Überlieferung sehr wohl verstehend nachempfinden, weil es mitten unter uns sich heute noch so ereignet und wir, was wir selbst erleben, insofern als wir es erleben, auch verstehen. So wenig aber nun dieses Verstehen ein ableitendes Erklären ist, so wenig ist auch die in alledem sich vollziehende Kontinuität eine Entwickelung in dem Sinne einer bloßen Fortsetzung oder Durchsetzung von schon Vorhandenem. Wie immer ein religiöser Lebenskomplex entstanden sein mag, sein Sinn erschöpft sich nicht in seinem Gewordensein und in der Summierung seiner ihn hervorrufenden Elemente. Einmal gebildet und aus tausend Erregungen zusammengeflossen wird er ein selbständiges momentanes und lebendiges Ganzes, das seinen eigenen Sinn in sich trägt, seine Ursprungsgeschichte vergißt oder total umdeutet und aus seiner gegenwärtigen Verfassung neue Lebens- und Willensrichtungen hervorbringt, die in seinen Ursprungselementen gar nicht enthalten waren. Von der Entstehungsgeschichte löst das Entstandene sich ab, holt aus sich einen eigenen und neuen Sinn hervor und formt sich in tausend neuen Beziehungen bis zur Unkennbarkeit um. Überall ist eine völlig unerklärbare Kraft des Momentanen und Spontanen, eine fortwährende Heterogonie; und alle ursprünglich lebendige Überzeugungskraft beruht auf dem Vertrauen zu der unmittelbar überwältigenden Kraft des momentanen eigenen Sinns. Alle historischen Autoritätsbeweise sind schon Zeichen sinkender Kraft und – im historisch-kritischen Sinne – so unhistorisch wie möglich. Beispiele hierfür zeigt die Geschichte aller Religionen; die des Christentums, die wir am besten kennen, ist voll von ihnen. Unter diesen Umständen ist auch eine angeblich vernunftnotwendige Zukunftsprogrammatik eine leicht durchschaubare Illusion. Das Ziel der Entwicklung wird in Wahrheit nicht aus einem wissenschaftlich feststehenden Gesetz der Abfolge konstruiert, sondern jedes »Gesetz« der Abfolge selbst wird erst von dem irgendwie entstandenen Gefühl für die Eigenart des Moments aus gefolgert, und die Tatsachen werden dementsprechend in einer Folge arrangiert, die das bald konkreter bald abstrakter gefaßte Eigenleben der religiösen Gegenwart oder auch nur des Darstellers als das überall durchschimmernde Entwicklungsziel erscheinen läßt. Der Jude, der Christ, der Chinese, der Hindu, und hinge jeder auch nur lose mit seiner Gruppe noch zusammen, der Europäer vor allem und der Orientale, hat hier unausweichlich verschiedene Grundeinstellungen für seine Entwicklungskonstruktion.

Besser als eine allgemeine abstrakte Erörterung beleuchtet diesen Sachverhalt die Untersuchung eines bestimmten Haupt- und Knotenpunktes der religionsgeschichtlichen Entwickelung, das letztere Wort in seinem einfachsten Sinn genommen, wo es zwar die Kontinuität aber nicht die Erklärung des geschichtlichen Werdens bedeutet. Der *hebräische Prophetismus* ist für die abendländische Welt ein solcher. Ein Verständnis, das ihn aus der Wechselwirkung mannigfachster Umstände nachfühlend versteht und die Loslösung seiner selbst von seinen bloßen Ursprungselementen vor allem ins Auge faßt, wird ihn lebendiger und tiefer durchdringen als jeder Erklärungsversuch im Sinne der beiden herrschenden Theorien. Insbesondere wird dabei ein Punkt deutlich hervortreten, der den bloßen Erklärungen stets zu entgehen pflegt, der Zusammenhang des Prophetismus mit einer höchst aktiven und lebendigen, aber kulturindifferenten, ja kulturfeindlichen Ethik. Das, was man mit einem viel zu allgemeinen und überdies noch irreführenden Ausdruck den asketischen Charakter des Christentums und damit der beherrschenden europäischen Religion überhaupt nennt, tritt damit in den Blickpunkt ...

Die heute herrschende Anschauung über den Prophetismus ist folgende. Das syrisch-vorderasiatische Gebiet war stets ein Gegenstand, um dessen Besitz die Großmächte des Euphrat- und des Niltales sich stritten und das daher zwischen der Übermacht der beiden hin und her ging. Eine Zeit der Schwächung jener beiden Mächte schuf dann eine Pause, während deren sich auf dem Gebiete von Damaskus bis zur südpalästinensischen Wüste kleinere Einzelstaaten unabhängig bilden und in das kanaanäische Kulturgebiet die Stämme der Israeliten und Juden eindringen konnten, um dort ein eigenes Staatsgebilde allmählich aufzurichten. Aber die durch das Erlahmen der Großmächte bedingte Lücke schloß sich wieder bei einem erneuten beiderseitigen Vordringen und hierbei wurden die in ihr angesiedelten oder neugebildeten Staaten und Völker wieder erdrückt und zertrümmert. In der Weise der Antike sterben mit den Staaten auch ihre Götter. Nur *ein* Gott überdauerte diese Vernichtung und damit schließlich sogar auch die Gottheiten der Vernichter selbst, das ist Jahve, der Gott Israels, und mit ihm Israel selbst als seine Religions- und Kultusgemeinde, die zu einem selbständigen Staate – abgesehen von der Hasmonäerepisode – niemals wieder wurde, sondern als Mittelding von Kirche und Volk durch die weitere Geschichte ging. Gerade das aber ist das Werk der Propheten. Sie haben nach dem Vorgang und dem Vorbild der mantisch-orgiastischen Gruppen von Wahrsagern und Propheten, die sich bei den meisten antiken Völkern finden, die religiöse Erregung geschürt und ein göttliches Wunderwissen geoffenbart, aber eben diese Mantik in das Gebiet des Nationalen, Politischen und Ethischen emporgehoben. Sie haben in ihren Orakeln die Enthaltung Israels von allen Welthändeln, den reinen strengen und unvermischten alten Jahvekult gefordert, der keine Bündnisse und Mischungen mit fremden Göttern und darum auch keine politischen Bündnisse duldet, und alles Unglück, das eintrat, auf den Ungehorsam gegen diese Weisungen zurückgeführt. Dies aber bedeutete damit zugleich eine Lösung Jahves von Volk und Staat, eine Emporhebung zum Herrn und Leiter der Weltgeschicke, der die großen Weltvölker als seine Werkzeuge zur Bestrafung, Reinigung und Erziehung seines Volkes gebraucht und eben damit erhaben ist auch über die Götter der Weltmächte. In dem Maße als Israel politisch niedergeht, steigt darum Jahve umgekehrt empor. Er wird zum Herrn und Schöpfer der Welt, der die Herzen der Menschen lenkt wie Wasserbäche und die großen Weltschicksale auf seiner Wage wägt, zum allein wahren Gotte, demgegenüber die Götter der fremden Völker untergeordnete Dämonen oder ohnmächtige Nichtse sind, zum geistigen Gotte, dessen Wesen Wille und Weisheit ist und von dem es keine Bilder und Idole gibt wie von den Göttern der Heiden, zum Wächter des Sittengesetzes, von Recht und Gerechtigkeit, deren Aufrechterhaltung das Maß ist, an dem er seines Volkes Verhalten mißt und deren Verleugnung der Grund ist, um deswillen er sein Volk in die Vernichtung gibt. So löst sich der heilige Weltgott vom bloßen Stammesgott, indem die Deutung der politischen Schicksale als Strafe, Läuterung und Erziehung den Stammesgott selbst umwandelt in den geistigen Weltgott eines ethischen Monotheismus. Es ist der einzige Monotheismus der Weltgeschichte, der nicht aus Wissenschaft und Denken, sondern aus der praktischen Schicksalsdeutung hervorgewachsen ist und der darum ebenso einzig und allein eine Volksreligion mit missionierender und kultischer Kraft werden konnte.

Freilich dankt er diesen Umstand zunächst seinem Zusammenhang mit der Stammesreligion und dem Stammesgott, der doch nur gelöst wurde, um die Schicksale begreiflich und erträglich zu machen, der aber eben damit auf den Gedanken eines geläuterten und gereinigten Volkes hinausging, das dann Kern und Mittelpunkt, Ziel und Missionsorgan einer allgemeinen Verkündigung Jahves werden sollte. Zu dem Grundbestandteil aller prophetischen Orakel gehört daher die Verkündigung eines gereinigten und geläuterten Restes, der aus der allgemeinen Vernichtung zurückkehren und wieder auferstehen soll als ein neues Davidsreich und als der gehorsame Knecht und Prophet Jahves in der ganzen Welt. In der Tat gelang es der prophetischen Predigt, die Reste Israels in der Heimat und in der Zerstreuung durch diesen Jahveglauben zusammenzuhalten. Bei einer neuen Wandlung der Dinge durch die persische Reichsbildung gelang es sogar, auf dem alten Heimatsboden eine relativ selbständige jüdische Gemeinde als Vasallenstaat wieder aufzurichten und dorthin wieder die in der Welt zerstreuten Israeliten zum guten Teil zurückzuziehen. Freilich dieser Rest und sein Schicksal war eine kümmerliche Provinz unter fremder Verwaltung und mit lediglich religiöskultischer Selbständigkeit. Er glich nur wenig den phantastischen prophetischen Verkündigungen. Um so strenger aber nahm er nun die prophetische Predigt des ausschließlichen und reinen Jahvekultes und der strengen sittlichen Gerechtigkeit, um sich rein und würdig zu machen für die eigentliche und endgültige, immer noch ausstehende Verwirklichung der prophetischen Weissagung vom neuen Israel und vom Triumphe Jahves. So zog er im Gesetze den strengen Zaun um sich, der ihn sonderte von den Heiden, pflegte er den reinen Jahvekult in Jerusalem, das als einziges Heiligtum nunmehr genau kontrolliert werden konnte, und deutete er sich die Zukunftshoffnung als messianisches und apokalyptisches Gottesreich, wo Jahves Wille überall geschehen und Israel über seine Dränger und Feinde glanzvoll herrschen werde.

In diese enge Verschalung zog sich derart der Monotheismus der Propheten zusammen und mündete derart aus in das Judentum, das auf dieser Grundlage noch fortbesteht bis zum heutigen Tage, nur ohne die zentrale Kultstelle in Jerusalem, die es bei einer zweiten großen Katastrophe verlor, um damit endgültig dem Schicksal der Pariavölker zu verfallen und von nun ab dem Ressentiment gegen seine Bedrücker, dem Gehorsam gegen das Gesetz und dem Überschwang seiner Hoffnungen zu leben[1]. Bevor es aber diesem Schicksal verfiel und den prophetischen Monotheismus endgültig in Talmudismus und Apokalyptik verkapselte, befreite sich der prophetische Geist in einer neuen Belebung und Verinnerlichung durch Jesus und riß als Christentum sich von der jüdischen Verengung los, um dann in enger Verbindung mit der hellenistischen Erlösungs- und Mysterienreligion eine neue und universale, national nicht mehr gebundene Entwicklung zu nehmen. Und wie um zu zeigen, daß damit die zeugende Kraft des Prophetismus noch nicht zu Ende sei, ergoß sich ein neuer Strom dieser Glaubenswelt in die arabischen Stämme und schuf hier den Islam als eine kriegerisch missionierende

Religion des allein wahren Monotheismus und seines Propheten, der ein Nachfolger und Überwinder des Moses und Jesu ist und das wahre Reich der Gotteserkenntnis und Gerechtigkeit von Mekka und Medina her aufrichtet. So ist der Prophetismus der Mutterschoß dreier Weltreligionen geworden, die alle durch den Glauben an den persönlich lebendigen Gott, den Schöpfer Himmels und der Erde, den Lenker der Menschheitsgeschichte, und durch den engen Zusammenhang dieses Willensgottes mit dem sittlichen Gesetz charakterisiert sind. Sie bilden zusammen den großen Block personalistisch-ethischer Religiosität in der Welt, neben dem es wohl allerhand Analogien gibt, aber nichts was an radikaler und grundsätzlicher Energie ihm gleichkommt.

Dieses Bild der Dinge wird wohl richtig sein. Es zeigt auch jedenfalls die welthistorische Bedeutung des Prophetismus. Aber es gewährt noch kein wirkliches Verständnis der Vorgänge selbst und kein solches ihres Ergebnisses, das damit viel zu allgemein und abstrakt gefaßt ist. So kommt es auch, daß der Vorgang beliebig im Sinne der beiden anfangs angedeuteten Theorien verwertet und gedeutet werden kann. Die einen sehen darin die allmähliche Erhebung eines Berggeistes oder, wie andere wollen, eines Quellgeistes zu einer abstrakten Fassung als Prinzip einheitlicher Welterklärung und Bürgen der sittlich-rechtlichen Ordnung, also eine allmähliche Rationalisierung und damit Aufzehrung der ursprünglich animistischen Grundlagen in spekulativen und ethischen Gedanken etwas primitiver Art, vor allem in Theorien einer die Ereignisse rechtfertigenden und mit dem Gottesglauben verträglich machenden Theodizee. Die anderen erkennen darin die Durchsetzung und Klärung der universalen religiösen Idee, die in der Zurückführung der sittlichen Vernunft auf eine göttlich-sittliche Weltordnung bestehe. Beide Deutungen werden unmöglich, sobald man in das Konkrete der wirklichen Vorgänge selbst eindringt, und erst mit dem Freiwerden von solchen Theorien zeigt die konkrete Lebendigkeit der Vorgänge ihren wirklichen welthistorischen Sinn.

Die Prophetie hat in Wahrheit nichts zu tun mit Spekulation, Abstraktion, vernünftigem Einheitsstreben oder irgendwelcher Art von Philosophie. Sie arbeitet nach dem Vorgange der orgiastischen Mantik mit Orakeln, Visionen und Offenbarungen, Fluchformeln und Defixationen, Namenzauber und Zwang durch symbolische Handlungen. Sie beruft sich auf die altererbte Offenbarung vom wahren Wesen und Kult Jahves und geht ganz auf in dem Kampf gegen die Bündnisse und Ausgleichungen erst mit den kanaanäischen Städten und Göttern, dann mit den fremden Staaten, ihrer Großmachtpolitik und ihren Gottheiten. Sie arbeitet in einer seltsamen Übereinstimmung der Methoden und Gedanken, einerlei welches ihre individuelle Verschiedenheiten, ja sogar ihre Stellung zum Heil oder Unheil der Zukunft ist. Man hat immer noch wie bei den alten Prophetengruppen den Eindruck der gruppenhaften Geschlossenheit, in die der Prophet durch seine Berufung eintritt. Und wie sie sich auf die bessere Urzeit und den alten reinen Jahvedienst beziehen, so verwenden sie für ihre Orakel und ihre Einflechtung der Ereignisse in den Gang der Dinge gemeinsame eschatologische Vorstellungen von Gericht und darauf folgender Herrlichkeit, von der Wiederherstellung eines goldenen Zeitalters, die man heute mit allgemeinen vorderasiatischen Ideen in Verbindung bringt. In ihnen steckt freilich ein Stück Reflexion, eine Art Theodizee. Aber gerade das wird von den Propheten nicht geltend gemacht und steht nicht im Mittelpunkt ihrer Interessen; sie benützen das bloß. Hier steht vielmehr ganz und gar die Politik, erst die innere und dann die äußere, wenn man so sagen darf. Zur Theodizee ist die prophetische Idee erst geworden nach dem Eintritt des großen Unheils, wo man dieses aus Jahves Gerechtigkeit und Erziehungsabsicht und aus Israels Sünde und Untreue herleitete, um dann diese Rechtfertigung auch auf das Einzelschicksal des Individuums zu übertragen. So ist die ganze Bibel des Alten Testamentes in der prophetischen Färbung der alten Geschichte zu einer großen, von der Bußgesinnung geschriebenen Theodizee geworden. Aber die alten Propheten selber wollten noch nicht das Schicksal erklären, sondern eine praktische Entscheidung und Stellungnahme herbeiführen, kein unfaßliches Unheil rationalisieren, sondern ein bevorstehendes vermeiden. Sie wollten die Reinhaltung der Jahveverehrung um jeden Preis, erst gegenüber dem Einfluß des städtischen kanaanäischen Kulturlandes, dann gegenüber den auswärtigen Bündnissen. Sie traten ein für vollständige Enthaltung von allem Fremden und Neuen, für ruhiges Dulden des Unvermeidlichen und strengste Beschränkung auf das eigene völkische Dasein. Nur auf diesem Wege wird Israel Jahve völlig treu bleiben; und sein Vertrauen wird gelohnt werden. Auf jedem Wege droht das Verderben, der Untergang, die Deportation, die Vernichtung oder Hungersnot und Dürre, Heuschreckenplage und Erdbeben. Alles Großmachtstreben ist Abfall von der alten Sitte, alle Bündnisse sind hurerische Untreue gegen Jahve zugunsten fremder Dämonen. Das eigentlich Entscheidende in ihrer Predigt ist die unerschütterliche, beinahe rätselhafte Gewißheit von der Unzerstörbarkeit Israels, wenn es Jahve treu bleibt und jeder Versuchung zu Bündnissen oder Verschmelzungen widerstrebt. In dieser absolut sicheren Voraussetzung der wesenhaften Zusammengehörigkeit Israels und Jahves und der unbedingten Unzerstörbarkeit Israels, solange es Jahve treu bleibt, liegt die eigentliche Substanz der prophetischen Politik, die in immer neuen Orakeln und Befehlen an Volk, Könige, Minister und Priester leidenschaftlich hervorbricht. Sie muß das Erbe von Moses her gewesen sein, denn sie erscheint nicht als etwas Neues, sondern als das alleinige gute Alte, demgegenüber alles andere Verführung und Hurerei ist.

Von diesem Punkt aus erklärt sich alles, das Vorherrschen der Unheilsweissagung, das unablässige Strafen und Schelten, die Bußforderung und die Verwerfung; denn die wirkliche Politik wollte und konnte sich natürlich auf diesen Weg der Enthaltung und Entsagung nicht drängen lassen und fragte nach den Propheten nur im Falle besonderen Mißgeschickes.

Von hier aus erklärt sich die Auffassung der fremden Völker und Mächte als der Strafwerkzeuge Jahves, die er nach Belieben heransendet und aufreizt, wenn Israel ungehorsam ist, und bedroht oder hemmt, sobald sie die Grenzen ihres Auftrages überschreiten oder sobald Israel Miene macht sich zu bekehren. Ganz von selbst rückt damit Jahve empor in die Stellung des Herrn der Völker und Götter, der über allen steht und sie nach seinem Willen lenkt. Er konnte Israels Stammesgott nur bleiben, wenn er der Herr der Welt wurde und alles lenkte zur Strafe oder Läuterung seines Volkes. Wurde er aber derart zum Herrn und Lenker der Völker, dann mußte er überhaupt zum Herrn der Dinge und der Welt, zum Schöpfer und Weltregierer werden. Weder in den Gestirnen, noch im Himmel, noch in Meer, Berg und Wald durften Götter hausen, die die Götter fremder Völker waren und damit mächtiger sein konnten als er. Damit entschied sich zugleich Wesen und Charakter Jahves. Er wurde, was er immer ursprünglich gewesen sein mochte, zum persönlichen Weltwillen, der sich in erster Linie offenbart in der Herrschaft über die Geschicke der Völker, in der Lenkung der Geschichte und der Herzen und der zu diesem Zwecke dann auch die Herrschaft über die Natur und die Welt besitzt. Auch die letztere geht aus seinem Willen hervor und ist sein Gemächte in aller Herrlichkeit und in aller Fruchtbarkeit. Aus der Politik geht diese ganze religiöse Ideenwelt hervor, die so unendlich wichtig geworden ist; aber diese Politik ist nun ihrerseits nicht eigentlich Politik, sondern ein altererbter felsenfester Glaube an die Unvergänglichkeit Israels und ein völlig einzigartiger Ausschluß jedes Kompromisses mit fremden Kulten. Hier an diesem Punkte liegt das eigentliche Geheimnis der ganzen merkwürdigen Erscheinung, für die es in dieser Hinsicht keine Parallele gibt. Woher aber dieser Glaube und diese Ausschließlichkeit selbst gekommen sei, darauf gibt es keine Antwort. Auch wenn man auf den Bund des Moses zwischen Jahve und seinem Volk zurückgehen will, so ist doch das keine Erklärung. Die Einzigartigkeit dieses Verhältnisses von Stammesgott und Stamm ist eben eine der unmittelbaren spontanen Empfindungswelten, die man verstehen, aber nicht ableiten kann von etwas anderem her.

Ist der Kern der Prophetie derart etwas Alt-Überkommenes und nur angesichts der Weltkatastrophen zu weit ausstrahlenden Folgerungen Entfaltetes, so ist doch auch dieser Kern selbst nicht derselbe geblieben, sondern, wie immer aus den Entwickelungen und Fortleitungen sich ein in sich selber selbständiger Gehalt ablöst, so hat sich in dieser Höchstspannung des Glaubens und dieser Gegensätzlichkeit gegen die ganze fremdvölkische Umwelt wie gegen die Masse des eigenen Volkes die Gemeinschaft von Stammesgott und Volk zu einer Innerlichkeit und persönlichen Gegenseitigkeit des Glaubens und Vertrauens gewandelt, die ganz neue seelische Gehalte religiösen Fühlens und Denkens bedeutet. Die Enge der Gemeinschaft zwischen Stamm und Gott erscheint bald als eine gnadenvolle Wahl des majestätischen Weltherrschers, der sich sein Volk erwählt und berufen hat ohne alles Verdienst und Würdigkeit und daher nur mit Gefühlen der tiefsten Demut, des Gehorsams und opferwilligen Vertrauens umfangen werden kann. Die Propheten der Majestät und Heiligkeit Gottes, ein *Amos* und *Jesaja* verkünden eine Religion der persönlichsten Hingebung und der reinsten Demut, die Gesinnung ist und nicht Opfer, Innerlichkeit und nicht Kultus, Opfer des persönlichen Wohles und irdischen Glückes um der Gnade Jahves willen. Die zarteren Propheten der Liebe und gefühlsmäßigen Innigkeit dagegen wie *Hosea* und *Jeremja* schildern die Liebe Jahves zu seinem Volke wie Vaterliebe und Bräutigamsliebe und finden eine Innigkeit und Zartheit des religiösen Gefühls, die Liebesmystik wäre, wenn nicht doch immer in der antiken gruppenhaft gebundenen Denkweise das Volk als Ganzes der Gegenstand der Liebe und in der besonderen israelitischen Willensreligion der handelnde Wille bei Jahve und bei seinen Gläubigen die Probe jeder Gesinnung wäre. Bei *Jeremja* und *Deutero-Jesaja* wird daraus schließlich gar die Religion des Opfers und des Leidens, wo das Leiden des Propheten für sein Volk erst die volle Bewährung der Gemeinschaft mit Jahve und das Mittel der Bekehrung der ungläubigen Glieder ist, ja wo das Leiden den Frommen selber erst vollendet. Gott haben ist alles, wogegen Leiden und Herrlichkeit der Welt verschwindet. Diese neuen religiösen Töne der Innerlichkeit, der Gesinnungsmäßigkeit, der grenzenlosen Andacht und Demut, der hingebenden Liebe und Gefühlszartheit, der reinigenden und erhöhenden Kraft des Leidens für andere stammen alle aus der gesteigerten Festigkeit des Bundes zwischen Jahve und seinem Volke und werden von da aus bei den namenlosen Propheten, deren Orakel in die großen Sammlungen eingestreut sind, und in den Psalmen oft geradezu zu Tönen einer ganz persönlichen und individuellen Frömmigkeit vom reinsten allgemein menschlichen Charakter, freilich um dann sofort wieder in das Gefühl des Bundes zwischen Jahve und Volksgemeinde zurückzukehren. Erst damit ist die allgemein menschliche Bedeutung des Prophetismus, das ganz persönliche Verhältnis des Glaubens und Vertrauens, der Hingebung und Liebe gegen eine personhaft lebendige, aufs engste mit dem Gläubigen verbundene und doch ihm absolut gegenüberstehende Gottheit zustande gekommen, die dann auch ohne die national-religiösen Voraussetzungen der Propheten weiter bestehen und sich noch weiter vertiefen und verinnerlichen konnte. Daher ist auch die Sachlage bei den Propheten nicht ein noch unüberwundener Widerspruch zwischen Universalismus und Nationalismus, Volksgott und Weltgott, sondern gerade aus der gesteigerten Leidenschaftlichkeit, Kraft und Innigkeit des Nationalen selbst geht ihre neue religiöse Welt hervor. Das Verhältnis ist, wenn man Bilder gebrauchen will, nicht das von zurückbleibender Schlacke und geläutertem Edelmetall, sondern das von Mutterlauge und Kristall.

Von hier aus versteht man dann auch erst ganz die Heilsverkündung der Propheten, ihre Orakel vom Rest, der die messianische Herrlichkeit sehen wird. Geschieht die Lösung Jahves vom Schicksal seines Volkes, um ihn zum Herrn statt zum Opfer der Katastrophe zu machen, so ist es eine Lösung doch nur vom *Schicksal* des Volkes, aber nicht *von dem Volke selbst*. Jahve gibt sein Volk hin in die Strafe, weil es ihm nicht treu geblieben ist. Aber er will doch eben gerade darin erkannt und anerkannt werden als der Herr Israels. Dann aber muß ganz selbstverständlich ein Rest bleiben, der das Ergebnis dieser Prüfung zieht und in dem der Bund von Gott und Volk, um dessen willen das Verderben kam, nun seinerseits rein und treu verwirklicht wird. Das ist der Rest, der übrig bleibt oder aus den Zerstreuungen zurückkehrt, und über den sich dann die ganze Herrlichkeit der Verheißungen und der Treue Jahves ausschütten wird. Auch dieser Gedanke ist daher kein Erzeugnis rationalisierender Theodizee. Einzelne Orakel nehmen geradezu die volle Vernichtung Israels in Aussicht und denken nur an die Heidenvölker als die staunenden Zeugen eines gerechten Gerichtes. Die meisten aber wollen Israel selbst zum Zeugen haben, das ja doch allein diesen Willen Jahves verstehen kann. Die Propheten bilden sich daher bereits selbst den Rest als Anhänger und Schüler, als Keim eines neuen Israels, als Zeugen, die verstehen und aus den Ereignissen die richtige Folge ziehen können, daß die Furcht des Herrn der Weisheit Anfang ist und daß die Treue allein auf Jahves Gaben rechnen darf. Auch hier entscheiden praktische Ziele, die aus dem Grundglauben an die Zusammengehörigkeit von Gott und Stamm folgen. Erst eine spätere Zeit hat auf den Rest hingewiesen, um Gott zu rechtfertigen aus seinen Werken und ihrem Erfolg. Dieser Rest wird nun aber ein geläutertes und gereinigtes Israel sein, in dem alles, was die Propheten an ihren Zeitgenossen vermißten, verwirklicht sein wird, eine Gemeinde der strengen Reinheit und Ausschließlichkeit gegen alles Heidnische, des Gottvertrauens und der Demut. Es wird die vollendete Herrschaft Jahves, das Reich Gottes, das neue Davids-Reich, das vollendete Ideal sein. In dieser Herrlichkeit wird dann aber auch Israel Jahves Prophet und Knecht unter den Heidenvölkern sein, die sich zu ihm als dem Herrn der Welt bekehren und mit Israel in Jerusalem dereinst anbeten werden. Hier kehrt die Grundsubstanz, der Bund von Gott und Stamm, nur in neuer Wendung wieder, nicht mehr als Zorn- und Fluchorakel, sondern als Zukunftsweissagung und herrliche Eschatologie in allen Farben morgenländischer Phantasie. Der alte Bund wird ein neuer Bund sein, wo jeder, von Jahve in seinem Herzen belehrt, mit Freuden wandeln wird in aller Kraft und Tugend innigen Glaubens. Die ganze Natur, Himmel und Sterne werden mitjubeln und mithelfen, und das Land Jahves wird ein Land andauernder Wunder und Gnaden sein. Das ist ja dann auch noch der Mittelpunkt der Predigt Jesu.

Und darin stecken nun wieder neue seelische Gehalte; eine weltgeschichtliche Zukunftsspannung, eine die gesamte Völkerwelt umfassende Einheit des Ziels, eine gläubige Geschichtsphilosophie, die doch keine Philosophie ist, ein Optimismus der religiösen Weltbeurteilung, wie er nirgends sich ähnlich findet, eine tätige Mitarbeit und Vorbereitung für dieses Ziel, eine praktische Theodizee, die das Elend der Gegenwart durch die erhoffte Herrlichkeit der Zukunft und die erzieherische Kraft des Leidens überwinden läßt, eine Gegenseitigkeit von Gott und Seele, die das Leiden als Strafe, die Herrlichkeit als Lohn bei der letzten Abrechnung erscheinen läßt und die doch im Grunde auf dem Gnadenbunde ruht, der das ganze Verhältnis erst möglich macht. Auch das sind religiöse Gehalte, die von den Voraussetzungen des Prophetismus sich lösen konnten und dann das eigene große Leben weiter führten, das wir aus der religiösen Geschichte Europas kennen. Dem Gedanken der ewigen Wiederkehr des, wenn auch noch so idealistisch gedeuteten, Weltprozesses steht der Gedanke eines einmaligen sinnvollen Wachstums auf ein letztes absolutes Ziel hin und der einer lebendig eingreifenden göttlichen Erlösung gegenüber, wie es später *Augustin* treffend formuliert hat[2] ...

Die Sittlichkeit der Propheten ist nicht die Sittlichkeit der Menschheit, sondern die Israels in der ganzen Ungeschiedenheit von Sitte, Recht und Moral, die allen antiken Völkern eigen ist. Die Völker oder Heiden gewinnen an ihr nur Anteil, wenn sie zu Jahve sich bekehren und seine Gebote annehmen. Sonst ist gegen sie der Bann aufs strengste geboten, wie die prophetische Geschichtserzählung und auch das Deuteronomium nachdrücklich einschärfen. Eine humane Behandlung wird gegen den Fremdling in den Toren oder den Metöken allerdings verlangt; aber sie ist eine Art Gastrecht, das zu den heiligenden und schützenden Wirkungen des Hauses und Ortes gehört. Im übrigen werden gegenüber den Fremdstämmigen, genau wie überall im Altertum, die humanen moralischen Forderungen aufgehoben. Ihm gegenüber ist Zins und Versklavung bedingungslos berechtigt, die gegen Volksgenossen gar nicht oder nur eingeschränkt statthaft sind. Als Sitte Israels ist diese Sittlichkeit den Propheten überdies völlig selbstverständlich. Sie spielen nur ganz gelegentlich und in sehr unbestimmten Ausdrücken darauf an. Wer die Prophetenschriften auf sittliche Äußerungen hin durchsucht, wird erstaunt sein, überaus wenig zu finden. Es ist eben für die Propheten etwas Selbstverständliches und kein Problem, eine Überlieferung der guten alten Zeit und nichts Neues. Ihre sittliche Idee steckt wesentlich in dem Kampf gegen die Baale Kanaans und gegen die Götter der Fremdmächte. Denn alle diese Gottheiten bedeuteten zugleich eine Sitte und ein Recht, einen fremden Kultus- und Gesittungstypus, gegen den sich das echte Israel leidenschaftlich wehrt als gegen eine gottlose Neuerung. Die Propheten sind ja nicht die Fanatiker des Monotheismus, wie man sie oft sich vorstellt, sondern die Vertreter der Ungemischtheit und Reinheit israelitischen Wesens, in dem die alte Vätersitte mit dem Jahve-Kult aufs engste zusammenhing. Daher ist ihre Sittlichkeit und die all ihrer Nachfolger gebunden geblieben an den Gegensatz gegen die Heiden und Fremden, die man die Völker nannte. Die Besonderheit der Motivierung aus dem Jahveglauben, die Abtrennung der Reinen von den Unreinen, der Gläubigen von den Ungläubigen gehört wesentlich zu dieser Sittlichkeit, die eben eine religiöse und keine allgemeine rationale Sittlichkeit ist. Sie ist nichts ohne die Zugehörigkeit zum erwählten Volke und ohne die Anerkennung und Anbetung Jahves, nichts ohne die Gemeinde, in der die handelnden Willen verbunden sind. So hat ja auch noch Jesus sich nur gesandt gewußt zu den Kindern vom Hause Israel, ist bei Juden und Christen die Scheidung von Reinen und Unreinen, von Christusgläubigen und Heiden eine Grundvoraussetzung aller Ethik.

Das ist bereits ein ganz deutlicher Zug, der sie von jeder rationalen Ethik scheidet. Noch deutlicher aber wird das, sobald wir nach dem Inhalt dieser Sittlichkeit fragen. Er wird nirgends grundsätzlich entwickelt, sondern stets nur gelegentlich berührt, zeigt aber dann jedesmal die charakteristischen inhaltlichen Züge einer alten, einfachen, bäuerlichen und kleingewerblichen Sitte mit manchen Resten aus der alten Nomadenzeit, den Gegensatz gegen Sitte und Recht der kanaanäischen Städte, gegen Luxus und Machtwesen der großen Weltmächte, gegen das Gepränge und die Politik des Hofes und der Großen, gegen das Aufkommen eines Beamtenstaates und gegen den Druck des Beamtentums, gegen Recht und Gebräuche der städtischen Geldwirtschaft. Mustert man die Prophetenschriften, zu denen in dieser Hinsicht ja auch das Prophetengesetz, das sog. Deuteronomium, und die prophetisch gefärbte Urgeschichte gehören, dann begegnet man immer nur denselben einfachen Forderungen: Gerechtigkeit gegen Witwen und Waisen, was die Erhaltung der Landlose bei den Familien gegenüber dem Bauernlegen der Nobilität und der Ausbeutung durch städtisches Geschäft bedeutet; Freiheit und Ehre des Mannes gegenüber der Gewalttat der Großen und Beamten; Kampf gegen das harte Pfand- und Verschuldungsrecht der neuen städtischen Gesellschaft, was das eigentliche soziale Problem aller antiken Gemeinwesen ist; strenge Sicherung des Eherechtes oder der Legitimität der Kinder, die gleichfalls mit den Bedürfnissen des Grundbesitzes zusammenhängt; gerechtes Gericht durch die angestammten Ältesten gegenüber der Bestechlichkeit und parteiischen Praxis der herrschenden Richter und Beamten; Handhabung der genauen alten Maße und Gewichte gegenüber den Praktiken der Händler; Kampf gegen den städtischen Luxus und die Ausbeutung der Nobilität, gegen die den Großmächten nachgeahmte Kriegsführung mit Roß und Wagen, gegen die geworbenen Heere an Stelle der alten Bauernaufgebote; biedere Wahrhaftigkeit und Treue des Verkehrs; Humanität gegen Sklaven und Metöken als Genossen des Hauses und Ortes; Unterhaltspflicht gegenüber dem Armen, der als zurückgekommener Bauer die Nachlese bei den Reicheren halten darf oder als ausnahmsweise besitzlos gewordener die Milde der Stammesgenossen finden soll; Schonung der Haustiere und des Bodens, die dem Bauern und Viehzüchter die Existenz gewähren. Es sind teilweise Forderungen, die sich in allen antiken Stämmen beim Übergang von der bäuerlichen zur städtischen Kultur finden, teilweise Forderungen, wie sie sich aus dem Freiheits- und Ehrgefühl selbständiger Losbesitzer und aus der Intimität und Gegenseitigkeit einer einfachen Nachbarschaftsethik[3] ergaben, wo gegenseitige Hilfsbereitschaft und Ehrlichkeit die Voraussetzung der Existenz sind, Leistung gegen Leistung steht und in Streitfällen ein patriarchalisches Schiedsgericht die Gegensätze schlichtet ... Mit Humanität und Freiheit oder gar Demokratie und Sozialismus im modernen Sinne hat diese Ethik keinen Faden gemeinsam. Es ist vielmehr das alte Recht und die alte Sitte der bäuerlichen Sippen, die ja freilich auch ihrerseits Städte d. h. befestigte Orte haben, aber darum nicht städtisch und großmächtlich geworden sind, das alte Recht mit seiner intimeren und persönlicheren Beziehung der Individuen aufeinander, mit seiner Unabhängigkeit und Ehre des freien Mannes und seiner Fürsorge für die Aufrechterhaltung des sozialen Bestandes, mit seinem harten Vergeltungs- und Gegenseitigkeitsstandpunkt und seiner gelegentlichen formlosen Billigkeit und Milde.

Nun wäre es aber gänzlich verfehlt, um deswillen die Propheten als Klassenvertreter und die prophetische Opposition als Äußerung sozialer Klassengegensätze zu betrachten. Gerade das wäre die flachste Erklärungsmanie. Die Propheten, soweit wir ihre Namen und von den bekannten unter ihnen die Lebensumstände kennen, gehören verschiedenen Ständen an. *Amos* ist ein Viehzüchter, *Jesajas* stammt aus der Nobilität, *Jeremja* ist ein Priestersohn. Vor allem aber beweist das ungeheure Übergewicht der religiösen Polemik gegen die fremden Götter und die gottlosen Bündnisse, daß die Ehre Jahves und die Zusammengehörigkeit von Stammesgott und Volk der schlechthin entscheidende und Anstoß gebende Grundgedanke ist. Die ethisch-soziale Polemik geht erst im Gefolge der religiösen und folgt aus ihr. Die Töne des Pathos und des Gemütes klingen zu der Schilderung des Gottesverhältnisses, die ethische Predigt ist völlig gelegentlich und ihr tieferer sozialer Sinn ist überhaupt aus den dürftigen Worten erst zu erschließen. Nur weil zu dem engen Verhältnis von Jahve und Stamm auch nur diese Ethik paßte, ja mit ihm selber unmittelbar gegeben war, tritt sie mit ein in die Ideenwelt der Orakel, Predigten und Lieder der Propheten.

Vor allem aber ist auch sie in der neuen Akzentuierung des Jahveglaubens und in der ernsten Gesamtlage der politischen Daseinskrisis, wo es sich um Tod und Leben und nicht mehr bloß um gute Ernten und reiche Vermehrung des Viehs als Lohn für Gehorsam und Treue handelte, auch ihrerseits aus der alten Stammesethik bäuerlich angesiedelter Halbnomaden etwas Anderes und Neues geworden. Die Betonung der Enthaltung vom ungöttlichen Großmachtwesen, des Vertrauens auf Jahve allein, die Selbstbeschränkung auf die väterliche einfache Lebensweise, der Verzicht auf eigene Macht und Kraft schafft die Verherrlichung der Demut, des Gottvertrauens und der Selbstbescheidung. Das bricht den militärischen Geist der alten Bauernaufgebote und läßt die Tugenden des Friedens und der geduldigen Güte stärker hervortreten. Die Siege Israels erficht nach der prophetisch gedeuteten Urgeschichte stets die Bußgesinnung Israels und die Wunderhilfe Jahves. Kriegsethik und Kriegsreligion treten zurück, und völkischer Haß schwelgt nicht mehr in eigenen Heldentaten, sondern in der Ausmalung der Straftaten Jahves. Die Betrachtung der Leiden und Katastrophen als Strafgericht, Erziehung und Läuterung bewirkt weiterhin die Schätzung der Leidensbereitschaft und die Teilnahme am Leidenden. Der Stolze wird erniedrigt und der Leidende erhöht werden. Das schafft dann auch die Sympathie mit den Armen und Deklassierten, die die Opfer der neuen Verhältnisse sind und damit als Jahves besondere Schutzbefohlene erscheinen. Die Fürsorge für die Volksgenossen wird zur Menschenliebe und zum Mitleid mit dem Leidenden. Die Verschmelzung von Demut, Gottvertrauen, Leiden, Armut und Geduld vollzieht sich, die den ethischen Idealbegriff der gottvertrauenden Demut und Armut schafft, und die religiöse Erwärmung des Verhältnisses von Jahve und Volk erfüllt diesen Begriff des Armen mit einer gewissen religiösen Innerlichkeit. Nicht Reichtum und Ehre vor der Welt, sondern Gerechtigkeit und Demut vor Jahve macht den wahren und echten Menschen . . .

Die Ethik der Propheten hat, gerade indem sie aus dem alten (Volks-) Ideal hervorgeht und dieses in der Glut ihres Jahveglaubens unbewußt umschmilzt und umfärbt, indem sie von der alten Nachbarschaftsethik unter Überspringung aller komplizierteren Kulturverhältnisse zur menschlich-persönlichen Brüderlichkeit emporsteigt, eine ungeheure welthistorische Bedeutung erlangt. Nur aus diesem Material einfacher bäuerlich-nachbarlicher Stammessitte und der gleichzeitigen Voraussetzung eines engsten Zusammenhangs von Gott und Stamm gerade in dieser sittlichen Gesetzgebung konnte der radikale religiöse Individualismus des frommen Judentums und dann noch mehr des Christentums sich bilden. Aber ebenso verständlich ist, daß sie für ihre eigene Gegenwart versagte und unmöglich war. Die Könige, die Nobilität und die Militärs, die Vertreter der städtischen Kultur mögen alle möglichen Laster gehabt haben; es werden ungefähr dieselben sein, die sie noch heute im Orient haben. Aber mit der prophetischen Predigt konnten sie nicht leben und sich erhalten. Sie mußten in ihrem eigensten staatlichen Lebensinteresse Weltpolitik machen und konnten den Prozeß der sozialen Umwandelungen nicht aufhalten. Von ihren Bedürfnissen aus erschien die prophetische Predigt als reine Utopie, und so hatten sie auch ihrerseits ihre Heilspropheten, die das Ziel der Erhaltung und Rettung ohne die utopischen Bedingungen der Unheilspropheten, im übrigen aber mit demselben eschatologischen Material wahrsagten, welch letztere in der Bibel allein erhalten geblieben sind, nach dem Grundsatze, daß nur der Prophet wahrhaft von Gott gesandt ist, dessen Orakel eintreffen (5. Mose 18, 22). Ihre Unheilsweissagung ist eingetroffen, aber der Rettungsweg, den sie empfahlen im Namen ihres Gottes, war eine Utopie. Sie stemmten sich gegen den Lauf der kulturellen Entwickelung und den Lauf der politischen Notwendigkeiten. Ihr leidenschaftlicher Jahveglaube hatte von beidem keine Ahnung und schuf aus altem Glauben und alter Sitte die religiöse Ethik eines theistisch-persönlichen Gottesglaubens, die nach ihrer nationalen Entschränkung von der höchsten Weltbedeutung werden sollte. Sie gleichen Saul, der auszog, eine Eselin zu suchen, und eine Königskrone fand. Ihre große Schöpfung aber paßte so wenig zur Welt wie die Königskrone zu Saul. Es ist die schroff und einseitig religiöse Ethik der Innerlichkeit Gott gegenüber und der Brüderlichkeit vor dem Angesichte Gottes, die auch bei Jesus mit Welt und Staat, Besitz und Krieg, Handel und Geschäft so wenig anzufangen wußte, so unmöglich für die Staatsmänner Israels wie später die christliche für einen Celsus und für einen Symmachus. Der utopische Charakter zeigt sich in der Ausmalung des Restes und seiner Schicksale. Er wird ein Ideal religiöser und sittlicher Vollkommenheit sein ohne Krieg und Leid; aber dafür wird ihm auch Jahve in seiner Wunderkraft alle Sorgen für die äußere Existenz abnehmen, er wird die Natur und die fremden politischen Gewalten Israel unterwerfen. Dann wird man die Schwerter umschmieden können in Pflugscharen und wird der Wolf bei dem Lamme wohnen; dann wird Jahve Frühregen geben und Spätregen, ja Wunderquellen öffnen in der Wüste; auf daß ein jeder unter seinem Feigenbaum und Weinstock sitzen könne; die Kinder Israels werden ruhig um seinen Tempel wohnen, zu dem alle Heiden pilgern werden, um sich Jahve, dem Gotte Israels, zu unterwerfen. Diese Weissagungen sind demgemäß auch niemals eingetroffen.

Beträchtlich gemildert, aber immer noch verwegen genug zeigt sich diese Utopie in dem eigentlichen Reformversuch der prophetischen Gesetzgebung, dem Deuteronomium ...

Der Prophetismus ist die Religion eines personhaften, überweltlichen Willensgottes und der in Gemeinschaft mit ihm sich bildenden menschlichen Persönlichkeit, wenn man einmal so abstrakte, die letzten Folgen mit einbegreifende Formulierungen wagen will. Er ist eben damit eine Ethik der Aktivität und der Willensanspannung beim Menschen, die ihr Urbild im göttlichen Schaffen hat. Aber diese Aktivität und Willensanspannung ist indifferent gegen Welt und Kultur im abendländischen Sinne, gegen alle ethischen Werte, die außerhalb der persönlichen Gottbezogenheit des einzelnen und der gegenseitigen Gottverbundenheit der Gemeinde liegen. Alles natürliche ethische Gefühl von Menschenwert und Menschengemeinschaft wird ganz von selbst in diese einzigen und allein wahrhaften ethischen Werte aufgesogen und einverleibt. Was hülfe es dem Menschen, wenn er die Welt gewänne und nähme Schaden an seiner Seele: so hat Jesus später diesen Gedanken noch schärfer und reiner ausgedrückt.

Die welthistorische Wirkung von alledem tritt freilich erst zutage mit dem Christentum. Das nachexilische Judentum ist zwar ein Werk der Propheten, die es zusammengehalten und wieder gesammelt haben durch ihre Ideenwelt, und ein günstiges Geschick hat diesem Rest wieder eine Existenz auf dem alten heiligen Boden unter persischer und später hellenistischer und römischer Fremdherrschaft verstattet, unter gleichzeitiger Angliederung der Diaspora, die nicht wieder heimkam. Aber dieser Rest glich nicht dem Ideal der Propheten, weder in seinem äußeren Schicksal noch in seinem inneren Gehalt. Er zog um sich den Zaun des Gesetzes gegen die Heiden und konzentrierte sich im reinen levitischen Tempeldienst. Seine Hoffnungen verlegte er auf die messianische und apokalyptische Zukunft. Das Leben in der Zwischenzeit wandelte sich von der Ethik Jahve vertrauender, an der Vätersitte hängender Bauern immer mehr zu dem von Händlern und Gewerbetreibenden, die in fleißiger Arbeit noch immer das Ethos der Propheten befolgten und nach außen gegen den Druck der Heiden und der den Heiden sich Assimilierenden die Moral des Ressentiment entfalteten. Das nachtrajanische Judentum verfiel vollends dem Wesen der Pariavölker, ohne freilich darum die väterliche Sittlichkeit aufzugeben. Aber es entstand daraus wieder eine neue Verbindung und Mischung, die einen neuen und eigenen Typus der Moralität darstellt. Diesen Typus hat Sombart in seinem bekannten Judenbuche zu schildern gesucht, die Moral eines auf Handel und Zinsgeschäft abgedrängten Pariavolkes, das in antiker Weise eine hohe Moral gegenüber seinen eigenen Gliedern behauptet, den Fremden gegenüber sie einschränkt und im Ressentiment sich entschädigt, sein Händlerwesen mit seinem erhabenen Jahveglauben durch den Glauben an göttlichen Lohn für fleißige Arbeit verbindet . . .

Im Christentum oder besser in der Jesuspredigt lebt der Prophetismus noch einmal auf und verjüngt er sich. Wie bei diesem erschallt auch bei Jesus die Unheilsprophetie vom Gericht und dem Fall Jerusalems und dahinter die Heilsprophetie des Gottesreiches, in der das Ideal volle Wirklichkeit sein wird auf einer erneuten und verjüngten Erde. Auch bei ihm ist es ein kleiner Rest, der durch die schmale Pforte geht. Wie bei den Propheten geht die Forderung auf Enthaltung von aller Macht und Lust der Welt, zur Sammlung auf die Grundtugenden der gläubigen Demut und der opferbereiten Bruderliebe als der Bedingungen für die Erlangung des Gottesreiches. Wie bei ihnen geht die Forderung an die Innerlichkeit der Gesinnung und gegen die Selbstberuhigung bei Kult und Ritus. Und wie bei ihnen ist die sittliche Forderung gleichgültig gegen die Bedingungen des Lebens in der Welt, des Staates und der Kultur, rein auf den unendlichen Wert der Seele und die Gemeinschaft der Seelen gerichtet. Nur ist alles hier noch viel innerlicher, persönlicher, allgemein-menschlicher. Das Ideal haftet jetzt an keinem historischen und keinem sozialen Gegensatz, genau so wie der himmlische Vater zwar Israel erwählt hat, aber dem Abraham aus Heiden und Steinen Kinder erwecken kann. Dem entsprechend ist die gläubige Demut zur Selbstverleugnung und die brüderliche Stammesgemeinschaft zum opferwilligen Dienen des einen für den andern geworden. Ohne den Jahveglauben und die Vorzugsstellung Israels abzustreifen ist alles innerlicher, menschlicher, jenseitiger geworden. Die politischen Hoffnungen sind aus dem Ideal ausgetilgt, dem heidnischen Kaiser soll sein Recht erwiesen werden, und auch das Gottesreich trägt nicht mehr politische Farben, die für diesen Verzicht entschädigen.

All das bedeutet wieder eine neue geistige und seelische Welt, die sich nun auch ihrerseits von ihren Ursprungsbedingungen ablöst und ihren Weltgang antritt als eine selbständige und unendlich folgenreiche geistige Macht. Aber in dem Hauptpunkt setzt das neue Ethos das alte fort, in der ausschließenden und allseitigen Spannung einer theistisch-religiösen Ethik gegen alle Werte der Welt und weltlichen Kultur. Es ist freilich auch jetzt keine Askese. Die aktive Lebendigkeit, die Richtung auf höchste positive Ziele, die Willensspannung, die grundsätzliche Güte der Schöpfung bleibt. Keine Spur von indischem oder neuplatonischem Spiritualismus, von kynischer oder mönchischer Methodisierung der Lebensführung, aber ein leidensbereiter, im Opfer sich aufgipfelnder, in Glaube und Bruderliebe den Inhalt des Lebens erkennender Radikalismus, der die Welt hat, als hätte er sie nicht. Durch diesen auffallendsten und schicksalsreichsten Zug hängt das christliche Ethos mit dem prophetischen zusammen, und es hat ihn noch ganz bedeutend gesteigert. Der Kampf zwischen diesem Glaubensradikalismus und der Welt- und Kulturanpassung, die von der aktiv-willensmäßigen Seite her immer wieder möglich und von dem Übergange auf die abendländische Staaten- und Kulturwelt gefordert wurde, erfüllen die ganze Geschichte des Christentums. Am Anfang hat die Erwartung des baldigen Endes und des kommenden Reiches die Gegensätzlichkeit verdeckt, seit der Einrichtung auf eine dauernde Welt ist sie offenbar und das ethische Problem des Christentums geworden. Ein ähnliches Problem bestand und besteht auch für Judentum und Islam, aber das Christentum hat den Gegensatz aus einer Tiefe und Innerlichkeit des rein menschlichen Gemütes heraus empfunden und bei seiner Universalität die abendländisch humane Kulturwelt mit einer Nachdrücklichkeit aufgenommen, daß bei ihm das Problem des Verhältnisses religiöser und weltlich-kultureller Lebenswerte zu seinem höchsten und allgemein-menschlichen Ausdruck gekommen ist. Es ist in dieser Hinsicht nur vergleichbar mit der indischen Herausarbeitung und Lösung des Problems, die freilich in der entgegengesetzten Richtung der völligen Weltaufhebung verläuft. Daß das Christentum in der positiven Richtung der Weltbejahung verläuft, verdankt es seiner Wurzelung im hebräischen Prophetismus. Dafür hat es aber auch dessen innere Spannungen ins Unendliche erweitert und vertieft.

Das ist das wichtige Ergebnis einer solchen Untersuchung. Es ist klar, daß es nur durch eine religionsgeschichtliche Methode gefunden werden konnte, die weder nach den Voraussetzungen der anthropologisch-positivistischen noch nach denen der transzendental-rationalistischen Schule zu erklären und abzuleiten strebt, die vielmehr sich damit begnügt, die in den jeweiligen Konstellationen sich bildenden Inhalte in ihrer neuen Inhaltlichkeit nach- und einfühlend zu verstehen. Das Gesetz der Ablösung und Verselbständigung aller derart sich erzeugenden Inhaltlichkeiten zu eigenen und selbständigen Prinzipien, deren Folgen oft gänzlich über die Ursachen hinausgehen, das Überschießen der Wirkungen über die Ursachen und ihre Entfaltung zu neuen folgenreichen geistigen Welten, das ist das einzige Gesetz der Entwicklung, das wir aufstellen können. Die Anordnung dieser Inhaltlichkeiten in einer Skala von Werten ist dagegen keine historische Erkenntnis mehr, sondern eine Abstufung nach Wertgesichtspunkten, die nicht aus der Geschichte oder aus der Reihenfolge deduziert werden können, sondern in wertphilosophischer oder kulturphilosophischer Besinnung durch den Stellung nehmenden Willen und die Erkenntnis der Fruchtbarkeit entschieden werden müssen.

Zusätzliche Literatur

Balla, E., Die Botschaft der Propheten, Tübingen 1958.
Buber, Martin, Der Glaube der Propheten, Zürich 1950.
Fohrer, G., Neuere Literatur zur alttestamentlichen Prophetie, in: Theologische Rundschau 1951/52.
Gunkel, H., und *Schmidt*, H., Die großen Propheten, Göttingen 1923².
Hertzberg, H. W., Prophet und Gott, Gütersloh 1923.
Hölscher, G., Die Propheten, Leipzig 1914.
Jenni, E., Die politischen Voraussagen der Propheten, Zürich 1956.
Kuhl, Curt, Israels Propheten, München 1956.
Mowinckel, S., Die Erkenntnis Gottes bei den alttestamentlichen Propheten, Oslo 1941.
Quell, G., Wahre und falsche Propheten, Gütersloh 1952.

Fußnoten

1 Die soziologische Kategorie der »Pariavölker« wendet *Max Weber* höchst erleuchtend auf das Judentum an, s. »Die Wirtschaftsethik der Weltreligionen«, Ges. Aufsätze zur Religionssoziologie, Bd. III, 1921, S. 2 ff. Nur muß das von dem vorexilischen Israel (ja in der Hauptsache überhaupt bis zum vespasianischen Kriege) natürlich noch streng ferngehalten werden. Das ist insbesondere für die Ethik wichtig.

2 S. De Civitate Dei XII 20–22. Hier ist die Bestreitung der ewigen Wiederkehr mit dem Begriff des Individuellen und der neuen Anfänge verbunden, der ganze Gedanke an der individuell-persönlichen Erfüllung des Seligkeitszieles der einmaligen Person orientiert; eine in jeder Hinsicht interessante Stelle.

3 Auch das ist von *Max Weber* mit Recht als ein feststehender Typus bestimmter ethischer, zugleich soziologisch bestimmter Denkweise bezeichnet worden (im Archiv f. Sozialw. u. Sozialpol. 41, S. 84), freilich mit ausschließlicher Betonung des do-ut-des-Standpunktes ...

Martin Buber

Der Glaube des Judentums *

1. Der Weg des Glaubens

Es ist nicht die Religion, sondern nur der Glaube des Judentums, über den ich zu Ihnen sprechen will; nicht Kult, Ritual, sittlich-religiöse Norm, sondern Glaube; aber Glaube im ernsten und strengen Sinn. Nicht der »Glaube«, an den sich das Wort »daß« knüpft, nicht jene wunderliche Mischform von Wähnen und Erkennen, sondern der Glaube, der mit dem Dativ konstruiert wird, der also, der Vertrauen und Treue bedeutet. Damit hängt es zusammen, daß ich nicht von einer jüdischen Theologie ausgehe, sondern von der tatsächlichen Wesenshaltung des gläubigen Juden bis auf unsere Zeit. Wenn ich auch notwendigerweise in theologischen Begriffen von dieser Glaubenswelt spreche, darf ich doch in keinem Augenblick das volkstümliche Material, aus dem ich sie schöpfe, die Volksliteratur und meine eigenen Eindrücke aus dem jüdischen Volksleben, namentlich dem Osteuropas – aber nichts ist im Osten, wovon nicht etwas auch im Westen wäre –, aus den Augen verlieren. Wenn ich auf das volkstümliche Material hinweise, begegnet es mir oft, daß ich gefragt werde: Sie meinen wohl den Chassidismus? ** Eine gewiß naheliegende Frage. Aber so ist es nicht. Ich sehe im Chassidismus nur eine konzentrative Bewegung; die stärkste Konzentration der Elemente, die in unverdichteter Gestalt überall im Judentum zu finden sind, auch im Bereich des »Rabbinismus«, nur eben hier nicht in der sichtbaren Gemeinschaftsstruktur, sondern in dem unzugänglichen Bau des persönlichen Lebens waltend. Was ich also zu formulieren suche, sind Theologumena einer Volksreligion.

Keines von ihnen werde ich aus einer einzigen Epoche ableiten dürfen; es ist mir um die Darstellung der Einheit in den Wandlungen zu tun. Aber die religiösen Wahrheiten sind ja überhaupt dynamischer Art: Wahrheiten, die nicht von einem Querschnitt der Geschichte aus, sondern gerade nur in der geschichtlichen Gesamtlinie, in ihrer Entwicklung, in der Dynamik ihrer Wandlungen als solche erfaßbar sind. Ihre Selbstläuterung und Selbstvollendung, das Ringen um die Reinheit einer religiösen Konzeption, ist das wichtigste Wahrheitszeugnis dieser Konzeption. Die Wahrheit der Religionsgeschichte ist das Wachsen des Gottesbildes, der *Weg* des Glaubens. Vom Weg des jüdischen Glaubens habe ich also, wenn auch nicht in geschichtlicher Form, zu reden.

* Aus: *Martin Buber,* Der Jude und sein Judentum, S. 187–200, Joseph Melzer Verlag, Köln 1963. Abdruck mit freundlicher Genehmigung des Verlages.

** *Chassidismus:* Eine aus der Kabbala in der Mitte des 18. Jahrhunderts hervorgegangene jüdische Bewegung der »Frommen« (hebräisch = Chassidim). (Anm. des Herausgebers.)

2. Die dialogische Situation

Man hat oft die Frage aufgeworfen, ob es eine jüdische Dogmatik gibt. Man sollte eher nach der relativen Mächtigkeit des Dogmas im Judentum fragen. Daß es in ihm Dogmen gibt, bedarf keiner Erörterung, da die dreizehn maimonideischen* Glaubensartikel in die Gebetsordnung aufgenommen worden sind. Aber das Dogma bleibt sekundär. Primär im religiösen Leben des Judentums ist nicht das Dogma, das ja erst in der Abhebung vom konkreten, gelebten Augenblick – die in der Dogmatik leicht als Erhebung über ihn mißverstanden wird – erstehen kann, sondern Erinnerung und Erwartung einer konkreten Situation: der Begegnung Gottes mit dem Menschenvolk. Alles, was in abstracto, was in der dritten Person vom Göttlichen ausgesagt wird, jenseits des Gegenüber von Ich und Du, ist nur Projektion auf die begriffliche, konstruierte Ebene, eine Projektion, die immer wieder als uneigentlich, wenn auch unentbehrlich, empfunden wird.

Von hier aus ist das Problem des sogenannten Monotheismus zu betrachten. Israels Du-Erfahrung der direkten Beziehung, die schlechthin singularische Erfahrung, ist so gewaltig, daß die Vorstellung einer Mehrheit von Prinzipien nicht aufkommen kann. Demgegenüber ist der »Heide« der Mensch, der Gott in seinen Erscheinungsformen *nicht wiedererkennt*; vielmehr: der Mensch ist in dem Maße Heide, als er Gott in seinen Erscheinungsformen nicht wiedererkennt.

Die Grundhaltung des Juden ist durch den Begriff des *Jichud*, der »Einung«, bezeichnet, der vielfach mißverstanden wird. Es geht um die unablässig erneute Bestätigung der göttlichen Einheit in der Vielfältigkeit der Erscheinungen, und zwar ganz praktisch gefaßt: immer wieder geschieht durch menschliche Wahrnehmung und Bewährung, angesichts der ungeheuren Gegensätzlichkeit des Lebens, und insbesondre angesichts jenes sich mannigfaltig kundgebenden Urwiderspruchs, den wir die Zweiheit von Gut und Böse nennen, dieser Gegensätzlichkeit nicht zum Trotz, sondern zu Liebe und Versöhnung, die Einung, das heißt: die Erkennung, Anerkennung, Wiedererkennung der göttlichen Einheit. Nicht im Bekenntnis allein, sondern in der Erfüllung des Bekenntnisses. Also keineswegs in pantheistischem Theorem, sondern in der Realität des Unmöglichen, in der Verwirklichung des Ebenbildes, in der imitatio Dei. Das Geheimnis dieser Wirklichkeit vollendet sich im Martyrium, im Sterben mit dem Einheitsruf des »Höre Israel« auf den Lippen, der hier zur Bezeugung im lebendigsten Sinn wird.

Ob der Weise des Mittelalters redet: »Mein Gott, wo finde ich dich, aber wo finde ich dich nicht?«, ob der heutige ostjüdische Bettler in das Grauen der härtesten Stunde zärtlich und unbeirrbar seinen nicht zu übersetzenden, einfältigen, aber in der Aussprache so abwandlungs-

* *Maimonides* (1135–1204): Jüdischer Religionsphilosoph. Er benutzte die arabische Philosophie zur philosophischen Begründung des Judentums. (Anm. des Herausgebers.)

reichen Kosenamen »Gottenju« hineinflüstert: es ist das gleiche Wiedererkennen, das gleiche Immer-wieder-Anerkennen des Einen.

Was so zu erhabenem oder kindhaftem Ausdruck kommt, ist die dialogische Situation, in der der Mensch steht.

Die Sprache wird vom Judentum als ein über das Dasein des Menschen und der Welt hinausgreifendes Geschehen erkannt. Gegenüber der Statik der Logosidee erscheint hier das Wort in seiner vollen Dynamik, als das, was sich begibt. Der Schöpfungsakt Gottes ist Sprache; aber auch jeder gelebte Augenblick ist es. Die Welt wird dem sie wahrnehmenden Menschen zugesprochen, und das Leben des Menschen selbst ist ein Zwiegespräch. Was ihm widerfährt, sind die großen und kleinen, unübertragbaren, aber unverkennbaren Zeichen einer Anrede; was er tut und läßt, kann Antwort oder Versagen der Antwort sein. Und so ist die ganze Geschichte der Welt, die heimliche, wirkliche Weltgeschichte, ein Dialog zwischen Gott und seiner Kreatur; ein Dialog, in dem der Mensch echter, rechtmäßiger Partner ist, der sein eigenes selbständiges Wort von sich aus zu sprechen befugt und ermächtigt ist.

Ich bin weit entfernt davon zu behaupten, daß die Erfahrung und Erfassung der dialogischen Situation eine Besonderheit des Judentums sei. Aber es ist mir gewiß, daß keine andere Menschenschar an diese Erfahrung solche Kraft und Innigkeit hingegeben hat wie die Juden.

3. Das menschliche Handeln

Die Voraussetzung eines solchen Ernstnehmens der gelebten Dialogik, des Augenblicks als Wort und Antwort, ist freilich, das Eingesetztsein des Menschen auf Erden ernst zu nehmen.

Das Weltgeschehen vollzieht sich der jüdischen Konzeption nach, im stärksten Gegensatz etwa zur iranischen mit ihren vielfachen Ausläufern, nicht zwischen zwei Prinzipien, Licht und Finsternis, Gut und Böse, sondern zwischen Gott und dem Menschen, diesem sterblichen, brüchigen Menschen, der dennoch Gott gegenübersteht und seinem Wort standzuhalten vermag.

Das sogenannte Böse ist also elementhaft völlig in die Gewalt Gottes eingefügt, der »Licht bildet und Finsternis schafft« (Jes 47, 7). Dem göttlichen Walten erwidert kein an sich Böses, sondern die menschliche Person, durch die erst das sogenannte Böse, die richtungslose Kraft, zum wirklichen Bösen werden kann. Die menschliche Wahl ist nicht ein psychologisches Phänomen, sondern letzte Realität, die in das Mysterium des Seienden selbst aufgenommen ist. Es ist dem Menschen in Wahrheit freigestellt, Gott zu wählen oder zu verwerfen, und zwar nicht in einem weltledigen Glaubensverhältnis, sondern in der ganzen Fülle des Alltags. Der »Sündenfall« ist nicht einmal geschehen und zum Verhängnis geworden, sondern in all seiner Wirklichkeit geschieht er jetzt und hier. Jeder Mensch ist, trotz aller geschehenen Geschichte, trotz allen Erbstoffs der Vererbungen, in der nackten Adamssituation; jedem Menschen ist Entscheidung zugeteilt. Freilich nicht so, als ob man aus dieser die weiteren Ereignisse herausspinnen könnte, vielmehr ist damit nur gesagt, daß die Wahl des Menschen die ihn als den zum Handeln Berufenen angehende Seite der Wirklichkeit ist.

Nur wenn die Wirklichkeit logisiert wird, wenn also A und Non-A nicht mehr beieinander wohnen dürfen, gibt es als einander ausschließend Determinismus und Indeterminismus, Prädestinationslehre und Freiheitslehre. Dem logischen Wahrheitsbegriff nach kann nur eins von beiden wahr sein, aber in der Wirklichkeit des gelebten Lebens sind sie voneinander unablösbar. Der Mensch, der sich entscheidet, weiß, daß das keine Selbsttäuschung ist; der Mensch, der gehandelt hat, weiß, daß er in der Hand Gottes stand und steht. Die Einheit beider ist das Geheimnis im Herzen des Zwiegesprächs.

Ich sagte schon: das »Böse« ist zunächst nur als Element zu fassen, menschlich gesprochen: als Leidenschaft. Die Leidenschaft ist nur dann böse, wenn sie in der Richtungslosigkeit verharrt, sich der Richtung verwehrt, die Richtung auf Gott zu – es gibt keine andere – nicht annehmen will. In vielfachen Varianten kehrt im Judentum die Einsicht wieder, daß die Leidenschaft, der »böse Trieb«, das Element schlechthin ist, aus dem allein die großen menschlichen Werke, auch die heiligen Werke entstehen. Der Satz der Schrift, der Gott am Ende des letzten Schöpfungstags seinem Werk anmerken läßt, daß es »sehr gut« ist, wird von der Tradition auf den sogenannten bösen Trieb bezogen. Unter allem Erschaffnen ist die Leidenschaft das sehr Gute, ohne das man Gott nicht dienen, nicht wahrhaft leben kann. Das Wort »So liebe denn IHN deinen Gott mit all deinem Herzen« wird gedeutet: mit deinen beiden Trieben, dem »guten« und dem »bösen«, dem Trieb der Richtung und dem Trieb der Kraft. Und von diesem sogenannten bösen Trieb sagt Gott zum Menschen: »Du hast ihn böse gemacht.« So ist also in der Trägheit verharren die Wurzel alles Übels. Der Vorgang der Entscheidung bedeutet, daß der Mensch sich nun nicht länger von dem richtungslosen Wirbel der Leidenschaft tragen läßt, sondern ihre ganze Mächtigkeit in die eine Richtung, zu der er sich entscheidet, einbezieht. Das Böse ist also nur die »Schale«, die Umhüllung, Umkrustung des Guten, die Schale, die aktiv durchbrochen werden will.

Aber das ist nicht, wie kürzlich ein katholischer Theologe meinte, der der Gnade unkundige »jüdische Aktivismus«. Dem Ernstnehmen der göttlichen Gnade wird durch das Ernstnehmen der menschlichen Entscheidung nicht bloß kein Abbruch getan, sondern dieses führt die Seele auf einem nur so erreichbaren Weg auf jenes hin. Keineswegs wird dem Menschen hier eine Machtvollkommenheit zugesprochen; bestimmend ist vielmehr die gebotene Perspektivik des konkreten Handelns, das man nicht vorwegnehmend einschränken darf, sondern das sowohl Beschränkung wie Begnadung selbeigen, eben im Gang der Handlung, zu erfahren hat.

Die große Frage, die unsere Zeit immer tiefer aufrührt: Wie können wir handeln, gilt unser Handeln im Angesicht Gottes, oder ist es von Grund aus gebrochen und unbefugt? beantwortet sich so für das Judentum durch das Ernstnehmen des Eingesetztseins des Menschen als eines Ursprungs von Geschehen, als eines wirklichen Partners des wirklichen Zwiegesprächs mit Gott. Diese Antwort bedeutet eine Ablehnung aller Sonderethik, aller Ethik als Sondersphäre, wie sie uns aus der Geistesgeschichte des Abendlandes nur allzu bekannt ist. Das ethische ist unausschmelzbar eingegangen in das religiöse Leben. Es gibt keine Verantwortung ohne den, dem man sich verantwortet, denn es gibt keine Antwort ohne Ansprache. Mit dem »religiösen Leben« aber ist letztlich nichts andres gemeint als die Konkretheit selbst, die ganze Konkretheit des Lebens *ohne Reduktion*, dialogisch gefaßt, in das Zwiegespräch einbezogen.

Es gibt also in dem Zwiegespräch immer wieder ein echtes Ansetzen des Menschen. Es gibt etwas, das unbegreiflicherweise dem Menschen zuteil geworden ist, das Anfangen. Der Mensch kann nicht vollenden und muß doch selber beginnen, und zwar im äußersten Wirklichkeitsernst. Wie es in etwas paradoxer Deutung des ersten Satzes der Genesis einmal von chassidischer Seite ausgesprochen wird: Im Anfang – das heißt: um des Anfangs willen, um des Anfangens willen schuf Gott Himmel und Erde. Um des menschlichen Anfangens willen: damit es einen gebe, der auf ihn, auf Gott zu anfangen kann und soll.

So ist auch jener große Satz zu verstehen, den am Schluß des vom Versöhnungstag handelnden Mischna*-Traktats Rabbi Akiba zu Israel spricht: »Oh, über euer Glück, Israel! Vor wem reinigt ihr euch und wer macht euch rein? Euer Vater im Himmel.« Hier ist die Tat des Menschen in ihrer Wirklichkeit und in ihrer Unzulänglichkeit zugleich ausgesprochen, die Wesenhaftigkeit des menschlichen Handelns und sein Angewiesensein auf die Gnade. Und sinnmächtig endet der Spruch mit den Worten, die auf eine kühne Schriftauslegung zurückgehen: »ER ist das Tauchbad Israels.«

4. Die Umkehr

Dieses Anfangen des Menschen bekundet sich am stärksten in dem Vorgang der Umkehr. Man sagt gewöhnlich »Buße«, aber das ist eine irreführende Psychologisierung; man tut besser, das Wort in seiner ursprünglich-sinnlichen Bedeutung zu fassen, denn was mit ihm gemeint ist, begibt sich nicht in der Innerlichkeit der Seele, so daß es außerhalb ihrer nur etwa »Folgen« oder »Wirkungen« hätte, sondern es begibt sich unmittelbar in der Wirklichkeit zwischen Mensch und Gott. Die Umkehr

* *Mischna* (hebräisch = Wiederholung): Sammlung von mündlich überlieferten Lehren des Judentums, besonders des mosaischen Gesetzes. (Anm. des Herausgebers.)

ist so wenig ein »seelisches« Ereignis, wie Geburt und Tod des Menschen; sie geschieht an der ganzen Person, mit der ganzen Person, und sie geschieht nicht im Verkehr des Menschen mit sich selbst, sondern in der schlichten Realität der Ur-Gegenseitigkeit.

Die Umkehr ist eine menschliche Tatsache, aber sie ist auch eine weltumgreifende Macht. Als Gott, so wird erzählt, seine Schöpfung vorbedachte und sie vor sich auf einen Stein hinritzte, wie ein Baumeister sich den Grundriß zeichnet, sah er, daß die Welt keinen Bestand haben würde. Da schuf er die Umkehr: nun hatte die Welt Bestand, denn nun war ihr, wenn sie sich von Gott weg, in die Abgründe der Selbstheit verlief, die Rettung erschlossen, der in eigner Bewegung zu vollziehende Rückschwung gnadenhaft gewährt.

Die Umkehr ist die größte Gestalt des »Anfangens«. Wenn Gott zum Menschen spricht: »Öffne mir die Pforte der Umkehr so schmal wie eine Nadelspitze, und ich will sie so weit öffnen, daß Wagen einziehen können«, oder wenn Gott zu Israel spricht: »Kehret um, und ich werde euch zu einer neuen Schöpfung umschaffen«, zeigt sich uns in großer Klarheit der Sinn des menschlichen Anfangens. In der Umkehr ersteht der Mensch neu als Gottes Kind.

Da die Umkehr so Gewaltiges bedeutet, versteht man die Sage, daß Adam von Kain die Kraft der Umkehr lernte, versteht jenen an ein neutestamentliches Wort anklingenden, aber von ihm ganz unabhängigen Spruch: »An dem Ort, wo die Umkehrenden stehen, vermögen die vollkommen Gerechten nicht zu stehen.«

Wir sehen wieder, daß es im Judentum keine Sonderethik gibt. Dieses höchste »ethische« Moment ist völlig in das dialogische Leben zwischen Gott und Mensch aufgenommen. Die Umkehr ist nicht Rückkehr zu einem früheren, »sündenfreien« Zustand, sondern sie ist Wesensumschwung – das im Umschwung Hingetragenwerden auf den Weg Gottes. Dieser aber . . . bedeutet nicht etwa bloß einen Weg, den Gott dem Menschen anbefiehlt, sondern er, Gott selber, geht in seiner Schechina, in seiner »Einwohnung«, einen Weg durch die Geschichte der Welt; er nimmt Weg, nimmt Weltschicksal auf sich. Wer umkehrt, gerät in die Wegspur des lebendigen Gottes.

Von da aus ist auch jenes Wort, mit dem im Neuen Testament erst der Täufer, dann Jesus, dann die Sendlinge ihre Predigt beginnen, in seiner vollen Prägnanz zu verstehen, jenes durch das griechische metanoeite, das auf einen *geistigen* Prozeß hindeutet, falsch wiedergegebene Wort, das im hebräischen oder aramäischen Original kein anderes gewesen sein kann als der alte Prophetenruf »Kehret um«. Und von da aus auch, wie mit jenem Predigtanfang der folgende Satz verknüpft ist: »denn nah herbeigekommen ist »he basileia ton ouranon«, was nach dem hebräischen oder aramäischen Sprachgebrauch der Zeit nicht bedeutet haben kann »Himmelreich« im Sinne einer »anderen Welt«: Schamajim, Himmel, ist damals eine der Umschreibungen des Gottesnamens; Malchut Schamajim, he basileia ton ouranon, bedeutet nicht Himmelreich, sondern das Königtum Gottes, das sich an der ganzen Schöpfung erfüllen und sie so vollenden will. Das Reich Gottes kommt dem Menschen nah, es will von ihm ergriffen und verwirklicht werden, nicht durch theurgische »Gewalt«, sondern durch den Umschwung des ganzen Wesens; und nicht, als ob er durch den etwas auszurichten vermöchte, sondern weil die Welt um seines Anfangens willen erschaffen worden ist.

5. Gegen Gnosis und Magie

Von zwei religiös gewandeten Geistesmächten vor allem ist die Einsicht in die religiöse Wirklichkeit, in die dialogische Situation des Menschen, bedroht: von Gnosis und Magie. Sie greifen nicht von außen an, sie dringen in die Religion selber ein und geben sich dann als deren Wesen aus. Indem das Judentum sich immer wieder ihrer erwehrte und gegen sie abgrenzte, hatte es zumeist einen inneren Kampf auszutragen. Dieser Kampf ist häufig als einer gegen den Mythos mißverstanden worden. Aber nur ein abstrakt-theologischer Monotheismus kann des Mythos entraten, ja darf in ihm seinen Feind sehen; der lebendige braucht ihn, wie alles religiöse Leben ihn braucht, als die spezifische Gedächtnisform, in der sich seine zentralen Ereignisse bewahren und dauernd einverleiben.

Gnosis und Magie traten Israel zuerst in den zwei großen nachbarlichen Kulturen gegenüber; Gnosis, die Kunde vom wißbaren Geheimnis, als die babylonische Lehre von der Sternenmacht, der das irdische Schicksal verhaftet ist – sie baute sich später zu der iranischen Lehre von der Gefangenschaft der Weltseele im Kosmos aus; Magie, die Kunde von dem zu bezwingenden Geheimnis, als die ägyptische Lehre von der Überwindung des Todes und Erringung unsterblichen Heils durch vorgeschriebene Formeln und Gebärden. Die Jakobstämme konnten zu Israel nur werden, indem sie sich von beiden losmachten: wer das Geheimnis zu wissen und innezuhaben wähnt, kann ihm nicht mehr als seinem Du gegenübertreten, und wer es beschwören und benützen zu können meint, ist unfähig zum Wagnis der echten Gegenseitigkeit. Der gnostischen Versuchung erwidert die »Weisung«, die Thora, mit dem wahrhaft grundlegenden Ruf (Dt 29, 28): »Das Geheime ist bei IHM, unserem Gott, / das Offenbare ist bei uns und unseren Söhnen / auf immer: / alle Worte dieser Weisung zu tun.« Die Offenbarung handelt nicht vom Geheimnis Gottes, sondern vom Leben des Menschen, aber von ihm eben als von einem, das dem Geheimnis Gottes gegenüber und auf es zu gelebt werden kann und soll, vielmehr: gelebt wird, wenn es das wirkliche Leben des Menschen ist. Und der magischen Versuchung tritt das Gotteswort im brennenden Dornbusch entgegen: auf das Bedenken Mose, er wisse nicht, was er dem Volke sagen solle, wenn es ihn fragen würde, was es um den Namen des Gottes sei, als dessen Bote er zu ihnen spreche (nicht, welches der Name des »Gottes der Väter« sei!), das heißt, wie es in seiner Not sich des Geheimnisses dieses Namens nach allgemeinen primitiven Völkerbrauch bemächtigen, den Gott beschwören und zwingen könne, ihnen zu erscheinen und sie zu retten, antwortet Gott mit der Erschließung eben des Namens, indem er das, was dieser in der Form der dritten Person birgt, in der ersten Person ausspricht. Nicht jenes angebliche »Ich bin der ich bin« der Metaphysiker – Gott macht keine theologischen Aussagen –, sondern den Spruch, dessen seine Kreatur bedarf und der ihr frommt: »Ich werde dasein als der ich dasein werde«; das heißt: Ihr braucht mich nicht zu beschwören, denn ich bin da, bin bei euch, aber ihr könnt mich auch nicht beschwören, denn ich bin jeweils so bei euch, wie ich jeweils sein will, ich selber nehme keine meiner Erscheinungen vorweg, ihr könnt mir nicht begegnen lernen, ihr begegnet mir, wenn *ihr* mir begegnet (Dt 30, 12 ff.): »Nicht im Himmel ist es, daß du sprächest: / Wer steigt für uns zum Himmel und holt's uns / und gibt's uns zu hören, daß wir's tun? / . . . Nein, sehr nah ist dir das Wort, / in deinem Mund und in deinem Herzen, / es zu tun.«

In seinem innern Kampf gegen das Eindringen von Gnosis und Magie ist auch die Dynamik des späteren Judentums zu verstehen, insbesondre auch jener ärgerliche Talmud. Um was es in mancher seiner scheinbar lebensfernen Diskussionen geht, ist nur zu erfassen, wenn wir uns diese stete doppelte Bedrohung der religiösen Wirklichkeit vergegenwärtigen: durch die Gnosis in der Gestalt der spätiranischen Lehre von den Doppelprinzipien und den Mittlersubstanzen, durch die Magie in der Gestalt der hellenistischen Praxis der Theurgie. Diese beiden verschmolzen innerjüdisch in der Kabbala, dem unheimlich gewaltigen Unternehmen des Juden, sich der Konkretheit der dialogischen Situation zu entwinden. Die Kabbala* ist dadurch bezwungen worden, daß sie so wie sie war, in die urjüdische Konzeption des dialogischen Lebens eingewandelt wurde; dies ist das bedeutende Werk des Chassidismus. Er läßt alle Mittlersubstanzen verblassen vor dem Verhältnis zwischen Gottes Transzendenz, dem nur in der Aufhebung alles begrenzten Seins, als der »Uneingeschränkte« zu Benennenden, und seiner Immanenz, der »Einwohnung«; das Geheimnis dieses Verhältnisses aber ist nun nicht mehr ein wißbares, sondern es wird unmittelbar auf das schlagende Herz der menschlichen Person gelegt, als der »Jichud«, als die von ihr in allen Lebensmomenten und an allen Weltdingen zu bekennende und bewährende Einung. Und die Theurgie wird vom Chassidismus entgiftet, indem er zwar keineswegs die Einwirkung des Menschlichen auf das Göttliche verneint, aber über alle Formeln und Gebärden, über alle Übung, Kasteiung, Zurichtung, Absichtlichkeit hinaus und hinweg als ihren, der Einwirkung, einzigen wahren Träger die Heiligung des ganzen Alltags verkündet, also die

* *Kabbala* (hebräisch = Überlieferung): Die Bezeichnung einer mystischen Richtung im Judentum. Sie vertritt eine auf dem Grunde orientalischer und neuplatonischer Emanationssysteme erbaute Lehre, die mit Hilfe von Buchstabendeutung und Zahlenmystik dem verborgenen Sinn der Bibel nachgeht, um zu erfahren, was vor der Schöpfung war und was über dem sichtbaren Himmel ist. (Anm. des Herausgebers.)

Technik der Intention auflöst, kein ein für allemal gültiges, kein »anwendbares« Sondermittel bestehen läßt. So erneuert der Chassidismus die Einsicht in die mit dem rückhaltlosen Lebenseinsatz zu wagende Gegenseitigkeit, in die dialogische Beziehung des ungeteilten Menschen zum ungeteilten Gott in der Fülle der irdischen Gegenwart und ihrer unvorhersehbaren, uns Augenblick um Augenblick antretenden Situationen; die Einsicht in jene Scheidung von »Geheimnis« und »Offenbarung« und in jene Vereinigung beider in dem nicht wißbaren, nur immer wieder erfahrbaren »Ich werde dasein«; die Einsicht in die Wirklichkeit der Begegnung.

Die Gnosis verkennt die Begegnung, die Magie verletzt sie; der Sinn der Offenbarung ist, daß sie bereitet werde; der Chassidismus deutet es aus: daß sie an der ganzen Wirklichkeit des menschlichen Lebens bereitet werde.

6. Der Dreiklang der Weltzeit

Auf der Einsicht in die dialogische Situation, richtiger, auf dem Durchdrungensein von ihr gründet sich das unzerstörbare Wissen des Judentums um die Dreiheit im Dreiklang der Weltzeit: Schöpfung, Offenbarung, Erlösung.

Innerhalb des frühen Christentums hat zuerst das Johannesevangelium die Dreiheit durch eine Zweiheit zu ersetzen gesucht, indem es Offenbarung und Erlösung in eins band: das Licht, das in der Finsternis scheint und von der Finsternis nicht empfangen wird, das den ganzen Menschen erleuchtende Licht, das in die Welt kommt – das ist Offenbarung und Erlösung zugleich, in seinem In-die-Welt-Kommen offenbart sich Gott und wird die Seele erlöst. Das Alte Testament schrumpft zum Prolog des Neuen zusammen. Marcion ist weiter gegangen: er hat die Zweiheit durch eine Einheit zu ersetzen gesucht, indem er die Schöpfung aus der religiösen Wirklichkeit verbannte, Schöpfergott und Erlösergott auseinanderriß, und jenen der Anbetungswürdigkeit, also der Gottheit verlustig erklärte: der »fremde« Gott, der sich erlöserisch offenbart, erlöst die Seele vom Kosmos und von dessen Werkmeister, dem nur »gerechten«, nicht »guten« Judengott, dem Demiurgen und Gesetzgeber, dem Scheingott dieses Äons, zugleich. Das Alte Testament wird als widergöttliches Buch verworfen. Marcions Werk ist von der Kirche nicht rezipiert, ja in großer Weise bekämpft worden; wie aktuell es dennoch für das christliche Denken geblieben ist, hat neben vielem anderen in unseren Tagen die marcionisierende These Harnacks erwiesen, der die »Konservierung« des Alten Testaments als kanonischer Urkunde im Protestantismus als »die Folge einer religiösen und kirchlichen Lähmung« brandmarkt und von jenem nur noch den Propheten eine religiöse Gültigkeit zuspricht. Aber mit einem Sieg dieser These würde mehr erzielt als die Trennung zweier Bücher und die Entheiligung des einen für die Christenheit: der Mensch wäre von seinem Ursprung losgeschnitten, die Welt verlöre ihre Schöpfungsgeschichte und damit ihren Schöpfungscharakter, oder die Schöpfung selber würde zum Sündenfall, das Sein zerfiele nicht bloß kosmologisch, sondern in letzter religiöser Betrachtung unaufhebbar in eine »Welt« der Materie und des Moralgesetzes und in eine Überwelt des Geistes und der Liebe. Hier findet die iranische Zweiprinzipienlehre ihren abendländischen Ausbau und die Zwiegespaltenheit des der natürlichen, lebensmäßig vertrauenden Gläubigkeit entfremdeten Menschen ihre theologische Sanktion. Erlösung wird aus einer Vollendung des Schöpfungswerkes zu dessen Überwindung, die Welt kann nicht mehr *als solche* zum Reich Gottes werden. Der »Unbekannte«, der hier angebetet wird, ist der Geist der *Reduktion*.

Was das Judentum vor diesem Ausgang – der für es nicht nur wie für die abendländischen Völker eine drohende Zersetzung, sondern die unvermeidliche Auflösung gewesen wäre – bewahrte, ist nicht, wie die Marcioniten wohl meinen möchten, daß es die »Tragik«, den Widerspruch des Weltgangs nicht tief genug erfahren hätte, vielmehr daß es ihn in der dialogischen Situation erfuhr, das heißt: daß es *den Widerspruch als Theophanie* erfuhr. Die Welt dieses Widerspruchs, ungekürzt, ungemildert, unverglättet, unvereinfacht, unreduziert, eben sie ist es, die zum Reich – nicht überwunden: vollendet, ja vollendet werden soll, denn sie ist es, eben sie, in deren ganzer Gegensätzlichkeit das Reich angelegt ist, so daß dieses durch allen Abstrich nur gehemmt, jedoch durch alle Einung der Gegensätzlichkeit bereitet wird: durch Erlösung nicht vom Bösen, sondern des Bösen, als der von Gott zu seinem Dienst und zum Wirken seines Werkes erschaffenen Kraft.

Steht die ganze Welt, das ganze Weltgeschehen, die ganze Weltzeit unreduziert in der dialogischen Situation, bedeutet ihre Geschichte in Wahrheit das Zwiegespräch Gottes mit seiner Kreatur, dann ist die Dreiheit, in der diese Geschichte geschaut und vernommen wird, nicht ein beiseitezuschiebendes menschliches Orientierungsschema, sondern die geschehende Wirklichkeit selber. Was aus dem Abgrund des Ursprungs in die Sphäre unserer nicht erfassenden Fassung, unseres stammelnden Berichtes tritt, ist der schöpferische Ruf Gottes an das Nichts. Noch lagert das Schweigen ihm gegenüber, aber schon erstehen die Dinge und antworten, ihr Gewordensein ist ihre Antwort, und indem Gott sie segnet und beauftragt, hat die Offenbarung, die Beziehung von Geben und Empfangen, aber auch die vom Gebenwollen und Empfangversagen, begonnen. Sie währt, bis die echte Antwort der umkehrenden Kreatur lautbar und von Gottes Erlösergnade aufgenommen wird, so daß in der ungeminderten Vielheit und Vielfältigkeit, aus dem Element der Gegensätzlichkeit selber gestaltet, die Einheit sich erhebt und die Gemeinschaft der Kreaturen im Namen und im Angesicht Gottes stiftet.

Und wie Schöpfung nicht die Seele anruft, sondern die Ganzheit der Dinge, wie Offenbarung nicht die Seele ermächtigt und erheischt, sondern die Ganzheit der Wesen, so ist es auch nicht die Seele, sondern die

Ganzheit der Welt, deren Erlöstwerden von der Erlösung gemeint ist. Erschaffen richtet sich der Mensch auf, ein einiger Leib, beseelt in der Verbundenheit mit den Geschöpfen, begeistet in der Verbundenheit mit dem Schöpfer; dem einig leibhaften, beseelten und begeisteten Menschen gegenwärtigt sich der Herr der Offenbarung und begabt ihn mit seiner Botschaft, in eben diese Ganzheit hinein, so daß er nicht bloß mit dem Denken und mit dem Gefühl, sondern auch noch mit Sohlen und Fingerspitzen die Zeichenrede der sich ereignenden Wirklichkeit empfängt; am einig leibhaften Leben muß die Erlösung geschehn. Nicht weniger als seine ganze Schöpfung will Gott der Schöpfer vollenden, nicht weniger als seine ganze Offenbarung will Gott der Offenbarer zur Tatsächlichkeit machen, nicht weniger als alles Erlösungsbedürftige will Gott der Erlöser an sich ziehen.

Zusätzliche Literatur

Baron, Salo, A Social and Religious History of the Jews (8 Bde.), New York 1952 bis 1958.
Ben-Chorin, Schalom, Die Antwort des Jona. Zum Gestaltwandel Israels. Ein geschichtstheologischer Versuch, Hamburg 1956.
Buber, Martin, Der Glaube der Propheten, Zürich 1950.
Encyclopaedia Judaica (10 Bde.), Berlin 1928–1934.
Köhler, Hans, Die Wirkung des Judentums auf das abendländische Geistesleben, Berlin 1952.
Noth, Martin, Geschichte Israels, Göttingen 1963[5].
Rad, Gerhard von, Theologie des Alten Testaments (2 Bde.), München 1957–1960.
The Universal Jewish Encyclopedia (10 Bde.), New York 1939–1943.

VIII.
Das Christentum

1. Die Einzigartigkeit Christi

Nathan Söderblom

Die Religion der Inkarnation *

Neben erhebenden und begeisternden Gedanken über Gott und einem leidenschaftlichen Eifer um Liebe und Gerechtigkeit haben wir im Alten Testament zwei überraschende Tatsachen gefunden: 1. die Begründung oder Bekräftigung des Glaubens durch historische Ereignisse und 2. die unversöhnliche Ausschließlichkeit gegenüber anderen Formen des Glaubens und der Gottesverehrung. Diese beiden charakteristischen Merkmale sind im Evangelium und in der christlichen Kirche verschärft und zur Vollendung gebracht worden.

Die Wahrheit des Christentums ist nicht nur unauflöslich verbunden mit einem Ereignis, sondern mit einer geschichtlichen Persönlichkeit, einem jüdischen Rabbi aus Nazareth.

Das Kreuz auf Golgatha war in jeder Weise eine »brutale Tatsache« in der Geschichte. Nichtsdestoweniger konnte Max Huber, der zeitweilig Präsident des Schiedsgerichtshofes im Haag war, der allgemeinen christlichen Konferenz von *Life and Work*, die 1925 in Stockholm stattfand, von dem »überweltgeschichtlichen« Standpunkt des Kreuzes schreiben. Die Geschichte wurde umgestaltet.[1]

Der exklusive, für das menschliche Denken im Altertum wie in der Gegenwart anmaßende Anspruch des Evangeliums und der Kirche, die Wahrheit zu besitzen, und der Anspruch Jesu im vierten Evangelium, selbst die Wahrheit zu sein, steigern die einzigartigen Behauptungen der Offenbarungsreligion. Wir wollen zuerst die historische Grundlage der Religion der Inkarnation betrachten und sehen, in welchem Umfange sie diese Forderungen in sich begreift.

I.

Keine andere geschichtliche Gemeinschaftsbildung weist eine so unabsehbar reiche, wunderbare und bedeutsame Entwicklung auf wie die christliche Kirche. Viele Veränderungen haben sich im Lauf der Zeit ereignet. Spaltungen gab es schon in der ältesten christlichen Kirche. Man-

* Aus: *Nathan Söderblom,* Der lebendige Gott im Zeugnis der Religionsgeschichte, S. 306–337, Ernst Reinhardt Verlag, München/Basel 1966. Abdruck mit freundlicher Genehmigung des Verlages.

nigfaltigkeit und Freiheit sind notwendig geworden durch eine Fülle von menschlichen Temperamenten, individuellen oder kollektiven Charakteren, durch den unvergleichlichen Beitrag des griechischen Geistes und durch andere Entlehnungen. *Eine* mächtige Kraft jedoch, welche vom ersten Anfang an durch die Jahrhunderte jene Gemeinschaft, die christliche Kirche, zusammengehalten hat, eine Kraft, deren Dasein immer wieder in Frage gestellt wurde, aber immer von neuem sich als wirklich erwies, ist die Gewißheit der Kirche, eine besondere, *überweltliche*, im Himmel und auf Erden einzigartige Schöpfung Gottes zu sein. Diese Einsicht ist noch heute eine Lebensfrage für die Christenheit.

Die Gemeinschaft mit Christus, die Gemeinschaft, die von ihm, dem Erlöser, hergestellt wurde zwischen der verlorenen Menschenseele und ihrem Schöpfer und Gott, die neue Gemeinschaft, welche die Menschen um den Heiland zu einer ewigen Bruderschaft zusammenbindet, entstand, als das große Evangelium, die frohe Botschaft, durch die Predigt und die gewaltigen Taten des Herrn verkündigt wurde. Und als sie am Kreuz vollendet ward, wurden die Gefangenen der Sünde, der Welt und des Todes befreit und zu einer neuen Menschheit vereint.

Der wirkliche Mittelpunkt, das wirkliche Gesetz, die wirkliche Institution und Organisation des Christentums und der Kirche ist weder theologisch noch rechtlich. Er ist eine lebendige Persönlichkeit, der menschgewordene Sohn, der auferstandene Herr, den wir kennen aus seinem Leben und seinem Wirken auf Erden, und dessen Wirksamkeit durch den heiligen Geist fortgesetzt wird. Christus selbst, das fleischgewordene Wort, ist der Mittelpunkt der christlichen Gemeinschaft.

Die neue erstaunliche Tatsache, die trotz aller Spaltungen alle Christen eint und der Kirche eine weltüberwindende Kraft gegeben hat, ist die *Einzigartigkeit Christi* als einer historischen Person und als eines Offenbarers Gottes und der *überweltliche Charakter der göttlichen Offenbarung* durch die Propheten und durch Christus. Gottes ewiger Ratschluß und Wille, der Logos, wurde Mensch. Dieser Glaube der Kirche schließt in keiner Weise Gottes allgemeine Offenbarung an die Menschheit vor und neben dem Christentum aus. Keiner der Apostel hat die Einzigartigkeit und die Absolutheit der Sendung Christi und des christlichen Glaubens klarer oder nachdrücklicher vertreten als Paulus; aber er ist sich auch voll bewußt der allgemeinen Offenbarung Gottes.

Die anderen Völker haben Gott gesucht, und er hat sich ihnen zu erkennen gegeben. Der Apostel weiß, daß alle Völker versucht haben, Gott zu finden – »daß sie den Herrn suchen sollten, ob sie doch ihn fühlen und finden möchten; und fürwahr, er ist nicht ferne von einem jeglichen unter uns«.[2] Aber Paulus bezeichnet treffend den Gegensatz zwischen den unklaren Gottesvorstellungen außerhalb der besonderen göttlichen Offenbarung, die in Götzendienst und sittlicher Verderbtheit enden, und der einzigartigen Selbstmitteilung Gottes, welche vorbereitet ward durch die Propheten und vollendet durch Christus. »Die Zeiten der Unwissenheit«[3] sind nun vorbei. Ein Mann ist von Gott berufen worden, die Welt in Gerechtigkeit zu richten. Ich brauche nicht besonders daran zu erinnern, wie Paulus niemals müde wird, mit Nachdruck zu betonen, daß Gott auf einem ganz neuen und vorher unbekannten Wege in die Menschheit eingegangen ist. Christus ist kein *avatâra*, nicht eine unter vielen Manifestationen, »Herabsteigungen«, der ewigen Gottheit, obwohl Schopenhauer[4] es vernunftgemäßer findet, an viele Buddhas zu glauben als an *einen* Christus. Er ist auch kein göttlicher Bote, kein *rasûl* unter allen anderen solchen. Er ist nach dem Zeugnis des ganzen Neuen Testaments der eingeborene Sohn.

Pauli genialer Geist erfaßte die tiefste Seele des Hellenismus sowohl als auch des Judentums und ihre gemeinsame Unfähigkeit, Gottes neues Eingreifen durch Christus zu verstehen. »Sintemal die Juden Zeichen fordern und die Griechen nach Weisheit fragen, wir aber predigen den gekreuzigten Christus, den Juden ein Ärgernis und den Griechen eine Torheit, denen aber, die berufen sind, Juden und Griechen, predigen wir Christum göttliche Kraft und göttliche Weisheit. Denn die göttliche Torheit ist weiser, denn die Menschen sind, und die göttliche Schwachheit ist stärker, denn die Menschen sind.«[5] Wenn wir in den Evangelien nach einem Ausdruck für dieses durch Christus und sein Kreuz geoffenbarte neue Geheimnis suchen, so antwortet Johannes in fast der gleichen Weise: »Wahrlich, wahrlich, ich sage euch: es sei denn, daß das Weizenkorn in die Erde falle und sterbe, so bleibt es allein; wo es aber stirbt, so bringt es viele Früchte. Wer sein Leben lieb hat, der wird es verlieren, und wer sein Leben auf dieser Welt haßt, der wird's erhalten zum ewigen Leben.«[6] Und die Synoptiker bringen dasselbe tiefe Mysterium zum Ausdruck: »Denn wer sein Leben behalten will, der wird's verlieren; und wer sein Leben verliert um meinet- und des Evangeliums willen, der wird's behalten.«[7]

Wir gehen weiter und fragen, worin diese Einzigartigkeit des Christentums besteht. Die Antwort auf diese Frage finden wir in zwei wichtigen Beobachtungen, die sowohl Artikel unseres Glaubens sind als auch – dies wünsche ich in diesem Zusammenhang besonders zu betonen –, soweit ich sehen kann, das Ergebnis eines kritischen vergleichenden Studiums der Religionen.

Wo konzentriert sich diese Einzigartigkeit der neuen Botschaft? Das Neue Testament läßt uns keinen Augenblick im Zweifel. Das Neue war nicht eine Botschaft, nicht eine Lehre, sondern eine historische Person, *ein wirklicher Mensch*, Jesus, geoffenbart als Christus und als der ewige Sohn, aus dem neues Leben hervorbricht. Jesus sagte: »Alle Dinge sind mir übergeben von meinem Vater ... Nehmet auf euch mein Joch und lernet von mir.«[8]

Paulus war vertraut mit der Redewendung der apokalyptischen Literatur von einem *neuen Zeitalter*, einem *neuen Äon*. Eine solche Erwartung war auch außerhalb des Christentums weit verbreitet. Sie war wahrscheinlich von Jesaja über die sibyllinischen Orakel auf Virgil gekommen. Wir finden sie in verschiedener Gestalt in orientalischen und hellenistischen Dokumenten. Wir hören ein erhabenes Echo auf diese Erwartung in der Offenbarung: »Und ich sah einen neuen Himmel und eine neue Erde; denn der erste Himmel und die erste Erde verging, und das Meer ist nicht mehr.« [9] Pauli überraschender und revolutionärer Gedanke bedeutet einfach, daß *das neue Zeitalter schon gekommen* ist, und zwar nicht mit viel äußerem Gepränge, sondern durch Christus, durch sein Leiden und seinen Sieg über Tod und Teufel. Das Zeitalter des Todes ist vorbei. »Sintemal wir halten, daß, so einer für alle gestorben ist, so sind sie alle gestorben.« [10] Nun ist der neue Äon, das Zeitalter des Lebens, hereingebrochen. »Und er ist darum für alle gestorben, auf daß die, so da leben, hinfort nicht sich selbst leben, sondern dem, der für sie gestorben und auferstanden ist.« [11] Die Christen, die in Christus leben, gehören schon im Grunde zu einer neuen Schöpfung. »Darum, ist jemand in Christo, so ist er eine neue Kreatur; das Alte ist vergangen, siehe, es ist alles neu geworden.« [12] Die apokalyptische Ausdrucksweise von dem Neuen, das kommen wird, wenn die alte Ordnung der Dinge vergangen ist, wird von Paulus in bezug auf sein Leben mit und in Christus gebraucht. Johannes hat im Grunde dieselbe Botschaft. Jesus sagte zu Martha: »Ich bin die Auferstehung und das Leben. Wer an mich glaubet, der wird leben, ob er gleich stürbe; und wer da lebet und glaubet an mich, der wird nimmermehr sterben.« [13]

Die *Einzigartigkeit des neuen ›Herrn‹, Kyrios,* unter all den verschiedenen ›Herren,‹ *Kyrioi,* die in jener Epoche des römischen Reiches verehrt wurden, war etwas Neues und Anstößiges in der antiken Welt. Noch anstößiger war der besondere Anspruch auf ein einzig dastehendes, überweltliches Wesen dieses Herrn und seiner Botschaft im Vergleich mit allen damals verbreiteten Auffassungen vom Göttlichen und Lehren vom Menschlichen. Solche Ansprüche waren schon von der jüdischen Religion erhoben worden, aber ihre Anhänger und Proselyten bildeten eine sehr kleine Minderheit, die niemals in irgendeiner Weise mit den damaligen großen religiösen Strömungen und philosophischen Schulen wetteifern konnte. Nach dem wohlbekannten Brief Plinius des Jüngeren, der von Bithynien an den Herrscher Trajan geschrieben wurde, erschien das auf Christus gesungene *carmen* den Gesängen und Hymnen ähnlich, die von anderen Anbetern an andere Gottheiten gerichtet wurden.

»Es gab wahrscheinlich keinen wesentlichen Unterschied zwischen ihnen. Auf keinen Fall gab es da viel klare Lehre: Das Ziel war, wie Aristoteles sagt, einen bestimmten Gemütszustand hervorzurufen ... Ein Passionsspiel wurde inmitten der eindrucksvollsten Umgebungen aufgeführt, und wir brauchen nicht zu bezweifeln, daß der moralische Erfolg heilsam und mitunter tief war. Als die ägyptischen Mysterien von Isis und Osiris mit den griechischen verschmolzen wurden, entwickelte sich ein Typ des Kultus, der dem Christentum überraschend ähnlich war. Ein berühmter ägyptischer Text enthält das Versprechen: ›So wahr Osiris lebt, soll er (der Anbeter) leben; so wahr Osiris nicht tot ist, soll er nicht sterben.‹« [14]

Die christlichen Väter konnten einen solchen Vergleich nicht zulassen. Ihre Art, die Einzigartigkeit der christlichen Offenbarung zu verteidigen, war sehr naiv. Sie betrachteten die Opfermahle, die Taufen und andere Riten und Zeremonien der verschiedenen Religionen in jener Zeit der Religionsmischung als Satans eigene Entlehnungen aus der biblischen Offenbarung und dem christlichen Kult. Eine solche Erklärung war auch historisch unwahr, weil eine gegenseitige Abhängigkeit bestand. Das frühe Christentum und andere Formen der Gottesverehrung beeinflußten einander auf verschiedenen Wegen. Dasselbe Urteil gilt hinsichtlich der römischen Missionare, welche die Zeremonien in China und Indien und im vorkolumbischen Zentralamerika und Peru als teuflische Nachäffungen des katholischen Kultes erklärten.

Aber diese aus Verzweiflung von den frühen Kirchenvätern benutzte Methode birgt eine innere Wahrheit in sich. Sie waren völlig im Recht, wenn sie die Einzigartigkeit der christlichen Offenbarung zu erhärten suchten. Nur fehlten sie insofern, als sie nicht imstande waren, in der Ausgestaltung der Kirche zu unterscheiden zwischen den wesentlichen Dingen *(fundamentalia)* – sei es, daß sie zur höheren Religion im allgemeinen gehören, sei es, daß sie die Sonderart einer bestimmten Religion ausmachen – und den nichtwesentlichen Ideen und Gebräuchen *(non fundamentalia)*, die in den verschiedenen Kulten verschieden oder mehr oder weniger dem allgemeinen Kultsystem und der allgemeinen Offenbarung gemeinsam sind. Wir finden auch heute noch, z. B. in der päpstlichen Enzyklika *Mortalium animos* gegen die *Panchristiani*[15], dieselbe Unfähigkeit, Grundlegendes von Nichtgrundlegendem zu unterscheiden.

Ich möchte hier ein persönliches Bekenntnis ablegen. Während vierzig Jahren habe ich viel von meiner angestrengtesten Arbeit und von meinen besten Kräften dem Studium der vergleichenden Religionsgeschichte gewidmet, das notwendigerweise sowohl auf philologischer als auch auf psychologischer Grundlage betrieben werden muß. Wenn nun in unserer Epoche die Kenntnis anderer Religionen allgemeiner geworden ist als je zuvor, ist der Forscher betroffen und zunächst verwirrt durch die Vielheit von Gottheiten, Erlösern, Gedankensystemen, Propheten, Lehrern und Lehren über Gott und den Menschen. Er ist versucht, alle jene Religionsformen als *Analogien*, d. h. als mehr oder weniger *parallele Linien* der Entwicklung, anzusehen. Er hofft, durch eine fortgesetzte Untersuchung ein Entwicklungsschema gewinnen zu können, das in größerem oder geringerem Maße auf alle jene verschiedenen religiösen Systeme anwendbar ist und sie in ihrer Entwicklung erklärt. Bis zu einem gewissen Grade kann auch solch ein Schema konstruiert werden. Große Systematiker wie Hegel, Wundt, Sir James Frazer und Durkheim haben versucht, einen solchen Normaltyp der religiösen Entwicklung herauszubringen, der für alle Arten von Religion passen kann. Aber hier wie in jedem anderen Umkreis der Wissenschaft treten bei einer fortgesetzten Untersuchung große Unterschiede zutage, die zuerst nur als unbedeutende Variationen erschienen waren, die aber für den sorgfältigen Beobachter sehr bald sich als wesentliche und ursprüngliche Merkmale erweisen. Ich habe mir erzählen lassen, daß ein Farbiger anfangs alle Weißen mehr oder weniger gleich findet, gerade so wie wir alle Farbigen mehr oder weniger gleich finden. Später treten die Unterschiede hervor. Es ist leicht, einige ganz überzeugende Beispiele von charakteristischen und tiefgehenden Unterschieden vorzulegen, wo die vergleichende Religionsgeschichte früher nur Analogien gefunden hatte.

Man nehme z. B. die göttliche Verehrung Buddhas, Christi und Mohammeds. Auf den ersten Blick scheint es, als ob man es mit gleichen Erscheinungen zu tun habe; ein großer Lehrer, ein Mensch, wurde später vergöttlicht und von seinen Anhängern verehrt, vielleicht gegen seinen Willen. Dieser Vorgang ist in der Religionsgeschichte wohlbekannt. Der Mann oder die Frau, welche die Aufmerksamkeit ihrer Mitmenschen erregt und eine engere Gemeinschaft mit dem Übernatürlichen oder Heiligen offenbart haben, wachsen – vielleicht schon zu ihren Lebzeiten, auf jeden Fall nach ihrem Tode – und sammeln um sich, um ihr Leben, ihre Reden und Taten einen immer wachsenden Schatz von Legenden. Sir Alfred Lyall und andere haben diesen Vorgang beschrieben, der jedem Erforscher der Volkskunde und der Religion vertraut ist. Es ist ganz natürlich, daß sowohl die wissenschaftliche Forschung als auch die öffentliche Meinung dieselbe Ansicht in bezug auf die göttliche Verehrung Buddhas, Christi und Mohammeds angenommen haben. Aber wenn wir den Erscheinungen näher kommen, finden wir, daß wir uns geirrt haben. Eine solche Erklärung ist unmöglich. Die Wissenschaft hat es mit Tatsachen, nicht mit allgemeinen Voraussetzungen zu tun. Eine nähere Untersuchung ergibt, daß diese drei Fälle einander sehr ungleich sind.

Buddha erhob den Anspruch, über den Göttern zu stehen, die wie die Menschen der Erlösung vom Leiden bedürfen. Es wäre für *Sâkyamuni* absurd gewesen, sich selbst als Gott zu betrachten oder sich von seinen Anhängern als Gott betrachten zu lassen. Die Yogin, die Asketen und Mystiker Indiens waren schon seit langer Zeit über den Göttern gestanden. Und Buddha selbst stand auf Grund seiner vollkommenen Einsicht über den Yogin und Asketen und Mystikern.

Aber andererseits war er darauf bedacht, das erlösende Wissen und Tun seiner Jünger nicht auf seine eigene Person zu beziehen. Er verkündete durchaus nicht wie Christus sich selbst, seine eigene Person: »Kommet her zu mir!« Nein, Buddha verkündete die rettende Wahrheit, die Regel, den *Dharma*, den der Mensch ergreifen und in seinem Leben zu seiner eigenen Erlösung und zu seinem Frieden verwirklichen und anderen ohne irgend eine Beziehung auf Buddha selbst predigen kann. Er benutzte das Gleichnis einer Arznei: nimm sie, ohne nach dem Manne zu fragen, der sie erfunden oder der sie verordnet hat. Zwar verbindet den Sucher des *Nirvâna* ewige Dankbarkeit mit Buddha, dessen Name zum heiligen *Triratna* gehört. Aber seine Lehre und sein Orden sind unabhängig von seiner Person. Er soll gesagt haben: »Es folgt mir jemand, ihr Jünger, der den Saum meines Gewandes hält ... Aber er ist mir fern, und ich bin ihm fern. Warum? Weil er die Lehre nicht gesehen hat; und da er die Lehre nicht gesehen hat, sieht er auch mich nicht. Es lebt jemand hundert *yojana's* von mir entfernt ... Er ist mir nahe und ich bin ihm nahe. Warum? Weil er die Lehre gesehen hat; und da er die Lehre gesehen hat, hat er auch mich gesehen.«[16]

Wir werden an Jesu Worte an Philippus im vierten Evangelium erinnert: »Wer mich sieht, sieht den Vater.«[17] Der Unterschied ist höchst charakteristisch. Buddha sagt: »Wer die Lehre gesehen hat, hat mich gesehen.«

Es wird im »Buch des großen Todes« berichtet, daß der Lieblingsjünger *Ananda* weinte, als er den Heimgang seines kranken Meisters erwartete. Buddha tröstete ihn und sagte: »Es könnte sein, Ananda, daß euch der Gedanke käme: ›Das Wort des Lehrers ist etwas Vergangenes. Wir haben keinen Lehrer mehr.‹ So, Ananda, sollt ihr es nicht ansehen. Die Lehre, *Dharma*, und die Ordnung, *Vinaya*, die ich euch gepredigt und verkündigt habe, die sollen nach meinem Hingang euer Lehrer sein.«[18]

Daher war der historische *Sâkyamuni* weit entfernt davon, irgend eine Art göttlicher Verehrung zu beanspruchen oder zuzulassen. Später ist er schon im *Hinayâna*-Buddhismus selbst vergottet worden, und dasselbe geschah mit einer unermeßlich großen Zahl von *buddha*'s und *bodhisattva*'s im *Mahâyâna*-Buddhismus. Es darf nicht übersehen werden, daß jene zahlreichen Buddha-Gottheiten keine besondere Beziehung zu dem historischen Buddha haben. Er ist einer von ihnen, durchaus nicht der größte. Er hat vielmehr einen unbedeutenden Platz in dem gewaltigen Pantheon der *buddha's* und *bodhisattva's*.

Wenn wir uns Christus zuwenden, ist das Verhältnis genau entgegengesetzt. Er war in jeder Beziehung dem Willen Gottes untertan: »Dein Wille geschehe.« Aber gleichzeitig beanspruchte er, der einzigartige und völlige Ausdruck des Willens und Denkens Gottes hier auf Erden zu sein. »Wer mich sieht, sieht den Vater.« Auf griechischem Boden wurde dies durch die Lehre von der wahren Gottheit und der wahren Menschheit Christi zum Ausdruck gebracht gegenüber jedem Versuch, Christus als eine untergeordnete Gottheit zu betrachten. Athanasius rettete das Christentum. Blaise Pascal drückte dieselbe Wahrheit in seiner außerordentlichen Weise aus, wenn er sagte: »Christus ist der Gott der Menschen.« Professor Glover hat die Sache in einem glänzenden Paradoxon festgestellt: »Gott konnte nichts Besseres tun, als Christus gleich zu sein.« Derselbe Jesus, der den Mann tadelte, der ihn gut nannte, weil Gott allein gut ist, beanspruchte eine einzigartige göttliche Stellung, nicht in einem Pantheon, sondern als die volle und endgültige Offenbarung des einen allmächtigen Gottes.

Wieder anders verhält es sich mit Mohammed, der jegliche Verehrung seiner selbst verbot. Er war einfach ein Bote, der letzte und endgültige *rasûl*, Herold Gottes, *Allâhs*. Die Kenntnis der geoffenbarten Religionen, die Mohammed erwarb oder vielmehr, ohne zu suchen oder nachzudenken, von christlichen Eremiten und Juden erlangte, vermittelte ihm den Eindruck, daß ein heiliges Buch die wahre Religion vom Heidentum unterscheidet. Daher gehörte es zu seiner Berufung, seinem Volke ein Buch zu geben. Fragen wir nach etwas Göttlichem bei Mohammed und seinem Werk, würde er gewiß auf den *Korân* hinweisen. Später, als hellenistische Spekulation von der muslimischen Theologie benutzt wurde, ist es nicht unmöglich, daß die Lehre vom Wort, vom Logos, die vom Christentum auf Jesus angewandt wurde, nicht auf den Propheten, sondern auf sein Buch, den *Korân*, das ewige Wort Gottes, angewandt wurde. Gott hat seinen Willen durch Tausende von Propheten kundgetan, unter welchen Adam, Noah, Abraham, Mose, Jesus und Mohammed die hervorragendsten sind. Der *Korân* steht über den früheren heiligen Büchern. Aber für seine Person hat Mohammed keinen Anspruch erhoben auf moralische Vollkommenheit oder übermenschliche Mittlerschaft. Gemäß seinen Worten im *Korân* war er nur ein Mann wie andere, nur ein Prediger, ein Warner, der erste *Muslim* (Gläubige). Er hatte gesündigt und bedurfte der Vergebung. Alles Übernatürliche muß nach dem strengen Islâm wie nach Mohammed selbst von der Person des Propheten ferngehalten werden. Die Lehre von der Inkarnation, *hulûl*, ist vom Islâm immer als häretisch betrachtet worden.[19] Eine alte Tradition läßt Mohammed sagen: »Preist mich nicht wie Jesus, der Sohn der Maria, gepriesen wurde.« Der christliche Glaube an Christus hat eine gewisse Ähnlichkeit nicht mit dem Glauben an den Propheten, sondern eher mit dem Glauben an den *Korân*. Mohammed sagt über die bedeutungsvollsten Dinge der Religion: »Fromm ist, wer da glaubt an *Allâh* und den jüngsten Tag und die Engel und die Schrift und die Propheten« (im Plural!) usw.[20]

Kong-fu-tse – um ein Wort über ihn hinzuzufügen – wird von Millionen verehrt. Nichts konnte seiner Lehre und seiner Verehrung des Himmels, *Tiên,* mehr fremd sein, als irgendeine Art göttliche Würde für sich selbst zu fordern.

Die von uns angedeutete Analyse beweist, so weit sie geht, die Unterscheidung der Bibel zwischen einer allgemeinen Offenbarung Gottes und einer besonderen, einzigartigen Offenbarung Gottes in Christo. Diese Unterscheidung wird durch die Geschichte und durch die Tatsachen bestätigt. Wir finden hier einen ausgeprägten Unterschied zwischen den verschiedenen Grundtypen. Ich habe diese Fragen in verschiedenen Büchern gründlich behandelt. Hier mag es mir erlaubt sein, diesen ersten Punkt nachdrücklich zu betonen und ein anderes kennzeichnendes Merkmal hinzuzufügen, das noch ursprünglicher ist.

Die erste und letzte Originalität und Einzigartigkeit des Christentums besteht darin, daß die einzigartige und absolute Wahrheit im Christentum nicht in einer Regel, einem Gesetze, *Dharma*, in Ideen oder theologischen Spekulationen besteht. Die christliche Offenbarung geschah in der Gestalt eines *Menschen*: Gott offenbart sich in einem Menschenleben. Im Buddhismus offenbart Gotama Buddha, der Offenbarer, die Wahrheit über das Leiden. Er offenbart eine Regel oder eine Lehre,

Dharma, und das Ergebnis ist ein Mönchsorden, der *Samgha*. Im Christentum offenbart Christus nicht eine Lehre, sondern seinen eigenen himmlischen Vater. Das Ergebnis ist die Kirche, die universale überweltliche Gemeinschaft, in welcher der Geist die Vergebung der Sünden und ewiges Leben durch die Gnadenmittel, das Wort in der Schrift, die Lehre, die Tradition, die Sakramente usw., vermittelt. Daher ist die Dreieinigkeit in diesen beiden Religionen sehr verschieden. *Dharma, Buddha, Samgha* auf der einen Seite, und auf der anderen: der Vater, der Sohn und der heilige Geist, der in der Kirche wirkt.

Überall dort, wo im römischen Reiche wie in Asien die tiefste Auffassung des Göttlichen außerhalb der biblischen Offenbarung zu finden ist (ich denke an die *bhakti*, die Liebe und Ergebung, die sich auf einen persönlichen Herrn, *Iśvara*, richtet), ist das innerste Wesen der Religion nicht aufgefaßt als eine Lehre, eine Regel, ein Gedankensystem oder als Lehrsätze, sondern als eine *Persönlichkeit*, und zwar als eine Person, die dem Menschen nahe ist, als ein Wesen, das auf Erden auftritt ...

Vor diesem Wirrwarr von Heiland-Göttern, Kult-Heroen und göttlichen Menschen muß der Historiker sich fragen: Warum gewann der Heiland des Evangeliums eine unvergleichlich größere historische Bedeutung als sämtliche übrigen Heilandsgestalten im Altertum? Der Historiker als solcher beklagt weder diese Tatsache, noch preist er sie, sondern er muß versuchen, sie wissenschaftlich zu erklären. Ich gebe drei Antworten:

1. An erster Stelle erwähnen wir die israelitisch-jüdische Überlieferung und die Bibel mit ihrer monotheistischen Ausschließlichkeit und ihrer erschütternden Erfahrung des Eifers Gottes.

2. Weiter liegt das Geheimnis in der persönlichen Ausrüstung Jesu Christi und seiner elementaren religiösen Kraft. Was der Christus-Religion einen unvergleichlichen Vorrang verschaffte, war nicht allein der dramatische und ergreifende Tod an seinem historischen Ende, sondern vor allem die Beschaffenheit und Stärke der persönlichen Anlagen, die Jesus von Nazareth von anderen unterschieden ...

3. Die mittelländische Welt wußte von toten und auferstandenen Heroen und Heilanden, und sie wurde mit ihnen vertrauter, als die Mysterienkulte während der ersten Jahrhunderte sich immer mehr ausbreiteten. Auch von Herakles, Attis, Adonis, Osiris, Mithras wußte man, daß sie auf Erden gelebt hatten, und im Kult wurden ihre Wohltaten gepriesen. Aber sie waren nur Götter oder Sagengestalten. Jesus Christus hatte erst unlängst gelebt und war erst unlängst gestorben. »Das wir gehört haben, das wir gesehen haben mit unsern Augen, das wir geschaut haben und unsere Hände betastet haben ..., das verkünden wir euch.«[21] Christus war eine nahe Gestalt der Geschichte, wie es keiner seiner Nebenbuhler war. Trotz der Toleranz und klugen Politik der Mithraspriester gegenüber dem Kaiserkult und trotz des leidenschaftlichen Charakters der Attis-Verehrung waren diese Heroen und Helfer doch nur Götter. Nach Lucian hieß es in Hierapolis, daß die Geschichte von Adonis und dem Wildschwein, das ihn tötete, sich in jener Gegend ereignet habe.[22]

Aber kein ernsthafter oder kundiger Mensch konnte glauben, daß der zärtliche Liebhaber der großen Göttin eine historische Persönlichkeit war. Auch in Jerusalem wurden die Stätten der Leidensgeschichte gezeigt. Aber diese Leidensgeschichte war kein Ritualmythus, keine Kultlegende, die verfaßt war, um gewisse heilige Riten zu erklären, sondern gehörte der Geschichte an ...

Jean Jacques Rousseau hatte recht, als er feststellte, daß wir viel bestimmtere Tatsachen von Jesus als von Sokrates kennen. Einige sogenannte Forscher haben sich mit der Annahme oder gar mit dem angeblichen Beweis begnügt, daß Jesus niemals existiert habe. Wir müssen zugeben, daß es besonders unglaublich, man möchte sagen unmöglich ist, daß ein solcher Mensch existiert haben sollte und daß sich solche Dinge ereignet haben sollten. Aber es gehört zu dem Rätsel des Daseins, daß Dinge, von denen man beweisen kann, daß sie unmöglich sind, sich erlauben vorzukommen. Professor Okuri in Japan bewies vor etwa zwanzig Jahren, daß Bismarck niemals gelebt habe, sondern daß er nichts weniger als der Gott Thor war.[23] Kein Mensch des Altertums ist so gut bekannt wie Jesus von Nazareth. Wenige bedeutende Tage der alten Zeit sind so gut bekannt wie der Tag, da Jesus mit seinen Jüngern über den See fuhr, um sich auszuruhen, da er die in Schweiß gebadete Menge fand, die gelaufen war, um ihm zuvorzukommen, da er die ermüdeten und ärgerlichen Jünger aufforderte, dem Volk etwas zu essen zu verschaffen, und als diese Enttäuschten wenigstens die gesegnete Gesellschaft des Meisters allein genießen wollten, sie fortschickte und darauf zusah, daß die Menge sich trennte, und dann allein mit Gott war. Aber ein anderer Tag in seinem Leben tritt unvergleichlich vollständiger und klarer hervor als irgendeiner sonst in der alten Geschichte. Ich meine den Karfreitag. Die Diskussion darüber ist noch nicht abgeschlossen, ob er, nach Johannes, auf den vierzehnten Nisan fiel, was meiner Meinung nach richtig ist, oder, nach den Synoptikern, die das letzte Abendmahl mit dem gewöhnlichen Passahmahl verwechselt haben, auf den fünfzehnten Nisan. Aber die Geschehnisse werden von dem Abend im Obergemach bis zur Grablegung genau wie in einem Gerichtsprotokoll erzählt ...

Dieser historische Christus beansprucht, die vollkommene Offenbarung Gottes auf Erden zu sein und als solche anerkannt und angebetet zu werden. Er ist einzigartig nicht nur vom Gesichtspunkt des Wertes aus, wenn wir seine Hoheit und Größe mit anderen Offenbarern vergleichen, sondern er ist tatsächlich auch einzigartig als Vorbild, wenn wir einige minder bedeutende Versuche der Nachahmung außer Betracht lassen, einzigartig als Typus. Kein ihm vergleichbarer Mensch erhob jemals solche Ansprüche. Die einzigen, die man wegen ihrer geschichtlichen Bedeutung mit ihm vergleichen könnte, nämlich Buddha, Kong-fu-tse und Mohammed, erhoben niemals einen ähnlichen Anspruch, im Gegenteil, sie wiesen alle solche Tendenzen bei ihren Jüngern zurück.

Für die gewöhnliche Betrachtungsweise noch schwerer faßbar ist die Tatsache, daß der Anspruch auf Einzigartigkeit, auf absolute Wahrheit, an sich zur Eigenart der biblischen Offenbarung gehört. Dieser Anspruch war vom Judentum überkommen, der Mutter, von deren Schoß das Neue seinen Ursprung nahm. Wir finden nirgends bei den großen Religionen einen solchen Anspruch, einzigartig zu sein, den wir im echten Christentum schon von seinem Anfang an bezeugt finden. Der Islâm bildet insofern keine Ausnahme, als er keine originale Schöpfung ist, sondern ein »Epigone« der biblischen Religionen. Die anderen großen Religionen sind nicht nur tolerant, sie sind, wenn nicht tatsächlich, so doch im Prinzip eklektisch, besonders dort, wo nicht der Nationalstolz sie in seinen Dienst nimmt. Sie bieten die Möglichkeit, Christus irgendwo in die Reihe der relativen Größen ihres Glaubens einzuordnen. Gegenüber allen derartigen Möglichkeiten behauptet das Christentum, daß es allein die absolute Wahrheit besitzt.

II.

Das zweite, was ich herausstellen möchte, ist dieses. In ihrem Suchen nach Gott hat die Menschheit verschiedene Vorstellungen über das Göttliche herausgebildet. Entwicklung und Kultur haben solche Vorstellungen ausgeformt und gereinigt und sie den Forderungen angepaßt, welche von einem besser gepflegten Intellekt und einem höheren Ideal gestellt werden. Aber hier kommen wir an eines der am schwersten zu lösenden Probleme.

Was ist geeigneter, Zweifel an der Liebe Gottes und dem Sinn des Lebens zu erwecken als die grausige Tatsache, daß ein Kind, das auf seiner Mutter Arm plappert, ein Mörder werden kann, ein Ungeheuer in menschlicher Gestalt, ein Opfer des Lasters und der Finsternis, voller Haß, ein Fluch für sich und andere, so daß die Gesellschaft sich gegen ihn verteidigen und ihn bestrafen muß?

Aber ein zweites ist geradeso verhängnisvoll für den Glauben an Gott und den Sinn des Lebens: Die Menschen, die menschliche Gesellschaft, haben die schrecklichsten Strafen ersonnen, um jene, die der Abschaum der Menschheit, die verlorenen Töchter und Söhne der Gesellschaft geworden sind, zu bestrafen. Kein grausameres Marterwerkzeug als das Kreuz ist erfunden worden. Römische Einbildungskraft machte diese Erfindung, die unter den ungezählten Erfindungen der Kultur hochgeschätzt und reichlich gebraucht wurde.

Die Ungereimtheit ging so weit, daß der einzige, der ohne Tadel war, und der so eigentlich der Bestrafung entgangen sein müßte, von der schlimmsten Strafe getroffen wurde. Aber er änderte die Situation. Das normale Denken aller Völker und Sprachen hat während Jahrtausender gesagt: Unglück, Not, Krankheit, Heimsuchung, Schmerz, Plagen, früher oder gewaltsamer Tod, all solches kennzeichnet das Mißfallen der Gottheit und die Schuld der Menschen. Die Unzulänglichkeit und Unrichtigkeit einer solchen Schlußfolgerung erwies sich hier auf eine brutalere Weise als sonst. Mehr als einer von jenen, die tiefer in das Geschehen eingedrungen waren und die mit ihrem eigenen Leben die Ahnung einer neuen Erkenntnis bezahlen mußten, haben gegrübelt und gezweifelt und also blitzartig die Sinnlosigkeit dieser herkömmlichen Deutung und vielleicht einen tieferen Sinn zu entdecken geglaubt. Der Verfasser des 73. Psalms ergriff . . . Gott, klammerte sich trotz seiner Betrübnis an ihn, ja, fühlte sich sogar durch das Leiden inniger mit seinem Gott verbunden. Die äußere Erfahrung trat an zweite Stelle. Himmel, Erde und Hölle erhielten im Vergleich zu der Gemeinschaft mit Gott untergeordnete Bedeutung. Der Verfasser des Buches Hiob gelangte ebenso zu einer neuen niederschmetternden Auffassung von dem Übermut und der Unzulänglichkeit menschlichen Denkens und beugte sich in den Staub vor der unergründlichen Majestät Gottes. Auf Golgatha ging diese Prophezeiung in Erfüllung. Die gewöhnliche Erklärung gemäß dem Kausalgesetz und der allgemeinen Erfahrung machte Bankrott. Was veränderte die Situation? Wenn wir den Gekreuzigten betrachten, seine Worte, sein Leben, die Ursache für seine Strafe, seine Freude, sein Ziel, so erhalten wir die Antwort: Die Ursache war seine Liebe. Also ist Liebe eine Macht, wenn sie sich heldenmütig opfert. Dieselbe Wahrheit wird von der Geschichte der christlichen Gemeinde nach der Kreuzigung bewiesen. Noch mehr, eine höhere Wirksamkeit offenbarte sich in dieser Liebe. Die göttliche Liebe trat in die Geschichte der Menschheit ein und verwandelte die bittere Sinnlosigkeit des Daseins.

Gottes Liebe ging brutal an die Sache. Sie begnügte sich nicht mit Worten, mit den starken aufrüttelnden und zurechtweisenden Worten oder mit den zarten, tröstenden und leitenden Worten der Propheten, des Heilandes und der Apostel. Sie unternahm etwas, das mehr ist als Worte, nämlich eine Handlung, eine Tat, ein Ereignis, eine Geschichtstatsache.

In der Schar der Opfer der Kreuzigung, unter dem Abschaum der Menschheit, gegen welchen die Gesellschaft in Kirche und Staat sich wehren muß, gibt es einen, der das schmachvollste und qualvollste aller Strafwerkzeuge in das höchste Symbol und triumphierende Wahrzeichen der Menschheit, in eine Offenbarung der Vollendung menschlicher Treue und göttlicher Liebe umgewandelt hat.

Wenn der Mensch beweisen wollte, daß es einen Gott gibt, würde er alles andere eher tun als seinen Offenbarer kreuzigen. Das Kreuz wurde Gottes Art, seine Liebe zu beweisen, die vor nichts zurückschreckte, sondern rücksichtslos die wirksamsten Mittel anwandte.

Eine einzige richtige Tat ist mehr wert als alle Gedanken und Worte. Wir gehen umher und haben viele gute Gedanken, denn das Denken hat viele Möglichkeiten. Was soll man alles *nicht* tun? Aber wenn die Stunde der Tat schlägt, haben wir aus all dem Möglichen, das in unserem Sinn spielt und unser Herz erwärmt, *eines* zu wählen und es zu tun. Eine einzige selbstlose Handlung ist mehr wert als alle freundlichen und großen Worte. Eine einzige Tat der Güte ist mehr wert als alle warmen Gedanken. Eine einzige Tat der Selbstaufopferung bedeutet mehr als die leidenschaftlichsten Versicherungen. Wie mager ist oftmals das Ergebnis, wenn man von Worten zu Taten schreitet! Wie unzuverlässig sind nicht die Worte, wie machtlos die Gedanken! Dann ist es mit uns selber am schlimmsten bestellt, wenn wir nach all unseren leidenschaftlichen und guten Gedanken handeln sollen und dem, was getan werden muß, unentschlossen gegenüberstehen.

Wie getrost und himmlisch fühlt sich unser Herz gegenüber jemandem, der uns seinen guten Willen und seine Treue in der Tat gezeigt hat! Wie ist uns im Leben geholfen, wenn wir dies wissen: er ist ein zuverlässiger Freund in der Not, an ihn kann ich mich mit Vertrauen wenden. Anders ist es mit allen jenen Leuten, deren Güte in Worten keine Grenzen kennt; aber wenn es eine einzige kleine wirkliche Tat gilt – ich meine etwas mehr als die Gutherzigkeit eines Augenblickes oder eine Tat, die nicht vom allgemeinen Empfinden getragen wird –, wenn eine wirkliche Tat von solchen Leuten gefordert wird, bin ich ihrer entweder sehr ungewiß oder sehr gewiß, daß die freundliche Person sie niemals tun wird. Ein Wort bedeutet etwas nur bei dem, der etwas tut. Aber es gibt Worte, die Taten sind, Worte, die solch eine Entscheidung fordern, Worte, in denen soviel Mut liegt, soviel von dem teuersten Eigentum einer Seele, daß sie Taten, nicht Worte sind. Der sie gesagt hat, ist von den Möglichkeiten zur Entscheidung fortgeschritten.

Taten sind von größerem Wert als Worte auch für den, der sie vollbringt. Denn jede Tat, bei der ich selber dabei bin, zu welcher ich nicht durch einen Trieb oder eine blinde Notwendigkeit gezwungen werde, trägt dazu bei, etwas aus mir zu machen. Derjenige, der handelt und nicht bloß sitzt und zuschaut, erlangt eine andere Einsicht ins Leben. Das, was im Munde und im Denken anderer Menschen ganz gewöhnlich und in den täglichen Umständen des Lebens nichtssagend ist, wird für jeden, der mit Ernst dabei ist, größer und schöner als die Schöpfungen der Einbildung. Der beste Mensch ist der Mensch, der sich gänzlich über seiner Aufgabe vergißt. Vielleicht ist er auch im Grunde der glücklichste, sogar wenn es schwarz für ihn aussieht.

Aber größer als die Tat ist das Leiden – nicht das tot widerfahrene Leiden, sondern das lebendige, willentlich getragene Leiden. Sowohl für den, der leidet, als auch für den, um dessentwillen er leidet, für beide besitzt das Leiden einen noch höheren Wert als das Handeln. Denn das Leiden führt das Handeln fort und vollendet es, wo der Hand Kraft am Ende ist. Leiden bindet fester aneinander, als Taten es tun können. »Wenn ich dir nicht dienen kann, wenn ich nicht für dich leiden kann, hast du keinen Teil an mir.« Leiden besiegelt die Bande der Natur zwischen Mutter und Kind, zwischen Mann und Frau. Leiden schafft neue Bande, Leiden reinigt. Es bedeutet eine noch strengere Läuterung und Entscheidung als die Tat.

Die Liebe, die uns zu einem lebendigen Gebäude aufbaut, gebraucht das Leiden, um die Steine gut und fest zusammenzufügen. Sie benutzt erstlich und letztlich das heilige Blut Christi.

Der Mittelpunkt des Christentums ist das Kreuz, das denkbar Unheimlichste auf Erden, das erniedrigendste und grausamste Mittel zur Bestrafung der schlimmsten Verbrecher. Für uns bedeutet das Kreuz das alles nicht mehr, denn Jesus von Nazareth hat es verwandelt, wie er so viele andere Worte und Begriffe in der menschlichen Vorstellungswelt auf souveränste Weise umgewandelt hat, z.B. Pharisäer, Zöllner, Samariter usw. Wir können das Wort Galgen an die Stelle setzen. Es wurde ein Buch über Christus geschrieben, in dem er »der Mann, den sie hängten«, genannt wird. Wir können uns kaum etwas Abstoßenderes für das Denken und Empfinden der Kulturmenschen denken. Wenn Paulus sagt: »Wir aber predigen Christus den Gekreuzigten, den Juden ein Ärgernis, den Heiden eine Torheit« (1. Kor. 1, 23), so können wir verallgemeinern und sagen, daß eine solche barbarische Idee oder noch mehr eine solche barbarische Wirklichkeit für jede menschliche Kulturauffassung anstößig ist.

Wie sollen wir die Tatsache erklären, daß das Christentum, das im allgemeinen als die höchste Religion betrachtet wird, ein so grauenvolles Schauspiel wie das Kreuz vorführt, das für jeden gepflegten Geschmack abschreckend ist? Ich denke, daß die Antwort klar ist. Der Mensch hatte nach Gott gesucht. Das Kreuz ist das stärkste Zeugnis dafür, daß Gott den Menschen sucht. Gottes Weg erscheint hier im höchsten Grad unmenschlich. Hier handelt es sich um keine bloße Gedankenkonstruktion; es ist eine geschichtliche Tatsache, die sich stärker als jede andere Tatsache oder Vorstellung in der Religion erwiesen hat. Wir müssen die Wahrheit in Pauli Wort anerkennen: »Die göttliche Torheit ist weiser, denn die Menschen sind« (1. Kor. 1, 25). Gott verlangte nach der Menschheit, um sie in seine Vaterarme zu schließen. Seine ausgestreckte Hand wurde furchtbar verwundet, aber er erreichte sein Ziel.

Nicht nur einzelne Seelen und einzelne Menschenleben waren verdorben und durch das Böse angesteckt, sondern die ganze menschliche Gesellschaft, sogar die sakralen religiösen Institutionen waren auf mannigfache Weise durch den Geist der Falschheit und Ungerechtigkeit derart angesteckt, daß der göttliche Bote, Gott selbst, der die Menschheit umfangen und retten wollte, von einzelnen Menschen und von ihren Institutionen in enger Zusammenarbeit verdammt werden mußte. So hat das Kreuz eine doppelte Bedeutung: 1. Das Böse, das in ganz unglaublichem Maße in der Welt der Herzen wie in den äußeren Lebensverhältnissen, in individuellen und kollektiven Interessen und Einrichtungen sich versteckt fand, wurde in seiner ganzen furchtbaren und verheerenden Natur entlarvt und aufgedeckt, so daß der Mensch, rauh aufgeweckt, der Wirklichkeit ins Auge blicken und vor Sünde und Bosheit Abscheu bekommen mußte. 2. Die heilbringende, aber rücksichtslose Tat des Kreuzes hat ihren Grund ganz und gar in Gottes Barmherzigkeit. Gott nahm das Schicksal und die Erlösung des Menschen so ernst, daß er das kostbarste Leben, das die Geschichte kennt, opferte, um den unheimlichen Fluch des Bösen und seine eigene unbegrenzte göttliche Liebe zu offenbaren.

Eine nähere Untersuchung der Religionsgeschichte zeigt uns viele Beispiele für die Bedeutung des Leidens in dem göttlichen Plan mit der Menschheit, angefangen bei den Klagegesängen an Tammuz, dreitausend oder mehr Jahre vor Christus. Aber das Kreuz auf Golgatha ist nicht zuhause in der Welt der Liturgie oder der Gedankensysteme. Es ist eine jammervolle Tatsache in der menschlichen Geschichte. Weil das Böse keine bloße Idee ist, darum ist das Kreuz eine noch jammervollere Wirklichkeit, das unheimlichste Faktum der Menschheitsgeschichte. Gott handelt nach anderen mathematischen und strategischen Berechnungen als wir.

Die Religion hat Gemeinschaft mit Gott, dem Geistigen, dem Ewigen. Aber es gehört zu dem Irrationalen, im voraus Unberechenbaren und Unfaßlichen, daß die Schicksale der Menschheit, die weder geistig noch ewig, sondern dem Gesetz der Vergänglichkeit unterworfen sind, an gewissen Stellen und vor allem in der biblischen Offenbarung eine entscheidende Bedeutung für die Erlösung und Seligkeit der Menschheit erlangt haben. So widerspruchsvoll es scheint, es ist eine Tatsache. Und in der ganzen Religionsgeschichte ist nach der biblischen und christlichen Ansicht nichts, das deutlicher eine göttliche Wirksamkeit beweist als jene Erscheinungen, Ereignisse und Personen, und vor allem diese eine Person, die inmitten aller Veränderungen und Wechselfälle des Lebens und aller Bestrebungen der Menschen, sich als Gottes Werk zu erkennen geben. Gott besucht die Menschheit nicht nur in der stillen Andacht der Seele und im Umgang des menschlichen Geistes mit dem ewigen Gott, sondern, brutal und sonderbar genug, in jener Geschichte, die alle mit ihren eigenen Augen sehen können.

Paulus spricht davon 1. Kor. 1, 21–23: »Denn dieweil die Welt durch ihre Weisheit Gott in seiner Weisheit nicht erkannte, gefiel es Gott wohl, durch törichte Predigt selig zu machen die, so daran glauben. Sintemal die Juden Zeichen fordern und die Griechen nach Weisheit fragen. Wir aber predigen Christus den Gekreuzigten, den Juden ein Ärgernis und den Griechen eine Torheit.« Die Stelle ist außerordentlich oft angeführt worden. Die christliche Offenbarung legt hier ihr Wesen klar gegenüber dem hellenistischen Denken, merkwürdig genug, auch gegenüber der jüdischen Religionsauffassung. Die Geschichte Israels enthält eine göttliche Offenbarung, aber die Juden forderten Zeichen. Und das Zeichen, das ihnen gegeben wurde, das Kreuz auf Golgatha, war ein schreckliches Ärgernis, ein Beweggrund, eher zu zweifeln und zu leugnen, als zu glauben; so konnte es wohl scheinen, trotzdem im Psalter, bei Deutero-Jesaja und anderswo Andeutungen einer Offenbarung Gottes in einer Form menschlicher Schmach und Erniedrigung gegeben worden waren.

Wie ist die Stelle 1. Kor. 1, 21 zu übersetzen? »Die Welt erkannte Gott nicht.« Soweit ist die Sache klar: Der Weg, auf dem die Welt vergeblich Gott zu dienen suchte, wird Weisheit genannt. Die Welt kann Gott nicht durch Weisheit erkennen, durch ihre eigene Weisheit, ihr Denken, ihre Vernunft. Die ersten Worte der Stelle bleiben ... »in der Weisheit Gottes«. Zwei Erklärungen sind möglich. »In Gottes Weisheit« kann bedeuten, daß es gemäß der Weisheit Gottes geschah. In seiner Weisheit wollte Gott, daß die Welt nicht zu einer rechten Erkenntnis Gottes auf dem Wege der Weisheit kommen sollte. Die ganze Stelle würde dann bedeuten: »Da in der Weisheit Gottes, d.h. nach dem weisen Ratschluß und der Anordnung Gottes, die Welt Gott nicht durch ihre eigene Weisheit erkannte.« Aber noch eine andere Erklärung ist möglich. Die Welt verfügte nicht über die göttliche Weisheit. Die Welt erkannte Gott nicht durch ihre Weisheit. Denn sie besaß nicht Gottes Weisheit, den Gesichtspunkt Gottes, noch konnte sie dieselbe anwenden. Und da die Welt nicht durch Weisheit Gott erkennen kann, »gefiel es Gott«, durch das, was das Gegenteil der Weisheit ist, nämlich durch Torheit, durch das, was der Welt gegenüber töricht und anstößig sein mußte, »die zu retten, die glauben«.

Worin besteht diese Torheit, diese Anstößigkeit, die das Gegenteil von dem ist, was die Menschen Weisheit nennen? Die Antwort lautet: sie besteht in der Botschaft, im kerygma. »Durch die Torheit der Predigt« ist also die Erlösung vollendet worden. Was für eine Botschaft? Was für eine Predigt? Paulus sagt es unmittelbar darauf. Wir predigen Christus, den Gekreuzigten ... Dies ist die Heilsbotschaft im Gegensatz zu den Zeichen der Juden und der Weisheit der Hellenen. Die Botschaft handelt somit nicht von irgend einem Gedanken oder irgend einer Idee, irgend einer inneren Erfahrung oder Lehre, nicht von Gottes und des Menschen Wesen, von nichts von all dem, was in allen Zeiten die höchsten und tiefsten Geister der Religion beschäftigt hat. Diese Verkündigung handelt von etwas, das sich in einem Winkel der Welt an einem bestimmten Punkt der Geschichte ereignet hat. Christus wurde als ein schändlicher Verbrecher bestraft. Kein Wunder, daß dies den Juden ein Ärgernis und den Heiden eine Torheit ist. Paulus beschäftigt sich hier nicht mit einer Spekulation, sondern weist auf eine Erfahrungstatsache hin. Dies, was sich in der Geschichte ereignet hat, in der äußeren Welt und vor den Blicken aller Menschen, und was als Skandal und als Torheit verworfen wurde, dies ist für die Juden und Heiden, die dem Ruf lauschen, »göttliche Kraft und göttliche Weisheit« geworden. Dieser gekreuzigte Heiland schien schwach und dem Untergang verfallen zu sein, aber er erzeigt sich als die Kraft Gottes. Dieser gekreuzigte, gemarterte Mann mußte der Weisheit und dem Verstand der Griechen töricht erscheinen. Zwar hatten die Griechen bei Äschylus und Plato schimmerhaft etwas davon geahnt, wie das Leben, Tun und Leiden des gerechten, gottesfürchtigen und nach Gottes Geboten handelnden Menschen für die Welt Anstoß und Ärgernis ist. Aber im Grunde war und ist die Kreuzigung das Gegenteil von allem, was Weisheit, Verstehen und Denken sich von dem Göttlichen vorgestellt haben mochte. Aber diese Torheit, dieser gekreuzigte Christus, ist als die »Weisheit Gottes« erwiesen. Hier hat Gott sein Wesen zu erkennen gegeben, nicht nur wie gewöhnlich, in dem Nachdenken des Menschen, in seinem Gottesumgang und in seinem Geist, sondern hier ist Gott, wenn wir so sagen dürfen, aus seiner Anonymität herausgetreten, aus dem Verborgenen, und hat sich der Welt offenbart. Hier erweist es sich, daß die Macht und Weisheit Gottes niemals von vornherein berechnet werden können. Sie beweisen ihre Wahrheit jedem, der völlig aufrichtig ist – »mit Offenbarung der Wahrheit beweisen wir uns wohl an aller Menschen Gewissen vor Gott«[24]. In der Tat befaßt sich der Apostel hier nicht mit etwas, was absolut, d.h. in seinem Wesen töricht ist. Es gibt eine göttliche Weisheit, welche die menschliche Weisheit überschreitet, so hoch wie der Himmel über der Erde ist. Der Apostel redet ja auch Weisheit und nicht Torheit[25], aber eine Weisheit, die nicht dieser Zeit noch dieser vergänglichen Welt angehört, sondern eine Weisheit Gottes, ein Mysterium, ein Geheimnis. Paulus drückt die Sache in einer paradox geformten Antithese 1. Kor. 1, 25 aus: »Die göttliche Torheit ist weiser, denn die Menschen sind, und die göttliche Schwachheit ist stärker, denn die Menschen sind.« Er hat hier die gleichen Gesichtspunkte, nämlich Stärke – Schwachheit nach dem Urteil der Juden, und Weisheit – Torheit nach dem Urteil der Hellenen, der Philosophen. In diesem Vers ist die Ordnung umgekehrt, aber der Gedanke ist derselbe.

In der Religion und im Christentum gibt es eine Grenzlinie nicht zwischen einer niedrigeren und höheren, sondern zwischen wesenhaft verschiedenen Formen des Gottesumganges oder der Frömmigkeit: einerseits die zeitlose Mystik, andererseits die geschichtliche, entscheidende Tatsache, die Erlösungstatsache. Der Gottesumgang in all seiner Innigkeit, in dem geheimen Gebet in der Kammer und im Geheimnis der Seele, hört niemals auf, seine Gewißheit auf das zu bauen, was sich in der Geschichte ereignet hat, als Gott allen menschlichen Gedanken von Stärke und allen menschlichen Gedanken von dem, was weise und vernünftig ist, trotzen mußte. Es geschah und es mußte geschehen. Warum? Weil, so antwortet der Apostel, die Mächtigen dieser Welt verstockt waren. Hätten sie die ewige verborgene Weisheit Gottes erkannt, dann würden sie nicht den Herrn der Herrlichkeit gekreuzigt haben.

Die erhabene Stelle aus Jesaja 64, 3 und 1. Kor. 2, 9 über das, »was kein Auge gesehen und kein Ohr gehört hat«, wird gewöhnlich auf die unaussprechliche Seligkeit des Himmels bezogen. Dort ist auch hinzugefügt: »Was in keines Menschen Herz gekommen ist, was Gott denen bereitet hat, die Ihn lieben.« Aber die Exegese ist fehlerhaft. Das Wunderbare ist nach dem Apostel nicht die zukünftige Herrlichkeit, über die er ebenfalls in erhabenen Worten sprechen konnte: »Denn ich halte es dafür, daß dieser Zeit Leiden der Herrlichkeit nicht wert sei, die an uns soll offenbart werden. Denn das ängstliche Harren der Kreatur wartet auf die Offenbarung der Kinder Gottes.«[26] »Wir wissen aber, so unser irdisch Haus dieser Hütte zerbrochen wird, daß wir einen Bau haben, von Gott erbaut, ein Haus, nicht mit Händen gemacht, das ewig ist, im Himmel.«[27] Nein vielmehr, das Allerwunderbarste, welches die wahre Scheidelinie in der Wanderung der Religion und der Menschheit bezeichnet, welche die höhere Religion in zwei trotz aller geistigen Verwandtschaft verschiedene Typen scheidet, ist jenes Unglaubliche, das als Schwachheit und Torheit sich zeigte, das sich aber als die Offenbarung der göttlichen Kraft und der göttlichen Weisheit schlechthin auf unserer Erde erwiesen hat.

Diese beiden Momente, die Einzigartigkeit Christi als des historischen Offenbarers, als des fleischgewordenen Wortes, und das Mysterium auf Golgatha, zeigen bei der Analyse der Religionen der Welt einen wesentlich einzigartigen Charakter des Christentums. Lasset uns töricht sein und für einen Augenblick die Nuancen bei Seite lassen; dann können wir sagen: es ist nicht das Werk des Menschen, der Gott sucht, sondern das Werk Gottes, der den Menschen sucht.

Zusätzliche Literatur

Bultmann, Rudolf, Theologie des Neuen Testaments, Tübingen 1954[2].
Bultmann, Rudolf, Jesus, München/Hamburg 1964.
Gogarten, Friedrich, Jesus Christus, die Wende der Welt, Tübingen 1965.
Guardini, Romano, Der Herr, Würzburg 1964[13].
Kähler, Martin, Der sogenannte historische Jesus und der geschichtliche, biblische Christus, München 1953.
Lexikon für Theologie und Kirche, 10 Bde., Freiburg 1929–1938 (zweite Auflage); 1957 et passim (dritte Auflage).
RGG = Die Religion in Geschichte und Gegenwart, Tübingen 1957 et passim.
Schweitzer, Albert, Geschichte der Leben-Jesu-Forschung, 2 Bde., München/Hamburg 1966.
Troeltsch, Ernst, Die Absolutheit des Christentums und die Religionsgeschichte, München/Hamburg 1969.

Fußnoten

1 *Söderblom*, Kristenhetens Möte i Stockholm, Stockholm 1926, S. 517.
2 Ap.G 17, 27.
3 Ap.G 17, 30.
4 A. Schopenhauer, Sämtl. Werke, Bd. 5, 1892, Leipzig, S. 413.
5 1. Kor. 1, 22–25.
6 Joh. 12, 24 f.
7 Mark. 8, 35.
8 Matth. 11, 27 ff.
9 Offb. 21, 1.
10 2. Kor. 5, 14.
11 2. Kor. 5, 15.
12 2. Kor. 5, 17.
13 Joh. 11, 25–26.
14 W. R. Inge, The Church in the World, London 1928, S. 132.
15 G. K. A. Bell, Documents on Christian Unity, Bd. 2, London u. Oxford 1930, S. 51 ff.; Pius' XI. Rundschreiben über die Förderung der wahren Einheit der Religion, Freiburg 1928, S. 24 f.
16 *Itivuttaka*, 105; J. P. Minayeff, Recherches sur le Bouddhisme (Annales du Musée Guimet, Bibliothéque d'Etudes 4), Paris 1894, S. 218.

17 Joh. 14, 9.
18 *Mahâ-parinibbâna-Sutta* 6, 60. Vgl. *Digha-nikâya* übs. Otto Franke, Göttingen 1913, S. 243.
19 Transactions of the Third Intern. Congress of the History of Religions, Bd. 1, Oxford 1908, S. 295.
20 *Korân, Sûra* 2, 172.
21 1. Joh. 1, 1.
22 *De Dea Syr.* 6, 454.
23 *Le Chrétien Français*, 10. 6. 1910.
24 2. Kor. 4, 2.
25 1. Kor. 2, 6.
26 Röm. 8, 18 f.
27 2. Kor. 5, 1.

2. Ostkirche

Demosthenes Savramis

Wesen und Eigenart der griechisch-orthodoxen Kirche im Verhältnis zu westlichen Kirchen *

I.

Selten hat man im Westen so viel von der orthodoxen Kirche gesprochen, gehört oder geschrieben wie in den letzten Jahren. Gewiß hatte bereits die ökumenische Bewegung seit ca. 40 Jahren, nämlich seit 1920, die orthodoxe Kirche mit Kreisen der westlichen Kirchen in Verbindung gebracht, während zugleich auch die russische Emigration dazu beitrug, die russische Kirche im Westen bekanntzumachen. Trotzdem erreichten die Kenntnisse über die orthodoxe Kirche bis vor wenigen Jahren nicht die breiteren Kreise der Öffentlichkeit, da sie nur Gegenstand von Untersuchungen besonderer Gruppen blieb. Die sogenannte Wiederentdekkung der Orthodoxie vollzog sich nach dem Zweiten Weltkrieg, wie u. a. die große Zahl der Zeitschriften und Institute, die sich mit der Ostkirche beschäftigen, beweist.

Im Verlaufe dieser Entdeckung der orthodoxen Kirchen im Westen entstanden auch verzerrte Bilder der Orthodoxie. Es bildete sich ein Mythos um die orthodoxen Kirchen, viele Vorstellungen gewannen Raum, die diese Kirchen stark idealisieren, und die Gefahr droht, aus ihnen Religionsgemeinschaften zu machen, die Schwärmern und Romantikern für Stunden einer gewissen Ekstase und Sentimentalität kurzfristig Befriedigung schenken können. Die Mode der Ikonen, von geschäftstüchtigen Verlegern weidlich hochgespielt, das immer größer werdende Interesse am Berg Athos, die Nachfrage nach Bildern von orthodoxen Bischöfen, denen die Presseleute nachjagen wie der schwarzen Prominenz aus den Entwicklungsländern in ihren exotischen Gewändern, und andere ähnliche Phänomene sind alarmierende Zeichen einer Situation, die weder den orthodoxen Kirchen selbst noch dem christlichen Glauben überhaupt förderlich sein können.

Die orthodoxen Kirchen selbst sehen in dieser Mode und in den oben genannten Tendenzen in gewissem Maße eine Anerkennung ihres ortho-

* Aus: Demosthenes *Savramis,* Wesen und Eigenart der griechisch-orthodoxen Kirche, in: Hellenika II/III, 1968, S. 26–37 und in: Kyrios 9, 1969, S. 42–57. Abdruck mit freundlicher Genehmigung der Verlage.

doxen Glaubens, die so überschätzt wird, daß man die vor allem heute so wichtige Selbstkritik der orthodoxen Kirche vernachlässigt und sich selbstzufrieden mit dem Erfolg der Orthodoxie im Westen begnügt. Zugleich öffnet diese unkritische Begeisterung für die Orthodoxie im Westen verschiedenen Hochstaplern alle Türen, die es dann sehr gut verstehen, aus der Liebe und dem Interesse des Westens für die Kirchen des Ostens ihr Kapital zu schlagen.

Die gleiche Begeisterung für die Orthodoxie kann aber dem Christentum überhaupt schaden, da alle Bewegungen im Bereiche der Religion, die sich auf Mythen, Schwärmerei und Sentimentalität stützen, nur von kurzer Dauer sind. Es besteht also die Gefahr, daß gerade die wichtigsten und tiefsten Erkenntnisse der Kirche des Ostens, die sie dem Westen übermitteln könnte, eines Tages, wenn der Rausch der ersten Begeisterung über die orthodoxe Welt verflogen sein wird, zusammen mit der kurzfristigen Romantik verschwinden werden. Um diese Gefahr rechtzeitig zu bannen, muß man auf dem nüchternen Boden der Wirklichkeit bleiben und vor allem das Wesentliche und die Eigenart des orthodoxen Glaubens richtig herausstellen und verstehen, um der Begegnung Ost–West auf religiösem Gebiet eine dauernde Basis zu verschaffen.

II.

Die politischen und ideologischen Gegensätze und Auseinandersetzungen zwischen Ost und West, die unsere Generation in besonderer Ausprägung überschatten, da sie zum erstenmal in der Geschichte die Existenz der Welt und der Menschheit bedrohen, existierten bereits in der Zeit Konstantins des Großen (324–337) bis zu Justinian I. (527–565), einer Epoche, die kirchengeschichtlich gesehen einen Übergang von der alten Kirche zur byzantinischen Kirche[1] darstellt. Mit der Entstehung der letzteren bildeten sich zugleich zwei neue Richtungen im christlichen Denken und Leben, die stark geprägt von der verschiedenen Art des Denkens und Handelns der Völker des Ostens und des Westens die Eigenart der beiden großen Kirchen, nämlich der griechisch-orthodoxen und der römisch-katholischen, bestimmten.

Der Osten, der mehr zum abstrakten Denken neigt und der dem griechischen Erbe eng verbunden bleibt, entscheidet sich für die platonische Art des Denkens, während der mehr praktisch veranlagte Westen größeres Interesse für die aristotelische Philosophie zeigt. Damit beginnt eine verschiedenartige Betrachtung der dogmatischen Fragen, die langsam aber beständig die beiden Kirchen des Ostens und des Westens voneinander trennt. Es kommen die konkreten, politischen, sozialen und kulturellen Momente hinzu, die das west-östliche Schisma dann verursachten.

Es ist weder geschichtlich noch theologisch richtig, dieses Schisma nur mit dem Namen des Papstes Nikolaus I. und des Patriarchen Photios oder des Patriarchen Michael Kerullarios in Verbindung zu bringen.

Diese Persönlichkeiten setzen den Schlußstein einer Entwicklung, die lange im Gange war, sie selber verursachten sie jedoch keineswegs. Die Eigenart der orthodoxen Kirche in ihrem Gegensatz zu der römischen, verstärkt durch die Schwächen der menschlichen Natur der Kirchenfürsten beider Kirchen, führte zum endgültigen Schisma, das 1054 begann und noch heute andauert. Auch die berühmten Gegensätze zwischen Rom und dem neuen Rom bzw. zweiten Rom sind nicht allein schuld, daß die alte eine Kirche in zwei Teile aufgeteilt wurde. Es waren vielmehr Differenzen theologischer Natur, die die Kirchen trennten. Sie hatten allerdings mit dem Kern der dogmatischen Wahrheiten und dem echten Glauben wenig zu tun. Sie waren auf Grund der Eigenart des Denkens des Ostens und des Westens entstanden. Dabei dürfen wir aber nicht vergessen, daß diese Differenzen trotz ihrer theologischen Natur einen klaren politischen, soziologischen, ethnologischen und psychologischen Hintergrund hatten.[2]

Am besten läßt sich die Eigenart der beiden Richtungen der Kirche Christi im Osten und im Westen an Hand objektiver Studien der orthodoxen Kirche klären, zumal sie die einzige Kirche ist, die sich noch heute im Bereich des Glaubens, des Kultes und des Lebens seit der großen Trennung der Kirchen unverändert erhalten hat. Die orthodoxe Kirche betrachtet die Entwicklung ihrer dogmatischen Lehre mit dem 7. Ökumenischen Konzil von 787 als abgeschlossen, und sie hat bis heute an den Entscheidungen der sieben Ökumenischen Konzilien nichts geändert oder hinzugefügt. Somit blieb die Orthodoxie seit dem großen Schisma unverändert, und auf Grund dieser statischen Situation der orthodoxen Kirche können wir die Gegensätze Ost–West an der Eigenart der Kirchen des Ostens vergrößert erkennen.

III.

Zunächst muß als wichtigster Punkt in der Betrachtung der Theologie der Ostkirche der stark christologische Charakter dieser Theologie betont werden. Es ist kein Zufall, daß die orthodoxe Kirche, die ihre dogmatische Lehre niemals zu einem philosophischen System entwickelte, auf ihren großen Konzilien vor allem das christologische Dogma erarbeitete und entwickelte. Die Lehre von Christus (Christologie) bleibt Anfang und Ende des Lebens und Denkens der orthodoxen Kirche, und deshalb kann man die Eigenart der Orthodoxie nur dann verstehen, wenn auf die Fragen »woher« und »wohin«, die jede Religion beschäftigen, der Hinweis auf den Gottmenschen steht.

Im Rahmen einer kurzen Arbeit läßt sich die gesamte Lehre von Christus kaum besprechen.[3] Es genügt jedoch zu sagen, daß ein auffallendes Merkmal die Betonung der Auferstehung Christi ist. Während im Westen sowohl in der katholischen wie auch in der evangelischen Kirche das Leiden Christi und sein Kreuz besonders hervorgehoben werden, bleibt in der Kirche des Ostens die Anastasis, d.h. die Auferstehung Christi, das zentrale Anliegen in der Menschwerdung Christi sowohl in der offiziellen Theologie wie auch in der Glaubenswelt des einfachen Menschen. Es ist der triumphierende und nicht der gekreuzigte Christus, der, glanzvoll in der byzantinischen Ikonographie dargestellt, das theologische Denken und die Frömmigkeit des Ostens bestimmt. Deshalb ist auch Weihnachten im Osten nie als das große Fest des Jahres gefeiert worden. Das eigentliche hohe Fest im Festzyklus des Kirchenjahres bleibt die Auferstehung Christi. Geburt, Leiden und Kreuzigung Christi sind für die Orthodoxen zwar wichtige Stationen des Lebens Christi, sie bleiben aber Voraussetzungen der letzten und wichtigsten Station, nämlich des Triumphes Christi über den Tod in der Auferstehung.

Entsprechend der Lehre von Christus zeigt auch die Lehre von der Vergottung und Erlösung des Menschen, die sich in der einfachen Formel »Gott wurde Mensch, auf daß der Mensch Gott werde«[4] zusammenfassen läßt, eine stark christozentrische Vorstellung. Somit hat die orthodoxe Lehre vom Menschen (Anthropologie)[5] einen sehr optimistischen Zug, der sich auf die Überzeugung stützt, daß der Mensch, der nach Gen. 1, 26 nach dem »Bild« (kat'eikona) und nach der »Ähnlichkeit« (kat'homoiosin) Gottes geschaffen wurde, das »Bild« auch nach dem Sündenfall nicht verloren hat. Diese Tatsache kommt darin zum Ausdruck, daß der Mensch auch nach dem Sündenfall »autexousios« bleibt, d.h. daß er die Autonomie seines freien Willens noch besitzt. Dieser freie Wille, der durch den Sündenfall zwar schwach wurde und zum Bösen neigt, wird durch die Menschwerdung Christi verstärkt, und er nimmt aktiv an der Rettung des Menschen teil. In diesem Sinne muß auch der »Synergismus« verstanden werden. Damit soll die Mitarbeit des freien Willens des Menschen mit der göttlichen Gnade bei der Erlösung und Vergottung des Menschen ausgedrückt werden. Eine durch den Glauben entstehende ethische Verwandtschaft mit Gott erleichtert die Mitwirkung des Menschen mit der Gnade Gottes, die als subjektive Handlung des Menschen für die Vervollständigung der objektiven Erlösung durch die Menschwerdung aufgefaßt werden muß. Hierin unterscheidet sich die orthodoxe Kirche einerseits von der katholischen Kirche durch die Ablehnung des Justificationsdenkens und andererseits von den evangelischen Kirchen durch die Ablehnung des Gedankens einer nur durch den Glauben und die Gnade erreichbaren Erlösung (sola fide, sola gratia).

Das gesamte kosmische Sein, darunter auch die »Zierde des Kosmos« (kosmos tou kosmou), wie der Mensch in der Ostkirche genannt wird, erlebte durch die Menschwerdung Christi eine »Metamorphose«, die auch die Vergottung des Menschen miteinschließt. Und nur im Licht dieser Überzeugung kann man sowohl die eigenartige Mystik wie auch das gesamte Mönchtum der orthodoxen Kirche richtig verstehen. Christus wurde Mensch, indem er die ganze menschliche Natur annahm. Er erneuerte sie, setzte sie in Gemeinschaft mit der göttlichen Natur, und er heiligte sie. Diese Vergottung der menschlichen Natur, die sich objektiv durch Christus vollzog, kann nunmehr auch subjektiv erreicht werden, und zwar durch die mystische Begegnung des Menschen mit Gott.

Von dort her ist es zu verstehen, daß die ganze ostkirchliche Frömmigkeit einen stark mystischen Charakter hat.[6] Angefangen mit der bewußten Mystik der Heiligen der Kirche bis zu der unbewußten Mystik des einfachen Gläubigen trifft man im ostkirchlichen Raum immer auf die überzeugend gelebte Möglichkeit einer Begegnung mit Gott, die zur Erneuerung des Menschen führen kann. Es ist richtig, daß die Idee der Vergottung des Menschen oft zu einer Mystik führt, die sich auf Kosten des Diesseits und der christlichen Gestaltung dieser Welt entwickelt; sie verursachte einen eigenartigen religiösen Egoismus in der orthodoxen Kirche. Zugleich schuf sie aber auch die eigenartige Frömmigkeit der Ostkirche, die, wenn sie von ekstatischen Zügen frei bleibt, viel widerstandsfähiger und dauerhafter als die des Westens sein kann.

Diese Frömmigkeit wurde im byzantinischen Mönchtum entwickelt und geprägt und von dort nach Rußland und den übrigen orthodoxen Ländern überliefert. Abgesehen von dem heutigen, sehr niedrigen Niveau des orthodoxen Mönchtums kann man die ostkirchliche Frömmigkeit nicht recht verstehen, wenn man die orthodoxe Kirche getrennt von ihrem Mönchtum und seiner Geschichte betrachtet.[7] Es gibt wenige religiöse Phänomene, die wie das byzantinische Mönchtum das gesamte geistige, geistliche, soziale und kirchliche Leben ihrer Umgebung so tiefgehend beeinflußt haben.

Die ganze Entwicklung des orthodoxen Mönchtums unterscheidet sich grundsätzlich von der entsprechenden Entwicklung des Mönchtums im Westen. Das Mönchtum erscheint im Osten zunächst in der Form einer strengen Anachorese, d.h. der vollkommenen Absonderung von der Welt und jeder gesellschaftlichen oder auch nur gemeinschaftlichen Ordnung. Zu einer organisierten Form gelangt es erst später, und zwar nach den Regeln des Gesetzgebers und Vaters des ostkirchlichen Mönchtums *Basilios des Großen*, der auch die Anfänge des Mönchtums im Westen maßgebend beeinflußte. Diese Regeln bilden noch heute eine wertvolle Quelle nicht nur echter orthodoxer Frömmigkeit, sondern auch einer ostkirchlichen Sozialethik und -lehre, die leider, wie wir noch sehen werden, in den Kirchen des Ostens wenig beachtet wurde.

Das byzantinische Mönchtum entwickelte sich zu einer Quelle des geistigen Lebens der Ostkirche, zugleich aber wurde es zu einem negativen Element im Leben des byzantinischen Reiches, da die ungeheure Zunahme des Mönchsstandes sich auf Kosten der mönchischen Ideale vollzog. Vor allem aber gab das Mönchtum im Osten im Gegensatz zum Westen die Gemeinschaftsform auf und kehrte zur Anachorese zurück, die entweder als »Idiorhythmie« oder als »Hesychia« auf dem Berg Athos verwirklicht wurde und die Jahrhunderte überlebte. Während im Westen das Mönchtum auf Grund einer rationellen Arbeitsteilung in der Gestalt von Orden zum Träger kultureller, sozialer und wirtschaftlicher Arbeit wurde, ging das byzantinische Mönchtum unter und überlebte nur in Form der Mystik und Frömmigkeit, die im täglichen Leben der orthodoxen Kirchen noch überall zu verspüren sind.

Die Mönche bewirkten nicht den Untergang der spätantiken Kultur, wie so oft fälschlich behauptet wird. Das schließt jedoch nicht ein, daß das Mönchtum diese Kultur übernahm. Im Gegenteil, die Mönche entwickelten eine eigene Kultur, die wiederum in der byzantinischen integrierte. Dies ist auch am Beispiel der byzantinischen Malerei, die hauptsächlich Ikonenmalerei war, besonders gut zu verstehen. Die Ikone (Eikon)[8] ist das Ergebnis der Notwendigkeit, sich das Heilige zu vergegenwärtigen. Deshalb hat die Ikone eine metaphysische Bedeutung, und sie gehört zwei Bereichen an, nämlich dem des Glaubens und dem der Kunst. Von der neuplatonischen Lehre her bestanden enge Beziehungen zwischen Urbild und Abbild bei der Ikone. Das hatte zur Folge, daß die dargestellte Person möglichst ähnlich wiedergegeben werden sollte. Das Hauptanliegen aber blieb, den Weg in die Welt des Ewigen zu öffnen. Der Ikonenmaler stellt Christus, die Gottesmutter und die Heiligen immer mit durchgeistigtem Gesicht, kleinem Mund, einer langen und schmalen Nase und großen, mahnenden Augen auf goldenem Hintergrund dar. Die Farben können nicht frei gewählt werden, sondern sie müssen dem Zweck der Ikonen dienen. Nicht jeder Künstler kann Ikonenmaler werden, vielmehr muß er ein Mystiker und eine im kirchlichen Leben wurzelnde Persönlichkeit sein. Seine Arbeit beginnt er mit Gebet und Fasten. Sogar Pinsel, Holz und Farbe werden vor der Benutzung geweiht.

Das Bild bedeutet für den Ikonenmaler das gleiche wie das Wort für die Verkündigung des Priesters. Er ist ein Werkzeug Gottes und signiert sein Werk nicht. Die Persönlichkeit des Künstlers hat ganz zurückzutreten. Es geschieht häufig, daß mehrere Mönche an einer Ikone malen. Die Ikonenwelt bildet zusammen mit dem liturgischen Leben der orthodoxen Kirche die Grundlage für ein Verständnis der eigenartigen Frömmigkeit dieser Kirche, sowie der psychologischen, religiösen, soziologischen und kulturellen Elemente, die diese Frömmigkeit ausmachen.

Schließlich muß bezüglich der Ikonen noch zweierlei unterstrichen werden. Erstens, daß die Ikonen und ihre Verehrung nicht nur philosophisch, sondern auch theologisch zu erklären sind, da die Welt der Ikonen in enger Verbindung steht zur orthodoxen Lehre von Christus, und zwar zur Zweinaturenlehre. Zweitens, daß die Kirche, obwohl die Ikonenverehrung zu einem abergläubischen Mißbrauch der Bilder führte, niemals eine Verwechselung zwischen Bild und Urbild offiziell geduldet hat. »Die Ehre, die man dem Bild erweist, geht auf das Urbild über, und wer ein Bild verehrt, verehre die darin dargestellte Person.« So wurde während der 7. Sitzung des 7. Ökumenischen Konzils von der Seite der Kirche beschlossen. Daß der Volksfrömmigkeit der feine Unterschied zwischen Bild und Urbild schwer begreiflich ist, bleibt verständlich und führt zu den grotesken Formen des Volksaberglaubens auf Kosten echter Religiösität.[9]

Die Welt der Ikonen steht in enger Verbindung mit der Welt der Heiligen, deren Verehrung Bestandteil ostkirchlicher Frömmigkeit ist, wie uns das kirchliche Jahr mit seinem beweglichen und unbeweglichen Festzyklus zeigt. Hier unterscheidet sich jedoch die orthodoxe Kirche von der römischen Kirche in zwei sehr wichtigen Punkten. Erstens gibt es in der orthodoxen Kirche keinen Prozeß der Heiligsprechung in juristischen Formen, und zweitens kennt man im Osten nicht die Lehre von den Verdiensten der Heiligen, die als eine Art Schatzkammer guter Werke der Kirche zur Verfügung stehen, damit sie anderen Menschen, die keine guten Werke aufweisen können, helfen kann. Die Heiligen sind Helfer, Freunde und Mittler, die auf vollkommene Weise die Wiederherstellung des Menschen nach dem Bilde Gottes in diesem Leben erreichten.

Freilich ist die erste und wichtigste Stelle unter den Heiligen der Gottesmutter vorbehalten, da sie, wie es oft in den ihr gewidmeten Hymnen heißt, alle Heiligen übertrifft, indem sie als Gottesgebärerin das Gefäß der göttlichen Gnade wurde. Die orthodoxe Kirche unterscheidet sich jedoch auch hier von der römischen. Eine Art Mariologie hat es im Osten nie gegeben, und vor allem hat die orthodoxe Kirche das katholische Dogma von Mariens Himmelfahrt als der Tradition widersprechend abgelehnt. Überhaupt vollzieht sich Marienverehrung in der orthodoxen Kirche immer in Verbindung mit der Menschwerdung Christi, so daß nie die Gefahr einer selbständigen Anbetung Mariens aufkam. Sogar die Volksfrömmigkeit, die sich stark mit der Gottesmutter beschäftigt, hat niemals eine der römischen Volksfrömmigkeit entsprechende »Mariolatrie« erlebt.

IV.

Die Ikonenwelt zusammen mit dem liturgischen Leben bildet die Grundlage zum Verständnis der Eigenart der orthodoxen Kirche. M. E. ist das liturgische Leben die eigentliche Eigenart der Orthodoxie. Einziges Ziel des orthodoxen Gottesdienstes bleibt die mystische Vereinigung der Gläubigen mit Christus und mit Gott, wobei andere Punkte, wie etwa die Erbauung und die Belehrung an die zweite Stelle rücken. Hier tritt deutlich der christozentrische Charakter der orthodoxen Kirche zutage und ihre Lehre von der Vergottung des Menschen. Der orthodoxe Gottesdienst[10] bezweckt nichts anderes als die völlige Vereinigung der überirdischen Welt mit dem Diesseits. Wenn man diesen Aspekt richtig erfaßt hat, dann ordnen sich ihm alle übrigen Merkmale ein, wie z. B. der Kirchenbau, die kirchliche Kunst, die Kultgewänder, die Kultbücher, die Ausstattung des Altars, kurzum alles, was die Bezeichnung der orthodoxen Kirche als einer »Kultkirche« rechtfertigt. Die symbolischen Handlungen, die sich so reich im Kultleben der orthodoxen Kirche entfalten, sind sichtbare Mittel, die dazu dienen, das Übernatürliche, d. h. die überirdische Welt, zu vergegenwärtigen und zu vergegenständlichen. Sie sind zugleich eine Darstellung des Heilsgeschehens in allen Einzelheiten, wobei das Kommen Christi in diese Welt, die Verkündigung des Evangeliums durch ihn und die Darbringung des Opfers am Kreuz im Mittelpunkt stehen.

Die griechische Meßliturgie vollzieht sich zumeist in der Form der sogenannten »Liturgie des heiligen *Johannes Chrysostomos*«. Eine andere Liturgie ist mit dem Namen *Basilios' des Großen* verbunden und wird seltener verwandt, und zwar hauptsächlich in der Fastenzeit. Sie ist länger als die von Chrysostomos, da die Stillgebete des Priesters ausführlicher gehalten sind. Schließlich gibt es noch eine dritte Form, nämlich die »Liturgie der vorgeheiligten Gaben«. Sie trägt diesen Namen, weil im Gottesdienst die vorgeheiligten Elemente verwandt werden, die am Sonntag zuvor konsekriert worden sind. Sie wird an den Wochentagen der Fastenzeit und vor allem während der Karwoche von Montag bis Mittwoch gefeiert.

Die am meisten gefeierte Chrysostomosliturgie, sowie auch die von Basilios, umfaßt drei Teile, und zwar die Proskomedie, die Liturgie der Katechumenen und die Liturgie der Gläubigen. Leider können wir hier die Liturgie nicht in allen Einzelheiten besprechen, ich möchte jedoch einzelne Gebete anführen, die die Eigenart dieser Liturgie kennzeichnen. Zunächst die wiederholte Aufforderung des Diakons »Lasset uns zum Herrn beten«, worauf der Chor – eine Orgel gab es in Byzanz und gibt es noch heute in der Ostkirche nicht – antwortet: »Herr erbarme dich« (Kyrie eleison). Ich erwähne dies ganz nachdrücklich, um von vornherein jedes Mißverständnis bezüglich der Mitwirkung der Gläubigen an der Liturgie auszuschließen, zumal sehr oft von einer passiven Teilnahme der Gläubigen an der orthodoxen Liturgie gesprochen worden ist. Die wiederholte Aufforderung des Diakons zum Gebet zeigt, daß dies nicht der Fall sein sollte. Der Höhepunkt der Liturgie ist aber m. E. die Anamnese und die Epiklese, die gleich auf die Einsetzungsworte folgen. Diese Worte lauten bei Chrysostomos folgendermaßen: »In der Nacht, da er verraten ward, mehr noch, als er sich selbst dahingab für das Leben der Welt, nahm er das Brot in seine heiligen und untadeligen und unbefleckten Hände, dankte und segnete, heiligte, brach es, gab es seinen heiligen Jüngern und Aposteln und sprach: Nehmet, esset, dies ist mein Leib, der für euch gebrochene, zur Vergebung der Sünden. Desgleichen auch den Kelch nach dem Mahl, indem er sprach: Trinket aus ihm alle! Dies ist mein Blut des neuen Bundes, das für euch und für viele vergossene zur Vergebung der Sünde.«

Die Anamnese (Anamnesis) bedeutet, wie auch das Wort deutlich zeigt, eine Erinnerung an die Heilstaten Christi, die in folgendem Gebet zusammengefaßt werden: »Also dieses heilbringenden Gebotes gedenkend und alles dessen, das für uns geschehen ist, des Kreuzes, des Grabes, der Auferstehung am dritten Tage, der Auffahrt zum Himmel, des Sitzens zur Rechten des Thrones, der zweiten und ruhmvollen Wiederkunft, das Deine von dem Deinen bringen wir Dir dar nach allem und durch alles.« Schließlich folgt die Epiklese (Epiklesis), bei der der Priester um das Kommen des Heiligen Geistes fleht. »Noch bringen wir Dir diesen vernünftigen und unblutigen Dienst dar und rufen und bitten und flehen zu Dir, herabzusenden Deinen Heiligen Geist auf uns und auf diese vorliegenden Gaben.« Durch die Wandlungsformel: »Verwandelnd durch Deinen Heiligen Geist« wird die Segnung des Brotes und des Weines abgeschlossen. Allerdings muß ich hier betonen, daß die Auffassung der Wandlung in der orthodoxen Kirche nicht gleichzusetzen ist mit der Transsubstantiation der römischen Kirche. Die Wandlung ist nach der Lehre der Ostkirche nicht eine substantielle, sondern mehr eine pneumatische.

Auch das Kommunionsgebet ist erwähnenswert. Es lautet folgendermaßen: »Bei Deinem geheimnisvollen, wunderbaren Mahle, o Gottessohn, nimmst Du mich heute als Tischgenossen an. Nie will ich je Deinen Feinden dieses Geheimnis verraten. Keinen Kuß will ich Dir geben wie Judas, sondern mit dem Schächer bekenne ich Dir: ›Gedenke, Herr, meiner, wenn Du in Dein Reich kommst.‹ Ich glaube, Herr, und bekenne, daß Du wahrhaftig der Christus bist, der Sohn des lebendigen Gottes, der in die Welt gekommen ist, die Sünder zu retten, deren ich der erste bin. Auch glaube ich, daß dieses ist Dein unbefleckter Leib selbst und dieses Dein kostbares Blut selbst.« Während der Kommunion empfängt der Gläubige sowohl Brot wie auch Wein, und der Priester spricht folgende Spendeformel: »Der kostbare und allheilige Leib und das Blut des Herrn und Gottes, unseres Erlösers Jesus Christus, wird dem Knechte Gottes (hier wird der Vorname des Kommunikanten genannt) gespendet zur Vergebung seiner Sünden und zum ewigen Leben. Das hat deine Lippen berührt, es wird deine Missetaten hinwegnehmen und dich von deinen Sünden läutern.«

Daß der Chor nach der Kommunion feierlich singt: »Wir haben das wahrhaftige Licht gesehen« ist noch ein weiterer Beweis dafür, daß die orthodoxe Frömmigkeit das Schauen der Herrlichkeit Gottes anstrebt. Es mag sein, daß diese Tatsache Gefahren in sich birgt und daß einem religiösen Egoismus und einer Ekstase Vorschub geleistet wird, die sich dann auf Kosten des prophetischen Charakters des Christentums entwickelt, wie z. B. bei den Hesychasten. Diese Begegnung des Menschen mit der Herrlichkeit Gottes kann aber zur Quelle eines neuen Mutes zum Sein und zum Handeln in der Gesellschaft werden, und so stellt sie eine einmalige Kraft dar, die dem orthodoxen Gläubigen eine dauerhafte Freude und eine positive Einstellung zum Leben schenken kann.

Der orthodoxe Christ wartet nicht wie sein Bruder im Westen auf die zweite Parusie Christi, um die Herrlichkeit zu schauen und zu erleben. Kraft seiner Christologie, die, wie wir sahen, nur einen triumphierenden Christus kennt, kann er das Angesicht Gottes in dieser Welt erleben, da er die Möglichkeit hat, durch das liturgische Leben, die Gnadenkräfte Gottes lebendig zu verspüren. Von daher wird verständlich, daß die Lehre der orthodoxen Kirche von den letzten Dingen (Eschatologie) [11] freundlichere Züge trägt als die des Westens. Eine Lehre vom Purgatorium oder Fegefeuer kennt die orthodoxe Kirche nicht, und die ewige Strafe wird nicht mit materiellem Feuer in Verbindung gebracht. Den guten Menschen erwartet die Unvergänglichkeit (aphtharsia) des Leibes, und er wird der von Christus stammenden unaufhörlichen Freuden teilhaftig. Der triumphierende Christus der orthodoxen Kirche bleibt Sieger über Leben und Tod, wobei jeder echte Gläubige an diesem Sieg schon in diesem Leben teilnehmen kann mit der festen Hoffnung, daß Gott, der der Gott der Liebe ist, ihm auch die endgültige und ewige Teilnahme an seiner Herrlichkeit schenken wird.

V.

Eng mit der Christologie, d. h. mit der Lehre von Christus, ist auch die Lehre von der Kirche (Ekklesiologie) [12] verbunden, da die Kirche als Leib Christi verstanden wird. Der griechische Dogmatiker Johannes Karmiris formuliert es so: »Ihrem Wesen nach ist die Kirche ein lebendiger gottmenschlicher Organismus, der Leib Christi, in welchem der Gottmensch Christus sich mit allen gerechtfertigten und geretteten Christen – den Lebenden und den Verstorbenen – organisch vereint, ebenso wie in der Person Christi die göttliche und menschliche Natur hypostatisch vereint sind, denn schon bei der göttlichen Inkarnation wurde die ganze Menschheit als ein organisches Ganzes in der menschlichen Natur Christi miteingeschlossen und zusammengefaßt.« [13] Aus dieser Formulierung ergibt sich, daß die Kirche aus zwei großen Teilen besteht, der sichtbaren und unsichtbaren, sie bleibt jedoch wesentlich ein organisches Ganzes. So vermeidet die orthodoxe Kirche eine Überbetonung des konstitutionellen Charakters der sichtbaren Kirche als rechtlicher Anstalt, die zur Heilsaneignung der Sünder nötig ist.

Was die sichtbare Kirche und ihre Organisation angeht, so interessieren uns hier zwei wesentliche Punkte, die zur Eigenart der Ostkirche gehören, a) der sogenannte »demokratische« Charakter der Kirchenverfassung und b) die Beziehungen zwischen Kirche und Staat und die mit ihnen verbundene Entstehung der Nationalkirchen des Ostens. Die Demokratie gehört zum Wesen der orthodoxen Kirche, da sie niemals die absolute Herrschaft einer Person über die gesamte Kirche geduldet hat. Ein Beweis dafür ist die vor dem Schisma existierende »Fünfherrschaft« (Pentarchie) der fünf Patriarchate von Rom, Konstantinopel, Alexandria, Jerusalem und Antiocheia und auch die Existenz der autokephalen, d. h. selbständigen Kirchen, die als solche jeden Primatanspruch ausschließen.

Das synodale System ist ebenfalls ein lebendiges Zeichen des demokratischen Geistes in der Kirche des Ostens. Aber auch die Entscheidungen der Synoden oder sogar eines Ökumenischen Konzils müssen, um gültig zu sein, von der Kirche in ihrer Gesamtheit angenommen werden. In diesem Sinne wird auch das Dogma und seine Gültigkeit im Osten anders als im Westen verstanden. Es genügt nicht, daß ein Dogma von einem Ökumenischen Konzil festgestellt wird. Um gültig zu sein, muß dieses Dogma seitens aller auf dem Konzil vertretenen Kirchen anerkannt werden, wobei hinzugefügt werden muß, daß diese Kirchen im Sinne einer Einheit von Geistlichen (kleros) und Laien (laos) vertreten werden müssen. Die in der römisch-katholischen Kirche durchgeführte Trennung der Gläubigen in zwei Gruppen, in Mönche und Priester und Laien, eine Unterscheidung, die seit dem Mittelalter so deutlich in Erscheinung tritt, ist im Rahmen der Ostkirche völlig undenkbar. Die Berechtigung der Laien zu predigen und die Tatsache, daß ein Gottesdienst ohne die Teilnahme der Laien nicht stattfinden kann, sind zwei von vielen Beispielen, die die Gleichberechtigung der Laien und der Geistlichen sehr deutlich zeigen.[14]

Unter Laien verstehen wir alle nicht ordinierten Gläubigen, besonders die Laientheologen, die nicht ordinierte Volltheologen sind. Am besten offenbart sich ihre Macht in der Kirche Griechenlands, die zweifelsohne ihre gesamte heutige geistliche und geistige Entwicklung diesen Laien zu verdanken hat. Als es nach der Befreiung Griechenlands von dem türkischen Joch um die Bildung und das allgemeine Niveau der griechischen Priester sehr schlecht stand und als um dieselbe Zeit das Neue Testament noch so gut wie unbekannt war für die Menge des Volkes, waren es die Laien, die eine geistige und geistliche Erneuerung der Kirche Griechenlands einleiteten. Es genügt hier, die bekannte Laienbewegung »Zoe« (Leben) zu erwähnen, die der griechischen Frömmigkeit neuen Auftrieb gab. Und obwohl diese Bewegung starke pietistische Tendenzen zeigte und noch zeigt und keine großen Erfolge im sozialen, politischen, wirtschaftlichen und kulturellen Leben verbuchen konnte, ging von ihr eine neue christliche Gesinnung aus, die andere fortschrittlichere Gruppen dann übernahmen.

Unter den ca. zwanzig Professoren der theologischen Fakultäten der Universitäten von Athen und Thessaloniki gibt es nur einen Priester. Alle anderen sind Laientheologen, die nicht nur den gesamten theologischen Nachwuchs ausbilden, sondern auch die ganze neugriechische Theologie prägen. Sie sind führend in allen kirchlichen Ausschüssen, und sie sprechen ein entscheidendes Wort in allen kirchlichen und dogmatischen Angelegenheiten mit. Die Entstehung einer organisierten Inneren Mission der Kirche Griechenlands nach dem zweiten Weltkrieg (Apostolike Diakonia tes Ekklesias tes Hellados) ging ebenfalls auf eine Initiative der Laientheologen zurück, und bis jetzt waren in der Leitung zwei Universitätsprofessoren tätig. Es scheint mir keine Übertreibung zu sagen, daß die Kirche Griechenlands ohne ihre Laientheologen geistlich stagnieren würde. Die tieferen Gründe für dieses Phänomen kann ich in diesem Rahmen nicht erörtern. Dazu bedürfte es der Untersuchung der religionssoziologischen Grundlage der Entstehung der neugriechischen christlichen Laienbewegung in Griechenland und ihrer Bedeutung, die hoffentlich eines Tages unternommen wird.[15]

VI.

Eine weitere Eigenart der griechisch-orthodoxen Kirche betrifft die Beziehungen zwischen Staat und Kirche. Die wichtigste Feststellung in dieser Hinsicht scheint mir, daß die orthodoxe Kirche keine Dyarchie, d. h. eine geistliche und weltliche Teilherrschaft kennt; eine Tatsache, die sie grundsätzlich von der römisch-katholischen Kirche scheidet. Es war also immer ein großer Fehler, daß man auf die Zustände in Byzanz die Bezeichnung »Cäsaropapismus« anwandte. Die ideale Form der Beziehungen zwischen Staat und Kirche sollte im ostkirchlichen Raum die »synallelia« sein, das ist eine Zusammenarbeit der beiden Institutionen zum Wohle der Menschen, ohne daß dabei die Kirche über oder unter dem Staate steht.

Diese ideale Form hat es jedoch nie gegeben. Schon in Byzanz entstand auf Grund der These von der »Nachahmung« (mimesis) des Reiches Gottes im Staate Konstantins, die *Eusebius von Cäsarea* prägte, und auf Grund der Praefatio zur 6. Novelle des Corpus Juris Justinians I., wo die Kirche (sacerdotium) und der Staat (imperium) als gleichgestellte Gaben Gottes beschrieben werden, eine Verbindung zwischen Staat und Kirche, die sich entweder auf Kosten der Kirche oder des Staates gestaltete. Hinzu kommt, daß der Kaiser als Stellvertreter Gottes (vicarius Dei) in seiner Person beide Eigenschaften, die des Priesters und des Königs, vereinigte. Somit stärkte sich die staatliche Oberhoheit über die Kirche, obwohl die beiden Sphären Staat und Kirche eine gewisse Selbständigkeit bewahren, wie unter anderem die Existenz der Kaisergesetze (nomoi) und der kirchlichen Gesetze (kanones) beweist.[16]

Mit dem Niedergang des byzantinischen Reiches jedoch wuchs zugleich das schon vorhandene nationale Bewußtsein innerhalb der orthodoxen Kirchen, und sie wurden, da sie immer »Volkskirchen« geblieben waren, allmählich eng verquickt mit den neu entstehenden Nationalstaaten. Am deutlichsten tritt dieses Phänomen in Rußland vor der Revolution in Erscheinung und auch im heutigen Griechenland. Von diesen beiden Kirchen mußte die erstere ihre enge Verbindung mit dem Staat sehr teuer bezahlen, da sie dem Kommunismus die Möglichkeit bot, sie als Mitläuferin und Mitarbeiterin des antisozialen und vom Volke gehaßten zaristischen Systems zu verfolgen. Aber auch die Kirche Griechenlands verliert viel an Autorität, da sie als Staatskirche dem Staate, besonders auf dem sozialen Gebiet, nicht als geistige und geistliche Macht unabhängig und kritisch gegenübertreten kann.

Die Existenz der Nationalkirchen, dieses interessante religionssoziologische Phänomen im ostkirchlichen Raum, birgt zwei weitere große Gefahren in sich. Erstens wird die Entstehung einer Orthodoxie universalen Charakters mit universaler Geltung verhindert, und zweitens führt dies zu einer Verbindung von Kirche und Volkstum, die trotz mancher positiver Erscheinungen die Orthodoxie weiterhin auf dem Niveau einer »Volkskirche« hält.

Um allen Seiten gerecht zu werden, möchte ich die eben erwähnten »positiven Ergebnisse« der Verbindung zwischen Kirche und Volkstum und Nationalismus kurz erklären. Die beste Möglichkeit dazu bietet die griechische Geschichte. Hier hat die Kirche zur Erhaltung des nationalen

Bewußtseins und des orthodoxen Glaubens während der vierhundertjährigen türkischen Besatzung Entscheidendes geleistet. Es waren Mönche und Priester, die als Erzieher und geistige Führer, oft als Märtyrer, dem Volk das Beispiel gaben, sein Griechentum und seinen Glauben nicht aufzugeben, und es war die »Volkskirche«, die als eine neue Arche Noah Glauben und nationales Bewußtsein bewahrte, um sie der freigewordenen griechischen Nation zu schenken als Grundsteine für den Wiederaufbau der neugriechischen Kultur nach dem Sturz der Türkenherrschaft. Trotz der Anerkennung der Verdienste der »Volkskirche« darf man aber m. E. nicht außer acht lassen, daß in unserer Zeit, wo die geistige und geistliche Welt auf internationaler Ebene sich gegen den Materialismus östlicher und westlicher Prägung zu behaupten versucht, die Orthodoxie als »Volkskirche« wenig Chancen hat. Ihre Eigenart, ihre besondere geistige und geistliche Kraft kann nur als universale Macht in der Welt von heute bestehen.[17]

VII.

Die Notwendigkeit einer Orthodoxie mit universaler Geltung erinnert uns an eine letzte, allerdings negative Eigenart der orthodoxen Kirche, und zwar an das vollständige Fehlen einer systematischen Sozialethik und -lehre.[18] Darunter darf allerdings nicht verstanden werden, daß die orthodoxe Kirche – wie so oft aus Unkenntnis behauptet wird – kein Interesse zeige an dieser Welt und ihren Problemen oder daß sie die materielle Not und das soziale Elend überhaupt ignoriere.

Sowohl die Dogmatik wie auch das liturgische Leben der orthodoxen Kirche tragen einen sehr starken sozialen Zug. Die großen Kirchenväter der griechisch-orthodoxen Kirche, vor allem *Johannes Chrysostomos* und *Basilios der Große*, sind die Vorläufer eines christlichen »Kommunismus der Liebe«, da sie die Bruderschaft und Gleichheit der Menschen unter einem Vater, nämlich Gott, predigten, und da sie die Gegensätze Reichtum–Armut mit scharfen Worten angriffen. Überhaupt liegt das Ideal der orthodoxen Kirche in der Betonung der Liebe und ihrer Betätigung in der Bruderschaft. Entsprechend dieser Überzeugung haben Kirche und Mönchtum in Byzanz eine umfangreiche soziale Tätigkeit zur Linderung des sozialen Elends entwickelt, so daß man mit Recht behaupten kann, daß in Byzanz die Kirche die Verantwortung trug für die Bereiche, die heute in einem modernen Staat den drei Ministerien für Erziehung, Wohlfahrt und öffentliche Gesundheit obliegen.

Wenn wir also von einem völligen Fehlen einer Sozialethik und -lehre in der Ostkirche sprechen, so meinen wir damit nicht, daß diese Kirche nicht imstande wäre, eine solche Ethik und Lehre zu entwickeln, sondern daß sie es noch nicht getan hat. Historische Gründe und ein falsches Verständnis der Tradition sind die Ursachen dieser Situation. Zu den historischen Gründen zählen unter anderem die jahrhundertelange Besetzung orthodoxer Länder durch antichristliche Mächte und die wirtschaftliche

Entwicklung dieser Länder, die sich von der der Länder des Westens unterschied. Im Osten entstand nie ein Proletariat im westlichen Sinne, so daß das soziale Problem in seinem akuten modernen Sinn nie auftrat. Die enge Verbindung von Kirche und Volkstum hat auch etwa in Griechenland den Mangel an einer kirchlichen Soziallehre und -ethik noch nicht so stark in Erscheinung treten lassen, da die Kirche durch ihre bloße Existenz und ihr liturgisches Leben das Volk unter ihrem Einfluß behalten konnte. Allerdings hat die Situation und die Entwicklung in Rußland bereits bewiesen, daß die orthodoxe Kirche, wenn sie ihren Glauben nicht im täglichen und sozialen Leben betätigen kann und will, alles verlieren wird. Es ist m. E. kein Zufall, daß der Kommunismus sich in einem orthodoxen Land entwickelte. Seine Parole, die Religion sei das Opium des Volkes, konnte nur dort Anklang finden, wo die Kirche tatsächlich als Mitläuferin eines antisozial eingestellten Staates keine eigene Stellungnahme bezog zur sozialen Frage.

Das falsche Verständnis der Tradition liegt darin, daß die orthodoxe Kirche durch ihre Lehre der Kirchenväter und durch ihre Dogmatik und vor allem durch ihre Christologie und Anthropologie eine erfolgreiche *innerweltliche* Askese entwickeln könnte, sich aber im Gegenteil von dem sozialen Sinn ihrer Lehre entfernte und sich in der Richtung einer einseitigen *außerweltlichen* Askese[19] entwickelte. Das Mönchtum, das, wie wir sahen, der Träger ostkirchlicher Frömmigkeit ist, erleichterte die außerweltliche Askese, da es sich den Grundprinzipien der Regeln des *Basilios des Großen*, die einen ausgesprochen sozialen Charakter haben, verschloß. Zugleich wurde die gesamte Theologie des Ostens zu einer rein spekulativen Theologie, und die Idee einer Durchdringung aller Bereiche des sozialen, wirtschaftlichen und politischen Lebens mit dem christlichen Glauben wurde bis jetzt nie zum Thema ernster theologischer Arbeit.

Die echte ostkirchliche Tradition besteht in der in der orthodoxen Kirche herrschenden Idee von einer Verbindung zwischen Autorität und Freiheit und in den sozialen Ideen, die in den Schriften der großen Väter der Kirche und in ihren dogmatischen Aussagen zu finden sind und in den Prinzipien der Philanthropia, der Liebe, der Brudergemeinschaft und in der Erneuerung der Welt durch die Vergottung. Sie verhindert keinesfalls eine Betätigung des Glaubens in der Gesellschaft auf Grund einer systematischen Sozialethik und -lehre. Im Gegenteil könnte diese Tradition erneuert, gereinigt und den Erfordernissen unserer Zeit angepaßt, nicht nur den orthodoxen Kirchen helfen, ihre sozialen Aufgaben zu bewältigen, sondern sie würde auch als universale Macht die reiche soziale Lehre und Tätigkeit der übrigen Konfessionen bereichern und ergänzen.

Was die Modernisierung der orthodoxen Kirchen, im positiven Sinne verstanden, und ihre Entwicklung zur sozialen Macht verhindert, ist nicht die Tradition, sondern der Traditionalismus, der schwer zu überwinden ist. Man muß an die liturgischen Reformen des Patriarchen Nikon in Rußland denken, die, obwohl gering und von sekundärer Bedeutung, eine Spaltung (Raskol) der russisch-orthodoxen Kirche verursachten, oder man denke an die Einführung des Gregorianischen Kalenders in Griechenland, die wiederum zu einer Spaltung führte. Hieran wird deutlich, daß der Traditionalismus kein leicht zu überwindendes Hindernis ist bei der Erneuerung und Modernisierung der Kirchen des Ostens. Die Entstehung einer sozialen Lehre und Ethik im Rahmen der Ostkirche würde Anpassung und scharfe Kritik bedeuten, und so wird es noch lange dauern, bis auf diesem Gebiet etwas geschieht. Allerdings hoffe ich, daß durch die rasche wirtschaftliche und soziale Entwicklung der Länder des Ostens und die Begegnung der Orthodoxie mit den Kirchen des Westens im Rahmen der ökumenischen Bewegung die Überwindung des Traditionalismus mit seiner starken orientalischen Färbung beschleunigt wird.

VIII.

Im Vorangehenden haben wir das Wesen und die Eigenart der orthodoxen Kirche umrissen. Es zeigt uns überzeugend, daß es sich hierbei um keine exotische oder merkwürdige Kirche handelt, die die falschen Vorstellungen des Westens über die Ostkirche rechtfertigen könnte. Vor allem sollten wir uns davor hüten, die orthodoxe Kirche mit einseitigen Bezeichnungen zu belegen, wie etwa die »johanneische Kirche«, oder sie in Verbindung zu bringen mit sentimentalen Vorstellungen wie z. B. der der »russischen Seele«. Die orthodoxe Kirche ist eine Kirche wie die anderen, wobei diese Behauptung durch das Selbstverständnis der Ostkirche, daß sie die Una Sancta ist, eingeschränkt wird. Sie hat eine bewegte Geschichte und eine ausgeprägte Lehre, die durch ihre Umgebung und Art des Denkens bedingt ist.

In ihrem Verhältnis zu den Kirchen des Westens hat sich die orthodoxe Kirche immer freundschaftlich gezeigt, wenn auch zuweilen mißtrauisch. Die freundschaftliche Bereitschaft fand ihren besten Ausdruck in ihrer Mitwirkung in der ökumenischen Bewegung.[20] Sie ist dadurch zu erklären, daß für die Orthodoxen die Kirche das universelle Leben der Liebe und der Einheit ist. Die orthodoxe Kirche, die jeden Tag und in jedem Gottesdienst für die Einheit betet, hat von Anfang an, wie u. a. die Ekklesiologie ihrer großen Kirchenväter beweist, die Einheit als das wertvollste Element der Kirche betrachtet, und sie kann deshalb den Bestrebungen um diese Einheit nicht gleichgültig gegenüberstehen. Sie fühlt sich zugleich verpflichtet, als die älteste Kirche ihren Glauben überall in der Welt bekannt zu machen, und deshalb nutzt sie jede Gelegenheit aus, die ihr zu einem fruchtbaren Kontakt mit den Andersgläubigen geboten wird.

Andererseits ist die Ostkirche den westlichen Kirchen gegenüber mißtrauischer geworden, und zwar wegen der Proselytenmacherei mancher westlicher Kirchen im Osten. Es kommt die geschichtliche Belastung der Beziehungen zwischen den Griechen und Lateinern hinzu, die sich vor allem durch die Kreuzzüge und die Entstehung der sogenannten »Union der orthodoxen Kirchen mit der römisch-katholischen« auf dem Unionskonzil von Ferrara-Florenz vertieften. Dies ist auch der Grund, warum bis nach dem Zweiten Vatikanischen Konzil keine engeren Beziehungen und Kontakte zwischen der römisch-katholischen und der orthodoxen Kirche bestanden haben, wie u. a. die auffallende Abwesenheit von Beobachtern der griechisch-orthodoxen Kirche auf dem Ökumenischen Konzil in Rom zeigte. Obwohl die orthodoxe Kirche besonders im Bereich der wichtigsten dogmatischen Aussagen vieles mit der römischen Kirche gemeinsam hat, kann man bis heute höchstens den Ausdruck »Beziehungen« auf die Kontakte mit Rom anwenden, während man bestimmt von einer »Teilnahme an der ökumenischen Bewegung«, die ja überwiegend protestantischen Charakter hat, sprechen kann. Die politischen Gründe und das gegenseitige Mißtrauen haben immer jeden Versuch für bessere Beziehungen verhindert. Deshalb kann man mit Recht sagen, daß das Problem der »Epikoinonia« der orthodoxen Kirche mit anderen Kirchen immer im besonderen ein Problem des Kontaktes mit den reformierten Kirchen des Westens war.

Als die ökumenische Bewegung 1920 ihre ersten Schritte in Genf machte, bedeutete das Erscheinen der orthodoxen Geistlichen dort eine echte Sensation. Ein schönes Bild der Eindrücke, die die westlichen Vertreter von ihren Brüdern des Ostens empfingen, vermittelt uns Adolf Keller. Er schreibt: »Die drei Abgesandten – es handelte sich hierbei um drei Geistliche der griechisch-orthodoxen Kirche, die an den Vorbesprechungen der ›Life-and-Work‹-Konferenz (9.–12. August 1920) teilnahmen – erschienen uns wie die Weisen aus dem Morgenland in ihrer fremdartigen schwarzen Kleidung, mit den hohen Hutröhren auf dem Kopf und beträchtlichen Bärten, die im Morgenland zur Würde eines Erzbischofs gehören. Oft ist mir die Würde solcher imposanter Bärte an orthodoxen Konferenzen und auch im Katharinenkloster auf dem Berge Sinai ausdrücklich geworden, besonders wenn bei der Begrüßung die Besucher von diesen Würdenträgern in die unergründliche Tiefe ihrer Bärte gedrückt werden, mit dem Friedenskuß ihrer Kirche.«[21] Leider fällt auf, daß ausgerechnet die äußere Erscheinung, die mit dem Wesen der Orthodoxie nichts zu tun hat und die im Gegenteil auf orientalische Einflüsse zurückgeht, beeindruckte. In Neu-Delhi (1961) allerdings, nach ca. 40 Jahren Mitarbeit der orthodoxen Kirche in der ökumenischen Bewegung, war man an die äußerliche Eigenart der Ostkirche gewöhnt, und man sah in ihr die älteste Kirche, die im Bereich des Glaubens und der Kirchenverfassung Wesentliches zur Ökumene beitragen kann.

Wir leben in einer Zeit, wo das gegenseitige Kennenlernen der Kirchen ein echtes Bedürfnis geworden ist, und wo das Nebeneinander- und Miteinanderleben in gegenseitigem Respekt zu einer realen und greifbaren Voraussetzung einer Vereinigung der Kirchen wird. In unserer »ökumenischen Zeit« sollte man nie vergessen, daß jedes Volk, genau wie jeder einzelne, das Heilige auf verschiedene Art und Weise erlebt und aufnimmt. Der eine legt z. B. viel Wert auf eine Vergegenwärtigung und Vergegenständlichung des Heiligen, während der andere mehr zur religiösen Verinnerlichung neigt. In diesem Sinne sollten auch die sogenannten Ost-West-Gegensätze verstanden werden, die nicht mehr als »Gegensätze« existieren würden, wenn man sie als die natürlichen Eigenarten der beiden Teile der Welt sehen könnte. Unter diesen Umständen würde auch der Begriff der Tradition anders interpretiert werden, und man vermiede die hartnäckige und unreale Forderung der einen oder anderen Kirche auf eine Uniformität der Tradition als Voraussetzung kirchlicher Einheit.

Zusätzliche Literatur

Beck, Hans-Georg, Kirche und theologische Literatur im byzantinischen Reich, München 1959.
Benz, Ernst, Geist und Leben der Ostkirche, Hamburg 1957.
Benz, Ernst, Die russische Kirche und das abendländische Christentum, München 1966.
Ivánka, Endre von, u. a. (Hrsg.), Handbuch der Ostkirchenkunde, Düsseldorf 1971.
Savramis, Demosthenes, Zur Soziologie des Byzantinischen Mönchtums, Leiden/Köln 1962.
Savramis, Demosthenes, Ökumenische Probleme in der Neugriechischen Theologie, Leiden/Köln 1964.
Savramis, Demosthenes, Die soziale Stellung des Priesters in Griechenland, Leiden 1968.
Smolitsh, Igor, Geschichte der russischen Kirche (1700–1917), Leiden 1964.
Zernov, Nicolas, Eastern Christendom: A Study of the Origin and Development of the Eastern Orthodox Church, London 1961.

Fußnoten

1 Über die byzantinische Kirche orientiert man sich am besten an Hand des mit reicher Literatur versehenen Werkes von Hans Georg *Beck*: Kirche und theologische Literatur im byzantinischen Reich, München 1959.
2 Vgl. dazu auch Demosthenes *Savramis*, Das Apostelkollegium, in: Hellenika, III/1966, S. 32–34.
3 Mehr darüber siehe bei Johannes *Karmiris*, Abriß der dogmatischen Lehre der orthodoxen katholischen Kirche, II. Die Theologie der göttlichen Ökonomie: 1. Die Person *Jesu Christi*, in: Die orthodoxe Kirche in griechischer Sicht, hrsg. von Panagiotis *Bratsiotis*, Stuttgart 1959, 1. Teil, S. 56 ff.
4 So *Athanasios der Große*, *Migne* P. G. 25, 192. Siehe auch a.a.O. 26, 92/3, 248, 296, 397.
5 Literatur und Belege dazu bei Johannes *Karmiris*, a.a.O. S. 40 ff. und 62 ff.
6 Vgl. dazu das klassische Werk von Vladimir *Lossky*, Die mystische Theologie der morgenländischen Kirche, Graz 1961; englisch: The mystical Theology of the Eastern Church, London 1957; französisch: Essai sur la Théologie Mystique de l'église d'Orient, Aubier 1944.
7 Siehe dazu Demosthenes *Savramis*, Zur Soziologie des byzantinischen Mönchtums, Leiden/Köln 1962, und die dort (S. 95–99) angeführte Literatur.
8 Ich verweise dazu auf die schmale, aber wertvolle Schrift G. *Wunderles*: Um

die Seele der heiligen Ikonen, Würzburg 1947[3]. Siehe auch Konrad *Onasch:* Ikonen, Berlin 1961 (Lit. auf S. 413 ff.).

9 Vgl. Demosthenes *Savramis,* Der abergläubische Mißbrauch der Bilder in Byzanz, in: Ostkirchliche Studien, 9, 1960, S. 174–192.

10 Vgl. dazu Panagiotis *Trembelas,* Der orthodoxe christliche Gottesdienst, in: Die orthodoxe Kirche in griechischer Sicht (siehe Anm. 3), 1. Teil, S. 157–168.

11 Vgl. dazu Johannes *Karmiris,* a.a.O. S. 112 ff. (= II, 5: Die letzten Dinge).

12 Siehe a.a.O. S. 85 ff. (= II, 3: Die Kirche).

13 A.a.O.

14 Vgl. dazu Demosthenes *Savramis,* Die soziale Stellung des Priesters in Griechenland, Leiden 1968, und bes. VI/I, Der Priester und die nichtordinierten Theologen (S. 120–130; reiche Literatur zum Thema: Die Stellung der Laien in der orthodoxen Kirche auf S. 120, Anm. 1).

15 Vgl. Demosthenes *Savramis,* Christlicher Glaube und soziale Wirklichkeit in Griechenland, in: Kyrios 4, 1964, S. 137–150 und in: Christlicher Glaube und Ideologie, hrsg. von Klaus v. *Bismarck* und Walter *Dirks,* Stuttgart/Berlin/Mainz 1964, S. 126–132 (gekürzte Fassung).

16 Siehe dazu die ausgezeichnete Arbeit des Historikers Anton *Michel,* Die Kaisermacht in der Ostkirche (843–1204), Darmstadt 1959 (unveränderter photomechanischer Nachdruck aus: Ostkirchliche Studien 2, 1953, S. 1–36, 89–109; 3, 1954, S. 1–28, 133–163; 4, 1955, S. 1–42, 221–260; 5, 1956, S. 1–32).

17 Vgl. auch Demosthenes *Savramis,* Der universale Charakter der Orthodoxie, in: Ostkirchliche Studien 11, 1962, S. 14–26.

18 Siehe Demosthenes *Savramis,* Die Möglichkeit einer orthodoxen Sozialethik, in: ders., Aus der neugriechischen Theologie, Würzburg 1961, S. 80–99. Vgl. ferner ders.: »Ora et labora« bei Basilios dem Großen, in: Mittellateinisches Jahrbuch, Band II (Festschrift für Karl *Langosch*), Köln 1965, S. 22–37, und in: Kyrios 6, 1966, S. 129–149.

19 Vgl. Demosthenes *Savramis,* Max Webers Beitrag zum besseren Verständnis der ostkirchlichen »außerweltlichen« Askese, in: Max Weber zum Gedächtnis, hrsg. von René *König* und Johannes *Winckelmann* (= Sonderheft 7 der Kölner Zeitschrift für Soziologie und Sozialpsychologie, Köln/Opladen 1963, S. 334–358).

20 Zum folgenden vgl. Demothenes *Savramis,* Ökumenische Probleme in der neugriechischen Theologie, Leiden/Köln 1964, ders.: Der Beitrag der Laien für die ökumenische Öffnung der griechisch-orthodoxen Kirche, in: Ostkirchliche Studien, 15, 1966, S. 308–327, und ders.: Ostkirche und Ökumene in Vergangenheit und Zukunft, in: Hellenika II/67, S. 51–54. Die um die ökumenische Bewegung entstandene ostkirchliche Literatur stellte Basilios *Stavirdis* zusammen (vgl. Stavridis, B.: Die griechisch-orthodoxe Bibliographie zur ökumenischen Bewegung, in: Aus der neugriechischen Theologie [siehe Anm. 18], S. 137–150. Auch neugriechisch [Athen 1960] als Sonderdruck aus: Theologia 30, 1959, S. 579–596).

21 Siehe: Ökumenische Profile: Brückenbauer der einen Kirche, hrsg. von Günther *Gloede,* I. Band Stuttgart 1961, S. 304.

3. Katholizismus

Friedrich Heiler

Die Wesensmerkmale des Katholizismus *

Als ein Riesengebilde von sinnenverwirrender Mannigfaltigkeit steht der Katholizismus vor unserem Auge.[1] Seine ungeheure Ausdehnung erregt nicht minder unser Staunen als seine bunte Vielgestaltigkeit. Der Katholizismus ist nicht nur das gewaltigste, sondern auch das widerspruchsreichste religiöse System, das die Welt je gekannt. Die größten Gegensätze, die ein Mensch sich denken kann, sind in ihm vereinigt: roher Aberglaube und reinste Gotteserkenntnis, sinnliche Riten und übersinnliche Ekstasen, kultische Pracht und schlichte Herzensfrömmigkeit, nüchterne Verstandestätigkeit und glühende Begeisterung, kaltes Recht und warme Menschenliebe, weltbeherrschende Macht und weltentsagende Armut, grausamer Gewissenszwang und herrliche Geistesfreiheit. Licht und Schatten wechseln ständig, engelhaftes Wesen streitet mit dämonischer Bosheit, göttliche Liebe mit menschlicher Selbstsucht. Den einen ist diese Kirche zur heißgeliebten Heimat geworden, ja, zum Himmel auf Erden, den anderen wiederum zum qualvollen Kerker, ja, zur Hölle. Die einen preisen sie als die liebende Mutter, von der sie alles Köstliche empfangen haben, die andern schmähen sie als die grausame Tyrannin, die ihnen das Heiligste zertreten. Für die einen ist sie Christi Braut, die aeiparthenos und parthenometer, für die andern die babylonische Hure, die »trunken ist vom Blut der Heiligen«. Den einen ist sie die Hüterin der höchsten menschlichen Kulturgüter, den anderen hingegen die große Feindin des Kulturfortschritts. Bis zum heutigen Tage streiten sich Liebe und Haß beim Urteil über diese Kirche. Wo liegt die Wahrheit? Wo ist das Wesen dieses rätselhaften und widerspruchsreichen Gebildes zu suchen? Ist es ein bloßes unorganisches Konglomerat verschiedenartiger Erscheinungen oder wirkt hinter den phänomenalen Gegensätzen ein einheitliches Grundprinzip? Sind wir mit unseren wissenschaftlichen Mitteln imstande, dieses Grundprinzip zu erfassen, oder hat Tyrrell recht, wenn er sagt: »Wir werden nie genau wissen, was der Katholizismus eigentlich sagt?«[2] Und inwieweit hat die Wesensdefinition Gültigkeit, welche die Kirche selbst gibt, indem sie sich als gottgestiftete und gottgeleitete Heilsanstalt bezeichnet?

* Aus: Friedrich *Heiler*, Der Katholizismus: Seine Idee und seine Erscheinung. S. 595–621, Ernst Reinhardt Verlag, München/Basel 1970 (zuerst 1923). Abdruck mit freundlicher Genehmigung des Verlages.

Das »Wesen des Katholizismus« – des größten und kompliziertesten religiösen Organismus, den die Geschichte kennt – ist die denkbar schwierigste Aufgabe der Religionswissenschaft. Und doch darf sie auch vor dieser letzten Aufgabe nicht zurückweichen. Ohne eine Antwort auf diese Frage bleibt auch die anschaulichste Beschreibung der einzelnen Erscheinungen des Katholizismus unbefriedigend; sonst hieße es auch hier: »Die Teile habt ihr in eurer Hand, fehlt leider nur das geistige Band.« Die Beantwortung dieser Frage wird erleichtert, wenn wir zuerst versuchen, bestimmte »Wesensmerkmale« ausfindig zu machen. Diese Wesensmerkmale sind aber nicht den sieben Hauptbestandteilen des Katholizismus (Volksreligion, Gesetzesreligion, juridisch-politische Kircheninstitution, rationale Theologie, Mysterienliturgie, Mönchtum und Mystik, evangelisches Christentum) gleichzusetzen, sondern jedes Wesensmerkmal läßt sich an allen diesen Bestandteilen nachweisen. Diese Wesensmerkmale ordnen sich aber sogleich in Gegensatzpaaren: Universalismus und Einheit (und mit diesem ersten Gegensatzpaar eng zusammenhängend die drei weiteren), Kontinuität und Fortschritt, Toleranz und Exklusivität, Gemeinschaftsgebundenheit und Personalismus und endlich Supranaturalismus und Inkarnationalismus oder, einfacher ausgedrückt: Transzendenz und Immanenz im Gottesumgang.

Der hervorstechendste Wesenszug des Katholizismus ist seine Universalität. Diese Universalität ist ebenso zeitlich-räumlich wie geistig-inhaltlich. Die katholische Kirche ist die Weltkirche, die über den ganzen Erdkreis sich erstreckt... Die katholische Kirche ist nicht Volks- oder Nationalkirche, nicht Stände- oder Staatskirche, sondern Völker- und Weltkirche; »da ist nicht Grieche und Jude, Beschneidung und Unbeschnittenheit, Barbar, Skythe, Knecht, Freier« (Kol. 3, 11). Die Universalkirche umfaßt alle Klassen und Stände, alle Rassen und Sprachen, alle Völker und Nationen. Mit heiligem Eifer hat sie immer wieder jede Tendenz zum Landeskirchentum bekämpft, das allezeit die größte Gefahr für den kirchlichen Universalismus bildete. Mit dieser räumlichen Universalität verbindet die katholische Kirche die zeitliche. Alle christlichen Generationen, von der apostolischen bis herauf zur Gegenwart, schließen sich in ihr zusammen. Wie sie nicht Kirche eines einzelnen Volkes sein will, so will sie auch nicht eine Kirche für eine bestimmte Zeit sein, sondern für alle Zeiten.

Der räumlich-zeitliche Universalismus ist aufs engste verbunden mit dem geistig-inhaltlichen. Nur dadurch kann die katholische Kirche die Kirche aller Völker und Zeiten sein, daß sie alle Formen und Stufen des religiösen Lebens in sich aufnimmt, daß sie nach dem Worte des Völkerapostels »allen alles wird«. Schon Cyrill von Jerusalem hat diesen Zusammenhang treffend hervorgehoben:

»Sie heißt katholische Kirche, weil sie über die ganze Welt hin ausgebreitet ist, von einem Ende zum anderen; und weil sie in universaler und vollständiger Weise alle Lehren verkündet... die zur Erkenntnis des Menschen kommen sollen, hinsichtlich der sichtbaren und unsichtbaren, der himmlischen und irdischen Dinge; und weil sie der Gottseligkeit jede Art von Menschen unterwirft, Regierende und Regierte, Gelehrte und Ungelehrte; und weil sie die universelle Heilerin und Pflegerin ... für jede Art von Sünde ist, sei sie mit der Seele oder mit dem Leibe begangen, und in sich selbst jede Form von Tugend hat, in Wort und Tat und in mannigfaltigen geistigen Charismen.«

Die Katholizität, die schon die Väter erfaßten, ist uns heute noch weit eindringlicher zum Bewußtsein gekommen. Je mehr die wissenschaftliche Forschung sich in die Geschichte des Katholizismus wie in die Geschichte der Religion vertieft, desto mehr bewahrheitet sich das Wort des Vinzenz von Lerinum: *Quod ipsa vis nominis ratioque declarat, quae omnia fere universaliter comprehendit* ... Der Altmeister der protestantischen Dogmengeschichte, Adolf Harnack, hat nicht minder beredte Worte für den religiösen Universalismus der Kirche gefunden wie der begeisterte Herold des katholischen Modernismus, George Tyrrell.

»Nehmen Sie den abendländischen Katholizismus mit seinen mittelalterlichen Nebenschößlingen und überschauen Sie ihn in der ganzen Weite seiner Entwicklung. Sie werden finden, daß es kaum eine religiöse Lehre, kaum einen religiösen Ritus gibt, so viele ihrer in der Geschichte aufgetaucht sind, von der demütigsten und zartesten Hingebung an das Heilige bis zur herrschsüchtigen Leidenschaft, die nicht dort ihre Vertreter, ja, sogar ihre Anweisungen und Vorschriften hat. Und von dem reinsten Monotheismus, wie ihn Augustin in den Konfessionen ausprägt, bis zu einer naiven Heiligenverehrung, finden sich hier alle denkbaren Standpunkte wieder. *Die ganze Religionsgeschichte in der Sukzession ihrer Erscheinungen ist auf katholischem Boden gleichsam repetiert und unifiziert; aus dem Nacheinander ist ein Nebeneinander geworden.«* [3]

»Der Katholizismus ist genauer als irgendeine andere Form ein Mikrokosmos der Welt der Religion; wir finden hier beinahe alle religiösen Ausdrucksweisen von der niedersten bis zur höchsten, zusammengedrängt und nach Vereinheitlichung und Zusammenhang strebend; das Ideal der universellen und dauernden Gültigkeit ist hier immer ein ausdrückliches Ziel gewesen.« »Um wahrhaft katholisch zu sein, um im Hinblick auf Menschen aller Gattungen und aller Bedingungen, um für alle Stadien des religiösen Fortschritts einen Erziehungswert zu haben, muß eine Religion alle Perioden der religiösen Idee umfassen, von der niedersten bis zur höchsten und nicht nur ausschließlich die höchste.« »Im Katholizismus liegt das Streben, eine Religion für alle Stufen der geistigen Entwicklung, nicht nur für eine einzige zu sein. Er hat Milch für Kinder und Speise für Erwachsene. Er ist eine Sprache, in der sich der Einfältigste und der Geistreichste über die leichtesten und über die tiefsten Gegenstände mit dem Himmel unterreden kann.« [4]

Der Katholizismus umfaßt nahezu alle religiösen Formen, die in der Geschichte der Menschheit lebendig geworden sind; er umschließt fast alle religiösen Symbole, mit denen die Menschheit das unaussprechliche Geheimnis des Ewigen auszudrücken versuchte; er birgt nahezu alle religiösen Lebenswerte in seinem Schoße, die sich bei den verschiedenen Völkern und in den verschiedenen Zeiten als fruchtbar erwiesen haben. Er besitzt einen religiösen Reichtum, wie er größer kaum gedacht werden kann. Die meisten Söhne und Töchter dieser Kirche sind sich gar nicht bewußt, welch unendlichen Reichtum ihre Mutter ihr eigen nennt. Die ganze Fülle dieser Schätze (die freilich großenteils so gut wie unbenutzt daliegen) vermag erst die Religionsgeschichte zu übersehen, die ihren Blick auf große Dimensionen eingestellt hat, und deren Auge geschärft ist für die Erfassung von komplexen Erscheinungen. Gewiß hat der religiöse Universalismus der katholischen Kirche seine Analogien in der außerchristlichen Religionsgeschichte. Die großen Weltreligionen des Islam und Buddhismus sind ebenfalls »katholische« Religionen, die nicht bei ihrer Urform stehengeblieben sind, sondern sie mit einer Fülle andersartiger Lebensformen zu verbinden suchten, besser gesagt, die auch andere religiöse Auffassungen mit ihrem Sondergut zu durchdringen suchten. Der Islam hat arabische Volksfrömmigkeit, jüdische Gesetzlichkeit und jüdischen Gottesdienst, neuplatonische und indische Mystik, aristotelische Philosophie, römisches Recht, ja, sogar christliche Mönchsdisziplin und christliche Theologie in sich aufgenommen[5], ohne dadurch seinen ursprünglichen Charakter einzubüßen. In ähnlicher Weise hat der Buddhismus in seiner mahâyânistischen Gestalt die Volksreligion des indischen Heimatlandes wie aller Länder, die er eroberte, in sich aufgenommen, desgleichen auch die philosophische Spekulation des Brahmanismus und die personale Liebesmystik des Hinduismus; in Tibet hat der Buddhismus ein reichgefügtes Kirchenwesen geschaffen, das frappierende Ähnlichkeit mit dem römischen aufweist. Aber trotz dieser tief einschneidenden Veränderungen hat auch der Mahâyâna-Buddhismus seine ursprüngliche Eigenart nie gänzlich verloren. Dieselbe universalistische Tendenz, welche die beiden großen Religionen Asiens aufweisen, zeigt der Katholizismus, nur in noch weit stärkerem Maße: die religiösen Erscheinungen, mit denen er in Berührung kam, hat er nie radikal abgestoßen, sondern in irgendeiner Weise in sich aufgenommen. Doch nicht allein alle religiösen; der katholische Universalismus greift viel weiter; er sucht auch die außerreligiösen Komplexe des menschlichen Geistes- und Gesellschaftslebens sich einzugliedern oder mit ihnen in eine innere Harmonie zu gelangen. Nicht nur in allen spezifisch religiösen, sondern auch in allen »profanen« Formen des menschlichen Geistes- und Gesellschaftslebens sieht er das Wirken des einen Gottes ... (1. Kor. 12, 6). Gemäß der paulinischen Losung ... (1. Kor. 3, 23) sucht er alles in seinen Dienst zu stellen, Philosophie und Kunst, Soziologie und Politik. Im Gegensatz zu allem Sektenwesen, allem Pietismus und Mystizismus will der echte Katholizismus das Religiöse nicht in völliger Isolierung vom allgemeinen Kultur- und Geistesleben pflegen, sondern in stetem Austausch und in unaufhörlicher Wechselwirkung mit demselben.

In seinem universellen Drange, alle religiösen, ja, alle Lebenswerte zu umfassen und fruchtbar zu machen, hat der Katholizismus starke Anleihen bei der außerchristlichen Welt gemacht. Er ist der Universalerbe der antiken Religionen, ja, der antiken Kultur. Syrische und ägyptische, griechische und römische, germanische und keltische Volksreligion, jüdische Gesetzesfrömmigkeit und jüdischer Gottesdienst, römische Rechtsweisheit und Staatskunst und römischer Ritualismus, stoische und kynische Ethik, platonische und aristotelische Philosophie, philonische und plotinische Mystik – all diese »heidnischen« Bestandteile hat der Katholizismus sich einverleibt. Schon innerhalb der alt- und neutestamentlichen Religion nehmen diese »fremden« Elemente einen breiten Raum ein: Wieviel platonisches Gedankengut steckt im jüdischen Weisheitsbuch, wieviel hellenistische Mysterienreligion und Mystik in den paulinischen Schriften, wieviel jüdischer Rabbinismus im Matthäusevangelium, wieviel philonische und ägyptische Mystik im johanneischen Evangelium! Und wie das wirkliche Alte und Neue Testament nicht nur ausschließlich »biblische« Religion enthält, sondern gerade in seinen wertvollsten Schriften außerchristliche Einflüsse aufweist, so sind auch die größten katholischen Geister in ihrem Besten vom außerchristlichen Geistesleben abhängig. Justinus Martyr und Clemens von Alexandrien, Origenes und Basilius stehen in der Dankesschuld der griechischen Philosophie, Tertullians Christentum trägt das Gepräge des römischen Rechtsgeistes, Augustin verdankt seinen mystischen Enthusiasmus dem Meister Plotin, Dionysius Areopagita hat das Schrifttum Plotins und seiner späteren Schüler ausgeschöpft, Thomas von Aquino hat Aristoteles zu seinem philosophischen Führer erwählt. Ob dieser starken Abhängigkeit von der außerchristlichen Welt ist dem Katholizismus immer wieder der Vorwurf gemacht worden, er habe das Evangelium verfälscht und verunziert. Gewiß ist vieles an diesem Urteil richtig; die Schlichtheit und Reinheit des Evangeliums Jesu ist so oft durch fremden Zierat verdeckt worden. Aber andererseits liegt gerade in der Übernahme außerchristlicher und außerreligiöser Elemente etwas Grandioses und Wunderbares; sie rückt den paulinisch-johanneischen Gedanken vom universellen Wirken des göttlichen Logos in helles Licht. »Gott hat sich nie unbezeugt gelassen.« ... »Er war das wahre Licht, das alle Menschen erleuchtet, die in diese Welt kommen« (Joh. 1, 9). Gott hat sein Licht nicht nur einem *verschwindend kleinen* Bruchteil der Menschheit leuchten lassen, der Kunde von der Gottesoffenbarung in dem geschichtlichen Christus erhielt, nein, allenthalben offenbart er etwas von seiner ewigen Wahrheit und Weisheit, seiner ewigen Heiligkeit und Liebe. »Der nicht inkarnierte Gott hat einen viel weiteren Wirkungskreis als der inkarnierte, obgleich eine weniger tiefe Botschaft als der inkarnierte; und diese beiden Götter sind einer und derselbe Gott.« Alles Wahre, Gute und Schöne entstammt seiner unendlichen Lebens- und Wertfülle und hat darum Daseinsrecht auch in der »geoffenbarten Religion«. Eben deshalb ist jener große religionsgeschichtliche Prozeß im Katholizismus – die Übernahme außerchristlicher Wahrheitselemente – »im allgemeinen legitim und fruchtbar gewesen«. Wer die Geschichte der außerchristlichen Religionen in ihrer ungeheuren

Ausdehnung durchlaufen hat, wer weiß, daß von zehntausend oder hunderttausend Menschen, die je auf dieser Erde geboren werden, kaum *einer* etwas von der Gottesoffenbarung in Jesus Christus erfährt, der wird gerade durch die Sanktionierung außerchristlichen Religions- und Geisteslebens im Christentum von schwerer Angst und Sorge befreit, »der freut sich aus ganzem Herzen und wird dadurch in seinem Glauben an den allmächtigen und allgütigen Gott bestärkt«. So peinlich das auch für alle engen – im Grunde nur lieblosen – Doktrinäre und Fanatiker (in der römischen wie in den protestantischen Kirchen) klingen mag – der vermeintliche »Paganismus«, d. h. die Aufnahme außerchristlicher Kultformen und Gedanken gehört zu dem, was einen wahrhaft weiten, freien und liebeerfüllten Menschen am allermeisten am Katholizismus anzieht. Gerade dadurch erweist sich dieser als eine jeder Exklusivität entbehrende Menschheitskirche und Menschheitsreligion und ermöglicht ein *communicare orbi terrarum*, eine Gemeinschaft mit der ganzen Welt und Menschheit. George Tyrrell hat diesen Gedanken mit besonderer Begeisterung hervorgehoben:

»Der Katholizismus ist als Religion, als eine der großen Weltreligionen älter als Christus; er ist so alt wie die Menschheit selbst ... Der Katholizismus ist nur der am reichsten entfaltete Zweig an einem Baum, der den Wurzeln der Menschheit selbst entsprossen ist.« »Es scheint uns das, was der katholischen Kirche so oft zum Vorwurf gemacht wird, ihre mannigfache Berührung mit nichtchristlichen Religionen, mit dem Judentum, dem griechisch-römischen und ägyptischen Heidentum und allen von ihnen abhängigen Bildungen – gerade einer ihrer größten Ruhmestitel und Vorzüge zu sein. Wir fühlen gern, wie der Saft des großen Lebensbaumes in unseren Adern aus den verborgenen Wurzeln der Menschheit aufwallt. Dieses Fühlen, sich im letzten Sinne einig wissen mit allen Religionen der Welt, anerkennen, daß sie alle, wie schwach auch immer, erleuchtet sind von dem einen Logoslicht, das unversiegbar den Kampf auch mit der dichtesten Finsternis aufnimmt – das heißt katholisch sein; das heißt sich über den Geist enger Abgeschlossenheit und Sektenbildung erheben, ohne irgendwie in Gleichgültigkeit zu verfallen; das heißt, der Schüler dessen sein, der, während er glaubte, daß das Heil den Juden gehöre, bei dem Samariter und bei den Heiden so starken Glauben fand wie nirgends in Israel.«[6]

Dieser Universalismus entspricht durchaus dem Geiste Jesu, der offen allen Glauben und allen Wahrheitswillen anerkannte, der ihm bei Nichtisraeliten entgegentrat und der den vielen Heiden den Eingang ins messianische Reich verhieß ohne die Zugehörigkeit zum Gottesvolk und ohne ein Bekenntnis zum Messias. Er entspricht in gleicher Weise der urchristlich-paulinischen Missionsweise, die stets an die vorhandene Religion anknüpfte, sie weiterführte, sie korrigierte und läuterte und so zur vollen Gottesoffenbarung in Christo hinleitete ... (Ap.-G. 17, 23).

Der weltumspannende Universalismus, welcher das erste und wichtigste Wesensmerkmal des Katholizismus ist, und der schon in seinem

Namen – kath'holen ten gen – ausgedrückt ist, wird zusammengehalten durch die denkbar stärkste äußere und innere Einheit. Ohne diese Einheit wäre dieser Universalismus ein wirres und ungegliedertes Chaos. Die Gläubigen aller Völker und Zeiten sind in der *una sancta* in gleicher Weise geeint wie die mannigfachen Elemente, die den verschiedenen geistigen Welten entstammen. *Ut omnes unum!* – Diese Losung hat schon der Verfasser des vierten Evangeliums ausgegeben. Und ein Paulusschüler hat den kirchlichen Einheitsgedanken in der rhythmischen Formel ausgesprochen: »Ein Leib und ein Geist, wie ihr auch berufen seid auf einerlei Hoffnung eures Berufes. Ein Herr, ein Glaube, eine Taufe, ein Gott und Vater unser aller, der da ist über euch allen und durch euch alle und in euch allen« (Eph. 4, 6). Ein dreifaches Einheitsband umschließt die Vielheit der Menschen wie die Mannigfaltigkeit der geistigen Werte: *vinculum hierarchicum, vinculum liturgicum, vinculum symbolicum.*

Episkopat und päpstlicher Primat sind die autoritativen Träger des kirchlichen Einheitsgedankens. Durch die Unterordnung unter die Bischöfe und den Bischof der Bischöfe bezeugen alle Gläubigen den Willen zur äußeren Einheit der Kirche. Die straffe Zentralisierung der gesamten kirchlichen Gewalt in der Hand des *pontifex Romanus* hat die äußere Einheit der Weltkirche in hohem Maße befördert, freilich auf der anderen Seite auch viele Schismen und Häresien zur Folge gehabt. Die tiefste Idee, die sich hinter all den Mißbräuchen und Machtbestrebungen des Papalismus verbirgt, ist die Einheit der Universalkirche . . ., der päpstliche Primat ist seiner Idee nach der »persongewordene Reflex der Einheit der ganzen Kirche«.

Noch deutlicher offenbart sich diese Einheit im kirchlichen Kult. Überall auf Erden sind es dieselben sieben Sakramente, durch welche die Kirche die Gnadenschätze, die sie verwaltet, den Gläubigen vermittelt. Wohl unterscheiden sich die mit Rom unierten Kirchen des Ostens in der Kultsprache wie in den Kultformen von der römischen Kirche. Aber diese unierten Kirchen können sich an Ausdehnung und Macht nicht entfernt mit der römischen messen und treten im Gesamtbild der Papstkirche ganz zurück. Die römische Liturgie ist die großartigste Offenbarung der kirchlichen Einheit. Auf der ganzen Erde werden die Sakramente in derselben Form gespendet, wird das eucharistische Mysterium in einer und derselben Weise und in einer und derselben Sprache gefeiert: alle Zeremonien bei der Messe sind dieselben; tagtäglich sind es dieselben Gebete, welche auf der ganzen Erde von den das Opfer feiernden Priestern rezitiert werden. Ein katholischer Christ, der in einem fremden Lande in eine katholische Kirche kommt, findet dort gleich seine religiöse Heimat, hört seine kirchliche »Muttersprache«.

Diese große liturgische Einheit erstreckt sich aber nicht nur über die Gegenwart, sondern umfaßt auch die vergangenen katholischen Geschlechter. Mit denselben Gebeten, die heute im katholischen Gottesdienst gesprochen werden, flehte schon die römische Christenheit zur Zeit Gregors des Großen und Leos des Großen. Ja, manche von den Meßgebeten wie die das eucharistische Hochgebet einleitende Antiphonie (*Sursum corda* usw.) und das sie beschließende Trisagion gehen bis in die ältesten Zeiten der christlichen Kirche zurück. Über Raum und Zeit hinweg vereint sich bei der Feier der Eucharistie die Christenheit zu einer großen Gebetsgemeinde, die dem Ewigen das Opfer des Lobes darbringt.

Die römische Liturgie ist die imponierendste Kundgebung des katholischen Einheitsgedankens; in ihm wird sichtbar nicht nur die Einheit des Sakraments und Gebets, sondern auch die Einheit des Glaubens. Die drei ältesten kirchlichen Glaubenssymbole – das apostolische, das nicänische, das athanasianische – haben in ihr einen Platz gefunden.[7] Im Grunde genommen sind jedoch alle liturgischen Gebete Glaubensbekenntnisse; die Liturgie ist ja »das gebetete Dogma«. Die zentralen Lehrgedanken der Kirche – Schöpfung, Erlösung, Heiligung, Trinität, Inkarnation, Versöhnung, Auferstehung und ewiges Leben – haben in den Bitt- und Preisgebeten der Liturgie eine nicht minder klare und wuchtige Formulierung gefunden wie in den eigentlichen Glaubenssymbolen. Alle liturgischen Gebete sind darum ein ununterbrochenes, machtvolles Credo, ein Bekenntnis der katholischen Frommen zu den großen Offenbarungswahrheiten des Christentums, eine Offenbarung der kirchlichen Einheit.

Das kirchliche Dogma ist aber noch in einer anderen Hinsicht das *vinculum unitatis*; es stellt die Vereinheitlichung aller der verschiedenartigen Grundelemente des Katholizismus dar. Genauso wie die theologischen Genien des Katholizismus – ein Origenes, Augustinus, Thomas von Aquino – die Mannigfaltigkeit der widersprechenden Geisteskräfte, die im Katholizismus wirksam sind, in ein einheitliches Gedankensystem zu fassen versuchten, so sucht auch das katholische Dogma die gegensätzlichen Elemente der Frömmigkeit, des Kirchenwesens und des theologischen Denkens in eine einheitliche, normative Form zu gießen. Für die orthodoxe katholische Auffassung sind die kirchlichen Dogmen *veritates e coelo delapsae*. Sie sind die unter dem Beispiel des heiligen Geistes vollzogene Formulierung *(definitio)* der Heilswahrheiten, die Christus den Aposteln geoffenbart hat. Die Kirche besaß in dem von den Aposteln empfangenen *depositum fidei* den Inhalt aller Dogmen, verkündete aber die einzelnen Dogmen erst, nachdem häretische Neuerer ihre Wahrheit zu leugnen begannen. Weil der Inhalt dieser Dogmen die göttliche Offenbarung ist und ihre Formulierung unter dem Beistande des heiligen Geistes erfolgte, darum gelten die Dogmen als sachlich und formell unfehlbare Wahrheiten. Diese orthodoxe Auffassung, die jede organische Entwicklung des Dogmas ausschließt, ist durch die Dogmengeschichte radikal zerstört worden. Schon Kardinal Newman hat vor mehr als einem halben Jahrhundert die starre Identitätstheorie der Orthodoxie durch eine organische Evolutionstheorie ersetzt. Die dogmengeschichtliche Forschung, die in den letzten Jahrzehnten von katholischen wie protestantischen Gelehrten betrieben wurde, hat immer deutlicher gemacht, daß das katholische Dogma das Produkt eines äußerst langwierigen und höchst komplizierten Prozesses ist. Die theologische Gedankenarbeit hat an der Fassung der Dogmen den stärksten Anteil, aber es ist keineswegs so, als ob das katholische Dogma nur die kirchliche Sanktion bestimmter theologischer Axiome wäre. Das Dogma ist vielmehr die geradezu meisterhafte äußere Formel, in welcher die Kirche alle ihre entscheidenden Lebenskräfte zusammengefaßt hat. Volksreligion, Gesetzesreligion, juridische Kircheninstitution, rationale Theologie, Mysterienliturgie, Mönchtum, Mystik und Evangelium – alle die Wesensbestandteile des Katholizismus sind im Dogma auf einen Generalnenner gebracht. Das Dogma (d. h. die Gesamtheit aller »unfehlbaren« kirchlichen Lehrentscheidungen) ist die abstrakte, begriffliche Hülle, welche die Mannigfaltigkeit des Lebens umschließt; wie dieses Leben im Laufe der Jahrhunderte wuchs und sich ausdehnte, so wuchs auch der Umfang der dogmatischen Definitionen der Kirche. Die reizvollste (bis heute freilich noch immer allzusehr vernachlässigte) Aufgabe der Dogmengeschichte ist die Herausstellung der geistigen und religiösen Kräfte, die dem Dogma das Leben gaben und die durch das Medium des Dogmas hindurch immer neues Leben wecken.[8] Die ungeheure Macht, welche das Dogma im Katholizismus besitzt, beruht weniger auf dem Glauben an seine Göttlichkeit und Unfehlbarkeit als vielmehr auf dem Lebensreichtum und der Lebenskraft, die in ihm verborgen liegt, auf dem Universalismus, der in ihm die Einheit gefunden hat. Die katholische Volksreligion (die Vorstellung von der dinglichen Gnadenkraft der Sakramente, der Glaube an das Fegfeuer, die Anrufung der Heiligen, die Reliquien- und Bilderverehrung) hat in den tridentinischen Konzilskanones – freilich unter bestimmten Kautelen – die dogmatische Approbation erhalten; die volkstümliche Marienfrömmigkeit hat durch das *Theotokos*-Dogma des Ephesinums[9] und durch das *Immaculata*-Dogma Pius IX. die nötige dogmatische Stütze empfangen. Die Religion des Gesetzesdienstes und der guten Werke hat in den tridentinischen Dekreten *de iustificatione* und *de poenitentiae sacramento* sich dogmatische Geltung verschafft. Die papalistischen Ansprüche auf den Universalepiskopat und die lehramtliche Unfehlbarkeit sind durch die Beschlüsse des florentinischen und vor allem des vatikanischen Konzils dogmatisch unanfechtbar geworden; das *ius divinum* der kurialistischen Kanonisten hat in der vatikanischen *Constitutio de ecclesia Christi* die dogmatische Krönung empfangen; die rationale Theologie des Aquinaten hat das dogmatische Lehrgebäude des tridentinischen wie des vatikanischen Konzils zimmern helfen. Die Mysterienliturgie der Kirche hat in den tridentinischen Konzilsentscheidungen eine breite theoretisch-dogmatische Grundlage erhalten. Das Ideal des monastischen Lebens wie des Mendikantentums ist durch das Konstanzer Konzil bekräftigt worden. Die Mystik endlich hat ihre Spuren in den Dogmen der alten und neuen Zeit hinterlassen: die trinitarischen wie christologischen Dogmen, welche die griechische Theologie formulieren half, haben die religiöse Konzeption der hellenistischen Mystik zur Voraussetzung; die tridentinische Lehre von der Präsenz Christi im Altarsakramente und dem latreutischen Kult der Eucharistie ist von der mittelalterlichen Sakramentsmystik inspiriert; die Gotteslehre des vatikanischen Konzils ist vom mystischen Gottesbegriff bestimmt. Endlich hat auch die evangelische Frömmigkeit auf das katholische Dogma eingewirkt: die augustinische Gnadenlehre redet in den antipelagianischen Lehrentscheidungen der alten Kirche; die Luthersche *sola fides* wirft ihre Strahlen über das komplizierte harmonistische *decretum de iustificatione* der tridentinischen Konzilsväter. So lassen sich denn alle Wesenselemente des Katholizismus in seinem Dogma aufzeigen; in ihm sind sie zur großen Einheit zusammengefaßt, in ihm haben sie ihre feierliche Sanktion und normative Kraft gewonnen. Das Dogma verhindert einen Eklektizismus, der nur bestimmte Elemente aus dem katholischen Gesamtleben herausgreift, und fordert die Anerkennung aller Wesensbestandteile – der vulgären und legalistischen, der juridischen und rationalen und nicht nur der mystischen und evangelischen. Durch das Dogma werden alle diese Elemente als spezifisch christlich legitimiert, mit einer apostolischen Ursprungsmarke versehen. Daß sie diese Ursprungsmarke häufig zu Unrecht tragen, kann nicht bestritten werden. Gerade im Dogma tritt die große Geschichtsfiktion von einer Stiftung der Kirche, der Sakramente, der Hierarchie durch den historischen Jesus deutlich zutage. Im tiefsten Grunde freilich ist diese Geschichtsfiktion nur die bildhafte äußere Form, in der geschichtlich blinde Generationen der Vergangenheit die Einheit und den organischen Werdeprozeß des Katholizismus zu schauen imstande waren.

Eine unendliche Mannigfaltigkeit von geistigen Kräften ist im Katholizismus zur inneren Einheit verbunden. Diese Mannigfaltigkeit ist aber keine statische, sondern eine dynamische. Sie offenbart sich in einem nimmer stillstehenden Prozeß, in einer steten Vorwärtsbewegung, in einem unaufhörlichen Fortschritt. Wer die Geschichte des Katholizismus von der Pfingstpredigt des Petrus bis zur Promulgation des Codex iuris Canonici verfolgt, dem bietet sich ein Schauspiel mit ständig wechselnder Szenerie dar. Wie andersartig ist das Bild des Katholizismus im ersten, im fünften, im dreizehnten, im sechzehnten, im neunzehnten Jahrhundert! Immer neue Flüsse nimmt dieser Riesenstrom in sich auf, immer neue Formen des religiösen Lebens gebiert dieser Riesenleib; Verfassung und Liturgie, Theologie und Frömmigkeit schreiten von Jahrhundert zu Jahrhundert fort. Den zahlreichen »Häretikern« gegenüber, die immer wieder die Rückkehr zum Urchristentum, zum Evangelium, zum apostolischen Leben predigten, ist die Kirche die Verfechterin des Fortschritts gewesen. Gewiß ist das Tempo des Fortschritts immer langsamer geworden; mit der zunehmenden Breite des Stromes verminderte sich sein Gefälle; der Katholizismus ist seit dem Mittelalter immer stabiler, seit dem Tridentinischen Konzil immer starrer geworden. Dennoch zeigt auch der heutige Katholizismus trotz seiner dogmatischen und kirchenrechtlichen Verknöcherung eine starke Anpassungs-, ja sogar Entwicklungsfähigkeit.[10] Die soziale Bewegung, die Jugendbewegung, die liturgische Bewegung sind deutliche Beweise für die frischen Lebenskräfte im heutigen Katholizismus . . .

Mit dieser Entwicklungsfähigkeit verbindet der Katholizismus das zäheste Beharrungsvermögen; er ist ein Januskopf, auf dessen einer Seite *panta rei* und auf dessen anderer Seite *semper idem* geschrieben steht. Die katholische Kirche ist die konservativste Macht der abendländischen Kultur; »*Timothee, custodi depositum*« ist ihr Wahlspruch. Unaufhörlich erhebt sie ihre warnende und strafende Stimme gegen die mutwilligen »Neuerer«, die Häretiker, die nicht zufrieden sein wollen mit dem ererbten Glaubensgut, die an den alten Grundfesten der Kirche rütteln, um sie zu zerstören. Mit größtem Mißtrauen, ja, mit ausgesprochener Angst und Feindschaft steht sie allen geistigen Fortschrittsbewegungen gegenüber. Der Aristotelismus des 13. Jahrhunderts, die moderne Philosophie des vergangenen Jahrhunderts, die Naturwissenschaft des 16. und 19. Jahrhunderts, die Bibelwissenschaft und Kirchengeschichte der neuesten Zeit – sie alle sind zuerst als wahnwitzige und gottlose Unternehmungen verurteilt worden. Dieser Gegensatz von lebendigem Fortschritt und starrem Konservatismus ist eine der größten Paradoxien im Katholizismus...

An die beiden ersten Gegensatzpaare des Katholizismus: Universalität und Einheit, Fortschritt und Kontinuität reiht sich ein drittes von nicht minder überraschender Paradoxie: Toleranz und Exklusivität. Der Katholizismus ist zugleich die toleranteste und die intoleranteste unter den christlichen Konfessionen. Wieviel Primitives, Volkstümliches, ja, Abergläubisches duldet er willig in seinem Schoße! Jede Wallfahrtskirche mit ihren Gnadenbildern, ihren Votivtafeln, ihren betenden und sich kasteienden Andächtigen ist ein beredtes Zeugnis für die weitgehende Duldsamkeit der katholischen Kirche. Sie ist frei von aller puritanischen Strenge und Herbheit, die um der »Reinheit« des Christentums willen alle Erscheinungen der Volksreligion – die »Auswüchse« ebenso wie die »Blüten« – für *tabu* erklärt und an allen Ecken und Enden Verbotstafeln mit der Aufschrift »unevangelisch« anbringt. Sie ist ebenso frei von aller Feindschaft wider die natürliche Vernunft und die natürliche Sittlichkeit, die sie als Vorstufen und Wegbereiter der übernatürlichen Gnadenmitteilung wertet – *gratia naturam non tollit, sed perficit*. Sie duldet, ja, umarmt die Philosophie und räumt ihr den ganzen Vorhof ihres Tempels ein, sie läßt sie sogar Levitendienste im Heiligtum selbst verrichten. Sie gewährt der Mystik, dieser der »Heidenwelt« enstammenden fremden Schwester, Einlaß in den Tempel, ja, ins Sanctissimum. »Heidnische« Männer wie Plato und Aristoteles verehrt sie als geistige Führer. Und neben diesen beiden Genien steht der große, von heiliger Gottesliebe erfüllte Plotin, der unsichtbar und unerkannt für zahllose katholische Fromme der Wegweiser zur höchsten Gottesgemeinschaft geworden ist. Weil der Katholizismus so viel Außerchristliches duldet, billigt und verherrlicht, darum ist er wie keine andere christliche Konfession befähigt, die Wahrheitselemente außerhalb des Christentums, ja, die innige Verwandtschaft des Christentums mit außerchristlichen Religionen anzuerkennen. Ein katholischer Genius, Tertullian, war es, der das Wort von der *anima naturaliter christiana* ... geprägt hat. Augustinus hat diese wunderbare Wahrheit von der Einheit aller Religionen, welche erst der vergleichenden Religionswissenschaft in ihrer ganzen Größe aufgegangen ist und immer neu aufgeht[11], noch deutlicher formuliert als Tertullian in seinem begeisterten Ausruf:

»Res ipsa, quae nunc christiana religio nuncupatur, erat (et) apud antiquos nec defuit ab initio generis humani, quousque ipse Christus veniret in carne, unde vera religio quae iam erat, coepit appellari christiana.«

Die Offenheit des Katholizismus für alles Gute und Wahre in den außerchristlichen Religionen, die dankbare Übernahme von vielem Wertvollen aus dem »Heidentum«, endlich die Erkenntnis der Einheit aller Religionen – all das zwingt von selbst zur Anerkennung der Heilsmöglichkeit außerhalb des Christentums. »Viele werden kommen vom Morgen und vom Abend und mit Abraham, Isaak und Jakob zu Tische sitzen« (Mt. 8, 11); »Gott ist nicht ferne von einem jeglichen unter uns« (Ap.-G. 17, 27); »Gott will, daß allen Menschen geholfen werde und alle zur Erkenntnis der Wahrheit kommen« (1. Tim. 2, 4) – diese eminent urchristlichen Gedanken konnten im Katholizismus nie ganz in Vergessenheit geraten. Auch außerhalb des Christentums ist es möglich, das Heil zu erlangen, und zwar nicht durch ein unfaßliches Wunder Gottes, der am Ende die Ungetauften »begnadigt«, sondern durch das ernste Streben nach Wahrheit, durch das heilige Suchen Gottes, wie es durch die außerchristlichen Religionen und Philosophiesysteme in den Menschenseelen geweckt wird. In den katholischen Katechismen wird das ernste Wahrheitsverlangen als »Begierdetaufe« bezeichnet, welche wie die »Bluttaufe« (das Martyrium für Christus) und die Wassertaufe das Heil vermittelt. Die weitherzigste, klarste und präziseste Fassung hat der Gedanke von der Heilsmöglichkeit außerhalb des Christentums durch den Jesuitenkardinal De Lugo († 1660) erhalten, der unter den Augen Urbans VIII. die für papalistische Ohren kühne These vertrat, daß die Mitglieder der verschiedenen christlichen »Sekten«, der jüdischen und mohammedanischen Gemeinschaften und der heidnischen Philosophenschulen die ewige Seligkeit erlangen können:

»Nach der katholischen Lehre gibt Gott genügend Licht für die Erlösung einer jeden Seele, die zum Gebrauch der Vernunft in diesem Leben gelangt. Was ist die gewöhnliche Methode, nach der Gott diese Erlösung darbietet? Obgleich Gott zweifellos moralische Wunder wirken kann, erscheinen sie nicht als Regel und sind nicht unbedingt notwendig. Die menschliche Seele hat ja in allen Zeiten und an allen Orten eine gewisse Wahlverwandtschaft mit der Wahrheit und ein Bedürfnis für dieselbe. Die verschiedenen Philosophenschulen und religiösen Gemeinschaften in der Menschheit besitzen und vermitteln ein Stück Wahrheit, einige Strahlen und Elemente der göttlichen Wahrheit. Die Regel ist darum die: die Seele, die in gutem Glauben Gott sucht, seine Wahrheit und Liebe, konzentriert ihre Aufmerksamkeit *unter dem Einfluß der Gnade* auf diese Wahrheitselemente, mögen sie nun viele oder wenige sein, die ihr geboten werden in den heiligen Büchern, den Unterweisungen, Gottesdiensten und Versammlungen der Kirche, Sekte oder Philosophenschule, in welcher sie aufgewachsen ist: sie nährt sich von diesen Elementen, besser gesagt, die göttliche Gnade nährt und erlöst die Seele unter der Hülle dieser Wahrheitselemente.«

Von den neueren katholischen Geistern ist es vor allem Friedrich von Hügel, der, anknüpfend an De Lugo, die katholische Toleranzidee unermüdlich verficht:

»Wir katholischen Christen wollen in der Tat nie die hohe Wahrheit und das hehre Ideal einer universellen Einheit des Kultus und des Glaubens, einer einzigen weltweiten Kirche aufgeben, aber wir betrachten diesen unsern unvergänglichen Glauben an die religiöse Einheit nur dann als realisierbar, wenn wir fähig und froh sind, die rudimentären, fragmentarischen, relativen, pädagogischen Wahrheiten und Werte in anderen Religionen als unserer eigenen anzuerkennen – Werte, die, wenigstens im Hinblick auf Judentum und Hellenismus, die römische Kirche nie aufgehört hat zu gebrauchen und zu verkündigen.« »Die Juden, die Muslime, die Brahmanen, die Buddhisten, ja, selbst die Agnostiker und aufrichtigen Atheisten werden insgeheim von der inneren göttlichen Gnade gesucht (solicited by grace within themselves), so daß sie lernen zu lieben und zu tun, was immer auch Gutes und Wahres in ihrer gegenwärtigen Gemeinschaft und Position ist, und in mannigfachem Grade sich zu öffnen und näherzukommen dem vollen Lichte und der Selbstentdekkung, die ihnen aus der größeren Fülle von außen aus der Welt anderer Seelen und anderer Institutionen gebracht wird.«

So wächst aus dem katholischen Universalismus eine wunderbare Toleranzidee hervor, die Brücken schlägt zu allen außerchristlichen Religionen und Philosophien ...

In seiner Universalität ist der Katholizismus zum Hort der Toleranz geschaffen; aber darin liegt der größte Widerspruch, daß die Kehrseite dieser Weite und Duldsamkeit eine geradezu furchtbare Exklusivität und Intoleranz ist. Dieselbe Kirche, die ihre Tore so weit allem Wahren, Guten und Schönen in der Welt öffnet, verficht seit den ältesten Zeiten das harte Axiom: *Extra ecclesiam nulla salus* ... Schon Cyprian hat mit Nachdruck diesen Satz vertreten:

»Cum domus Dei una sit et nemo salvus esse nisi in ecclesia possit.« »Christianus non est qui in Christi ecclesia non est.« »Ut habere quis possit Deum patrem, habeat anteam ecclesiam matrem.«

Der große und weite Augustinus, der Verfechter eines so reinen, spiritualistischen Kirchenideals, hat sogar wiederholt den rohen, Jesu ausdrücklichen Worten (Mt. 25, 31 ff.) widersprechenden Satz ausgesprochen, daß auch ein Häretiker, der von heroisch christlichem Geist erfüllt sei, auf ewig dem höllischen Feuer verfalle ...

Die spätere Kirche hat diese cyprianisch-augustinischen Gedanken fortgeführt, sie hat das Prinzip der Exklusivität immer mehr verschärft und so den gesamten Katholizismus immer mehr verengert. Das berühmte Symbolum Athanasianum verkündet im einleitenden Satz, daß die Anerkennung der in ihm ausgesprochenen subtilen trinitarischen Distinktionen die erste Vorbedingung zur Erlangung des ewigen Heils sei ...

Das vierte Laterankonzil wie das florentinische Konzil haben dem Gedanken der »allein seligmachenden Kirche« sogar dogmatische Sanktion verliehen ...

Bonifaz VIII. hat dieser Auffassung noch eine papalistische Zuspitzung gegeben, indem er die Unterwerfung unter den römischen Oberpriester für heilsnotwendig erklärte, was später das vatikanische Konzil wiederholte.

So mischen sich im Katholizismus Inklusivität und Exklusivität, Toleranz und Intoleranz in der seltsamsten Weise. Erweist er sich nicht gerade hier als vollkommene *contradictio in adiecto*? Und doch lösen sich auch diese Gegensätze in einer höheren Harmonie auf. Gewiß zeugt die Intoleranz der katholischen Kirche, vor allem die der römischen Kirchenleitung, großenteils von unchristlichem Geiste; sie ist vielfach bedingt durch bloßes geistiges Machtstreben, das sich durch Höllendrohungen Anerkennung verschaffen will. Aber andererseits ist auch im genuin katholischen Prinzip, im Prinzip der Universalität der Exklusivität eingeschlossen. Soferne der Katholizismus wirkliche Universalität ist – er ist das nur in seiner Idee und nur unvollkommen und annähernd in seiner empirischen Gestalt –, soferne er die Fülle der religiösen Werte darstellt, muß er exklusiv sein. Es ist das aber nicht die Exklusivität der Einseitigkeit, sondern die des unerschöpflichen Reichtums. Eine Kirche, die alle religiösen Schätze in völliger Reinheit, Harmonie und Balance besäße und diesen Besitz einem jeden aufrichtigen Menschen evident zu machen vermöchte, eine solche hätte Anspruch auf Absolutheit; eine solche dürfte sagen: außer mir ist kein Heil. Weil aber die empirische Kirche diesem Ideal des Universalismus nur zustrebt und weit hinter ihm zurückbleibt, weil von einer Evidenz der religiösen Wertfülle keine Rede sein kann, darum gelten die theologischen und dogmatischen Sätze von der Heilsnotwendigkeit der Kirche nur im Irrealis oder höchstens im Potentialis.

Die für den Katholizismus grundlegende »antithetische Synthese« von Universalismus und Einheit offenbart sich weiterhin in der Verbindung von Individualismus und Korporativismus, von Persönlichkeits- und Gemeinschaftsidee. »Gott und die Seele will ich kennen, nicht mehr und nicht weniger« – dieses augustinische Wort hat auch für den Katholizismus Gültigkeit. Die Einzelseele soll Gott finden, mit ihm Gemeinschaft haben, sich mit ihm einen. In seinem Universalismus will der Katholizismus dem persönlichen Gottesumgang aller Menschen Raum schaffen. Denn für einen jeden Menschen ist Gott wieder etwas anderes und bei einem jeden vollzieht sich der Verkehr mit dem Göttlichen wieder in anderen Formen. Die Einzelpersönlichkeit soll Freiheit haben in ihrem Leben mit Gott, denn diese persönliche Freiheit ist das Lebenselement aller echten Religion. Sowohl das Dogma wie die Liturgie, diese beiden scharf umgrenzten, starren und unantastbaren Elemente des Katholizismus, wollen das persönliche Leben nicht abschnüren, sondern wecken und fördern. Die bunte Mannigfaltigkeit der katholischen Persönlichkeiten und Ordensgemeinschaften ist das deutlichste Beispiel dafür, wie durch Dogma, Liturgie und Kirchenrecht das persönliche Leben nicht erstickt wird. (Freilich ist beizufügen, daß diese Mannigfaltigkeit und Freiheit seit dem Tridentinum eine immer stärkere Einschränkung und Umschnürung erfahren hat.) Welche Selbständigkeit hat allezeit die katholische Volksfrömmigkeit gegenüber den strengen Kirchengesetzen gezeigt! Mit welcher Freiheit haben gerade die großen Mystiker Dogma und Kult für ihr persönliches Innenleben auszumünzen verstanden! Und wieviel starkes und reines Leben erblüht gerade heute aus der streng fixierten, unveränderlichen kirchlichen Liturgie! Die Formgebundenheit bedeutet nicht Ertötung, sondern Stärkung des persönlichen Lebens; umschlossen von den starren und harten Schutzhüllen des Dogmas und der Liturgie vermag das religiöse Innenleben sich zumeist besser zu entfalten als in der schrankenlosen Freiheit.

Der Individualismus der katholischen Frömmigkeit hat aber ein stetes Gegengewicht in dem großen kirchlichen Gemeinschaftsgedanken. Der Einzelne steht in seinem Gottesumgang allein ... – und er ist doch stets umschlossen und getragen von der Gesamtheit der Christgläubigen. Die Einsamkeit mit Gott wird – auch in der katholischen Mystik – nicht zur völligen Isolierung von der Gemeinschaft. Die niedere wie die höhere Frömmigkeit des Katholizismus ist vom Gemeinschaftsgedanken bestimmt. Bei der Anrufung der Heiligen, beim Gebet für die Toten, beim Gewinnen von Ablässen, vor allem beim liturgischen Gebet, bei der Teilnahme am heiligen Opfer und bei der Kommunion, ja, bei jedem Glaubensakt wird sich der Gläubige immer wieder bewußt, das Glied einer allumfassenden Gemeinschaft zu sein. Dieses lebendige Gemeinschaftsgefühl fordert jedoch auch von einem jeden persönliche Opfer. Niemand kann einer Gemeinschaft wahrhaft angehören und ihre Segnungen empfangen, ohne auf eigene Gedanken, Neigungen und Wünsche zu verzichten; schon bei dem schlichtesten gemeinsamen Gottesdienst muß der Einzelne etwas von seinem Selbst opfern, um sich einem größeren Selbst einzuordnen; anders ist ein gemeinsames Gebet vieler verschiedenartiger Individuen nicht möglich. Vor allem gibt es keine Glaubensgemeinschaft ohne Unterordnung des eigenen Intellekts und Willens unter die Gesamtheit, ohne Anerkennung der äußeren Normen, in denen der Glaube der ganzen Kirche sinnenfällig geworden ist. Je umfassender eine religiöse Gemeinschaft ist, desto größer sind auch die Opfer, die der Einzelne der Gesamtheit bringen muß. Die katholische Weltkirche öffnet ihre Schätze nur dem, der das große *sacrificium* leistet und sich dem Gesamtgeist der Kirche unterordnet. »Ein im tiefsten Sinne grundlegendes und kennzeichnendes Prinzip des Katholizismus ist (nach einem Worte Tyrrells) die Unterwerfung des Verstandes, des Willens und des Gefühls des Individuums unter den Gesamtverstand, den Gesamtwillen, das Gesamtgefühl der Gemeinschaft, die Unterordnung des Einzelgewissens unter das katholische Gewissen, mit einem Worte das Autoritätsprinzip.«[12] Dieser Akt der Unterwerfung unter die Gesamtheit und die sie verkörpernde Kirchenautorität ist dem frommen Katholiken ein Akt der Demut, den er mit innerer Freudigkeit vollzieht; er kennt nicht nur die individuelle Demut, d. h. die ehrfürchtige Beugung unter Gott, sondern auch die soziale Demut, die Beugung unter die Gemeinschaft ...

Die Vereinigung von Individualität und Gemeinschaft, Freiheit und Autorität, persönlicher Entfaltung und demütiger Unterordnung ist das vierte Wesensmerkmal des Katholizismus. (Die Harmonie dieser beiden Gegensätze wie der anderen ist freilich mehr ideales Postulat als empirische Wirklichkeit.) Sein fünftes wesentliches Kennzeichen ist die Doppelheit von Spiritualismus und Realismus oder, besser ausgedrückt, von Supranaturalismus und Inkarnationalismus. Das ganze katholische Denken und Leben ist bestimmt von der entschlossenen Bejahung der Übernatur und der unbedingten Hingabe an dieselbe. Wo immer uns der Katholizismus als religiöse Größe entgegentritt, da schauen wir ihn als ausgesprochene Jenseitsreligion.[13] Für die niederste Volksreligion wie für die höchste Mystik liegt der Schwerpunkt alles frommen Denkens und Tuns in der Ewigkeit. In all den volkstümlichen Andachtsübungen, in allem Gesetzesgehorsam, in allen Bußwerken, in allem Beicht- und Ablaßwesen, in allen theologischen Spekulationen, in allen sakramentalen Riten, in allen monastischen Regeln, in allem mystischen Heilsstreben – überall schauen wir die unverrückte Blickwendung ins Transzendente, überall offenbart sich uns das entschiedene Ernstmachen mit der Realität des Überweltlichen. Das alte Weiblein, das für die armen Seelen im Fegfeuer einen Rosenkranz betet, der reuige Sünder, der zitternd um sein ewiges Schicksal zum Beichtstuhl eilt, die fromme Frau, die, verlangend nach einem »Schatz im Himmel«, Ablaßgebet um Ablaßgebet murmelt, der hochsinnige Theologe, der über das Mysterium der Trinität grübelt, der ehrwürdige Priester, der in tiefer Demut am Altar die Konsekrationsworte spricht, der gottgeweihte Mönch, der in heiliger Psalmodie Gottes Herrlichkeit preist, die gottliebende Nonne, die ihr jungfräuliches Leben ganz dem himmlischen Heilande weiht, der gotterfüllte Mystiker, der in heiligen Gnadenstunden das hohe Wunder der Einigung erfährt – alle diese Frommen haben die Welt hinter sich gelassen und schauen hinüber in das verborgene Reich des Jenseits, in die unergründliche Welt des Göttlichen ... Das Göttliche ist im Katholizismus die »Wirklichkeit der Wirklichkeiten«, das absolut Seiende; nicht eine Spiegelung menschlicher Sehnsucht, nicht eine Projektion menschlicher Wünsche, sondern volle und reine Realität – eine Realität, hoch erhaben über diese vergängliche Welt und doch machtvoll in sie hineingreifend. Alle sakramentalen Symbole, alle theologischen Begriffe, alle dogmatischen Lehren verkünden ohne Unterlaß das Dasein des Übernatürlichen; das ganze reiche Kultleben schafft eine Atmosphäre der Übernatur mitten in dieser Welt; in der Befolgung der »evangelischen Räte« leben die nach Vollkommenheit Strebenden den in der Welt wirkenden Menschen die restlose Hingabe an das Jenseits vor. Natur und Übernatur ist für den Katholizismus der entscheidende Gegensatz, nicht Sünde und Gnade wie für das Luthertum, nicht Gottesreich und Satansreich wie für das Urchristentum und den Calvinismus. Wie kaum in einer christlichen Gemeinschaft und – abgesehen von der indischen Religion – auch kaum in einer außerchristlichen, lebt im Katholizismus der konsequente religiöse Supranaturalismus, das Bewußtsein von Gott als der eigentlichen Heimat der Seele und die vollkommene Hingabe an die göttliche Transzendenz. »Wir sind auf Erden, um Gott zu dienen und dadurch selig zu werden« – mit diesen schlichten Worten formuliert schon der Einleitungssatz der katholischen Katechismen die transzendent-supranaturale Grundeinstellung des Katholizismus.

Dieser entschlossene Supranaturalismus paart sich aber mit einem nicht minder entschiedenen Inkarnationalismus; das Göttliche erscheint stets transzendent und immanent. Wie nach dem zentralen Dogma der Kirche der ewige Logos einmal Fleisch angenommen hat in Christus, so nimmt das göttliche Gnadenwirken immer von neuem fleischliche Hülle an in den Institutionen der Kirche. Die Kirche ist für das katholische Bewußtsein die permanente Inkarnation des Göttlichen. In sinnenfälligen Formen – durch sichtbare Menschen als Stellvertreter des unsichtbaren Gottes und durch sichtbare sakramentale Zeichen als Kanäle der göttlichen Gnade – wird dem Menschen das Geheimnis des Göttlichen faßbar, *ut dum visibiliter Deum cognoscimus, per hunc* (den sichtbar gewordenen Gott) *in invisibilium amorem rapiamur* (Präfation der Weihnachtsmesse). Der Katholizismus ist, trotz seiner energischen Konzentration auf die Überwelt und seiner Neigung zur Mystik, nicht dem radikalen Spiritualismus eines Tertullian, eines Sebastian Frank und George Fox verfallen, sondern hat stets das Sinnliche und Dingliche als Anregung, Begleitung und Ausdruck des übersinnlichen und undinglichen Gottesumganges verwertet. Er berücksichtigt in allem den leiblich-seelischen, sinnlich-geistigen Doppelcharakter des Menschen sowie das psychologische Faktum, daß die sinnliche Anregung stets den Ausgangspunkt und die Grundlage des geistigen Lebens bildet ...

In dieser Hochschätzung des sinnlichen Elements als Hilfsmittel des religiösen Innenlebens wurzelt der Sakramentalismus der katholischen Frömmigkeit, der volkstümlichen wie der liturgischen und mystischen. Der Katholizismus ist Sakramentsreligion und Sakramentskirche. Im sakramentalen Leben schlägt das Herz dieser Kirche ...

Dieser Sakramentalismus bringt gewiß die Gefahr einer Mechanisierung und Materialisierung der Religion mit sich, andererseits ist er der immer fruchtbare Boden eines lebendigen Gottesumganges. Der Spiritualismus und Supranaturalismus ruht im Katholizismus wie in manchen anderen Religionen auf sakramentalem Grunde. Ja, die geistigste und reinste Mystik – man denke an Thomas von Aquino und Katharina von Genua ... – hat ihre Impulse aus dem steten Gebrauch der kirchlichen Sakramente empfangen. Es ist durchaus unrichtig, wenn Karl Hase den

Protestantismus als »das Christentum des Geistes«, den Katholizismus als »das Christentum der Sinnlichkeit« bezeichnet.[14] Die Eigenart des Katholizismus besteht vielmehr in der lebendigen Spannung zwischen Sinnlichem und Übersinnlichem, in dem fruchtbaren Bunde von Dinglichem und Geistigem, von Immanenz und Transzendenz, von Idealismus und Realismus, von Supranaturalismus und Inkarnationalismus, von *attachment* und *detachment*.

Zusätzliche Literatur

Katholisches Soziallexikon, hrsg. von Alfred *Klose*, Innsbruck/Wien/München 1964.
Laubach, Jakob (Hrsg.), 50 Jahre Grünewald Bücher; 50 Jahre Erneuerung der Theologie (1918–1968), Mainz 1968.
Lexikon für katholische Theologie und Kirche, hrsg. von J. *Höfer* und K. *Rahner*, Freiburg 1957 et passim.
Loewenich, Walther von, Der moderne Katholizismus. Erscheinung und Probleme, Witten 1955.
Seppelt, Franz Xaver, Geschichte der Päpste, 6 Bde, München 1954² et passim.
Theiner, Johann-Anton und Augustin, Die Einführung der erzwungenen Ehelosigkeit bei den christlichen Geistlichen und ihre Folgen, 3 Bde., Barmen 1891 et passim.
Vorgrimler, Herbert, und *Gucht*, Robert Vander (Hrsg.), Bilanz der Theologie im 20. Jahrhundert, Freiburg/Basel/Wien, 1. Band 1969, 2. Band 1969, 3. Band 1970, 4. Band 1970.
Welty, Eberhard, Herders Sozialkatechismus: Ein Werkbuch der katholischen Sozialethik in Frage und Antwort, 3 Bde., Freiburg 1959–1961.

Fußnoten

1 Vgl. zum folgenden Johann Adam Möhler, »Die Einheit der Kirche oder das Prinzip des Katholizismus, dargestellt im Geiste der Kirchenväter der drei ersten Jahrhunderte«, Tübingen 1825, 1843²; George Tyrrell, Gedanken über katholische Religion in »Zwischen Scylla und Charybdis« oder die alte und neue Theologie, übersetzt von Emil Wolff, Jena 1908; Arthur C. Headlam, The Doctrine of the Church and Christian Reunion, London 1920; Friedrich von Hügel, »The Essentials of Catholicism« and »Institutional Christianity« in Essays and Adresses on the Philosophy of Religion«, London 1922; Romano Guardini, Vom Sinn der Kirche, Mainz 1922. Vgl. auch die gehaltvollen katholischen Sonderhefte der »Tat« 1921/22, die der Frage nach dem Wesen der Kirche besondere Aufmerksamkeit schenken ...
2 Zwischen Scylla und Charybdis, 87.
3 Ad. Harnack, Die Aufgabe der theologischen Fakultäten und die allgemeine Religionsgeschichte, Reden und Aufsätze, II 170.
4 Tyrell, Le christianisme à la croisée des chemins, Paris 1910, 305, 330; Zwischen Scylla und Charybdis, 65.
5 Vgl. das ganz neue Perspektiven eröffnende Werk von Tor Andrä, Die Person Muhammeds in Lehre und Glauben seiner Gemeinde, Uppsala/Leipzig 1917.
6 Zwischen Scylla und Charybdis, 55, 27.
7 Das apostolische Glaubensbekenntnis wird am Eingang und Schluß des kirch-

lichen Stundengebetes wie in den ferialen *litaniae* gebetet; das nicänische Symbolum während der Messe an den Sonn- und Festtagen wie an den Gedächtnistagen der Apostel und Kirchenväter; das athanasianische Symbolum am Sonntag während der Prim.

8 Vgl. Engelbert Krebs, Dogma und Leben, Paderborn, I, 1921.

9 Vgl. »Die Hauptmotive des Madonnenkults«, Zeitschrift für Theologie und Kirche, 1920, 433 ff.

10 Wie stark die Anpassungsfähigkeit des Katholizismus an die moderne Zeit ist, zeigt sich auch darin, daß von katholischer Seite die Forderung des weiblichen Priestertums erhoben wird. Vgl. Margarete Adam, Weibliche Seelsorge. »Die Frau«, Monatszeitschrift für das gesamte Frauenleben unserer Zeit, 1922, 198 ff. Julie Pöhlmann, Zum weiblichen Priestertum der Frau, ebendort 245 ff.

11 Vgl. Max Müller, Leben und Religion, Gedanken aus den Werken, Briefen und hinterlassenen Schriften, Stuttgart (ohne Jahreszahl), 153 ff.; Nathan Söderblom, Natürliche Theologie und allgemeine Religionsgeschichte, Leipzig 1913.

12 Zwischen Scylla und Charybdis, 68.

13 Vgl. die feine Schrift des leider zu früh verstorbenen Georg Grupp: Jenseitsreligion, Freiburg 1917^{2}.

14 Handbuch der protestantischen Polemik gegen die römisch-katholische Kirche, Leipzig 1891^{5}, 551.

Nikolaus Monzel

Abhängigkeit und Selbständigkeit im Katholizismus *

Ein großer Teil des religiösen Erlebens und Verhaltens der katholischen Christen ist wesentlich von der zentralen Autorität der Kirche bestimmt. Wir können diesen Teil die *absolut soziale* Sphäre des religiösen Lebens nennen [1]. – Davon hebt sich ab die Sphäre des *absolut intimen* religiösen Erlebens. Sie ist auch im Katholizismus vorhanden, da sie, auch vom Individuum selber, nicht aufgehoben werden kann. Sie wird absolut intim genannt, weil sie jedem direkten Zugriff und Einfluß wie auch jedem adäquaten Verstehen durch andere Menschen für immer verschlossen ist [2]. Nur indirekt können andere Menschen die absolut intime Erlebnissphäre beeinflussen, weil das gesamte bewußte Erleben eines Menschen einen fortlaufenden Strom bildet; denn trotz der Bewußtseinsunterbrechungen formt alles frühere Erleben das spätere mit. So wirken infolge der Einheit des Erlebnisstromes [3] die sozialen Erlebnisse eines Menschen auch auf seine intimen Erlebnisse ein. – Zwischen der absolut sozialen und der absolut intimen religiösen Erlebnissphäre des Katholiken liegt ein vielgestaltiges Gebiet, das ebenso relativ sozial wie relativ intim genannt werden kann. Dazu gehören alle Erlebnisse und Verhaltungsweisen, die in ihrer besonderen Form nicht von der zentralen Autorität der Kirche bestimmt sind, so daß sie prinzipiell allen Katholiken gemeinsam wären, sondern sich nur in einem kleineren oder größeren Kreis von Personen finden, dessen religiöse Eigenart und relative Selbständigkeit sich darin auswirkt. Gegenüber dem zentral bestimmten religiösen Erleben und Verhalten ist diese mittlere Sphäre *relativ intim*.
Wir fragen im folgenden:

1. Welche Elemente des religiösen Lebens des katholischen Christen sind wesentlich von der kirchlichen Gemeinschaft oder ihrer zentralen Autorität bestimmt?
2. Wie weit und in welcher Weise trägt die Kirche der Tatsache der absolut intimen Erlebnissphäre jedes katholischen Christen Rechnung?
3. In welcher Form können innerhalb des kirchlichen Rahmens relativ intime Sphären religiösen Lebens bestehen?

Bei der Beantwortung jeder dieser Fragen fassen wir die bunte Fülle der Vorgänge und Einrichtungen zusammen unter den drei Gesichtspunkten: Glaube (a), Kult (b) und ethisches Verhalten (c).

Der 4. Abschnitt behandelt die Spannung zwischen dem kirchlichen

* Aus: Nikolaus *Monzel,* Abhängigkeit und Selbständigkeit im Katholizismus: Kirche und religiöse Intimsphären im Katholizismus, in: Abhängigkeit und Selbständigkeit im sozialen Leben, herausgegeben von Leopold von *Wiese,* Erster Teil, S. 188–199, Westdeutscher Verlag, Köln/Opladen 1951. Abgedruckt mit freundlicher Genehmigung des Verlages.

Lenkungsanspruch und dem absolut intimen religiösen Leben und schließt mit dem Ausblick auf die zeitbedingte Gefahr der Vermassung in der Kirche.

I.

a) Fragt man einen katholischen Christen nach seinen religiösen Überzeugungen, so ist die entscheidende Antwort in den Gebetsworten zu finden, die schon das Schulkind im Katechismusunterricht auswendig lernt: »O mein Gott und Herr! ich glaube alles, was du geoffenbart hast und durch deine heilige *Kirche* uns zu glauben lehrst...« Die Glaubenslehre lernt der Katholik nicht durch private Versenkung in die Bibel, nicht durch einsame Meditation, Erleuchtung oder Spekulation kennen. Das kirchliche Lehramt in seinen verschiedenen Formen: als ordentliche Lehrverkündigung durch Bischöfe, Priester und Laien und als außerordentliche Lehrverkündigung durch Konzil und Papst oder durch den Papst allein, ist die einzige direkte Quelle der katholischen Glaubensüberzeugung. Autoritäre Instanzen der Kirche sorgen durch religiösen Unterricht, der schon beim Kleinkinde beginnt, durch Predigt, bischöfliche und päpstliche Rundschreiben, durch Vorzensur aller von Katholiken verfaßten religiösen Schriften, Indizierung aller Schriften, die ein Abweichen von der überlieferten Glaubenslehre fördern könnten, für die Ausrichtung des religiösen Denkens jedes einzelnen Katholiken an der kirchlichen Glaubensnorm. Es kommt für den katholischen Christen, so lange er auf dieser Erde, in statu viatoris, lebt, in erster Linie nicht auf die Einsicht in die einzelnen Glaubenslehren an, sondern auf den Glaubensgehorsam gegen die kirchliche Lehrautorität. Der Katholik weiß: Der kirchlichen Lehrautorität den Glaubensgehorsam verweigern, heißt, die katholische Religion aufgeben. Bei religiösen Meinungsverschiedenheiten ist die kirchliche Lehrautorität die Instanz, über die hinaus der Katholik nicht appellieren kann. Auch dem Papst wird mit dem Anspruch der »Unfehlbarkeit« nicht die Gabe übernatürlicher Erleuchtungen im Sinne neuer Offenbarungen zugeschrieben, sondern ein von Jesus Christus verheißener göttlicher Beistand für seine Aufgabe, die überlieferte Lehre (das depositum fidei) unverfälscht zu erhalten. Wie jeder Katholik so ist auch der Papst in Sachen des Glaubens ganz abhängig von der kirchlichen Gemeinschaft, die mit Christus und den Aposteln begonnen hat. Bei allen Neuformulierungen der Lehre ist das entscheidende Merkmal ihrer Rechtmäßigkeit der inhaltlich notwendige Zusammenhang mit der bisherigen Glaubensüberzeugung der Kirche.

b) Den grundlegenden seinsmäßigen Kontakt mit seinem Erlösergotte findet der katholische Christ nicht in einsamen, rein geistigen Akten, sondern unter Anwendung von sinnlich faßbarer Materie (z. B. Wasser, Öl, Brot und Wein) und im Vollzug äußerer Handlungen: durch die Sakramente. Sie sind nur im Zusammenhang mit der kirchlichen Gemeinschaft möglich. Dieser Zusammenhang ist bei den verschiedenen Sakramenten verschieden stark. Die Taufe muß vor allen anderen Sakramenten empfangen werden. Sie wird normalerweise vom Priester gespendet, kann jedoch von jedem Menschen gültig gespendet werden, auch von Nichtkatholiken und Nichtchristen. Sie müssen dabei freilich im wesentlichen die von der Kirche überlieferte Form anwenden und die Absicht haben, das zu tun, was die Kirche Christi tut. Schon mit dieser Bedingung ist eine wesentliche Beziehung jeder gültigen Taufhandlung zur kirchlichen Gemeinschaft ausgesprochen. Dazu kommt, daß nach katholischer Lehre der Mensch durch die Taufe der unsichtbaren Gnadengemeinschaft der sichtbaren Kirche eingegliedert wird. Da man ungetauft kein anderes Sakrament gültig empfangen kann, sind alle anderen Sakramente schon durch die vorausgehende, auf Gemeinschaft bezogene und Gemeinschaft stiftende Taufe ebenfalls als religiöse Abhängigkeitsbeziehungen charakterisiert. Dazu kommt, daß die anderen Sakramente, außer der Ehe, nur von einem beamteten und bevollmächtigten Vertreter der kirchlichen Gemeinschaft gespendet werden können; beim sakramentalen Abschluß der Ehe ist seit dem Konzil von Trient (1545 bis 1563), von bestimmten Ausnahmen abgesehen, die Anwesenheit eines Priesters als qualifizierten Zeugen erforderlich. – Neben den Sakramenten spielen die Sakramentalien eine große Rolle, d. h. der kirchlich empfohlene fromme Gebrauch geweihter Gegenstände wie Bilder, Rosenkränze, Kerzen, Weihwasser usw., aber auch profaner Gegenstände. Sie werden durch den Priester oder Bischof, also durch bevollmächtigte Vertreter der kirchlichen Gemeinschaft geweiht. Ihre heiligende Wirkung für den Einzelnen wird nicht nur seiner eigenen frommen Gesinnung, sondern auch dem fürbittenden Gebete der Kirche zugeschrieben. Die Sakramentalien gelten jedoch nicht als heilsnotwendig, stellen also Gemeinschaftbeziehungen dar, auf die der katholische Christ faktisch auch verzichten kann, ohne dadurch seines Heiles verlustig zu gehen, während die Sakramente, wenn auch in verschiedenem Grade und Ausmaße, als heilsnotwendig gelten. Die feierliche Bereitung und Spendung der Sakramente, vor allem der Eucharistie, bildet das tragende und formende Gerüst aller kultischen Zusammenkünfte, nach deren Gehalt und Form alle private Frömmigkeit mehr oder weniger sich ausrichtet.

c) Als Richtschnur des ethischen Verhaltens gelten in der katholischen Christenheit die zehn Gebote des Alten Testamentes. Sie sind die Summe der ethischen Normen, die nach katholischer Auffassung jedem Menschen, auch ohne Offenbarung und kirchliche Autorität, erkennbar sind. Dennoch weiß sich der katholische Christ für die Anwendung dieser allgemeinen Normen auf die sich wandelnden Zeitverhältnisse gebunden an die kirchliche Autorität. Sie beansprucht auch hier das Recht, spezifizierte Entscheidungen für das sittliche Verhalten zu geben. – Zu den »natürlich« erkennbaren, aber mit »übernatürlicher« Autorität ausgelegten sittlichen Geboten verkündet die Kirche noch eine große Zahl positiver Gebote, die teils als göttlichen, teils als kirchlichen Ursprunges gelten. Die sogenannten »Fünf Gebote der Kirche«, die das Kind schon im

Katechismusunterricht auswendig lernt, bilden nur einen kleinen Teil der positiven Gesetze, mit denen das kirchliche Rechtsbuch (Codex Iuris Canonici) das ethische Verhalten der Katholiken bis in sehr intime Bereiche hinein reguliert. Einige dieser Gesetze gelten als so wichtig, daß ihre Übertretung als schwere Schuld vor Gott beurteilt wird und die Exkommunikation nach sich zieht. Dabei ist zu beachten, daß die Exkommunikation niemals den völligen Ausschluß aus der Kirche bedeutet, sondern nur den Ausschluß vom Empfang der Sakramente und den Verlust anderer Rechte im kirchlichen Leben. Zu den im Rechtsbuch der Kirche schon enthaltenen Vorschriften über das sittliche Verhalten treten entsprechend den sich ändernden Zeitverhältnissen immer wieder neue Bestimmungen hinzu. – Über die trotz ihrer Spezialisierung notwendig immer noch in einer gewissen Allgemeinheit verbleibenden ethischen Vorschriften kirchlicher Instanzen hinaus geht die persönliche Gewissenslenkung im Beichtstuhl. Hier haben wir eine besonders weitgehende Form der Abhängigkeit des ethischen Verhaltens des einzelnen Katholiken von der kirchlichen Gemeinschaft, als deren geschulter, nach anerkannten Autoren (probati auctores) urteilender Vertreter der Priester im Beichtstuhl seines Amtes waltet, den Beichtenden zu mahnen und zu lenken. Die Kirche schreibt vor, daß jeder Katholik wenigstens einmal im Jahre seine Todsünden beichtet. Nur innerhalb dieses Rahmens ist es dem einzelnen Katholiken freigestellt, das Maß seiner ethischen Lenkung durch den Beichtvater selber zu bestimmen. Die Beichtpflicht der Priester und Ordensleute ist noch genauer reguliert ... Angesichts der so weitgehenden religiösen Abhängigkeit des Katholiken von der Gesamtkirche und ihrer zentralen Autorität erhebt sich um so eindringlicher die Frage, ob und in welcher Weise die katholische Kirche der unaufhebbaren Einsamkeit jedes Menschen mit seinem Gotte Rechnung trägt.

II.

a) Absolut intimes Leben auf dem Gebiete des religiösen Erkennens gibt es innerhalb der katholischen Kirche in zweifacher Form. Die erste findet sich bei jedem gläubigen Mitgliede der Kirche. Sie besteht in der Verschiedenheit des Maßes der Glaubenseinsicht. Ist der Glaube auch vor allem Glaubensgehorsam gegenüber der als glaubwürdig erkannten Kirche, so soll er doch mehr und mehr zur Einsicht in den Gehalt und Zusammenhang der einzelnen Glaubenssätze führen. Das Maß dieser Einsicht hängt ab von übernatürlicher Gnadeneinwirkung, die auch natürliche Voraussetzungen, z. B. Unterricht, Erfahrung und individuelle intellektuelle Veranlagung umgreift. Jenes Maß wird nicht bestimmt durch die allgemeinen Normen der kirchlichen Autorität, sondern durch den Geist, »der weht, wo er will« (Jo. 3, 8). Katholische Autoren haben oft ausgesprochen, daß jede Seele die aus der allgemeinen kirchlichen Lehrverkündigung angenommenen Überzeugungen »mit ihren eigenen eigentümlichen Qualitäten und Gewohnheiten und Erfahrungen des

Denkens, Fühlens, Vorstellens, Erinnerns und Wollens bekleidet und färbt«[4]. Die Kirche anerkennt die Berechtigung dieser von Person zu Person jeweils verschiedenen Art und Tiefe der Glaubenseinsicht gemäß den Sätzen des hl. Paulus: »Es gibt verschiedene Gnadengaben; aber es ist ein und derselbe Geist ... Das alles wirkt ein und derselbe Geist, der jedem seine Gaben zuteilt, wie er will« (1 Kor 12, 4 u. 11). – Die zweite Form absolut intimen Erlebens findet sich nur bei manchen besonders begnadeten Seelen. Es sind die ekstatischen Erlebnisse der Mystiker, die in ihren Visionen »unaussprechliche Dinge vernehmen, die auszudrücken keinem Menschen vergönnt ist«. Das hat Paulus von seinen Visionen gesagt (2 Kor 12). Manche andere Mystiker nach ihm, bis ins 20. Jahrhundert hinein[5], haben in ähnlicher Weise solch unmittelbares religiöses Erkennen von sich bezeugt, ohne dadurch mit der allgemein verbindlichen Glaubensverkündigung der Kirche in Widerstreit zu geraten und ihre Heimstätte in der katholischen Kirche zu verlieren.

b) Auf dem Gebiete des Kultischen ist durch die Lehre von der objektiven Wirkungsweise der Sakramente eine gewisse Unmittelbarkeit und Intimität des Verhältnisses des Einzelnen zu seinem Gotte gesichert. Die Sakramente wirken nach katholischer Lehre ex opere operato, d.h. sie tragen ihre Wirkkraft in sich. Ein Mindestmaß heiliger Wirkung tritt ein, auch wenn der Spender nicht »würdig« ist und es an der entsprechenden religiös-sittlichen Einstellung fehlen läßt. Während Außenstehende die Bindung der Heilsverwirklichung des Katholiken an die von einer anderen Person gespendeten Sakramente vielfach als eine unerwünschte Beeinträchtigung des ungestörten Verhältnisses des Einzelnen zu seinem Gotte ansehen, weisen katholische Autoren[6] darauf hin, daß gerade durch das »Unpersönliche«, »Dingliche« der Sakramente die intime Beziehung zwischen Christus und der Einzelseele gesichert ist gegenüber der wechselnden, mehr oder weniger würdigen Einstellung des menschlichen Spenders. Als zweites Moment absoluter Intimität auf dem Gebiete des Kultischen ist das Privatgebet zu nennen ...

c) In bezug auf das sittliche Verhalten erkennt die Kirche in jedem ihrer Glieder eine absolut intime Sphäre an, indem sie jeden Katholiken zur öfteren persönlichen Gewissenserforschung anhält. Weil das aus einmaligen Situationen und ganz individuellen Voraussetzungen entspringende Verhalten des Einzelnen nie restlos durch allgemeine Vorschriften und Maßstäbe erfaßbar und beurteilbar ist, gilt selbst für die Lossprechung durch den Beichtvater in der geheimen Beichte immer die Bedingung: si capax es, wenn du durch genügende Reue würdig bist. Die Kirche weiß, daß nur Gott dem Menschen »ins Herz sieht«. Selbst wenn sie einen Katholiken exkommuniziert, will sie damit kein endgültiges Urteil über den sittlichen Wert oder Unwert dieses Menschen vor Gott aussprechen. Sie beurteilt dabei direkt nur seinen sittlichen Unwert, soweit er sich aus seinem unwerten Verhalten zur sichtbaren Gemeinschaft der Kirche ergibt, nicht sein intimstes, aller Fremderkenntnis verschlossenes Verhältnis zu Gott und Christus ...

III.

a) Zwischen dem zentral bestimmten und dem absolut intimen Bereich der katholischen Religiosität liegt ein vielgestaltiges Gebiet von relativer Intimität. In bezug auf den Glauben sind hier vor allem die Privatoffenbarungen zu erwähnen, d. h. Überzeugungen über Gottes Sein, Wirken oder Wollen, die als unmittelbare göttliche Mitteilungen an einzelne Personen nach Abschluß der für alle geltenden Offenbarung durch Jesus Christus und die Apostel aufgefaßt werden. Die Kirche gibt die Möglichkeit solcher Privatoffenbarungen zu, lehnt es aber ab, sie zu allgemein verpflichtenden Glaubenssätzen zu erheben. Gerade dadurch entsteht dann eine besondere Ausgestaltung des Gesamtbildes christlicher Glaubensüberzeugungen, die in dieser Form nur der eine Empfänger der Privatoffenbarung oder ein größerer oder kleinerer Kreis um ihn sich zu eigen macht. Daß z. B. es Gottes geoffenbarter Wille war, Jeanne d'Arc solle die Engländer aus Frankreich vertreiben, Margareta Maria Alacoque (gest. 1690) solle den Herz-Jesu-Kult verbreiten, das sind religiöse Überzeugungen, zu deren Annahme von seiten der Gesamtkirche und ihres Lehramtes kein Katholik verpflichtet wird. Dennoch finden manche solcher Privatoffenbarungen viele Anhänger in der Kirche, deren Glaubensleben dadurch eine spezifische Ausgestaltung und Intensivierung erfährt. Darin liegt ein Moment relativer Selbständigkeit gegenüber dem Glaubensleben der Gesamtkirche. Dieses wird umgekehrt durch religiöse Strömungen, die auf Privatoffenbarungen zurückgehen und als Formen der Volksfrömmigkeit oder als spezifische Frömmigkeitsstile von Orden oder ordensähnlichen Gemeinschaften wachsenden Einfluß gewinnen, langsam umgeformt, unter Umständen in seiner ganzen Breite. Die in den Privatoffenbarungen und ihren Auswirkungen liegende Selbständigkeit des Glaubenslebens ist jedoch eingeschränkt, vor allem durch zwei Momente: erstens durch die Kontrolle des kirchlichen Lehramtes, das die inhaltliche Vereinbarkeit einer Privatoffenbarung mit der allgemein christlich-apostolischen Offenbarungslehre als unerläßliche Bedingung fordert, und zweitens durch die immer wieder zu beobachtende Tatsache, daß das Äußere übernatürlicher Erscheinungen bei solchen Privatoffenbarungen meistens den schon üblichen Darstellungsweisen der Gottheit und der Heiligen entspricht, und daß die besonderen göttlichen Weisungen an die privaten Offenbarungsempfänger einer aus den vorliegenden Orts- und Zeitverhältnissen entspringenden, auch von anderen Personen schon mehr oder weniger deutlich empfundenen und ausgesprochenen Tendenz entsprechen.

b) Im Vorstehenden ist schon angedeutet, daß es innerhalb der katholischen Kirche Kultformen gibt, deren Ausbreitungsgebiet örtlich oder personal begrenzt ist. Manche Heiligen werden nur in bestimmten Territorien verehrt. Die meisten Formen religiösen Brauchtums sind an Landschaften oder Nationalitäten gebunden. Solche gegenüber dem Kult der Gesamtkirche relativ selbständig entstandenen Kultformen üben sogar manchmal einen beachtenswerten Einfluß auf die Gestalt des allgemeinen und offiziellen Kultes aus. Die Erforschung der Liturgiegeschichte hat gezeigt, daß viele Texte und Bräuche zuerst nur lokal üblich waren und später als feste Bestandteile in den offiziellen und allgemeinen Kult eingegangen sind. Die in den lokal oder personal begrenzten Kultformen liegende Selbständigkeit ist aber nur relativ. Das Maß der Selbständigkeit ist auch hier wieder eingeschränkt durch zwei Momente: erstens durch die Kontrolle seitens der zentralen kirchlichen Obrigkeit, die bedenklich erscheinende Kultformen verbietet, und zweitens durch die Tatsache, daß neu entstehende Frömmigkeitsformen fast immer in einem traditionellen Zusammenhang mit früheren stehen. Radikale Neuschöpfungen gelten von vornherein als verdächtig. Jede neu aufkommende Kultform muß sich, wenn sie im katholischen Kirchenvolk eine größere Ausbreitung gewinnen will, vor dem religiösen Bewußtsein der Gläubigen legitimieren durch den Zusammenhang mit überlieferten Anschauungen und Bräuchen.

c) Auch auf dem Gebiete der religiös motivierten Sittlichkeit gibt es in der katholischen Kirche relativ intime, selbständige Formen. Wir stoßen darauf, wenn wir beachten, daß die Kirche sich nicht damit begnügt, ethische Normen und Vorschriften in Form abstrakter Sätze zu verkünden; sie stellt die Person Jesu Christi als konkretes Vorbild hin. Alle ethischen Normen und Gebote der Kirche sollen zur Nachfolge Jesu Christi bewegen[7]. Dieses gottmenschliche Vorbild birgt aber in sich eine solche Fülle religiös-sittlicher Werte, daß die Menschen immer nur einen Teilaspekt davon erfassen und verwirklichen können. Das haben in besonderem Maße die kanonisierten Heiligen getan, unter denen wiederum den Ordensstiftern eine besondere Bedeutung zukommt. Ordensgemeinschaften und Anhänger bestimmter ethisch-religiöser Richtungen innerhalb der Kirche beanspruchen für sich das Recht, auf *ihre* Weise *ihrem* besonderen Christusbilde nachzufolgen.[8] Auch das ist ein Moment relativer Selbständigkeit, freilich auch sie eingeschränkt durch die Kontrolle der zentralen kirchlichen Autorität, die über die Vereinbarkeit aller speziellen religiös-sittlichen Richtungen mit den allgemeinen Normen der Kirche wacht.

In den relativ intimen Bereichen des religiösen Lebens liegt eine gewisse Selbständigkeit gegenüber den allgemein verpflichtenden Normen der Kirche. Sie bewirken andererseits aber auch eine noch größere Abhängigkeit des Einzelnen, der an dem religiösen Leben solcher relativ intimen Kreise (Orden, Richtungen, religiöser Volkstümer u. dgl.) teilnimmt. Der Kreis als solcher pflegt ein gewisses Maß der Selbständigkeit seines religiösen Lebens gegenüber dem der Gesamtkirche. Der dem Kreise zugehörige Einzelne ist in seinem religiösen Leben in *doppelter Abhängigkeit,* nämlich von den allgemeinen Normen und Einflüssen der Gesamtkirche und dazu noch von der spezialisierten Form des religiösen Lebens des Kreises, dem er durch Gebet, Herkommen oder freie Wahl angehört.

IV.

Je intensiver das relativ und absolut Intime der Religiosität erlebt wird, je mehr vor allem die unaufhebbare Einsamkeit des Menschen vor Gott ins Bewußtsein tritt, desto intensiver wird auch erlebt die Spannung zwischen dieser Intimität und dem umfassenden, tief eindringenden Lenkungsanspruch der Kirche und ihrer zentralen Autorität. Es erhebt sich die Frage: Wie wird diese Spannung vom katholischen Christen ertragen; auf Grund welcher Motive wird dieser Anspruch der kirchlichen Gemeinschaft an den Einzelnen und an die frei sich bildenden Kreise als rechtmäßig hingenommen? Das entscheidende Motiv ist dogmatischer Art. Die hier in Frage kommende katholisch-dogmatische Auffassung wird am besten verdeutlicht auf dem Hintergrunde einer verbreiteten modernen Auffassung vom soziologischen Wesen und der Aufgabe der Kirchen. Danach werden die Kirchen charakterisiert als Sozialgebilde zur kollektiven Pflege religiöser Bedürfnisse. Es wird ihnen eine bloß religionspädagogische Aufgabe zugeschrieben, die wie jedes pädagogische Tun das ideale Ziel hat, den Zögling mündig und den Erzieher überflüssig zu machen. Die Kirche gilt nur als Mittel zum Zweck. So sagt Karl Heim[9] von der protestantischen Kirche, sie habe »den Anspruch aufgegeben, irgend etwas zu besitzen, was der Mensch an sich nicht auch ohne sie besitzen könnte ... Sie macht sich gleichsam selbst überflüssig«. Nach katholisch-dogmatischer Auffassung ist die Kirche Selbstzweck. Sie *hilft* nicht nur zum Heil; sondern in der Mitgliedschaft in der Kirche *besteht* für jeden Einzelnen das Heil; denn sie ist der Leib Christi. Im Glauben, den die Kirche lehrt, denkt der Katholik die Gedanken Christi; durch das kultisch-sakramentale Tun in der kirchlichen Gemeinschaft wird er seinshaft in den Lebensstrom der Gnade Christi einbezogen; indem er die kirchliche Sittenlehre befolgt, vollzieht er Jesu Christi ethische Gesinnung nach. Je mehr er so nach Weisung der Kirche und mit ihr glaubt und lebt, desto mehr wird er zum Glied am mystischen Leibe Christi, desto mehr wird er erlöst und seines Heiles teilhaftig. Je stärker dem katholischen Christen die unaufhebbare absolut intime Sphäre seines religiösen Erlebens bewußt und als wertvoll von ihm erlebt wird, desto mehr bedarf er der dogmatischen Idee von der Kirche als dem alles Heil enthaltenden mystischen Leibe Christi, um den tief in das Intim-Persönliche eingreifenden und das Absolut-Intime noch umfassenden Lenkungsanspruch der kirchlichen Gemeinschaft ertragen zu können. So haben im christlichen Altertum gerade Paulus und Augustinus, die am stärksten das »Gott und die Seele« ausgesprochen haben, auch die Lehre von der Kirche als dem mystischen Leibe Christi am tiefsten und umfassendsten ausgebaut. Und gerade der vom zeitgenössischen Individualismus stark beeinflußte Katholizismus der zweiten Hälfte des 19. Jahrhunderts suchte sein Korrektiv in der Lehre vom Corpus Christi mysticum. Auf dem Vatikanischen Konzil (1869/70) wurde sie fragmentarisch ausgesprochen; 1943 fand sie in einem einflußreichen päpstlichen Rundschreiben eine offizielle, ausführliche Darstellung[10].

Anhänger des in der Neuzeit sehr verbreiteten religiösen Individualismus sehen in der Problemstellung Abhängigkeit und Selbständigkeit nur die Frage nach dem Grad und der Berechtigung einer durch die religiöse Gemeinschaft bewirkten *Einengung* des Individuums und der Möglichkeiten, die es entfalten möchte oder könnte. Es gibt aber zahlreiche Zeugnisse von katholischen Autoren, die bekennen, daß sie durch die Einflüsse der kirchlichen Gemeinschaft *bereichert* wurden. Neue Möglichkeiten des religiösen Lebens (Vorbilder, seelische Erfahrungsbereiche, Frömmigkeitsformen u. a. m.), die dem Einzelnen, wenn er nur dem Zuge seines einsamen Herzens folgte, fremd geblieben wären, werden ihm durch die kirchliche Gemeinschaft erschlossen, zur Pflicht gemacht oder angeraten. Der autoritäre Eingriff der kirchlichen Gemeinschaft versperrt dem Individuum den gewollt einsamen Weg zur Erkenntnis, Verehrung und Verwirklichung des Göttlichen und Heiligen, weil dieser Weg in die Enge führt. So faßt der seine kirchliche Gemeinschaftsbindung bejahende Katholik die erfahrene Ausweitung und Bereicherung seines individuellen religiösen Lebens auf als ein Hineinwachsen in die Fülle Christi, der »alles in allem« (Eph. 1, 23) ist und in der Kirche weiterlebt.

Die katholische Kirche ist nicht unveränderlich. Sie ist geschichtlichen Wandlungen unterworfen. Für den Religionssoziologen ist von besonderem Interesse, daß der Ausbau der Sakramentsfrömmigkeit und die große Rolle der Sakramentalien im religiösen Leben Eigentümlichkeiten des mittelalterlichen Katholizismus sind, und daß die Zentralisation der Kirchenleitung seit dem 19. Jahrhundert einen so hohen Grad erreicht hat wie nie zuvor. Aber im wesentlichen finden sich die für unsere soziologische Betrachtung belangvollen Momente schon im Christentum des ersten Jahrhunderts oder im Frühkatholizismus: autoritativ verkündete und traditional gebundene Glaubens- und Sittenlehre; ferner Sakramente als objektive Heilsmittel, deren Vollzug an kirchliche Autorität und Gemeinschaft gebunden ist[11].

In der Gegenwart besteht die Gefahr, daß die allgemeine Vermassung auch auf das religiös-kirchliche Leben übergreift, zumal wenn die kirchlichen Führungsschichten auf ihre Aufgabe, die Geführten zu einem Höchstmaß religiös-sittlicher Selbständigkeit zu erziehen, verzichten. So kann das im Wesen der katholischen Autoritäts-, Traditions- und Sakramentskirche begründete Maß religiös-sittlicher Abhängigkeit des katholischen Christen noch gesteigert werden durch die allgemeine Zeittendenz zur Vermassung. Dieser Gefahr versuchte die kirchliche Führung schon im 19. Jahrhundert auf zweifache Weise entgegenzuwirken: erstens indem man eine konservative Lebensweise, den patriarchalisch-ländlichen Lebensstil zu fördern bestrebt war; zweitens indem man die durch Industrialisierung und Verstädterung zusammenströmenden und zur seelischen Vermassung tendierenden Bevölkerungsmengen durchorganisierte in einem vielgliedrigen System von religiösen, kulturellen und wirtschaftlichen Vereinigungen. Der Erfolg war gering[12]. In der Gegenwart loben zwar die kirchlichen Führungsschichten die große Kirchenwilligkeit des katholischen Volkes, die in religiösen Massenveranstaltungen und im Rufen nach kirchlichen Weisungen für politisches, kulturelles und wirtschaftliches Handeln zum Ausdruck kommt; aber einflußreiche kirchliche Beobachter erkennen es auch als eine Zerfallserscheinung des religiösen Lebens, daß große Teile der katholischen Christenheit weniger als früher fähig und bereit sind zu persönlicher Gewissensentscheidung und Verantwortung[13]. Das bei Dostojewski von Iwan Karamasoff mit den Zügen des Antichristen gezeichnete Bild der vermassten Kirche, die ihrer Herde alle Selbstveranwortung abnimmt, ist eine bedrohlich nahe Möglichkeit geworden. Angesichts dieser Gefahr begegnet die Forderung des katholischen Kritikers Th. Haecker[14] der des einsamen Protestanten Kierkegaard: »Das Christentum will eine Gemeinschaft im Geist von ›Einzelnen‹, welche alle, jeder einzeln und im einzelnen, in der Wahrheit durchgebildet sind. Die Kategorie des ›Einzelnen‹, von Kierkegaard herausgestellt, ist eben doch die christliche Forderung des Tages gegen den Untergang des Menschen in der Masse.«

Zusätzliche Literatur

Bedoyere, Michael de la (Hrsg.), Einwände gegen den Katholizismus, München 1965.
Hernegger, Rudolf, Macht ohne Auftrag: Die Entstehung der Staats- und Volkskirche, Olten/Freiburg/Br. 1963.
Lenski, Gerhard, Religion und Realität. Eine Untersuchung über den Stellenwert der Religion in einer Industriegroßstadt, Köln 1967.
Savramis, Demosthenes, Wertsysteme in traditionalen und industriellen Gesellschaften, in: Internationales Jahrbuch für Religionssoziologie, Köln/Opladen 6, 1970, S. 7–44.
Schasching, J., Die soziale Botschaft der Kirche von Leo XIII. bis Johannes XXIII., Innsbruck/Wien/München 1962.
Vatikanum II, Vollständige Ausgabe der Konzilsbeschlüsse, zusammengestellt von Konrad W. *Kraemer* mit 171 Seiten Stichwortverzeichnis von Klemens *Richter,* Osnabrück 1966³.
Vries, Wilhelm de, Orthodoxie und Katholizismus. Gegensatz oder Ergänzung?, Freiburg/Br. 1965.

Fußnoten

1 Über die verschiedenen Grade der Sozialität und Intimität des Erlebens vgl. M. *Scheler,* Der Formalismus in der Ethik u. die materiale Wertethik. 3. 1927, 584 ff.
2 Vgl. R. *Guardini,* Über Sozialwissenschaft und Ordnung unter Personen, in: Unterscheidung des Christlichen. 1935; Ferner E. *Spranger,* Lebensformen. 5. 1925, 259 f. und 269 f.
3 Vgl. E. *Husserl,* Ideen zu einer reinen Phänomenologie und phänomenologischen Philosophie. 1913, 161 ff.
4 Fr. v. *Hügel,* Briefe an seine Nichte. Übers. aus dem Englischen von Schmidthüs 1947, 10.
5 Vgl. z. B. Lucie *Christine,* Geistliches Tagebuch. Übers. aus dem Französischen v. Guardini, 1921.

6 So z. B. sehr ausführlich u. gründlich Fr. *Pilgram,* Physiologie der Kirche. 1860, neue Ausgabe 1931, 394 ff; ferner K. *Adam,* Das Wesen des Katholizismus. 8. 1936, 37 f.
7 Das kommt besonders gut zur Darstellung bei Fr. *Tillmann,* Handbuch der katholischen Sittenlehre. III. u. IV. Bd. 1934/35.
8 Vgl. G. *Gundlach* SJ, Zur Soziologie der katholischen Ideenwelt und des Jesuitenordens. 1927, 50 f.
9 K. *Heim,* Das Wesen des evangelischen Christentums. 5. 1929, 116 f.
10 Päpstliche Enzyklika: Mystici Corporis Christi, vom 29. 6. 1943, deutsch-latein. Ausgabe Freiburg 1947.
11 A. v. *Harnack* (Lehrbuch der Dogmengeschichte. 4. I. Bd. 1909, 82) und E. *Troeltsch* (Ges. Schriften. 1912 ff. I. Bd., 86 u. IV. Bd., 127) waren zwar der Meinung, daß diese Momente in der Verkündigung Jesu nicht enthalten seien bzw. eine starke »Verengung des ursprünglichen soziologischen Gedankens Jesu« bedeuteten; aber sie gaben doch zu, daß jene Momente schon im Christentum des ersten Jahrhunderts sich finden.
12 Vgl. Fr. *Schnabel,* Deutsche Geschichte im 19. Jahrhundert. IV. Bd. 1936, 270 ff; ferner K. *Neundörfer,* Die Kirche als gesellschaftliche Notwendigkeit, in: Zwischen Kirche u. Welt. 1927.
13 Vgl. K. *Rahner,* SJ, Der Einzelne und die Kirche, in: Stimmen der Zeit, 72. Jahrg. (1946/47).
14 Th. *Haecker,* Tag- und Nachtbücher. 1947, 157.

4. Protestantismus

Rudolf Otto

Das Numinose bei Luther*

Allgemein steckt das numinose Moment im Glaubens-begriffe Luthers selber und zwar in seinem Mystischen.** Man kann hier Luthers Zusammenhang mit der Mystik nicht verkennen. Zwar an die Stelle von ›Erkennen‹ und ›Gottesminne‹ tritt für Luther in immer stärkerem Maße ›das Glauben‹, und das bedeutet eine gewaltige qualitative Veränderung seiner religiösen Haltung gegenüber der Haltung der Mystik. Aber bei aller Veränderung ist doch offensichtlich daß Luthers Glaube ganz bestimmte Züge trägt die ihn mystischen Seelen-funktionen verwandt zeigen und ihn deutlich unterscheiden von der rationalen Bestimmtheit und Wohltemperiertheit der fides der lutherischen Schullehre. Wie ›Erkennen‹ und ›Liebe‹ so bleibt für Luther der Glaube stets und bis zuletzt die Beziehung auf ein mirum ac mysteriosum und zugleich die geheimnisvolle Seelenkraft der ›adhaesio Dei‹ die den Menschen *eint* mit Gott. Einung aber ist der Stempel des Mystischen. Und wenn Luther sagt daß der Glaube den Menschen mit Gott ›ein Kuche‹ mache oder Christum in sich fasse sicut annulus gemmam so redet er nicht in Bildern oder doch nicht mehr in Bildern als wenn Tauler dasselbe von der Liebe sagt. Auch für ihn ist Glaube ein Etwas das in rationalen Begriffen nicht erschöpfbar ist und dessen Bezeichnung man dann eben solcher ›Bilder‹ bedarf. Der Glaube ist ihm jene verborgene Mitte der Seele die den Mystikern der Seelengrund war in der sich die Einung vollzieht. Er ist zugleich eine pneumatische Erkenntniskraft, ein mystisches a priori im Geiste des Menschen für die Aufnahme und Anerkenntnis der übersinnlichen Wahrheit und in dieser Hinsicht selber eins mit dem spiritus sanctus in corde. Der Glaube ist weiter das ›tätig mächtig schäftig *Ding*‹ in uns, ist stärkerer *Affekt* der in nächster Verwandtschaft des enthoysiázesthai steht. Er übernimmt selber geradezu die Funktionen die alle Enthoysiastai von Paulus an immer dem Pneyma zugeschrieben haben. Denn er ist es der ›uns innerlich

* Aus: Rudolf *Otto,* Das Heilige, C. H. Beck'sche Verlagsbuchhandlung, München 1936, S. 128–133 (23.–25. Auflage. Erste Auflage 1917). Abgedruckt mit freundlicher Genehmigung des Verlages.

** Die Fehler in der Zeichensetzung entsprechen dem Original (Anm. d. Herausgebers).

wandelt und neu gebieret.‹ Er ist in dieser Hinsicht völlig gleichartig dem amor mysticus so verschieden er von ihm ist nach seiner inneren Gestimmtheit. Und in der Seligkeit der certitudo salutis die er ergreift, und in der Hochgestimmtheit Lutherischen Kindschafts-Glaubens kehren, gedämpfter, die Kindschafts-Gefühle Pauli wieder die mehr sind als bloßer Seelentrost Gewissensstillung oder bloße Geborgenheits-stimmung. Alle späteren ›Mystici‹ von Johann Arndt an bis zu Spener und Arnold hin haben diese Seiten der Lutherischen fides kongenial immer wieder als sich selber verwandt gefühlt und die darauf bezüglichen Stellen des seligen Lutheri sorgsam gesammelt um sich damit gegen die Angriffe der rationalisierten lutherischen Schullehre zu decken.

Denn gegenüber den Rationalisierungen der Schullehre erhalten sich die irrationalen Momente lebendig in der Nachblüte der abendländischen Mystik auf katholischem und protestantischem Gebiete. Leicht sind in ihr und in der christlichen Mystik überhaupt von ihren ersten Regungen an die ausgeführten Momente des Irrationalen wiederzuerkennen. Und zwar besonders die Momente des mysteriosum, des fascinans, des augustum und der majestas, während das des tremendum zurücktritt und abgedämpft wird.

Immerhin fehlt das Moment des tremendum wenn auch gedämpft in der christlichen Mystik keineswegs ganz. Es bleibt lebendig in der caligo, dem altum silentium, dem Abgrund, der Nacht, der Wüste der Gottheit in die die Seele hinabmuß, in der Qual der Verlassenheit, der Trockenheit, der Langweil in der sie stehen muß, in dem Schauer und Schaudern der Entselbstung, der Entsetzung und der annihilatio, im infernum temporale. So sagt Seuse:

> In diesem unbegreiflichen Gebirge des übergöttlichen *Wo* (der ›übersubstanzlichen Höhe der göttlichen *Majestät*‹) ist eine allen reinen Geistern empfindbare spielende Abgründigkeit. Und da kommt (die Seele) in die verborgene Ungenanntheit und in die wunderbare Entfremdung. Und das ist der grundlose tiefe Abgrund für alle Kreaturen ... da stirbt der Geist – allebend in den Wundern der Gottheit.

und er kann gelegentlich beten:

> O weh, Dein zornliches Antlitz ist so gar grimm. Dein unwilliges Abkehren ist so gar unerträglich. Weh mir! Und deine feindlichen Worte sind gar so feurig daß sie durchschneiden durch Herz und durch Seele.

Auch die späteren Mystiker kennen diese Töne wohl. So sagt Johann vom Kreuz:

> Weil diese göttliche Beschaulichkeit die Seele mit Gewalt anfallet damit sie dieselbe bändige, empfindet diese eine solche Pein in ihrer Schwachheit daß ihr gleichsam alle Kraft und Atem entgehet, dieweilen der Sinn und der Geist, als stünden sie unter einer unermeßlichen und finsteren Last, dergestalt leiden und gleichsam mit tödlicher Angst gepreßt werden daß die Seele das Sterben für eine Linderung und Erquickung erwählen wollte.

und weiter:

> Die vierte Art der Pein wird in der Seel ... verursachet ... aus der Majestät und Herrlichkeit Gottes.

und endlich:

> Daher vernichtet zerknirscht und versenket Er sie dergestalten in eine tiefe Finsternis, daß sie verspüret wie sie verschmolzen und in Ansehung ihrer Armseligkeit durch einen grausamen Tod des Geistes vernichtet werde. Gleich als wenn sie empfinden täte daß sie von einem sehr wilden Tier verschlucket und in seinem finstern Magen verkäuet werde.

Höchst lebendig aber wird das Irrational-Furchtbare ja Dämonische des Numinosen in der Mystik Jakob Böhme's. So sehr Böhme die Motive der älteren Mystik aufnimmt so sehr unterscheidet er sich doch von ihr in seiner Spekulation und Theosofie. Er will mit ihr Gott selbst aufbauen und verstehen, und aus ihm die Welt: das wollte Eckart auch; und auch für Böhme ist der erste Ausgang der Spekulation der Urgrund, vielmehr Ungrund, das Überbegriffliche und Unaussprechliche. Aber dieses ist ihm nicht sowohl Sein und Übersein als Drang und Wille, und nicht sowohl das Gute und Übergute als eine irrationale Indifferenz und Identität des Gut-Bösen in dem die Möglichkeiten zu beiden gefunden werden sollen, zum Guten wie zum Bösen, und damit zugleich zur Doppelgestalt der Gottheit selber als Güte und Liebe und als *Grimm* und *Zorn*. Drollig sind die Konstruktionen und Analogien mit denen hier ein chemisch-fysikalischer Roman Gottes gedichtet wird, aber bedeutend sind die seltsamen Schauungen des religiösen Gefühles die dahinter liegen. Sie sind Erschauungen des Numinosen und haben mit denen Luthers Verwandtschaft. Auch hier die irrationale ›Lebendigkeit‹ und majestas als ›Wille‹ erfaßt und versinnlicht, auch hier das tremendum derselben. Und dieses auch hier dem Grunde nach unabhängig von Begriffen *sittlicher* Hoheit oder Gerechtigkeit und zunächst unbestimmt gegen gutes oder böses Handeln: es ist vielmehr eine ›Grimmigkeit‹, ein ›Feuerzorn‹ – man weiß nicht über etwas, sondern ein Zorn an sich, eine Natur-bestimmtheit, die, ernsthaft genommen im Sinne wirklichen begrifflichen und begreiflichen Zürnens, ganz sinnlos wäre. Wer sieht nicht sofort daß es einfach das irrationale Moment des tremendum ist, für das ›Zorn‹, ›Feuer‹, ›Grimm‹ reine Ideogramme sind. Wird ein solches Ideogramm als adäquater Begriff genommen so ergibt sich die Anthropomorfie des Lactanz und des Mythus. Wird aus solchen Begriffen gar spekuliert so ergibt sich die Scheinwissenschaft der Theosofie wie bei Böhme und anderen. Denn eben das ist der Stempel aller Theosofie daß in ihr die nur analogischen Ausdrücke des Gefühles mit rationalen Begriffen verwechselt, diese dann systematisiert und aus ihnen ein Monstrum von *Gotteswissenschaft* herausgesponnen wird, das gleich monströs bleibt ob es nun mit den Termini der scholastischen Schullehre wie bei Eckehart oder mit den alchimistischen Substanzen und Mixturen des Paracelsus wie bei Böhme oder mit den Kategorien einer animistischen Logik wie bei Hegel oder mit indischen Floskeln wie bei Mrs. Besant hergestellt wird. Nicht um seiner

Theosofie willen ist Böhme religionsgeschichtlich belangreich sondern deswegen, weil sich bei ihm hinter ihr als wertvolles Element das lebhafte Gefühl des Numinosen regte und er in dieser Hinsicht ein Erbe Luthers selber wahrte das in dessen Schule abhanden kam.

Denn diese selber ist dem Numinosen im christlichen Gottesbegriffe nicht gerecht geworden. Die Heiligkeit und den ›Zorn Gottes‹ vereinseitigte sie durch moralistische Deutung. Schon von Johann Gerhardt an nahm sie die apátheia-Lehre wieder auf. Dem Kultus entzog sie mehr und mehr die eigentlich kontemplativen, spezifisch ›andächtigen‹ Momente. Das Begriffliche und das Doktrinäre, das Ideal der ›Lehre‹ überwog dem Unaussprechlichen nur im Gefühl Lebenden, dem lehrhaft nicht Tradierbaren. Die Kirche wurde Schule, und ihre Mitteilungen gingen dem Gemüte in der Tat wie Tyrell es bezeichnet hat mehr und mehr nur ›durch die schmale Ritze des Verstandes‹ zu ...

Zusätzliche Literatur

Brandenburg, Albert, Martin Luther gegenwärtig: Katholische Lutherstudien, München/Paderborn/Wien 1969.

Lilje, Hans, Luther, Hamburg 1965.

Loewenich, Walter von, Zehn Jahre Lutherforschung (1938–1948), in: Theologie und Liturgie. Eine Gesamtschau der gegenwärtigen Forschung in Einzeldarstellungen. Kassel 1952, S. 119–170.

Loewenich, Walter von, Die Lutherforschung in Deutschland seit dem Zweiten Weltkrieg, in: Theologische Literaturzeitung, 81, Sp. 705–716.

Löfgen, David, Verschiedene Tendenzen in der Neueren Lutherforschung, in: Kerygma und Dogma, 5, 1959, S. 146–164.

Luther-Bibliographie 1925–1939, in: Luther Jahrbuch 8, 1926; 9, 1927; 11, 1929; 13, 1931 bis 23, 1941.

Luther-Bibliographie 1940–1953 (im Auszug); 1954 ff., in: Luther Jahrbuch 24, 1957 ff.

Vajta, Vilmos (Hrsg), Lutherforschung heute, Berlin 1958.

Wolf, Ernst, Über neuere Lutherliteratur und den Gang der Lutherforschung, in: Christentum und Wissenschaft 9, 1933, S. 201–226; 10, 1934, S. 6–21; 203–219; 259–273; 437–457.

Richard H. Niebuhr

Das Problem des konstruktiven Protestantismus*

1. Das Reich Gottes im Protestantismus

Jeder Versuch, den Spuren der christlichen Bewegung in Amerika nachzugehen, muß mit der protestantischen Reformation beginnen. Freilich ist der Einfluß des Katholizismus auf die Gestaltung des amerikanischen Lebens nicht zu verkennen, und es liegt auch eine gewisse Wahrheit in der Behauptung, daß die Quellen der Religion in der Neuen Welt in den Überlieferungen der Sekten zu suchen seien, die weit mehr auf Wiclif als auf die protestantische Bewegung Luthers und Calvins zurückgehen. Dennoch bestätigt die Geschichte wie auch ein Blick auf die Glaubensbekenntnisse der Bevölkerung die Behauptung, daß der Protestantismus Amerikas »einzige nationale Religion ist, und daß, diese Tatsache zu leugnen, soviel bedeuten würde, wie dieses Land unter einem falschen Gesichtswinkel zu sehen«.

Als religiöse Bewegung war die Reformation vor allem dadurch gekennzeichnet, daß sie von neuem auf der unumschränkten Selbstherrlichkeit Gottes bestand, in dem alles Geschehen seinen Ursprung hat. Der Begriff der bedingungslosen Selbstherrlichkeit wird gewöhnlich weit mehr mit Calvin als mit Luther in Verbindung gebracht, zumal von letzterem behauptet wird, daß er den Nachdruck auf die Lehre von der Rechtfertigung allein durch den Glauben und von dem Wort Gottes gelegt habe. Es erscheint jedoch einleuchtend, daß diese beiden Lehrsätze ihren Sinn und ihre Überzeugungskraft von der Grundidee empfangen, auf der sie beruhen, nämlich von der des Ursprungs alles Geschehens in Gott. Es ist Gott und nicht der Mensch, der vergibt und erlöst; es ist Gott und nicht die menschliche Vernunft, der die Wahrheit offenbart und den Sinn des Lebens enthüllt. Gewiß war es Calvin, der diese Grundidee mit größerer Klarheit entwickelte als Luther dies getan hatte, und der mit größerem Nachdruck auf die majestätischen und dynamischen Eigenschaften der Gottheit hinwies. Für beide wurde jedoch die prophetische Vorstellung vom Gottesreich zum Grundprinzip des neuen Glaubens. Gott ist der Herrscher, während der Mensch ganz und gar von ihm abhängig ist. Gott fordert von den Menschen unwandelbaren Gehorsam. Er erlöst sie allein durch seine Gnade, ohne daß dabei deren Verdienst oder Mitwirkung in Frage kommt. Er offenbart sich dem Unwissenden und Demütigen, während Er sich dem Wissensstolzen entzieht. Die Furcht des Herrn ist der Weisheit Anfang; Er ist das Alpha und auch das Omega. In vielen Punkten berührte sich diese Lehre der Reformatoren

* Aus: H. Richard *Niebuhr,* Der Gedanke des Gottesreiches im Amerikanischen Christentum, S. 12–32. Church World Service, New York 1948.

mit der ihrer katholischen Gegner; hatten sie doch ihre Ausbildung von ihren katholischen Lehrmeistern erhalten und aus der ihnen gemeinsamen Heiligen Schrift gelernt. Auch die mittelalterliche Kirche hatte gelehrt, daß Erlösung ausschließlich von Gott komme, daß es ohne seine Gnade unmöglich sei, Ihn zu begreifen, daß Er die Quelle wie auch das Ziel alles Lebens sei, der Suchende nicht weniger als der Gesuchte. Dem Protestantismus, wie jeder Erweckungsbewegung im Judentum und Christentum, war jedoch eigentümlich, daß er sich diese Vorstellungen mit einer Lebendigkeit wieder zu eigen machte, die im Laufe der Jahrhunderte verloren gegangen war. Was man als selbstverständlich hingenommen hatte, wurde zu einer dringlichen Überzeugungsfrage; was als altehrwürdige und gesicherte Doktrin gelehrt worden war, wurde zu einer lebenswichtigen Erfahrung; was eine Wahrheit neben anderen Wahrheiten gewesen war, wurde zur Wahrheit schlechthin. In diesem Sinne wurde die Vorstellung vom Gottesreich zum Wesensmerkmal der neuen Bewegung . . .

Bei der Darstellung der protestantischen Vorstellung vom Reich Gottes ist es weit wichtiger, den Inhalt dieser Vorstellung als ihre Form ins Auge zu fassen. Auch im mittelalterlichen Katholizismus findet sich selbstverständlich die Vorstellung von der allmächtigen Herrschaft Gottes. Er stellte sich jedoch diese Herrschaft in der Form einer hierarchisch gegliederten Struktur vor, während der Protestantismus sie als etwas unmittelbar Gegebenes auffaßte. Gemäß der mittelalterlichen Lehre hat Gott alle Geschöpfe zu einem harmonischen Organismus zusammengefügt, in dem die höheren Elemente über die niederen herrschen, und in dem der Kirche, als dem Vertreter Christi und dem Mittler der Gnade, die letztendige Herrschaft über die Menschen hier auf Erden zukam. Gottes Herrschaft wurde in dem Anfang und dem Ende aller Dinge offenkundig, in der Schöpfung, in der Menschwerdung Christi, in der Stiftung der Kirche, im jüngsten Gericht wie auch in dem Seligwerden. Die Zwischenstadien des Lebens wurden jedoch von denjenigen geleitet, die an seiner Weisheit Anteil haben, und zwar entsprechend dem Umfang des ihnen gewährten Anteils. Der Katholizismus vertrat von alters her wie auch heute noch die Idee von einem nach einem bestimmten Plan errichteten Gemeinwesen, für das Platos *Staat* das große Vorbild abgab. Gott war es, der den Plan entworfen hatte; die menschliche Vernunft erkannte ihn zum Teil, und die Offenbarung enthüllte, was der Vernunft verschlossen blieb. Gott führt seinen Plan auch durch. Er tut dies jedoch mit Hilfe seiner Stellvertreter auf Erden. So äußerte sich denn auch Thomas von Aquin, indem er die Auffassung verwarf, daß Gott alle Dinge unmittelbar lenke: Was den Plan der Herrschaft anbetrifft, so bestimme Gott alle Dinge unmittelbar; bei dessen Durchführung bediene er sich jedoch für gewisse Dinge seiner Geschöpfe. Wenngleich der Plan der Herrschaft über alle Dinge und selbst über die allerletzten bei Gott ruht, vertraue er doch um seiner Geschöpfe willen einigen von ihnen die Herrschaft über andere an. Es ist hinlänglich bekannt, wie diese architektonische, oder vielleicht besser organische Lebensauffassung dazu benutzt wurde, die mittelalterlich-hierarchische Ordnung zu rechtfertigen. Unter diesen Umständen erlangte der Begriff »Gottesreich« sehr bald die Bedeutung einer »kirchlich regierten Gemeinschaft«.

Gegen diese Auffassung vom Gottesreich hatte der Protestantismus mancherlei einzuwenden. Glich nicht der göttliche Plan, den die Vernunft in den Dingen zu erkennen glaubte, in verdächtiger Weise einem Plan, den menschlicher Eigennutz sich ausgedacht haben könnte? Weshalb betraf man die Philosophen, die die Gedanken Gottes nachzudenken bemüht waren, dabei, sich eine Welt vorzustellen, in der Philosophen Könige waren, und in der philosophisches Sinnen als vornehmste Lebensführung galt? Weshalb glaubten Mönche, Priester und Päpste einen göttlichen Weltplan zu entdecken, der ihre Ansprüche auf Herrschaft und auf sittliche Überlegenheit über ihre Mitmenschen rechtfertigte? Die Gleichstellung der Herrschaft Gottes mit der Herrschaft der menschlichen Vernunft und der letzteren mit der der Kirche mußte Verdacht erregen. Der Protestant war kein Gegner der Vernunftherrschaft. So unnachsichtig auch das Urteil sein mochte, das er hier und da über die Vernunft fällte, so gab er doch auch zu, daß »die Vielfältigkeit und Eindrucksfähigkeit der Seele« zu »den Beweisgründen der göttlichen Natur des Menschen« gehöre. Andererseits war er sich jedoch beinahe mit der Klarheit moderner Psychologen der Neigung der Menschen bewußt, die Dinge rational in einer Weise zu erfassen, die weniger von der Liebe zur objektiven Wahrheit als von Eigennutz diktiert war. Aus diesem Grunde sah er die Vernunft als verderbt und als dem Irrtum zugänglich an, und sah in den Konstruktionen, mit denen sie eine göttliche Herrschaft über diese Welt zu beweisen oder zu verteidigen suchte, weit eher Erfindungen des »fleischlichen Sinnes« als Enthüllungen der unsterblichen Wahrheit. Dies war die negative Seite der protestantischen Einstellung zum Problem des Gottesreichs. Sie lief darauf hinaus, daß kein menschlicher Plan und keine menschliche Organisation je dem allumfassenden Gottesreich gerecht werden könnte; war doch jeder Plan dieser Art das Ergebnis der nur bedingt wahren, eigensüchtigen und daher verderbten Vernunft.

Das positive Gegenstück zu dieser Verwerfung aller menschlichen Souveränität war freilich weit wichtiger. Es enthielt die Bekräftigung von Gottes unmittelbarer Herrschaft. Gott lenkt alle Dinge unmittelbar durch sein Wort. Ihm sind alle politischen Gebilde, alle Kirchen und Einzelpersonen unmittelbar verantwortlich. Anstatt an eine hierarchische Struktur, innerhalb deren der höher Gestellte den im Range unter ihm Stehenden beherrscht, glaubt der Protestant an die Idee der Vielheit, derzufolge die Vielen alle einander gleichgestellt und unmittelbar, d. h. ohne irgendwelche Vermittlung, mit dem höchsten Herrscher in Beziehung stehen. Diese Auffassung vom Gottesreich fand im religiösen Leben ihren Ausdruck in der Idee des Priestertums aller Gläubigen. Sie enthielt zugleich die Voraussetzung sowohl für die Demokratie wie für den Nationalismus, wenngleich sie hier lange Zeit brauchte, um zur Auswirkung zu gelangen.

Wie dem auch sei, die Anerkennung der alleinigen Herrschaft Gottes und die Erklärung, seinem Reich die Treue zu halten, war ein weit wichtigeres Element innerhalb des protestantischen Glaubens als die Nichtanerkennung der weltlichen Vertreter der göttlichen Herrschaft.

In Zeiten, die nicht oder doch nur bedingt an Gott glauben, dürfte die Aufrichtigkeit, mit der der religiöse Protestantismus diese Auffassung vertrat, nicht ganz ernst genommen werden, und die Kraft, die ihr entströmte, wird ihnen ein Rätsel bleiben. Solche Zeiten dürften die protestantische Bewegung als einen in sich selbst widerspruchsvollen Liberalismus kritisieren und daneben den Standpunkt vertreten, daß diese Bewegung ihre Stärke den Kräften des Eigennutzes verdankt, den sie ihrem eigenen Dogma zum Trotz entfesselte. Indes, der Protestantismus war niemals liberal in dem Sinne, daß er den freien Menschen zum Ausgangspunkt seiner Theologie oder seiner Ethik machte. Die Freiheit des Menschen, von der er sprach, war nicht eine Voraussetzung, sondern ein Ziel. Voraussetzung war für ihn die Sündhaftigkeit des Menschen, und seinen Ausgangspunkt fand er in dem freien Gott. In diesem Sinne bekannte Calvin:

Wir gehören nicht uns selbst; daher sollte weder unsere Vernunft noch unser Wille auf unsere Entschlüsse und unsere Handlungen einen überwiegenden Einfluß ausüben. Wir gehören nicht uns selbst; daher sollten wir nicht als unser Ziel ansehen, danach zu streben, was uns in Hinblick auf unsere fleischlichen Bedürfnisse zweckmäßig erscheint. Wir gehören nicht uns selbst; daher sollten wir soweit als möglich nicht an uns selbst und an die Dinge denken, die wir besitzen. Vielmehr sind wir Gottes; in ihm wollen wir daher leben und sterben. Wir sind Gottes; daher sollen seiner Weisheit und seinem Willen alle unsere Handlungen untergeordnet sein. Wir sind Gottes; darum sei Ihm, als unserem einzigen rechtmäßigen Ziel, jede Phase unseres Lebens geweiht.

Diese Sätze sind ausgesprochen protestantisch in ihrer Zurückweisung der liberalen Auffassung, daß für den Menschen sein eigenes Selbst, seine Vernunft, sein Wille, seine Ideale, seine Selbstbeherrschung im Vordergrund des Interesses stehen. Mehr noch sind sie für den Protestantismus charakteristisch in Hinblick auf ihre direkte Bestätigung der göttlichen Souveränität und der damit zugleich ausgesprochenen Zurückweisung der Ansprüche irgend einer Institution oder irgend eines Geschöpfes, im Namen Gottes Macht über die Menschen zu besitzen.

Neben Lebendigkeit und Unbedingtheit enthielt die protestantische Auffassung vom Gottesreich noch ein drittes Element, – das seiner zeitlich unmittelbaren Verwirklichung. In einer neueren Würdigung des Lebenswerks Franz' von Assisi wurde hervorgehoben, daß seine Auffassung vom Gottesreich und dessen Verwirklichung zwar der Form nach mit der Lehre der Kirche seiner Zeit übereinstimmte, daß sie jedoch hinsichtlich der Art und Weise, in der sie sich auswirkte, von ihr abwich. »Das Bewußtsein der *Wirklichkeit* und der *baldigen Verwirklichung* des kommenden Reiches war in ihm lebendig und wurde zum mächtigsten Beweggrund seiner religiösen Betätigungen.« Ein ähnliches Urteil könnte über die protestantische Bewegung im 16. und 17. Jahrhundert gefällt werden. Der mittelalterliche Katholizismus mit seiner vergeistigten Auffassung vom kommenden Reich suchte den christlichen Glauben der langen Verzögerung der Wiederkehr Christi und der Erfüllung seines Versprechens anzupassen. Im Grunde war diese Anpassung ein bemerkenswert erfolgreicher Versuch, vermittels einer vergeistigten Neuauslegung an dem Versprechen der am Ende kommenden Erlösung festzuhalten und das irdische Leben auf das letzte Ziel hin auszurichten. Zum mindesten bedeutete sie eine Sanktionierung der Welt, beruhte sie auf dem konservativen Bestreben, die bestehende Ordnung dadurch aufrecht zu erhalten, daß man die unbefriedigten Wünsche der Menschen mit dem Hinweis auf die Zukunft zu beschwichtigen suchte und jede durchgreifende Umgestaltung der Gemeinschaft verschob. Im Gegensatz hierzu wollte die neue Bewegung nicht nur von dem System der Vermittler der göttlichen Herrschaft und Gnade, sondern auch von einer Verschiebung der Erfüllung des das Leben betreffenden Versprechens nichts wissen. Sie bestand auf dem »Jetzt«. Der Rechtfertigungsgewißheit wollte man unverzüglich teilhaftig werden; die Versicherung der Erlösung sollte jetzt empfangen, die Herrschaft Christi nunmehr zur Wahrheit werden.

Es war nicht allein eine von Ungeduld erfüllte Erwartung, sondern auch der Sinn für die Krisenstimmung jener Zeit, der das kommende Reich als durchaus wirklich und greifbar nahe erscheinen ließ. Überall sah man Anzeichen dafür, daß die alte Lebensordnung im Schwinden begriffen war. Gerüchte von Kämpfen, vom Verfall der römischen Kirche, von der Entdeckung neuer Welten, von neuen Ideen und Erfindungen förderten das Gefühl für das Herannahen einer Katastrophe und verstärkten die belebende Kraft des Versprechens eines neuen Lebens. Im 16. Jahrhundert erwiesen sich die Wiedertäufer auf dem europäischen Kontinent der Vorstellung von der Nähe des Gottesreichs als besonders zugänglich. Sogar der mehr orthodoxe Flügel der Reformbewegung teilte diese Auffassung mit ihnen. Im England des 17. Jahrhunderts verkündeten die radikalen Parteien des Bürgerkrieges und der Republik die »Fünfte Monarchie«; die mehr konservativen Puritaner lebten jedoch gleichfalls in der Erwartung des jüngsten Gerichts und der Restauration. In solchen Zeiten, wenn alte Ordnungen im Schwinden begriffen sind, während neue noch nicht sichtbar werden, liegt der Erwartung des Endes und eines neuen Anfangs nicht ein tausendjähriger Mythos – die Vorstellung von einem Höllenfeuer, von fallenden Sternen, von Gottesboten, die aus den Wolken herniedersteigen, und auch nicht eine geheime Zahlenkunde zugrunde, – sondern die Überzeugung, daß das Leben voll von Gefahren und nichts in ihm von Dauer ist; daß nichts Weltliches wertvoll genug ist, Gegenstand des Glaubens der Menschen zu sein, und daß Erlösung allein dadurch möglich ist, daß man sich von dieser vergänglichen Welt abwendet und seine Hoffnung allein auf das Ewige setzt. Der Blick für die Krise nährt eine revolutionäre Stimmung unter denen, die nicht an die wörtliche Erfüllung der morgenländischen Prophezeihungen glauben. Nötigt er sie doch, den Lebenswirklichkeiten, wie sie tatsächlich sind, ins Auge zu sehen. In ähnlicher Weise ließ der Sinn für das Herannahen einer Katastrophe und für den Beginn eines neuen Lebens die Idee des Gottesreichs zu einer dringlichen Frage für die Protestanten werden. Man fühlte die Notwendigkeit, dieser Frage unverzüglich nachzugehen. War doch die zur Verfügung stehende Zeit begrenzt. Die große Revolution, die zur Erneuerung aller Dinge führen sollte, war nicht länger nur ein vager Traum, war nicht nur ein Höhepunkt des gewöhnlichen Lebens. Vielmehr stand sie unmittelbar bevor und erschien ebenso verhängnis- wie verheißungsvoll. Von neuem wieder, wie schon so oft zuvor, drang Jesu Verkündung in die Herzen der Menschen: »Das Reich Gottes ist nahe.«

In dieser . . . Hinsicht fand die protestantische Bewegung im 16. und 17. Jahrhundert ihren Mittelpunkt, ihre Beweggründe und ihr Ziel im Reiche Gottes. Die Vorstellung von Gottes Vorherrschaft, Unmittelbarkeit und Nähe stellte diese Bewegung zugleich jedoch vor eine schwer zu lösende Frage: Wie konnte solch ein Glaube für den Aufbau einer neuen Lebensordnung nutzbar gemacht werden?

2. Das Dilemma des Protestantismus

Insoweit der Protestantismus eine Protestbewegung war, erwies sich seine Grundidee vom Reich Gottes als überaus wirksam. Im Namen dieses Reichs konnte er den unbegrenzten Ansprüchen jeder erdgebundenen Macht entgegen treten, insbesondere dem Anspruch des großen Kolosses, der die mittelalterliche Welt umspannte. Von der Kirche als Anstalt forderte er, daß sie dem lebendigen Gotteswort, wie es am Anfang nicht so sehr im biblischen als im prophetischen Sinne verstanden wurde, keine einschränkenden Grenzen ziehe. In Erwartung des jüngsten Gerichts wurde die Bedingtheit und Zeitlichkeit der feudal-hierarchischen Ordnung offenbar; sie wurde des Heiligenscheines beraubt, der sie bis dahin verklärt hatte. Die kirchlichen Bräuche mit ihrer Verherrlichung des religiösen und ihrer Geringschätzung des weltlichen Lebens, mit ihren Regeln für das Verhalten im Haus, in der Familie, in der Politik und im Wirtschaftsleben, mit ihrem Festhalten an sozialen Sitten, die sich unter Verhältnissen gebildet hatten, die nun in schnellem Schwinden begriffen waren, wurden ihres geheiligten Charakters entkleidet. Das Dunkel, das über der Welt gehangen hatte, der Glaube an die unbegrenzte Fortdauer all des Guten, aber auch all des Übels, das den Menschen zwang, sich auf ein in weiter Ferne liegendes Leben im Himmel vorzubereiten, lichtete sich. Die alten Bräuche und Einrichtungen, die der Entfaltung neuer Kräfte im sozialen Leben im Wege standen, hatten sich solange wirksam behaupten können, wie sie offenbar das Allgemeingültige im Gegensatz zum Besonderen, das Ewige im Gegensatz zum Zeitlichen verkörperten.

Nunmehr wurde ihre Geltung gerade im Namen der allgemeingültigen und ewigen Wahrheit bestritten, die sie zu vertreten beansprucht hatten. Der Protestantismus unterbaute die neuen Kräfte, die die Politik, die Wirtschaft und die Völker in Bewegung setzten, mit einer revolutionären Philosophie. Was zunächst nur eine Auflehnung, ein blindes Ausschlagen gegen eine überlegene Macht gewesen war, wurde zu einer Umwälzung, zu einer Bewegung, die ihre eigenen Grundsätze zur Geltung zu bringen wußte.

Wahrscheinlich war es unvermeidlich, daß die Umwälzung damals, wie übrigens später in ähnlichen Situationen auch, in Bahnen verlief, die die Vertreter jener neuen Lebensanschauung kaum anerkennen oder billigen konnten. Während sie es als ihre Aufgabe ansahen, die Königreiche dieser Welt durch das Reich des Herrn und seines Christus zu verdrängen, trachteten andere Revolutionäre offenbar danach, neue irdische Reiche in den Gebieten zu errichten, die bisher dem Machtbereich der katholischen Kirche unterstanden hatten. Während die religiösen Führer die Macht Gottes allen menschlichen Machtansprüchen gegenüberstellten, identifizierten die weltlichen Bewegungen ihre eigene Macht mit der Gottes. Mit ihrer Auffassung, daß die Ausübung unbegrenzter Macht durch die Papstkirche ungerechtfertigt sei, verbanden sie offenbar den Glauben, daß solche Machtausübung seitens der Gegner des Papsttums berechtigt sei. Wenn der Kirche kein Anspruch auf die höchste politische Macht zukam, sollten dann nicht die Könige das Recht besitzen, solche Macht für sich zu beanspruchen? Wenn es ein Irrtum der Kirche war, die wirtschaftlichen Lebensbedingungen von sich aus bestimmen zu wollen, hatte dann nicht der für die Wirtschaft Verantwortliche das Recht, sein Verhalten selbst zu bestimmen? An die Stelle einer einzigen, dem zeitlichen Wandel unterworfenen Institution oder Person sollten andere wandelbare Institutionen oder Einzelpersonen als Träger absoluter Rechte treten. So sah der Protestantismus sich vor die schwierige Aufgabe gestellt, unabhängig gewordene Personen und Gemeinwesen, Nationen und Regierungen dazu zu veranlassen, eine völlig neue Lebensordnung anstelle der bestehenden anzuerkennen. Daraus ergab sich für ihn die Notwendigkeit, von dem Protest und der Kritik zu konstruktiven Ideen überzugehen. Nahm doch die neugewonnene Freiheit nicht von sich aus eine organische Form an; vielmehr drohte sie, auf allen Lebensgebieten in Anarchie überzugehen.

So schwierig diese Aufgabe auch war, das eigentliche Dilemma des Protestantismus lag noch auf einem anderen Gebiet. Jede revolutionäre Bewegung ist vor das Problem gestellt, eine gewisse Ordnung in das Chaos zu bringen, ist auch im Laufe der Zeit in der Regel fähig, dieses Problem zu lösen, – sofern ihre Führer einen genügend starken Willen zur Macht besitzen, eine hinreichende Vorstellung von dem haben, was sie eigentlich wollen, und wenn sie außerdem auch über die nötige Rücksichtslosigkeit und Diplomatie verfügen. Das Dilemma des Protestantismus lag nun gerade darin, daß er diesen Willen zur Macht nicht hatte und in Hinblick auf seine positive Grundidee auch gar nicht haben konnte. Schrieb er doch die höchste Macht Gott allein zu, während er das Übel der Welt auf die unausrottbare Anmaßung des Menschen zurückführte, die Herrschaft für sich in Anspruch zu nehmen. Ferner fehlte ihm eine bestimmte Vorstellung von dem Ziel, auf das er sich hinbewegte, und in das ihm jede Einsicht verschlossen bleiben mußte, da ja die freie Entscheidung über die Zukunft Gott allein zustand. Auch lag es ihm fern, sich in rücksichtsloser Weise durchzusetzen. Hatte er doch die schrankensetzenden Gebote des Evangeliums immer vor Augen. In Hinblick auf ihre eigene Theorie von der göttlichen Weltordnung mußte es der protestantischen Bewegung hart ankommen, Grundsätze für einen von Menschen aufzuführenden Neubau aufzustellen. Und doch konnte sie nicht einfach untätig bleiben, nicht einfach geduldig abwarten, was Gott tun würde. War es doch allen klar, daß die Menschheit sich in einer Krise befand, daß Veränderungen mit ihr vorgingen, und sie entweder der Vernichtung oder neuem Leben entgegenging. Hieraus ergab sich die Notwendigkeit, mit allen Mitteln auf das Reich Gottes hinzuarbeiten.

Eines der Gebiete, auf denen das Dilemma für die treuen Bürger des Gottesreichs fühlbar wurde, war das der Sittlichkeit. Dem Protestanten blieb weder die bedingte Gültigkeit der Urteile über gut und böse, über recht und unrecht, noch auch die Beeinflussung der sittlichen Grundsätze der Gemeinschaft durch die Interessen der Mächtigen verborgen. Darüber hinaus war er davon überzeugt, daß wahre Güte, daß eine Rechtschaffenheit, die uneigensüchtig an dem Guten um seiner selbst willen interessiert ist, dem Menschen nur als eine Gottesgabe zufällt. Es entging ihm nicht, daß die Bestrebungen selbst des sittlich Denkenden ihrer Natur nach Bemühungen sind, das eigene Selbst in die Sphäre der Sittlichkeit zu erheben, während die Liebe zum Guten um des Guten selbst willen nur aus der Selbstoffenbarung des Guten entspringen kann. Die Protestanten glaubten daran, daß Gott auf Grund seiner freien, keiner Norm unterworfenen Gnade die Menschen auch ohne »des Gesetzes Werke« für »gerecht« erklärt und in ihnen die Früchte eines Lebens der Versöhnung zur Reife gebracht habe. War dem aber so, was sollte der Mensch dann tun? Wie sollte er sein Leben aufbauen, um zu den erwünschten Zielen zu gelangen? Der Katholizismus war auf Grund seiner teleologischen und hierarchischen Ethik in der Lage, dem Menschen einen bestimmten Weg zu weisen. Er schrieb ihm die Formen eines gottgefälligen Lebens vor. Hier waren Tugenden und Laster entsprechend ihrem Wert und Unwert abgestuft; der Weg zur Vollendung war in bestimmte Phasen aufgeteilt. War demgegenüber ein sittlicher Lebensaufbau unter der Herrschaft eines Formalismus möglich, dessen Grundsatz lautete: »Du sollst Gott gehorchen und Ihn lieben, im übrigen aber kannst du tun, was dir gefällt?« Konnte überhaupt irgendeine bestimmte Weisung dem Menschen gegeben werden, der zwar nach Vollendung strebt, dem jedoch Vollendung nicht als eine Folge seines Verhaltens, sondern als eine Wirkung seines Glaubens und seiner Liebe hingestellt wurde, über die der Mensch im Grunde keine Macht besitzt? Das protestantische Prinzip war zwar ein ausgezeichnetes kritisches Mittel, die Ansprüche des Moralismus ihrem begrenzten Wert entsprechend zu beschränken, gegen jede Werkheiligkeit zu protestieren und zu erweisen, daß nicht auf Grund besonderer Berufung dem einen oder anderen eine Vorzugsstellung in größerer Nähe des unendlich Guten eingeräumt wird. Es befreite den Laien von dem Druck eines grundlos schlechten Gewissens, das ihn im Gefühl seiner Unterlegenheit gegenüber dem sich dem besinnlichen Leben widmenden Mönchtum belastet hatte. Andererseits freilich schienen ihm alle die Eigenschaften abzugehen, die zum Aufbau eines weltlichen Lebens erforderlich sind. Es war in sich selbst unbestimmt und bot keine Handhabe dar, auf Grund deren der Mensch seine Wahl zwischen dem bedingt Guten und dem bedingt Schlechten treffen konnte. Es gab ihm keine Maßstäbe an die Hand, mit deren Hilfe seine Interessen in Übereinstimmung zu einander gebracht und die niederen den höheren untergeordnet werden konnten. Der von katholischer Seite erhobene Vorwurf, daß der Protestantismus zu sittlicher Anarchie führe, erschien unwiderlegbar.

Was für die sittliche Sphäre galt, traf in wohl noch höherem Maße auf das politische und wirtschaftliche Gebiet zu. Unter Berufung auf die göttliche Souveränität konnte man gegen den von Bischöfen und Fürsten erhobenen Anspruch auf absolute Autorität Einspruch erheben. Indes, von dem gleichen Gesichtspunkt aus mußte man auch die ebenso willkürlich erscheinende Souveränität des Volkes leugnen. Die Idee des Gottesreiches ließ sich als kritizistisches Prinzip leicht all denen gegenüber ins Feld führen, die sich Gottes absolute Autorität widerrechtlich anmaßten. Schwierig hingegen war es, ein neues politisches System mit Hilfe dieser Idee zu errichten. Während es erweisbar war, daß die Überwachung des Wirtschaftslebens durch Kirche oder Staat eine ungerechtfertigte Anmaßung darstellte, gegründet auf die falsche Gleichsetzung ihrer Herrschaft mit der Gottes, war es doch andererseits schwierig, sich beim Aufbau neuer Organisationen in Handel und Wirtschaft auf den Willen Gottes zu berufen. Unter diesen Umständen schien es unvermeidlich, daß jeder freie Wirtschaftsunternehmer sich für völlig unabhängig halten und seine Interessen mit denen Gottes identifizieren würde.

Den gleichen Schwierigkeiten begegnete der Protestantismus auf dem Gebiet der Religion. Für ihn handelte es sich nicht um den Kampf um die politische Souveränität, die die Staaten des 17. und 18. Jahrhunderts für sich in Anspruch nahmen, noch um eine Unabhängigkeit der Wirtschaftskräfte, wie das 19. und 20. Jahrhundert sie hervorbrachte; vielmehr um völlige Unabhängigkeit auf kirchlichem Gebiet und um die Herrschaft über den Menschen, die später Fürsten und Wirtschaftsführer für sich in Anspruch nahmen. Der Protestantismus mußte zu dem Schluß kommen, daß der Verzicht auf jegliche Macht von Seiten der Kirche sich unausweichlich aus ihrer Anerkennung der Herrschaft Gottes ergab. Während andere gesagt hatten und auch weiterhin sagen würden, daß, gerade weil Gott der Herr sei, wir – sein Volk, seine Kirche, seine Geschöpfe – ein Recht haben, in seinem Namen zu herrschen, verlangte das Evangelium von den Protestanten das Eingeständnis, daß, weil Gott der Herr sei, wir, – die wir so leicht dem Stolz und der Sündhaftigkeit verfallen –, weder ein Recht noch sonst einen Vernunftgrund dafür geltend machen können, die Herrschaft für uns zu beanspruchen. Die Kirche insbesondere habe sogar noch weniger ein Recht darauf, absolute Autorität für sich in Anspruch zu nehmen als die weltlichen Machthaber, da sie die Stiftung Jesu Christi sei, der »sich selbst erniedrigt und von keinerlei Herkunft gemacht und die Gestalt eines Sklaven angenommen«, und der seine Jünger ermahnt hatte, nicht die politischen Formen der Heiden mit ihren herrischen Königen nachzuahmen.

Nichtsdestoweniger benötigte das religiöse Leben einer Organisation. Die bloße Berufung auf den göttlichen Herrn Jesus Christus als den Herrn der Kirche schien dazu angetan, jede Art von persönlicher Eingebung, wie auch all die wilden Pläne derer, die sich selbst zu Wortführern Gottes bestellten, zu rechtfertigen. Gewiß hörte sich die Behauptung gut an, daß das Wort Gottes die einzige für die Kirche maßgebende Norm sei. Wie aber konnte man sicher sein, das Wort Gottes richtig verstanden zu haben? Wer war dazu berufen, es auszulegen? Wann, wo und wem gegenüber war es zu verkünden, wem sollte die Macht zustehen, es zu erzwingen? Tat nicht der Katholik recht daran, in seiner Kritik hervorzuheben, daß der Protestantismus eine falsche Alternative aufstellte, wenn er glaubte, dem Menschen die Wahl zwischen der Herrschaft der Kirche und der Gottes ermöglicht zu haben? Handelte es sich nicht vielmehr um die Alternative zwischen einer obrigkeitsbewußten Kirche und der religiösen Anarchie des zügellosen Sektierertums, in dem jede Gruppe und jeder Einzelne den Anspruch erheben konnte, im Namen Gottes zu sprechen?

In dem Maße, in dem die Überzeugung von Gottes Oberherrschaft verbreitet war, war der Protestantismus unfähig, sich diesem Dilemma zu entziehen. Wo diese Überzeugung nur schwach vertreten war, wo weltliches Interesse sich der neuen Theologie nur als einer Waffe bediente, um alte, festgewurzelte Formen zu bekämpfen, da gab es nur geringe Schwierigkeiten. Hier konnte die ältere Vorstellung vom Gottesreich mit dem Übergang der Macht von den Päpsten auf die Könige, von den Kirchenkonzilen auf die Volksvertretungen, vom Kirchenrecht auf das weltliche Recht mit übernommen werden. Hier konnte man sich an das Wort halten: »Der König ist tot; lang lebe der König.« Und weil die Reformation von mancherlei Interessen, die jedenfalls keinen stärkeren, oft jedoch einen schwächeren Glauben an die Allgegenwart der göttlichen Macht besaßen als ihre Gegner, sowohl unterstützt als auch für ihre Zwecke benutzt wurde, war es möglich, die ganze Bewegung als eine nationalistische oder auch kapitalistische Revolte auszugeben. Wer jedoch auch nur irgend etwas von dem religiösen Schrifttum der Reformation in sich aufgenommen und sich nicht der Auffassung verschrieben hat, daß der Glaube etwas Nebensächliches sei, den politischen und wirtschaftlichen Interessen hingegen immer eine entscheidende Bedeutung zukomme, wird das Wesen der Bewegung nicht in dieser Weise entstellen. Die Überzeugung, daß Gott Anfang und Ende aller Dinge sei, war in ihr lebendig. Seine erlösende Gnade gehörte zum Erfahrungsinhalt all derer, die sich Ihm voll und ganz anvertrauten, und deren demütiges und gläubiges Leben Zeugnis für die Wirkung solchen Geistes ablegte. Ihre Überzeugungen hinderten sie daran, die Macht in Kirche und Staat an sich zu reißen, und sich selbst als neue Statthalter Gottes zu betrachten. Da für sie Gott wie im Himmel so auch auf Erden weilte, verbot sich solch anmaßendes Verhalten von selbst. Wie töricht ein solches sei, hatte der Zusammenbruch der Macht des Römischen Stuhles erst kürzlich erwiesen. Und all die, die in der Bibel beschlagen waren, wußten über die an vielen Stellen des Alten und des Neuen Testaments zu findenden Warnungen Bescheid. Insoweit die Menschen wahrhaft demütig und gläubig waren, benötigten sie außerdem nur einer schwachen Führung durch Kirche oder Staat. Sie fanden keinen Gefallen daran, dem Übel zu widerstreben, sondern anderen Gutes zu erweisen. Jeder hielt den anderen für besser als sich selbst. Sie hatten weder Gerichtshöfe noch Gesetze, weder Polizei noch militärische Garnisonen nötig. Dennoch war es jedermann klar, daß, – wie es in einem Sprichwort jener Tage hieß –, der wahre Christ sein eigenes Leben lebt, und daß Demut und Glaube selbst eines überzeugten Christen niemals vollkommen noch auch in sich gefestigt sind. Die Kirche als solche setzte sich keineswegs nur aus echten Bürgern des Gottesreichs zusammen, sodaß Liebe und Eintracht Gesetz und Obrigkeit in ihr überflüssig machen würden. Gott waltete seines Gerichts; seine Sorge um seine aufsässigen Kinder erschien diesen selbst jedoch wie auch deren Nachbarn als zu langmütig, als daß sie daraus irgend welchen Trost hätten schöpfen können. Das Dilemma, das schon die alte Kirche bedrückt hatte, erstand von neuem. Wie sollte es möglich sein, in einer Welt zu leben, die unter Gottes Herrschaft steht und doch verderbt ist? Wie kann man als getreuer Bürger des allumfassenden göttlichen Reiches in einem Staate leben, der unter der Oberherrschaft des himmlischen Herrn steht und doch aufsässigerweise Unabhängigkeit für sich in Anspruch nimmt?

3. Der konstruktive Protestantismus

Das Problem des Protestantismus als eines konstruktiven Prinzips dürfte darin zu erblicken sein, wie das Leben unter Überwindung dieses Dilemmas zu gestalten sei. Relativ einfach war es, sich diesem Problem dadurch zu entziehen, daß man eine von den neuen Mächten als absolut ansah und sie das Reich Gottes nannte. In der Tat ist diese Lösung des Problems ziemlich häufig in der Geschichte der Neuzeit anzutreffen. Indes, diese Lösung war keineswegs protestantisch; sie war monarchisch, kapitalistisch, demokratisch oder sozialistisch. Ebenso leicht konnte man sich ihm vermittels des Skeptizismus entziehen, der die Unbedingtheit aller weltlichen Macht leugnete und die Wirklichkeit des Absoluten überhaupt in Abrede stellte. Dieser Weg führte freilich zur Preisgabe des grundlegenden protestantischen Standpunktes vom Reich Gottes. Die protestantische Bewegung mußte sich ihren Weg zwischen den Ketzereien zur Rechten und zur Linken suchen. Hierbei lief sie allerdings Gefahr, der einen oder der anderen häufig in bedenklicher Weise nahe zu kommen. Suchte sie der Anarchie auf religiösem Gebiet vorzubeugen, so erschien ein neuer Absolutismus nur schwer vermeidbar. Die Reaktion gegen den letzteren wiederum brachte sie in Reichweite des Skeptizismus. Trotz all dieser Gefahrenquellen hat die Bewegung sich als lebenskräftig erwiesen und ist durch die Idee vom Gottesreich immer wieder davor bewahrt geblieben, in die eine oder die andere Ketzerei zu verfallen, mochte sie dabei auch stets einige ihrer Anhänger verlieren ...

Der konstruktive Protestantismus Luthers stellte alles auf die freie Wirksamkeit des Gotteswortes ab, was den mehr skeptisch Gesinnten als ein zu großes Vertrauen in die Macht des Wortes erschien, da dieses für sich allein den Sinn der Fürsten, Kirchenmänner und Wirtschaftsführer kaum umstimmen könne. Von Anfang an stand das Luthertum zu dem Leitwort:

»Das Wort sie sollen lassen stan,
Und kein Dank dafür haben.«

Für den deutschen Protestantismus stand die Dialektik des Wortes und der Welt im Vordergrund des Interesses. Hierbei bewegte er sich von der Phase der reinen Doktrin mit ihrer Verabsolutierung der Lehre vom Wort zum Pietismus mit seiner individualistischen Ausdeutung des Wortes und von hier zum Idealismus mit seinen Vernunftkriterien; sodann durch die Phase des Liberalismus, der sich selbst von der absoluten Lehre freimachte und das Wort als etwas rein Geschichtliches relativierte, zu dem Versuch einer Nationalisierung und der Gegenbewegung einer Erneuerung der Auffassung von der freien Wirksamkeit des Wortes. Durch all diese Verschiedenheiten des konstruktiven Protestantismus zieht sich der Gedanke von der Souveränität Gottes, wie sie sich durch sein Wort gegenüber dem Menschengeist kundtut. Luther nahm offenbar an, daß Gottes Souveränität im Reiche der sogenannten »natürlichen Dinge« nicht so ernsthaft in Frage gezogen war wie im Reich des Geistes, oder daß das in Geltung befindliche bürgerliche Recht und die bestehenden Rechtseinrichtungen als wahre Auswirkungen des Naturrechts anzusehen seien. Außerdem neigte er dazu, allen »äußeren« Dingen gegenüber eine mönchische oder pietistische Gleichgültigkeit an den Tag zu legen. Wie dem auch sei, seine auf ein konstruktives Erfassen ausgehenden Bestrebungen waren so gut wie ausschließlich auf das eine Ziel ausgerichtet, Gott die Herrschaft über das geistige Leben zuzusprechen. Was hier auf Erden seinen Platz hat und Teil des vergänglichen, weltlichen Reiches ist, darüber habe der Mensch die Macht von Gott erhalten; was jedoch Teil des Himmels und des ewigen Reiches ist, das sei ausschließlich der Herrschaft des himmlischen Herrn unterworfen. Gott allein hat Macht über den Geist des Menschen, und auf den Geist allein kommt es an. Daher richtete der Protestantismus, insoweit er sich von Luther ableitet, all seine Kraft darauf, die freie Wirksamkeit des Gotteswortes zu lehren, und zeigte sich nur insoweit geneigt, den politischen und wirtschaftlichen Machtfaktoren nachzugeben, als rein weltliche Fragen in Betracht kamen. Luthers Protestantismus ist von dem Vertrauen erfüllt, daß das Wort, wenn es sich nur frei auswirken kann, diejenigen, die an der Herrschaft und im Besitze sind, zur Einkehr veranlassen und auf diese Weise eine von väterlicher Liebe geleitete, vernunftgemäße Herrschaft auf Erden errichten werde.

Der konstruktive Protestantismus von Genf und Schottland war, wie man heute zu sagen pflegt, mehr realistisch. Calvin besaß nicht in irgendwelch besonderem Maße den Willen zur Macht. Er war nicht weniger als irgend ein anderer Christ davon überzeugt, daß Gott allein die Herrschaft zukomme, nicht hingegen irgendwelchen selbstbestallten Statthaltern auf Erden, mochten sie selbst protestantische Prediger sein. Jedoch sah er schärfer als Luther die Notwendigkeit, dem Übel entgegenzutreten, wie auch die Gefahr, die darin lag, den Behörden unbegrenzte Machtvollkommenheit zuzugestehen. Einschränkende Maßnahmen sah er nicht als ein zur Förderung des Guten geeignetes Mittel an. Sie dienten ihm nur dazu, den Einzelnen wie die Gemeinschaft vor Selbstvernichtung zu bewahren, wie auch als Schutz dagegen, daß Fürsten, Wirtschaftsführer und kirchliche Würdenträger sich von neuem die Gott allein zustehende Herrschaft anmaßten.

Zwei weitere Grundsätze kennzeichneten diese Abart des konstruktiven Protestantismus. Der eine war die Anerkennung der Notwendigkeit einer verfassungsmäßigen Organisation. Es ist ein Irrtum zu glauben, daß der Calvinismus hierokratisch war. Nach seiner Lehre und Praxis war der Staat der Kirche nicht in größerem Ausmaße untergeordnet als die Kirche dem Staat. Beide unterständen einer gemeinsamen Verfassung, dem Willen Gottes, wie er in der Schrift und in der Natur zum Ausdruck komme. Ihr Zusammenwirken sei durch die Ergebenheit gewährleistet, die sie dem Gottesreich gegenüber bekundeten, das sie beide umfaßte. Zweifellos stände den Führern der Kirche die Auslegung der Schrift zu. Nicht aber besäßen sie die Macht, die Behörden zu zwingen, ihre Auslegung anzuerkennen. Die klare Scheidung von Kirche und Staat unter gleichzeitiger Abhängigkeit beider vom Gottesreich, führe zu einem Lebensaufbau, der von dem völlig verschieden sei, was die von Rom vertretene Theorie vom Reiche Gottes lehre. Das dritte Kennzeichen des konstruktiven Calvinismus war sein Universalismus. Trotz seiner Lehre von der Gnadenwahl, oder gerade auf Grund der Behauptung, daß Gott allein das Schicksal seiner Geschöpfe bestimme, weigerte er sich entschieden, irgendeine Form des menschlichen Lebens als außerhalb aller Erlösungshoffnung liegend anzusehen. Weder der Wirtschaft, noch der Politik, noch der Kirche, noch auch dem physischen Leben komme eine ausschließlich weltliche Bedeutung zu. Sie alle seien der Verderbnis ausgesetzt und nicht über die Notwendigkeit erhaben, sich durch Selbsterneuerung mit dem Reich Gottes in Einklang zu bringen. Das Luthertum bekannte sich zwar grundsätzlich zu den gleichen Prinzipien, neigte aber bei deren Durchführung dazu, das Gebiet der »natürlichen Dinge« als außerhalb der Reichweite der Predigt des Wortes Gottes liegend anzusehen. Der Separatismus suchte sich von dem sozialen Leben, wie es nun einmal bestand, fernzuhalten; der Calvinismus bestand mit einer Unerbittlichkeit, die an die der Hebräerpropheten erinnerte, darauf, daß Gott Herr über die gesamte Schöpfung sei.

Man hat geglaubt, man könne den Genfer Typ des konstruktiven Protestantismus mit dem Hinweis darauf leicht beiseite schieben, daß sein Obrigkeitsprinzip ihn dazu führe, all die Maßnahmen und Einrichtungen wieder einzuführen, die seinen Widerspruch herausgefordert hatten. Er ersetzte, so sagte man, die Engherzigkeit, mit der die Kirche auf ihren Vorschriften bestand, durch engherzige Auslegung der Schrift, sowie den Druck, den die Priester auf die Menschen ausübten, durch den der Prediger und schließlich die absoluten Herrschaftsansprüche der Papstkirche durch die absolute Autorität der Bibel. Zweifellos bestanden Ansätze nach dieser Richtung hin. Wenn man von der lutherischen Einstellung glaubte, daß sie der Freiheit einen zu weiten Spielraum lasse, kann von der calvinistischen Grundhaltung gesagt werden, daß sie zu viele Beschränkungen auferlegte. Dennoch könnte der Vorwurf des Absolutismus nur dem als gerechtfertigt erscheinen, der übersieht, mit welcher Gewissenhaftigkeit die calvinistischen Führer ihre eigenen Ansprüche in Grenzen hielten, und der die Dynamik ignoriert, die dem protestantischen Prinzip notwendigerweise eigen war. Der Calvinismus war ebensowenig wie das Luthertum imstande, ein auf Vernunftgrundsätzen beruhendes und vollständig entwickeltes Programm für die Organisation der Gemeinschaft und der Kirche zu entwickeln. Eine bestimmte Seite der protestantischen Bewegung als Kennzeichen des Ganzen herauszugreifen und zu behaupten, daß der Geist der Bewegung in der Genfer Theokratie in Erscheinung trat, würde so viel bedeuten, wie keinen Blick für den protestantischen Leitgedanken vom Gottesreich zu haben. Wesley und Edwards gehören nicht weniger zur Geschichte des Calvinismus als Johann Calvin und John Knox und die Geistlichen von Dordrecht.

Ein dritter Konstruktionsversuch, dem protestantischen Dilemma beizukommen, war der Separatismus mit all seinen Spielarten. Auch er ging davon aus, daß Gott allein das Recht der absoluten Herrschaft zustehe, und daß der Mensch Ihm allein letzten Endes verantwortlich sei. In Hinblick auf die Hartnäckigkeit jedoch, mit der die Menschen sich gegen Ihn auflehnten, und in Anbetracht ihres Strebens, sich selbst absolute Autorität anzumaßen, neigte der Separatismus zu der Annahme, daß Gott die

Kirche und den Staat ihrem Schicksal überlassen und damit dem Verfall preisgegeben habe. Gleichzeitig war er mehr als das Luthertum und der Calvinismus von der Vorstellung des kommenden Reiches beherrscht und der wörtlichen oder mystischen Auffassung einer Wiederkehr Christi zugeneigt. Er entschied sich dafür, sich von der hoffnungslosen Verderbtheit der Welt loszusagen und den Geboten Christi in Demut Folge zu leisten. Mit mehr oder weniger Beharrlichkeit lehnte er es ab, von seiner Ergebenheit gegenüber dem Reich Gottes dadurch auch nur im geringsten abzugehen, daß er sich in den Dienst einer weltlichen Regierung stellte. Er gab zwar die Notwendigkeit einer solchen zu, weigerte sich jedoch, sich an ihr zu beteiligen. Angesichts einer solchen Haltung ist es nicht verwunderlich, daß er gelegentlich Propheten hervorbrachte, die eine gewaltsame Revolution predigten, – Männer, die weit mehr gegen die Verderbtheit dieser Welt wetterten als daß sie dem Gebot, dem Übel nicht zu widerstehen, Folge leisteten. Noch ist es andererseits erstaunlich, daß sich extreme Mystiker in den Reihen der Separatisten fanden, die den Sinn ihres Erdenwandels in ihrer unmittelbaren Vereinigung mit Gott, abgesondert von dieser Welt, sahen. Dennoch sollten weder die Revolutionäre noch die Mystiker als Vertreter des Separatismus angesehen werden. Im ganzen genommen blieb der Separatismus ein Versuch, das Dilemma dadurch zu lösen, daß er den gordischen Knoten einfach durchschnitt. Das Gottesreich war ein anderes als das Reich dieser Welt. Es setzte sich aus denen zusammen, die sich den Geboten Christi unterwarfen, während das letztere dem Untergang geweiht war. Der Separatismus erblickte seine Hauptaufgabe darin, die Gemeinschaft der Gläubigen rein zu erhalten, und innerhalb dieser selbst auf Bruderliebe und auf ein Mindestmaß gesetzlicher Regelung hinzuarbeiten. Selbstgenügsam sollte sie sich von dem politischen und wirtschaftlichen Leben der unchristlichen Welt als unabhängig erweisen.

Als die ersten englischen Siedlungen in Nordamerika entstanden, waren alle diese Spielarten des konstruktiven Protestantismus noch verhältnismäßig neu. Außerdem waren sie alle in Kämpfe verwickelt. Das Luthertum in Deutschland war hart bedrängt. Während der ersten Hälfte des 17. Jahrhunderts kämpfte es um seinen Bestand, und noch für lange Zeit danach litt es an den Wunden, die diese Kämpfe ihm geschlagen hatten. Der Separatismus führte ein unsicheres und nie zur Ruhe kommendes Dasein, das Leben eines Pilgers, von allen Seiten aufgestört und allerorten mißverstanden. Der Calvinismus bezog in Genf eine befestigte Stellung und errichtete dort einen Staat, der der Stolz vieler radikaler Christen war und zum Mekka ihrer Pilgerfahrten wurde. Er war das Moskau jener Zeit. Seine Formen blieben, sowenig sie auch von anderen getreulich nachgeahmt werden konnten, Vorbild und Antrieb der Verfechter des Gottesreichs, die ihre Hoffnung auf den Tag setzten, an dem jedermann auf Erden sich der Herrschaft Christi als des wahren Königs unterwerfen würde. England, das die Reformation zum zweiten Mal erlebte, ging einem Jahrhundert der Unsicherheit entgegen. Nirgends waren feste Formen sichtbar, und die alte Lebensordnung schickte sich offenbar an, der neuen Widerstand entgegenzusetzen. Überall in Europa, von der Genfer Oase vielleicht abgesehen, hatte das neue Prinzip mit dem alten zu ringen, ohne daß seine Zukunft rosig erschien. Selbst da, wo es einen Sieg errang, mußte es doch den alten Verhältnissen Rechnung tragen, die sich trotz offenkundiger Niederlage in den sozialen Gewohnheiten und Einrichtungen zu behaupten wußten.

Unter diesen Umständen wurde Amerika das Land der großen Möglichkeiten. Hier konnte der Protestantismus vom Aufruf und Kampf zum Aufbau übergehen. Und nicht nur war ihm hier die Möglichkeit dazu geboten; er konnte garnicht anders handeln. Denn nicht allein gab es hier keine königliche und keine römische Kirche, gegen die man sich hätte auflehnen können; vielmehr war hier überhaupt noch keine Kirche vorhanden. Hier gab es keine Stuartmonarchie, die, es sei denn aus weiter Ferne, an der Ergebenheit gegenüber dem göttlichen Souverän und seinen Gesetzen hätte Anstoß nehmen können. Und ebensowenig gab es hier irgend eine Regierung. Es gab keine Institutionen zum Schutze der besonderen Vorrechte der religiösen, politischen oder wirtschaftlichen Machthaber. Noch auch waren irgend welche sozialen Organisationen vorhanden, die für den Verkehr der Menschen untereinander ein geordnetes Verfahren vorsahen.

Was auch immer in Amerika danach Gestalt gewann, war zugleich Arbeit am Aufbau des Protestantismus. Der Ausspruch Higginsons, den man so oft zitiert findet, läßt einen Rückschluß darauf zu, wie sehr die Puritaner sich dieser Tatsache bewußt waren: »Wir gehen nicht nach Neuengland, um uns von der Kirche von England zu trennen, wenngleich wir nicht umhin können, uns von ihren Verderbtheiten loszusagen; wohl aber gehen wir dorthin, *um den aufbauenden Teil der kirchlichen Reformation durchzuführen und das Evangelium in Amerika zu verbreiten.*« Was die Puritaner ganz bewußt anstrebten, mochten andere Protestanten weniger bewußt getan haben. Denn unter den obwaltenden Umständen sahen sie alle sich gezwungen, sich dem konstruktiven Teil der kirchlichen Reformation zuzuwenden und die mit der Vorstellung vom Gottesreich zusammenhängenden Probleme so gut wie möglich zu lösen. Freilich sahen sie nicht voraus, daß dieser Teil der kirchlichen Reformation nicht zur Errichtung eines festen Gefüges führen sollte, sondern ein lebensvoller Vorgang war, eine Bewegung, die niemals wieder in gesicherten Verhältnissen zur Ruhe kommen würde, die vielmehr von einem Ort zum anderen wandern mußte, um dem Gottesreich, dessen stetem Kommen kein Ende gesetzt ist, zu begegnen.

Zusätzliche Literatur

Eisenstadt, S. N. (Hrsg.), The Protestant Ethic and Modernization. A Comparative View, New York/London 1968.
Evangelisches Kirchenlexikon, hrsg. von H. *Brunotte* und O. *Weber,* Göttingen 1955 et passim.
Evangelisches Soziallexikon, hrsg. von Friedrich *Karrenberg,* Stuttgart/Berlin 1965[5].
Hübner, Eberhard, Evangelische Theologie unserer Zeit: Thematik und Entfaltung in Darstellung und Dokumentation. Ein Leitfaden, Bremen 1966[2].
Kupisch, Karl (Hrsg.), Quellen zur Geschichte des deutschen Protestantismus 1871 bis 1945, München/Hamburg 1965.
Moberg, David, The Church as a Social Institution. The Sociology of American Religion, Englewood Cliffs (N. J.), 1962.
Niebuhr, Richard, The Social Sources of Denominationalism, New York 1929.
Tillich, Paul, Der Protestantismus. Prinzip und Wirklichkeit, Stuttgart 1950.
Zahrnt, Heinz, Die Sache mit Gott. Die protestantische Theologie im 20. Jahrhundert, München 1966.

5. Sekten

Ernst Troeltsch

Kirche und Sekte*

Der Typus der Kirche ist die überwiegend konservative, relativ weltbejahende, massenbeherrschende und darum ihrem Prinzip nach universale d. h. alles umfassen wollende Organisation. Die Sekten sind dem gegenüber verhältnismäßig kleine Gruppen, erstreben eine persönlich-innerliche Durchbildung und eine persönlich-unmittelbare Verknüpfung der Glieder ihres Kreises, sind eben damit von Hause aus auf kleinere Gruppenbildung und auf den Verzicht der Weltgewinnung angewiesen; sie verhalten sich gegen Welt, Staat, Gesellschaft indifferent, duldend oder feindlich, da sie ja nicht diese bewältigen und sich eingliedern, sondern vermeiden und neben sich stehen lassen oder etwa durch ihre eigene Gesellschaft ersetzen wollen. Beide stehen ferner im engen Zusammenhang mit dem tatsächlichen Zustand und Lauf der Gesellschaft. Aber während die voll entwickelte Kirche den Staat und die herrschenden Schichten sich dienstbar macht und sich eingliedert, zu einem Bestandteil der allgemeinen Ordnung wird und diese von sich aus teils bestimmt teils sichert, damit aber auch von ihnen und ihrer Entwicklung abhängig wird, haben umgekehrt die Sekten die Beziehungen zu den Unterschichten oder doch zu den gegen Staat und Gesellschaft im Gegensatz befindlichen Elementen der Gesellschaft, arbeiten sie von unten herauf und nicht von oben herunter. Damit hängt schließlich auch ihre verschiedenartige Stellung zu der überweltlichen Lebensorientierung des Christentums und zu seiner Askese zusammen. Die Kirche bezieht alle weltliche Ordnung als Mittel und Vorstufe auf den überweltlichen Lebenszweck und gliedert die eigentliche Askese als ein Moment ihrem Aufbau unter starker kirchlicher Leitung ein. Die Sekten beziehen ihre Gläubigen unmittelbar auf den überweltlichen Lebenszweck, und in ihnen kommt der individualistische, unmittelbar religiös mit Gott verbindende Charakter der Askese zu einer mindestens viel stärkeren und durchgängigeren Entfaltung, neigt der Gegensatz gegen die Welt und ihre Gewalten, unter die nun auch die weltförmige Kirche gehört, zu

* Aus: Ernst *Troeltsch,* Das absolute Gottes- und Naturrecht und die Sekten, in: Ders., Die Soziallehren der christlichen Kirchen und Gruppen, S. 362–375, J. C. B. Mohr (Paul Siebeck), Tübingen 1912. Abgedruckt mit freundlicher Genehmigung des Verlages.

einer prinzipiellen und allgemeinen Askese. Auch ist nicht zu verkennen, daß die Askese in der Kirche und dem kirchlichen Mönchtum einen anderen Sinn hat als in der Weltenthaltung oder der Weltfeindschaft der Sekten.

Die Askese der Kirche ist Tugendmittel und besonderer Höhepunkt der religiösen Leistung, meist zusammenhängend mit der Unterdrückung der Sinnlichkeit oder sich äußernd in exorbitanten Sonderleistungen, im übrigen aber gerade das Weltleben als die gewöhnliche Unterlage und eine relativ weltfreundliche Moral als durchschnittlichen Gegensatz voraussetzend. Die kirchliche Askese berührt sich darin mit der Askese der spätantiken Erlösungskulte und der kontemplativen Entsinnlichung, hängt jedenfalls zusammen mit der Doppelheit der Moral. Die Askese der Sekten dagegen ist nur das einfache Prinzip der Weltenthaltung, der Zurückhaltung von Recht, Eid, Besitz, Krieg, Macht. Sie beruft sich auf die Bergpredigt und den schlichten, aber radikalen Gegensatz des Gottesreiches gegen die Interessen und Ordnungen der Welt. Sie betreibt die Entsagung nur als Mittel der Liebestätigkeit, als Voraussetzung eines durchgängigen Liebeskommunismus, und kennt bei der gleichen Verbindlichkeit ihrer Regeln für alle keine exorbitanten und heroischen Werke, auch keine Vertretung der Weltlichkeit und Durchschnittlichkeit der einen durch den Heroimus der anderen. Sie ist der einfache Gegensatz gegen die Welt und ihre sozialen Ordnungen, aber nicht der Gegensatz gegen die Sinnlichkeit und gegen den Durchschnitt. Sie berührt sich daher mit der Askese des Mönchtums nur insoferne, als dieses auch seinerseits sich besondere Lebensbedingungen für ein Leben nach der Bergpredigt und nach dem Ideal des Liebeskommunismus schafft. Aber sie ist meistenteils grundverschieden vom Mönchtum, soferne dieses Mortifikation der Sinnlichkeit und überverdienstliche Sonderleistung von Armut und Gehorsam um ihrer selbstwillen ist. Nicht Zerbrechung der Sinnlichkeit und des natürlichen Selbstgefühls, sondern eine Liebesverbindung, die von den Kämpfen und Abstufungen der Welt nicht berührt wird, ist in allem wesentlichen ihr Ideal.

Alle diese tatsächlich zwischen der hochmittelalterlichen Kirche und den Sekten bestehenden Verschiedenheiten müssen irgendwie in der *inneren* Struktur des beiderseitigen soziologischen Aufbaus begründet sein. Und, wenn in der Tat beide sich auf das Urchristentum beziehen und beziehen können, so muß schon in diesem selbst der letzte Grund jener Ausbildung einer doppelten Struktur enthalten sein; so muß von ihrem Verständnis ein Licht auf das soziologische Verständnis des Christentums überhaupt zurückfallen . . .

Irreführend ist dabei der Ausdruck »Sekten«. Das Wort ist ursprünglich polemisch und apologetisch gemeint und bezeichnet solche von der offiziellen Kirche abweichende Gruppen, die gewisse Grundelemente der christlichen Idee festhalten, die aber durch ihre Herausstellung aus der kirchlichen Kontinuität und Gemeinsamkeit – die übrigens meistens gar keine freiwillige ist – sich als minderwertige Nebenbildungen, Einseitigkeiten, Übertreibungen oder Verkürzungen des kirchlichen Christentums erweisen. Das ist natürlich lediglich eine Betrachtung vom Standpunkt der herrschenden Kirchen, von der Voraussetzung der Alleinberechtigung des kirchlichen Typus, aus; das moderne Staatskirchenrecht bezeichnet als Sekten geradezu diejenigen religiösen Gruppen, welche neben den offiziellen, öffentlich-rechtlich privilegierten Staatskirchen gar nicht oder nur mit minderem Rechte anerkannt und privilegiert sind. Eine solche Auffassung aber verwirrt den wirklichen Tatbestand. In den sogenannten Sekten kommen oft genug gerade erst wesentliche Triebe des Evangeliums zu ihrer Auswirkung, wie sie sich denn stets auch auf das Evangelium und das Urchristentum berufen und die Kirche als abgefallen bezeichnen; es sind stets Triebe, die in den offiziellen Kirchen unterdrückt oder unentwickelt geblieben sind, natürlich aus guten und charakteristischen Gründen, die dann wieder von der leidenschaftlichen Parteipolemik der Sekten nicht gewürdigt werden. Aber an der Tatsache kann kein Zweifel sein, daß die Sekten bei ihrer größeren Unabhängigkeit von der Welt, ihrer beständigen Geltendmachung der Anfangsideale oft geradezu besonders charakteristisch sind für wesentliche Grundideen des Christentums; sie sind es in ganz besonderem Maße für die Entfaltung der soziologischen Folgerungen aus der christlichen Idee.

Das zeigt jedes tiefere Studium gerade der das Spätmittelalter erfüllenden und an ihrem Teil zu seiner Auflösung beitragenden Sektenbewegungen. Die großen Schutzschriften für die Sekten, die dann später Sebastian Frank und vor allem Gottfried Arnold geschrieben haben, verbreiten darüber die vollste Klarheit.

Der Hauptzug der christlichen Entwicklung folgt begreiflicher Weise bei seinem Trieb auf Geltendmachung eines universalen alles beherrschenden Ideales, bei dem Bedürfnis, große Massen zu beherrschen und darum die Welt und die Kultur zu bewältigen, dem Typus der *Kirche*. Hierin ist schon trotz seiner stark individualistischen und enthusiastischen Züge der Paulinismus vorangegangen, in dem er die Welt für den Herrn erobern wollte, mit der staatlichen Ordnung sich aus einer göttlichen Ordnung und Zulassung abfand, die Berufe und Lebensformen bestehen ließ und nur die Einigung in dem Besitz der Gnadenkräfte des Leibes Christi verlangte, die durch den Geist dann das neue Leben von selbst und von innen heraus wirken und damit das baldige Kommen des Gottesreiches als des eigentlichen universalen Abschlusses vorbereiten sollten. Jemehr die Christenheit auf diese supranaturale und eschatologische Vollendung ihres Universalismus verzichtete und seine Herbeiführung selbst durch Mission und Organisation in die Hand nahm, um so mehr war sie genötigt, ihre Göttlichkeit und Christlichkeit von der subjektiven Beschaffenheit und Leistung der Gläubigen unabhängig zu machen und sie in ihrem objektiven Besitz an religiösen Wahrheiten und religiösen Kräften zu konzentrieren, welche letzteren in der Überlieferung von Christus und in der alles durchdringenden erfüllenden göttlichen Leitung der Gemeinde lagen. Von diesen objektiven Grundlagen aus konnten die subjektiven Kräfte immer neu wieder ausströmen und erneuernd wirken, aber jene fielen nicht zusammen mit diesen Wirkungen. Nur so war eine Massenkirche möglich, und nur so war die von einer solchen geforderten relative Anerkennung von Welt, Staat, Gesellschaft und gegebener Kultur keine Beeinträchtigung der Grundlagen. Die Göttlichkeit der Kirche blieb erhalten in ihren objektiven Grundlagen und brach aus ihnen immer neu hervor. Es galt nur diese in Tradition, Priestertum und Sakrament möglichst zu objektivieren, den soziologischen Beziehungspunkt objektiv in ihnen sicher zu stellen, und man stellte dann damit auch seine subjektive, nur im einzelnen nicht kontrollierbare Wirkung sicher. So war die religiöse Grundgesinnung, etwas göttlich Geschenktes und Erlösendes zu besitzen, gesichert und war zugleich die universalistische Tendenz zu ihrer Wirkung gebracht, indem sie vor allem das Gnadeninstitut der Kirche aufrichtete und zur Herrschaft emporhob. Sie mochte dann unter Nachhilfe des Bußinstitutes und der kirchlichen Seelenleitung, des Ketzerrechtes und der Glaubensüberwachung auch die innere Herrschaft gewinnen. Unter diesen Umständen war dann aber auch der Kompromiß mit den Staatsgewalten, der gesellschaftlichen Ordnung, den ökonomischen Lebensbedingungen unausweichlich, wie ihn die thomistische Lehre in einem feinsinnigen, umfassenden und die letzte überweltliche Lebensorientierung energisch festhaltenden Aufbau theoretisch konstruiert hat. Das Ganze liegt dabei in der Konsequenz des Evangeliums, sobald man das Evangelium als die Stiftung eines universalen, alle erlösenden Lebenszusammenhanges auffaßt, der zum Ausgangspunkt seiner Wirkungen die vom Evangelium geschenkte Erkenntnis und deren kirchliche Sicherstellung hat. Gerade die Herausarbeitung eines objektiven, soziologischen Beziehungspunktes, seine Sicherstellung und das Streben, von ihm aus eine universale Weltgewinnung zu organisieren, führte zu dieser Entwickelung. Aber es ist ebenso offenkundig, daß damit der radikale, auf persönliche Leistung dringende Individualismus des Evangeliums, seine radikale, alle im persönlichsten Lebenszentrum verknüpfende Liebesgemeinschaft, seine heroische Unbekümmertheit um Welt, Staat und Kultur, sein Mißtrauen gegen die zerstreuende und ablenkende Seelengefährlichkeit eines starken Besitzes und Besitzstrebens zurückgestellt oder auch gar verlassen sind, daß diese Züge nur als Momente im System, aber nicht als beherrschende Grundsätze mehr erscheinen.

Die *Sekten* dagegen entwickeln nun gerade diese Seite des Evangeliums weiter oder machen sie vielmehr stets von neuem geltend. Das Laienchristentum, die persönliche ethisch-religiöse Leistung, die radikale Liebesgemeinschaft, die religiöse Gleichheit und Brüderlichkeit, die Indifferenz gegen staatliche Gewalt und herrschende Schichten, die Abneigung gegen das technische Recht und den Eid, die Lösung des religiösen Lebens von den Sorgen des ökonomischen Kampfes im Armuts- und Genügsamkeitsideal oder in einer gelegentlich zum Kommunismus übergehenden Liebestätigkeit, die Unmittelbarkeit des persönlichen religiösen Verhältnisses, die Kritik an den offiziellen Seelenführern und Theologen, die Berufung auf das Neue Testament und die Urkirche: das sind durchgängig ihre charakteristischen Züge. Der soziologische Beziehungspunkt, von dem aus sich hier die Gemeinschaft bildet, ist ein anderer als der der Kirchenbildung zu Grunde liegende. Setzt diese die objektive dingliche Heiligkeit vom Priesteramt, Succession, Depositum fidei und Sakrament voraus, bezieht sie sich auf die dauernde im Priestertum stattfindende Inkarnation des Göttlichen, so bezieht sich die Sekte auf die immer neue gemeinsame Leistung der sittlichen Forderungen, denen als Objektives nur Gesetz und Vorbild Christi zu Grunde liegt. Und es ist unverkennbar, daß sie damit geradezu an die Predigt Jesu anknüpfen. Damit verbunden ist daher bewußt oder instinktiv eine andere Stellung zur christlichen Urgeschichte und eine andere Fassung des Christusdogmas. Bibel- und Urgeschichte sind die bleibenden, wörtlich zu verstehenden Ideale, nicht ein geschichtlich bedingter und begrenzter Ausgangspunkt der Kirchenentwickelung. Christus ist nicht der in der Kirche fortwirkende, in die volle Wahrheit leitende Gottmensch, sondern der durch sein biblisches Gesetz die Gemeinde verpflichtende, unmittelbar herrschende Herr der Gemeinde. Entwickelung und Kompromiß auf der einen Seite, wörtliches Festhalten und Radikalismus auf der andern. Daher aber rührt dann auch die Unmöglichkeit großer Massenorganisationen und die Beschränkung auf kleine persönlich verbundene Kreise, die Notwendigkeit immer neuer Einsetzung des Ideals und die Schwäche der Kontinuität, der stark individualistische Charakter und die Wahlverwandtschaft mit allen gedrückten und aufstrebenden Unterschichten. Es sind zugleich die Kreise, in denen mit dem heißen Wunsch einer Besserung ihrer Lage die ganze Unkenntnis der verwickelten Lebensbedingungen zu Hause ist und daher eine gläubige Ideologie leicht auf eine Umgestaltung der Welt nach rein moralischen Liebesprinzipien hoffen kann. Die Sekten gewinnen so an Intensität des christlichen Lebens; aber sie verlieren an Universalismus, indem sie die Kirche als abgefallen bezeichnen müssen und menschlicher Kraft die Welteroberung nicht möglich glauben, weshalb sie auch immer zu eschatologischen Erwartungen getrieben werden. Sie gewinnen an individueller persönlicher Christlichkeit und bleiben näher an dem radikalen Individualismus des Evangeliums, aber sie verlieren an Unbefangenheit und dankbarer Hingebung an die göttliche Gnadenoffenbarung, betrachten das Neue Testament als das Gesetz Gottes, neigen mit der Aktivität des persönlichen Liebesverbandes zur Gesetzlichkeit und Betonung der Werke. Sie gewinnen an spezifischer Christlichkeit, aber sie verlieren an geistiger Weite und Aneignungsfähigkeit und revidieren so den ganzen ungeheuren Aneignungsprozeß, den die Kirche vollzogen hat und bei ihrer Sicherstellung der Christlichkeit in objektiven Grundlagen auch hatte vollziehen können. Die Kirche betont und objektiviert den Gedanken der Gnade, die Sekte betont und verwirklicht den der subjektiven Heiligkeit. Die Kirche hält sich in der Bibel an die erlösende Stiftung, die Sekte an das Gesetz Gottes und Christi.

Indem das die soziologischen Züge der Sekten fast durchgängig sind – von den rein dogmatisch begründeten Sondergruppen ist hier nicht die Rede, sie sind übrigens selten und auch die pantheistisch-philosophischen Sekten des Mittelalters laufen fast ununterscheidbar in die Sekte im praktisch-religiösen Sinne über – hat ihre Sonderbezeichnung gegenüber den Kirchen doch ihren guten sachlichen Grund. Sie sind in der Tat etwas anderes als die Kirche und die Kirchen. Nur bedeutet der Ausdruck »Sekte« nicht ein Werturteil über Verkümmerungen des Kirchlichen, sondern einen selbständigen soziologischen Typus der christlichen Idee. Das Wesen der Kirche ist der objektive *anstaltliche* Charakter. In sie wird man hineingeboren, und durch die Kindertaufe tritt man in den Bereich ihres Wunderkreises. Das Priestertum und die Hierarchie als Inhaberin der Tradition, der Sakramentalgnade und der Jurisdiktion stellt auch bei zufälliger persönlicher Unwürdigkeit des Priesters den objektiven Gnadenschatz dar, der nur stets auf den Leuchter gestellt werden und in den Sakramenten zur Wirkung gebracht werden muß, um seine Wirkungen vermöge der der Kirche eignenden Wunderkraft zu tun. Es ist die Permanenz des Gottmenschen, die Verlängerung der Menschwerdung, die objektive Organisation der Wunderkraft, von der vermöge göttlicher Weltregierung und Vorsehung die subjektiven Wirkungen von selbst als Folge ausgehen. Von hier aus ist der Kompromiß mit der Welt und die Anknüpfung an die aus ihr entgegenkommenden Vorstufen und Dispositionen möglich; denn bei aller Unzulänglichkeit der Personen bleibt die Heiligkeit und Göttlichkeit der Anstalt, und sie hat die Verheißung, durch die ihr innewohnende Wunderkraft die Welt zu überwinden. Mit diesem Kompromiß wird aber auch erst der Universalismus möglich; er ist eine tatsächliche Herrschaft des Instituts als solchen und eine gläubige Zuversicht zu seiner unwiderstehlichen inneren Wirkungskraft. Das persönliche Machen und Leisten ist, so sehr es gelegentlich betont wird und bis zu strenger Gesetzlichkeit gehen mag, doch nur sekundär; die Hauptsache ist der objektive Besitz und seine universal anerkannte Herrschaft; vom übrigen heißt es: et cetera adjicientur vobis. Es kommt wesentlich darauf an, daß alle Individuen der Möglichkeit der Einwirkung dieser Heilskräfte unterstellt werden; daher ist die Kirche genötigt zur Herrschaft über die Gesellschaft und zur Zwangsunterwerfung aller Gesellschaftsglieder unter ihren Einflußbereich; aber sie bleibt in ihrem Bestand doch wieder ganz unabhängig davon, ob diese Wirkung an allen Individuen auch wirklich erreicht wird oder nicht. Sie ist die große Erzieherin der Völker, die wie alle Erzieher Stufen- und Reifeunterschiede zu machen versteht und ihr Ziel nur durch Anpassung und Konnivenz erreicht. Diesem anstaltlichen Prinzip des objektiven Organismus gegenüber ist nun aber die Sekte die *Gemeinschaft der Freiwilligkeit* und des bewußten Anschlusses. Alles hängt daher dann auch an wirklicher persönlicher Leistung und Beteiligung; jeder hat Anteil an der Gemeinschaft als selbständiges Glied; die Verbundenheit ist nicht eine durch den gemeinsamen Besitz vermittelte, sondern eine in persönlicher Lebensbeziehung unmittelbar verwirklichte. In die Sekte wird man nicht hineingeboren, sondern ihr tritt man auf Grund bewußter Bekehrung bei; die in der Tat ja auch später aufgekommene Kindertaufe bildet für sie fast stets einen Anstoß. In der Sekte wird man gut und fromm nicht durch objektive Sakramentsversittlichung, sondern durch persönlichste Leistung; ihre Kritik wendet sich daher früher oder später stets gegen den Sakramentsbegriff. Das ist nicht eine Lockerung der Gemeinschaft durch den Individualismus, vielmehr eine Befestigung, indem jedes Individuum gerade durch Gemeinschaftsleistungen sich als berechtigt erweist. Aber es ist eine naturgemäß engere Begrenzung der Gemeinschaft, und bei der Aufzehrung aller Arbeit in der Behauptung und Betätigung gerade dieser Gemeinschaft eine Indifferenzierung gegen andere Gemeinschaftsformen, die aus weltlichem Interesse entspringen; und es ist umgekehrt wiederum ein Hereinziehen aller weltlichen Interessen in den engen Rahmen und die Maßstäbe des eigenen Bereiches, soweit er sie überhaupt in sich aufzunehmen vermag. Was aber nicht in diesen Interessenkreis der Sekte und in das biblische Ideal einzubeziehen ist, das wird verworfen und gemieden. Die Sekte erzieht daher nicht Völker und Massen, sondern sammelt die Elite der Berufenen und stellt sie der Welt schroff gegenüber. Soferne sie den christlichen Universalismus behauptet, kennt sie ihn wie das Evangelium nur in eschatologischer Gestalt, weshalb sie überall schließlich die biblische Eschatologie neubelebt. Dabei versteht sich dann die größere Neigung der Sekte zu »asketischem« Leben und Denken von selbst, auch wenn nicht das Urteil des Neuen Testaments darauf hinwiese. Die Abschließung der Gemeinschaft und die Betätigung des Individuums liegt gerade in der praktischen Strenge einer lediglich religiös und nicht vom Kulturinteresse her beeinflußten Lebenshaltung. Das ist dann aber auch eine andere Art von Askese . . .

So sind es in der Tat zwei verschiedene soziologische Typen, wobei es gleichgültig ist, daß sie in Wirklichkeit gelegentlich in einander übergehen. Will man dafür nicht die Ausdrücke »Kirche« und »Sekte« gebrauchen, sondern bezeichnet man, was an sich eine zweckmäßige Terminologie ist, alle aus monotheistisch-universalistisch-religiösen Motiven hervorgehenden soziologischen Bildungen als Kirchen, so müßte man Anstaltskirchen und Freiwilligkeitskirchen unterscheiden. Der Ausdruck ist Nebensache. Die Hauptsache ist, daß beide Typen *in der Konsequenz des Evangeliums liegen und erst zusammen den Umkreis seiner soziologischen Wirkungen und damit auch indirekt seiner sozialen, stets an die religiöse Organisation anknüpfenden Konsequenzen erschöpfen.*

Zusätzliche Literatur

Gründler, Johannes, Lexikon der Christlichen Kirchen und Sekten, unter Berücksichtigung der Missionsgesellschaften und zwischenkirchlichen Organisationen, 2 Bde., Wien/Freiburg/Basel 1961.
Hutten, Kurt, Seher – Grübler – Enthusiasten. Sekten und religiöse Sondergemeinschaften der Gegenwart, Stuttgart 1966[10].
Niebuhr, H. Richard, The Social Sources of Denominationalism, New York 1929.

6. Religionskritik

Ludwig Feuerbach

Der Widerspruch von Glaube und Liebe *

... Das geheime Wesen der Religion ist die Einheit des göttlichen Wesens mit dem menschlichen – die Form der Religion aber oder das offenbare, bewußte Wesen derselben der Unterschied. Gott ist das menschliche Wesen, er wird aber gewußt als ein anderes Wesen. Die Liebe ist es nun, welche das verborgene Wesen der Religion offenbart, der Glaube aber, der die bewußte Form ausmacht. Die Liebe identifiziert den Menschen mit Gott, Gott mit dem Menschen, darum den Menschen mit dem Menschen; der Glaube trennt Gott vom Menschen, darum den Menschen von dem Menschen; denn Gott ist nichts anderes als der mystische Gattungsbegriff der Menschheit, die Trennung Gottes vom Menschen daher die Trennung des Menschen vom Menschen, die Auflösung des gemeinschaftlichen Bandes. Durch den Glauben setzt sich die Religion mit der Sittlichkeit, der Vernunft, dem einfachen Wahrheitssinn des Menschen in Widerspruch; durch die Liebe aber setzt sie sich wieder diesem Widerspruch entgegen. Der Glaube vereinzelt Gott, er macht ihn zu einem besonderen, anderen Wesen; die Liebe verallgemeinert; sie macht Gott zu einem gemeinen Wesen, dessen Liebe eins ist mit der Liebe zum Menschen. Der Glaube entzweit den Menschen im Inneren, mit sich selbst, folglich auch im Äußeren; die Liebe aber ist es, welche die Wunden heilt, die der Glaube in das Herz des Menschen schlägt. Der Glaube macht den Glauben an seinen Gott zu einem Gesetz; die Liebe ist Freiheit, sie verdammt selbst den Atheisten nicht, weil sie selbst atheistisch ist, selbst, wenn auch nicht immer theoretisch, doch praktisch die Existenz eines besonderen, dem Menschen entgegengesetzten Gottes leugnet.

Der Glaube scheidet: das ist wahr, das falsch. Und sich nur eignet er die Wahrheit zu. Der Glaube hat eine bestimmte, besondere Wahrheit, die daher notwendig mit Verneinung verbunden ist, zu seinem Inhalte. Der Glaube ist seiner Natur nach ausschließend. Eines nur ist Wahrheit, einer nur ist Gott, einer nur, dem das Monopol des Gottessohnes angehört; alles andere ist nichts, Irrtum, Wahn ...

Der Glaube gibt dem Menschen ein besonderes Ehr- und Selbstgefühl.

* Aus: Ludwig *Feuerbach,* Das Wesen der Religion. S. 198–212. Jakob Hegner Verlag, Köln 1967. Abgedruckt mit freundlicher Genehmigung des Verlages.

Der Gläubige findet sich ausgezeichnet vor anderen Menschen, erhoben über den natürlichen Menschen; er weiß sich als eine Person von Distinktion, im Besitze besonderer Rechte; die Gläubigen sind Aristokraten, die Ungläubigen Plebejer. Gott ist dieser personifizierte Unterschied und Vorzug der Gläubigen von dem Ungläubigen. Aber weil der Glaube das eigene Wesen als ein anderes Wesen vorstellt, so verlegt der Gläubige seine Ehre nicht unmittelbar in sich, sondern in diese andere Person. Das Bewußtsein seines Vorzugs ist das Bewußtsein dieser Person, das Gefühl seiner selbst hat er in dieser anderen Persönlichkeit. Wie der Bediente in der Würde seines Herrn sich selbst fühlt, ja sich mehr zu sein dünkt, als ein freier, selbständiger Mann von niedrigem Stande als sein Herr, so auch der Gläubige. Er spricht sich alle Verdienste ab, um bloß seinem Herrn die Ehre des Verdienstes zu lassen, aber nur weil dieses Verdienst ihm selbst zugute kommt, weil er in der Ehre des Herrn sein eigenes Ehrgefühl befriedigt. Der Glaube ist hochmütig, aber er unterscheidet sich von dem natürlichen Hochmut dadurch, daß er das Gefühl seines Vorzugs, seinen Stolz in eine andere Person überträgt, die ihn bevorzugt, eine andere Person, die aber sein eigenes geborgenes Selbst, sein personifizierter und befriedigter Glückseligkeitstrieb ist; denn diese Persönlichkeit hat keine anderen Bestimmungen, als die, daß sie der Wohltäter, der Erlöser, der Heiland ist, also Bestimmungen, in denen der Gläubige sich nur auf sich, auf sein eigenes ewiges Heil bezieht. Kurz, wir haben hier das charakteristische Prinzip der Religion, daß sie das natürliche Aktiv in ein Passiv verwandelt. Der Heide erhebt sich, der Christ fühlt sich erhoben. Der Christ verwandelt in eine Sache des Gefühls, der Empfänglichkeit, was dem Heiden eine Sache der Selbsttätigkeit ist. Die Demut des Gläubigen ist ein umgekehrter Hochmut – ein Hochmut, der aber nicht den Schein, die äußeren Kennzeichen des Hochmuts hat. Er fühlt sich ausgezeichnet; aber diese Auszeichnung ist nicht Resultat seiner Tätigkeit, sondern Sache der Gnade; er ist ausgezeichnet worden; er kann nichts dafür . . .

Die Kirche hat mit vollem Rechte Anders- oder überhaupt Ungläubige verdammt, denn dieses Verdammen liegt im Wesen des Glaubens. Der Glaube erscheint zunächst nur als unbefangene Absonderung der Gläubigen von den Ungläubigen; aber diese Sonderung ist eine höchst kritische Scheidung. Der Gläubige hat Gott für sich, der Ungläubige gegen sich – nur als möglicher Gläubiger hat er Gott nicht gegen sich, aber als wirklicher Ungläubiger – darin liegt eben der Grund der Forderung, den Stand des Unglaubens zu verlassen. Was aber Gott gegen sich hat, ist nichtig, verstoßen, verdammt; denn was Gott gegen sich hat, ist selbst wider Gott. Glauben ist gleichbedeutend mit Gutsein, nicht glauben mit Bösesein. Der Glaube, beschränkt und befangen, schiebt alles in die Gesinnung. Der Ungläubige ist ihm aus Verstocktheit, aus Bosheit ungläubig, ein Feind Christi. Der Glaube assimiliert sich daher nur die Gläubigen, aber die Ungläubigen verstößt er. Er ist gut gegen die Gläubigen, aber böse gegen die Ungläubigen . . .

Wende man nicht dagegen ein, daß es in der Bibel heißt: »richtet nicht, auf daß ihr nicht gerichtet werdet«, daß der Glaube also Gott wie das Gericht, so das Verdammungsurteil überlasse. Auch dieser und andere ähnliche Sprüche gelten nur im christlichen Privatrecht, aber nicht im christlichen Staatsrecht, gehören nur der Moral, nicht der Dogmatik an. Es ist schon Glaubensindifferenz, solche moralischen Ansprüche auf das Gebiet der Dogmatik zu ziehen. Die Unterscheidung zwischen dem Ungläubigen und Menschen ist eine Frucht moderner Humanität. Dem Glauben geht der Mensch im Glauben auf; der wesentliche Unterschied des Menschen vom Tiere beruht für ihn nur auf dem religiösen Glauben. Nur der Glaube begreift in sich alle Tugenden, die den Menschen gottwohlgefällig machen; Gott aber ist das Maß, sein Wohlgefallen die höchste Norm; der Gläubige also allein der legitime, normale Mensch, der Mensch, wie er sein soll, der Mensch, den Gott anerkennt. Wo die Unterscheidung zwischen dem Menschen und dem Gläubigen gemacht wird, da hat sich der Mensch schon vom Glauben abgetrennt; da gilt der Mensch schon für sich selbst, unabhängig vom Glauben. Der Glaube ist daher nur dort ein wahrer, ungeheuchelter, wo der Glaubensunterschied in aller Schärfe wirkt. Wird der Unterschied des Glaubens abgestumpft, so wird natürlich auch der Glaube selbst indifferent, charakterlos. Nur in an sich indifferenten Dingen ist der Glaube liberal. Der Liberalismus des Apostels Paulus hat zur Voraussetzung die Annahme der Grundartikel des Glaubens. Wo alles auf die Grundartikel des Glaubens ankommt, entsteht der Unterschied zwischen Wesentlichem und Unwesentlichem. Im Gebiet des Unwesentlichen gibt es kein Gesetz, da seid ihr frei. Aber natürlich nur unter der Bedingung, daß ihr dem Glauben sein Recht ungeschmälert laßt, gewährt euch der Glaube Rechte, Freiheiten.

Der Glaube ist also wesentlich parteiisch. Wer nicht für Christus ist, der ist wider Christus. Für mich oder wider mich. Der Glaube kennt nur Feinde oder Freunde, keine Unparteilichkeit; er ist nur für sich eingenommen. Der Glaube ist wesentlich intolerant – wesentlich, weil mit dem Glauben immer notwendig der Wahn verbunden ist, daß seine Sache die Sache Gottes sei, seine Ehre die Ehre Gottes. Der Gott des Glaubens ist an sich nichts anderes als das gegenständliche Wesen des Glaubens, der Glaube, der sich Gegenstand ist. Es identifiziert sich daher auch im religiösen Gemüte und Bewußtsein die Sache des Glaubens mit der Sache Gottes. Gott selbst ist beteiligt; das Interesse der Gläubigen ist das innerste Interesse Gottes selbst . . .

Der Glaube ist das Gegenteil der Liebe. Die Liebe erkennt auch in der Sünde noch die Tugend, im Irrtum die Wahrheit. Nur seit der Zeit, wo an die Stelle der Macht des Glaubens die Macht der naturwahren Einheit der Menschheit, die Macht der Vernunft, der Humanität getreten, erblickt man auch im Polytheismus, im Götzendienst überhaupt Wahrheit oder sucht man wenigstens durch menschliche, natürliche Gründe zu erklären, was der in sich selbst befangene Glaube nur aus dem Teufel ableitet. Darum ist die Liebe nur identisch mit der Vernunft, aber nicht mit dem Glauben; denn wie die Vernunft, so ist die Liebe freier, universeller, der Glaube aber engherziger, beschränkter Natur. Nur wo Vernunft, da herrscht allgemeine Liebe; die Vernunft ist selbst nichts anderes als die universale Liebe. Der Glaube hat die Hölle erfunden, nicht die Liebe, nicht die Vernunft. Der Liebe ist die Hölle ein Greuel, der Vernunft ein Unsinn. Es wäre erbärmlich, in der Hölle nur eine Verirrung des Glaubens, einen falschen Glauben erblicken zu wollen. Die Hölle steht auch schon in der Bibel. Der Glaube ist überhaupt überall sich selbst gleich, wenigstens der positiv religiöse Glaube, der Glaube in dem Sinne, in welchem er hier genommen wird und genommen werden muß, wenn man nicht die Elemente der Vernunft, der Bildung mit dem Glauben vermischen will – eine Vermischung, in welcher freilich der Charakter des Glaubens unkenntlich wird ...

Aber obgleich die der Liebe widersprechenden Handlungen der christlichen Religionsgeschichte dem Christentum entsprechen, und daher die Gegner des Christentums recht haben, wenn sie demselben die dogmatischen Greueltaten der Christen schuld geben; so widersprechen sie doch auch zugleich wieder dem Christentum, weil das Christentum nicht nur eine Religion des Glaubens, sondern auch der Liebe ist, nicht nur zum Glauben, sondern auch zur Liebe uns verpflichtet. Die Handlungen der Lieblosigkeit, des Ketzerhasses entsprechen und widersprechen zugleich dem Christentum? Wie ist das möglich? Allerdings. Das Christentum sanktioniert zugleich die Handlungen, die aus der Liebe, und die Handlungen, die aus dem Glauben ohne Liebe kommen. Hätte das Christentum nur die Liebe zum Gesetze gemacht, so hätten die Anhänger desselben recht, man könnte ihm die Greueltaten der christlichen Religionsgeschichte nicht als Schuld anrechnen; hätte es nur den Glauben zum Gesetz gemacht, so wären die Vorwürfe der Ungläubigen unbedingt, ohne Einschränkung wahr. Das Christentum hat die Liebe nicht frei gegeben; sich nicht zu der Höhe erhoben, die Liebe absolut zu fassen. Und es hat diese Freiheit nicht gehabt, nicht haben können, weil es Religion ist – die Liebe daher der Herrschaft des Glaubens unterworfen. Die Liebe ist nur die exoterische, der Glaube die esoterische Lehre des Christentums – die Liebe nur die Moral, der Glaube aber die Religion der christlichen Religion.

Die christliche Liebe ist schon dadurch eine besondere, daß sie christliche ist, sich christliche nennt. Aber Universalität liegt im Wesen der Liebe. Solange die christliche Liebe die Christlichkeit nicht aufgibt, nicht die Liebe schlechtweg zum obersten Gesetze macht, so lange ist sie eine Liebe, die den Wahrheitssinn beleidigt – denn die Liebe ist es eben, die den Unterschied zwischen Christentum und sogenanntem Heidentum aufhebt – eine Liebe, die durch ihre Besonderheit mit dem Wesen der Liebe in Widerspruch tritt, eine abnorme, lieblose Liebe, die daher längst auch mit Recht ein Gegenstand der Ironie geworden ist. Die wahre Liebe ist sich selbst genug; sie bedarf keiner besonderen Titel, keiner Autorität. Die Liebe ist das universale Gesetz der Intelligenz und Natur – sie ist nichts anderes als die Verwirklichung der Einheit der Gattung auf dem Wege der Gesinnung. Soll diese Liebe auf den Namen einer Person gegründet werden, so ist dies nur dadurch möglich, daß mit dieser Person abergläubische Vorstellungen verbunden werden, seien sie nun religiöser oder spekulativer Art. Aber mit dem Aberglauben ist immer Sektengeist, Partikularismus, mit dem Partikularismus Fanatismus verbunden. Die Liebe kann sich nur gründen auf die Einheit der Gattung, der Intelligenz, auf die Natur der Menschheit, nur dann ist sie eine gründliche, im Prinzip geschützte, verbürgte, freie Liebe, denn sie stützt sich auf den Ursprung der Liebe, aus dem selbst die Liebe Christi stammte. Die Liebe Christi war selbst eine abgeleitete Liebe. Er liebte uns nicht aus sich, kraft eigener Vollmacht, sondern kraft der Natur der Menschheit. Stützt sich die Liebe auf seine Person, so ist diese Liebe eine besondere, die nur so weit geht, wie die Anerkennung dieser Person, eine Liebe, die sich nicht auf den eigenen Grund und Boden der Liebe stützt. Sollen wir deswegen uns lieben, weil Christus uns geliebt? Solche Liebe wäre affektierte, nachgeäffte Liebe. Können wir nur wahrhaft lieben, wenn wir Christus lieben? Aber ist Christus die Ursache der Liebe? Oder ist er nicht vielmehr der Apostel der Liebe? nicht der Grund seiner Liebe die Einheit der Menschennatur? Soll ich Christus mehr lieben als die Menschheit? Aber solche Liebe, ist sie nicht eine chimärische Liebe? Kann ich über das Wesen der Gattung hinaus? Höheres lieben als die Menschheit? Was Christus adelte, war die Liebe; was er war, hat er von ihr nur zu Lehen bekommen; er war nicht Proprietär der Liebe, wie er dies in allen abergläubischen Vorstellungen ist. Der Begriff der Liebe ist ein selbständiger Begriff, den ich nicht erst aus dem Leben Christi abstrahiere; im Gegenteil, ich anerkenne dieses Leben nur, weil und wenn ich es übereinstimmend finde mit dem Gesetze, dem Begriffe der Liebe.

Historisch ist dies schon dadurch erwiesen, daß die Idee der Liebe keineswegs nur mit dem Christentum und durch dasselbe in das Bewußtsein der Menschheit erst kam, keineswegs eine nur christliche ist. Sinnvoll gehen der Erscheinung dieser Idee die Greuel des römischen Reichs zur Seite. Das Reich der Politik, das die Menschheit auf eine ihrem Begriffe widersprechende Weise vereinte, mußte in sich zerfallen. Die politische Einheit ist eine gewaltsame. Roms Despotismus mußte sich nach innen wenden, sich selbst zerstören. Aber eben durch dieses Elend der Politik zog sich der Mensch ganz aus der herzzerdrückenden Schlinge der Politik heraus. An die Stelle Roms trat der Begriff der Menschheit, damit an die Stelle des Begriffs der Herrschaft der Begriff der Liebe. Selbst die Juden hatten in dem Humanitätsprinzip der griechischen Bildung ihren gehässigen religiösen Sektengeist gemildert. Philo feiert die Liebe als die höchste Tugend. Es lag im Begriffe der Menschheit selbst, daß die nationalen Differenzen gelöst wurden. Der denkende Geist hatte schon früh die bürgerlichen und politischen Trennungen des Menschen überwunden. Aristoteles unterscheidet wohl den Menschen vom Sklaven und setzt den Sklaven als Menschen auf gleichen Fuß mit dem Herrn, indem er selbst Freundschaft zwischen beiden zuläßt. Sklaven waren selbst Philosophen. Epiktet, der Sklave, war Stoiker; Mark Aurel, der Kaiser, war es auch. So einte die Philosophie die Menschen. Die Stoiker lehrten, der Mensch sei nicht um seinetwillen, sondern um der anderen willen, d. h. zur Liebe geboren – ein Ausspruch, der unendlich mehr sagt, als das rühmlichst bekannte, die Feindesliebe gebietende Wort des Kaisers Mark Aurel. Das praktische Prinzip der Stoiker ist insofern das Prinzip der Liebe. Die Welt ist ihnen eine gemeinsame Stadt, die Menschen Mitbürger. Seneca namentlich feiert in den erhabensten Aussprüchen die Liebe, die Clementia, die Humanität besonders gegen die Sklaven. So war der politische Rigorismus, die patriotische Engherzigkeit und Borniertheit verschwunden.

Eine besondere Erscheinung dieser menschheitlichen Bestrebungen – die volkstümliche, populäre, darum religiöse, allerdings intensivste Erscheinung dieses neuen Prinzips war das Christentum. Was anderwärts auf dem Wege der Bildung sich geltend machte, das sprach sich hier als religiöses Gemüt, als Glaubenssache aus. Darum machte das Christentum selbst wieder eine allgemeine Einheit zu einer besonderen, die Liebe zur Sache des Glaubens, aber setzte sie eben dadurch in Widerspruch mit der allgemeinen Liebe. Die Einheit wurde nicht bis auf ihren Ursprung zurückgeführt. Die nationalen Differenzen verschwanden; dafür tritt aber jetzt die Glaubensdifferenz, der Gegensatz von Christlich und Unchristlich, heftiger als ein nationaler Gegensatz, häßlicher auch, in der Geschichte auf.

Alle auf eine besondere Erscheinung gegründete Liebe widerspricht, wie gesagt, dem Wesen der Liebe, als welche keine Schranken duldet, jede Besonderheit überwindet. Wir sollen den Menschen um des Menschen willen lieben. Der Mensch ist dadurch Gegenstand der Liebe, daß er Selbstzweck, daß er ein vernunft- und liebefähiges Wesen ist. Dies ist das Gesetz der Gattung, das Gesetz der Intelligenz. Die Liebe soll eine unmittelbare Liebe sein, ja sie ist nur, als unmittelbare, Liebe. Schiebe ich aber zwischen den anderen und mich, der ich eben in der Liebe die Gattung verwirkliche die Vorstellung einer Individualität ein, in welcher die Gattung schon verwirklicht sein soll, so hebe ich das Wesen der Liebe auf, störe die Einheit durch die Vorstellung eines Dritten außer uns; denn der andere ist mir dann nur um der Ähnlichkeit oder Gemeinschaft willen, die er mit diesem Urbild hat, nicht um seinetwillen, d. h. um seines Wesens willen Gegenstand der Liebe. Es kommen hier alle Widersprüche wieder zum Vorschein, die wir in der Persönlichkeit Gottes haben, wo der Begriff der Persönlichkeit notwendig für sich selbst, ohne die Qualität, welche sie zu einer liebens- und verehrungswürdigen Persönlichkeit macht, im Bewußtsein und Gemüt sich befestigt.

Die Liebe ist die subjektive Existenz der Gattung, wie die Vernunft die objektive Existenz derselben. In der Liebe, in der Vernunft verschwindet das Bedürfnis einer Mittelsperson. Christus ist selbst nichts als ein Bild, unter welchem sich dem Volksbewußtsein die Einheit der Gattung aufdrängte und darstellte. Christus liebte die Menschen: er wollte sie alle ohne Unterschied des Geschlechtes, Alters, Standes, der Nationalität beglücken, vereinen. Christus ist die Liebe der Menschheit zu sich selbst als ein Bild – der entwickelten Natur der Religion zufolge – oder als eine Person – eine Person, die aber – versteht sich als religiöser Gegenstand – nur die Bedeutung eines Bildes hat, nur eine ideale ist. Darum wird als Kennzeichen der Jünger die Liebe ausgesprochen. Die Liebe ist aber, wie gesagt, nichts anderes, als die Betätigung, die Verwirklichung der Einheit der Gattung durch die Gesinnung. Die Gattung ist kein bloßer Gedanke; sie existiert im Gefühl, in der Gesinnung, in der Energie der Liebe. Die Gattung ist es, die mir Liebe einflößt. Ein liebevolles Herz ist das Herz der Gattung. Also ist Christus als das Bewußtsein der Liebe das Bewußtsein der Gattung. Alle sollen wir eins in Christus sein. Christus ist das Bewußtsein unserer Einheit. Wer also den Menschen um des Menschen willen liebt, wer sich zur Liebe der Gattung erhebt, zur universalen, dem Wesen der Gattung entsprechenden Liebe, der ist Christ, der ist Christus selbst. Er tut, was Christus tat, was Christus zu Christus machte. Wo also das Bewußtsein der Gattung als Gattung entsteht, da verschwindet Christus, ohne daß sein wahres Wesen vergeht; denn Er war ja der Stellvertreter, das Bild des Bewußtseins der Gattung.

Zusätzliche Literatur

Bockmühl, K. E., Leiblichkeit und Gesellschaft. Studien zur Religionskritik und Anthropologie im Frühwerk von L. Feuerbach und Karl Marx, Göttingen 1961.
Bolin, W., L. Feuerbach. Sein Wirken und seine Zeitgenossen, Stuttgart 1891.
Dicke, G., Der Identitätsgedanke bei Feuerbach und Marx, Köln/Opladen 1960.
Feuerbach, Ludwig, Sämtliche Werke, neu herausgegeben von W. *Bolin* und F. *Jodl*, Stuttgart-Bad Cannstatt 1960–64².
Gollwitzer, Helmut, Die Religionskritik Ludwig Feuerbachs, in: *Ders.*, Die marxistische Religionskritik und der christliche Glaube, München/Hamburg 1965.
Löwith, Karl, Von Hegel zu Nietzsche. Der revolutionäre Bruch im Denken des 19. Jahrhunderts, Stuttgart 1964⁵.
Lubac, Henri de, Die Tragödie des Humanismus ohne Gott, Salzburg 1950.
Nüdlung, G., Ludwig Feuerbachs Religionsphilosophie, Paderborn 1961².
Schuffenhauer, W., Feuerbach und der Junge Marx. Zur Entstehungsgeschichte der marxistischen Weltanschauung, Berlin 1965.
Weser, H. A., S. Freuds und L. Feuerbachs Religionskritik, Bottrop 1936.

W. I. Lenin

Über das Verhältnis der Arbeiterpartei zur Religion *

... Die Religion ist das Opium des Volkes – dieser Ausspruch von Marx bildet den Eckpfeiler der ganzen Weltanschauung des Marxismus in der Frage der Religion. Der Marxismus betrachtet alle heutigen Religionen und Kirchen, alle religiösen Organisationen stets als Organe der bürgerlichen Reaktion, die die Ausbeutung verteidigen und die Arbeiterklasse verdummen und umnebeln sollen.

Zugleich verurteilte Engels jedoch wiederholt die Versuche von Leuten, die »linker« oder »revolutionärer« sein wollten als die Sozialdemokratie, in das Programm der Arbeiterpartei ein direktes Bekenntnis zum Atheismus im Sinne einer Kriegserklärung an die Religion hineinzubringen ...

Der Religion einen solchen Krieg ansagen heißt nach Engels »den Bismarck überbismarcken«, d. h. die Torheit des Bismarckschen Kampfes gegen die Klerikalen wiederholen (der berüchtigte »Kulturkampf«, d. h. der Kampf, den Bismarck in den siebziger Jahren durch polizeiliche Verfolgungen des Katholizismus gegen die deutsche Partei der Katholiken, die »Zentrums«partei, führte). Durch diesen Kampf hat Bismarck den streitbaren Klerikalismus der Katholiken nur *gestärkt*, hat er der Sache der wirklichen Kultur nur Abbruch getan, denn statt der politischen Scheidewände rückte er die religiösen Scheidewände in den Vordergrund und lenkte so die Aufmerksamkeit gewisser Schichten der Arbeiterklasse und der Demokratie von den dringenden Aufgaben des revolutionären und des Klassenkampfes auf einen ganz oberflächlichen und bürgerlich-verlogenen Antiklerikalismus ab. Engels erhob gegen Dühring, der ultrarevolutionär sein wollte, den Vorwurf, dieselbe Torheit Bismarcks in anderer Form wiederholen zu wollen, und forderte von der Arbeiterpartei, sie müsse es verstehen, geduldig an der Organisierung und Aufklärung des Proletariats zu arbeiten – das werde zum Absterben der Religion führen, sie dürfe sich aber nicht in das Abenteuer eines politischen Krieges gegen die Religion stürzen. Diese Auffassung ist der deutschen Sozialdemokratie in Fleisch und Blut übergegangen; sie hat sich zum Beispiel für die freie Betätigung der Jesuiten, für ihre Zulassung in Deutschland, für die Aufhebung aller polizeilichen Kampfmaßnahmen gegen irgendeine Religion ausgesprochen. »Erklärung der Religion zur Privatsache« – in diesem berühmten Punkt des Erfurter Programms (1891) wurde die dargelegte politische Taktik der Sozialdemokratie verankert.

Inzwischen ist diese Taktik aber zur Schablone geworden und hat be-

* Aus: W. I. *Lenin,* Über die Religion. Eine Sammlung ausgewählter Aufsätze und Reden. S. 21–32, Dietz Verlag, Berlin 1965. Abgedruckt mit freundlicher Genehmigung des Verlages.

reits eine neue Verfälschung des Marxismus in der entgegengesetzten Richtung, in Richtung des Opportunismus, erzeugt. Man begann den Satz des Erfurter Programms so auszulegen, als ob wir Sozialdemokraten, als ob unsere Partei die Religion als Privatsache *betrachten*, als ob für uns als Sozialdemokraten, für uns als Partei die Religion Privatsache sei. Ohne sich in eine direkte Polemik gegen diese opportunistische Auffassung einzulassen, hat Engels es in den neunziger Jahren für notwendig befunden, entschieden gegen sie Stellung zu nehmen, nicht in polemischer, sondern in positiver Form. Und zwar hat er es in Form einer von ihm bewußt hervorgehobenen Erklärung getan, die Sozialdemokratie betrachte die Religion *dem Staat gegenüber* als Privatsache, keineswegs aber sich selbst, keineswegs dem Marxismus, keineswegs der Arbeiterpartei gegenüber.

Das ist die äußere Geschichte der Stellungnahmen von Marx und Engels zur Frage der Religion. Leuten, die sich dem Marxismus gegenüber oberflächlich verhalten, Leuten, die nicht denken können oder wollen, erscheint diese Geschichte als ein Knäuel sinnloser Widersprüche und Schwankungen des Marxismus: sozusagen als ein Mischmasch aus »konsequentem« Atheismus und »Nachsicht« gegenüber der Religion, als irgendein »prinzipienloses« Schwanken zwischen dem revolutionären Krieg gegen Gott und dem feigen Bestreben, den gläubigen Arbeitern »nach dem Munde zu reden«, der Furcht, sie abzuschrecken usw. usf. In der Literatur der anarchistischen Phrasendrescher kann man gar manche Ausfälle dieser Art gegen den Marxismus finden.

Wer jedoch auch nur halbwegs fähig ist, den Marxismus ernsthaft zu ergründen, sich in seine philosophischen Grundlagen und in die Erfahrungen der internationalen Sozialdemokratie hineinzudenken, der wird leicht erkennen, daß die Taktik des Marxismus gegenüber der Religion ganz konsequent und von Marx und Engels gründlich durchdacht ist, daß das, was Dilettanten oder Ignoranten für Schwankungen halten, eine direkte und unumgängliche Schlußfolgerung aus dem dialektischen Materialismus ist. Es wäre grundfalsch zu glauben, daß sich die vermeintliche »Mäßigung« des Marxismus gegenüber der Religion aus sogenannten »taktischen« Erwägungen – im Sinne des Bestrebens, »nicht abzuschrecken« usw. – erkläre. Im Gegenteil, die politische Linie des Marxismus steht auch in dieser Frage in untrennbarem Zusammenhang mit seinen philosophischen Grundlagen.

Marxismus ist Materialismus. Als solcher steht er der Religion ebenso schonungslos feindlich gegenüber wie der Materialismus der Enzyklopädisten des 18. Jahrhunderts oder der Materialismus Feuerbachs. Das steht außer Zweifel. Aber der dialektische Materialismus von Marx und Engels geht weiter als jener der Enzyklopädisten und Feuerbachs, denn er wendet die materialistische Philosophie auf das Gebiet der Geschichte, auf das Gebiet der Gesellschaftswissenschaften an. Wir müssen die Religion bekämpfen. Das ist das Abc des *gesamten* Materialismus und folglich auch des Marxismus. Aber der Marxismus ist kein Materialismus, der beim Abc stehengeblieben ist. Der Marxismus geht weiter. Er sagt: Man muß *verstehen*, die Religion zu bekämpfen, dazu aber ist es notwendig, den Ursprung, den Glauben und Religion unter den Massen haben, *materialistisch* zu erklären. Den Kampf gegen die Religion darf man nicht auf abstrakt-ideologische Propaganda beschränken, darf ihn nicht auf eine solche Propaganda reduzieren, sondern er muß in Zusammenhang gebracht werden mit der konkreten Praxis der Klassenbewegung, die auf die Beseitigung der sozialen Wurzeln der Religion abzielt. Warum findet die Religion in den rückständigen Schichten des städtischen Proletariats, in breiten Schichten des Halbproletariats und auch in der Hauptmasse der Bauernschaft noch Boden? Wegen der Unwissenheit des Volkes, antwortet der bürgerliche Fortschrittler, der Radikale oder der bürgerliche Materialist. Also, nieder mit der Religion, es lebe der Atheismus, die Verbreitung atheistischer Anschauungen ist unsere Hauptaufgabe. Der Marxist sagt: Das ist falsch. Eine solche Auffassung ist oberflächliche, bürgerlich beschränkte Kulturbringerei. Eine solche Auffassung erklärt die Wurzeln der Religion nicht gründlich genug, nicht materialistisch, sondern idealistisch.

In den modernen kapitalistischen Staaten sind diese Wurzeln hauptsächlich *sozialer* Natur. Die soziale Unterdrückung der werktätigen Massen, ihre scheinbar völlige Ohnmacht gegenüber den blind waltenden Kräften des Kapitalismus, der den einfachen arbeitenden Menschen täglich und stündlich tausendmal mehr entsetzlichste Leiden und unmenschlichste Qualen bereitet als irgendwelche außergewöhnlichen Ereignisse wie Kriege, Erdbeben usw. – darin liegt heute die tiefste Wurzel der Religion. »Die Furcht hat die Götter erzeugt.« Die Furcht vor der blind wirkenden Macht des Kapitals, blind, weil ihr Wirken von den Volksmassen nicht vorausgesehen werden kann und dem Proletarier und dem Kleineigentümer bei jedem Schritt ihres Lebens den »plötzlichen«, »unerwarteten«, »zufälligen« Ruin, den Untergang, die Verwandlung in einen Bettler, einen Pauper, eine Prostituierte, den Hungertod zu bringen droht und auch tatsächlich bringt – das ist jene *Wurzel* der heutigen Religion, die der Materialist vor allem und am meisten beachten muß, wenn er nicht ein Abc-Schütze des Materialismus bleiben will. Keine Aufklärungsschrift wird die Religion aus den Massen austreiben, die, niedergedrückt durch die kapitalistische Zwangsarbeit, von den blind waltenden, zerstörerischen Kräften des Kapitalismus abhängig bleiben, solange diese Massen nicht selbst gelernt haben werden, diese *Wurzel* der Religion, die *Herrschaft des Kapitals* in all ihren Formen vereint, organisiert, planmäßig, bewußt zu bekämpfen.

Folgt daraus etwa, daß eine Aufklärungsschrift gegen die Religion schädlich oder überflüssig wäre? Keineswegs. Daraus ergibt sich etwas ganz anderes. Daraus folgt, daß die atheistische Propaganda der Sozialdemokratie ihrer Hauptaufgabe *untergeordnet* sein muß: der Entfaltung des Klassenkampfes der ausgebeuteten *Massen* gegen die Ausbeuter.

Jemand, der sich nicht in die Grundlagen des dialektischen Materialismus, d. h. der Philosophie von Marx und Engels, vertieft hat, wird diese These möglicherweise nicht begreifen (oder zumindest nicht sofort begreifen). Wie soll das möglich sein? Die ideologische Propaganda, die Propagierung bestimmter Ideen, der Kampf gegen den Feind der Kultur und des Fortschritts, der sich seit Jahrtausenden am Leben hält (d. h. gegen die Religion), soll dem Klassenkampf, d. h. dem Kampf für bestimmte praktische Ziele auf ökonomischem und politischem Gebiet, untergeordnet werden?

Ein solcher Einwand gehört zu den landläufigen Einwänden gegen den Marxismus, die nur davon zeugen, daß man die Marxsche Dialektik ganz und gar nicht verstanden hat. Der Widerspruch, der alle jene verwirrt, die solche Einwände erheben, ist ein lebendiger Widerspruch des lebendigen Lebens, d. h. ein dialektischer Widerspruch und kein Widerspruch in Worten, kein ausgedachter Widerspruch. Die theoretische Propaganda des Atheismus, d. h. die Zerstörung des religiösen Glaubens bei gewissen Schichten des Proletariats, durch eine absolute, unüberschreitbare Grenze von dem Erfolg, dem Verlauf, den Bedingungen des Klassenkampfes dieser Schichten trennen heißt undialektisch denken, heißt das zu einer absoluten Grenze machen, was eine bewegliche, relative Grenze ist, heißt etwas gewaltsam auseinanderreißen, was in der lebendigen Wirklichkeit untrennbar miteinander verbunden ist. Nehmen wir ein Beispiel. Gesetzt, das Proletariat eines bestimmten Gebiets und eines bestimmten Industriezweigs zerfalle in eine fortgeschrittene Schicht ziemlich bewußter Sozialdemokraten, die selbstverständlich Atheisten sind, und in ziemlich rückständige, noch mit dem Dorf und der Bauernschaft verbundene Arbeiter, die an Gott glauben, in die Kirche gehen oder sogar unter dem direkten Einfluß des Ortsgeistlichen stehen, der, sagen wir, einen christlichen Arbeiterverein gründet. Gesetzt ferner, der ökonomische Kampf habe in einem solchen Ort zu einem Streik geführt. Der Marxist ist verpflichtet, den Erfolg der Streikbewegung in den Vordergrund zu stellen, einer Aufspaltung der Arbeiter in diesem Kampf in Atheisten und Christen entschieden entgegenzuwirken und gegen eine solche Aufspaltung entschieden zu kämpfen. Atheistische Propaganda kann unter diesen Umständen ganz überflüssig, ja schädlich sein – nicht vom Standpunkt spießerlicher Erwägungen über die Abschreckung der rückständigen Schichten, über einen Mandatsverlust bei den Wahlen usw., sondern vom Standpunkt des wirklichen Fortschritts des Klassenkampfes, der unter den Verhältnissen der modernen kapitalistischen Gesellschaft die christlichen Arbeiter hundertmal besser zur Sozialdemokratie und zum Atheismus führen wird als die bloße atheistische Propaganda. Ein Propagandist des Atheismus würde in einem solchen Augenblick und unter solchen Umständen nur dem Pfaffen und dem Pfaffentum *Vorschub* leisten, die nichts sehnlicher wünschen als eine Aufspaltung der Arbeiter nach dem Glauben an Gott anstatt ihrer Scheidung nach der Streikbeteiligung. Ein Anarchist, der den Krieg gegen Gott um jeden Preis predigt, würde dadurch in Wirklichkeit den Pfaffen und der Bourgeoisie helfen (wie ja die Anarchisten in *Wirklichkeit* stets der Bourgeoisie helfen). Ein Marxist muß Materialist sein, d. h. ein Feind der Religion, doch ein dialektischer Materialist, d. h. ein Materialist, der den Kampf gegen die Religion nicht abstrakt, nicht auf dem Boden einer abstrakten, rein theoretischen, sich stets gleichbleibenden Propaganda führt, sondern konkret auf dem Boden des Klassenkampfes, wie er sich in *Wirklichkeit* abspielt, der die Massen am meisten und am besten erzieht. Ein Marxist muß es verstehen, die ganze konkrete Situation zu berücksichtigen, stets die Grenze zwischen Anarchismus und Opportunismus zu finden (diese Grenze ist relativ, beweglich, veränderlich, aber sie existiert), er darf weder in das abstrakte, phrasenhafte, in Wirklichkeit hohle »Revoluzzertum« des Anarchisten verfallen noch in das Spießertum und den Opportunismus des Kleinbürgers oder des liberalen Intellektuellen, der sich nicht traut, gegen die Religion zu kämpfen, der diese seine Aufgabe vergißt, sich mit dem Glauben an Gott abfindet, sich nicht von den Interessen des Klassenkampfes leiten läßt, sondern von der kleinlichen, kläglichen Berechnung: niemand kränken, niemand abstoßen, niemand abschrecken – von der neunmalweisen Regel »Leben und leben lassen« usw. usf.

Von diesem Standpunkt aus müssen alle Einzelfragen gelöst werden, die das Verhältnis der Sozialdemokratie zur Religion betreffen. Oft wird zum Beispiel die Frage aufgeworfen, ob ein Geistlicher Mitglied der sozialdemokratischen Partei sein kann, und diese Frage wird gewöhnlich ohne jeden Vorbehalt bejahend beantwortet, wobei man sich auf die Erfahrungen der europäischen sozialdemokratischen Parteien beruft. Doch diese Erfahrungen sind nicht nur durch die Anwendung der Doktrin des Marxismus auf die Arbeiterbewegung zustande gekommen, sondern auch durch die besonderen historischen Verhältnisse des Westens, die in Rußland nicht gegeben sind . . ., so daß eine bedingungslos bejahende Antwort hier falsch wäre. Man kann nicht ein für allemal und für alle Verhältnisse erklären, daß Geistliche nicht Mitglieder der sozialdemokratischen Partei sein können, aber man kann auch nicht ein für allemal die entgegengesetzte Regel aufstellen. Kommt ein Geistlicher zu uns zwecks gemeinsamer politischer Arbeit und leistet er gewissenhaft Parteiarbeit, ohne gegen das Parteiprogramm aufzutreten, so können wir ihn in die Reihen der Sozialdemokratie aufnehmen, denn der Wiederspruch zwischen dem Geist und den Grundlagen unseres Programms einerseits und der religiösen Überzeugung des Geistlichen andererseits könnte unter solchen Umständen ein nur ihn allein betreffender, persönlicher Widerspruch bleiben, und eine politische Organisation kann ihre Mitglieder nicht daraufhin examinieren, ob zwischen ihren Anschauungen und dem Parteiprogramm nicht ein Widerspruch besteht. Aber selbstverständlich dürfte ein solcher Fall sogar in Europa eine seltene Ausnahme sein, während er in Rußland schon ganz unwahrscheinlich ist. Und träte z. B. ein Geistlicher in die sozialdemokratische Partei ein und begänne in dieser Partei als seine wichtigste und fast ausschließliche Arbeit eine aktive Propaganda religiöser Anschauungen zu betreiben, so müßte die Partei ihn unbedingt aus ihrer Mitte entfernen. Wir müssen es nicht nur allen Arbeitern, die den Glauben an Gott noch bewahrt haben, gestatten, der sozialdemokratischen Partei beizutreten, sondern müssen sie zielstrebig für sie gewinnen; wir sind unbedingt gegen die geringste Verletzung ihrer religiösen Überzeugungen, doch wir suchen sie zu gewinnen, um sie im Geiste unseres Programms zu erziehen, nicht aber, damit sie dieses Programm bekämpfen. Wir lassen *innerhalb* der Partei Meinungsfreiheit gelten, jedoch in gewissen, durch die Freiheit der Gruppierung bestimmten Grenzen: Wir sind nicht verpflichtet, mit solchen Leuten zusammenzugehen, die von der Mehrheit der Partei abgelehnte Anschauungen aktiv propagieren.

Ein anderes Beispiel: Kann man unter allen Umständen Mitglieder der sozialdemokratischen Partei in gleicher Weise verurteilen, wenn sie erklären: »Der Sozialismus ist meine Religion«, und wenn sie Auffassungen propagieren, die einer solchen Erklärung entsprechen? Nein. Eine Abweichung vom Marxismus (und folglich auch vom Sozialismus) liegt hier zweifellos vor, aber die Bedeutung dieser Abweichung, sozusagen ihr spezifisches Gewicht kann in verschiedenen Situationen verschieden sein. *Eine* Sache ist es, wenn ein Agitator oder jemand, der vor Arbeitermassen auftritt, so spricht, um verständlicher zu sein, um seine Darlegung zu beginnen, um seine Ansichten faßbarer darzustellen in Ausdrücken, die der unaufgeklärten Masse am geläufigsten sind. Eine *andere* Sache ist es, wenn ein Schriftsteller beginnt, »Gottbildnertum« * oder einen gottbildnerischen Sozialismus zu predigen . . .

Während im ersten Falle eine Verurteilung nur Nörgelei oder sogar eine unangebrachte Beschränkung der Freiheit des Agitators, der Freiheit des »pädagogischen« Einwirkens sein könnte, ist im zweiten Falle eine Verurteilung durch die Partei notwendig und unbedingt geboten. Die These »Der Sozialismus ist eine Religion« ist für die einen eine Form des Übergangs von der Religion zum Sozialismus, für die anderen – *vom* Sozialismus zur Religion.

Behandeln wir nun die Bedingungen, die im Westen eine opportunistische Auslegung der These von der »Erklärung der Religion zur Privatsache« aufkommen ließen. Natürlich haben wir es dort mit dem Einfluß allgemeiner Ursachen zu tun, die den Opportunismus überhaupt als Opferung der fundamentalen Interessen der Arbeiterbewegung zugunsten augenblicklicher Vorteile entstehen lassen. Die Partei des Proletariats fordert *vom Staat*, die Religion zur Privatsache zu erklären, wobei sie den Kampf gegen das Opium des Volkes, den Kampf gegen den religiösen Aberglauben usw., keineswegs als »Privatsache« betrachtet. Die

* *Gottbildnertum:* Dem Marxismus feindliche literarische und religiös-philosophische Strömung, die sich unter einem bestimmten Teil der Parteiintelligenz, der nach der Niederlage der Revolution von 1905–07 vom Marxismus abgefallen war, herausbildete. Die Gottbildner predigten die Schaffung einer neuen, einer »sozialistischen« Religion und suchten den Marxismus mit der Religion zu versöhnen. Eine Zeitlang schloß sich ihnen auch Maxim Gorki an. (Anm. des Herausgebers.)

Opportunisten verdrehen die Sache so, als *halte die sozialdemokratische* Partei die Religion für eine Privatsache!

Aber neben der üblichen opportunistischen Verfälschung ... gibt es noch besondere historische Bedingungen, die die gegenwärtige, wenn man sich so ausdrücken darf, außerordentliche Gleichgültigkeit der europäischen Sozialdemokraten gegenüber der Frage der Religion hervorgerufen haben. Diese Bedingungen sind von zweierlei Art. Erstens stellt die Aufgabe, die Religion zu bekämpfen, historisch eine Aufgabe der revolutionären Bourgeoisie dar, und im Westen hat die bürgerliche Demokratie in der Epoche *ihrer* Revolutionen oder ihres Ansturms gegen den Feudalismus und das Mittelalter diese Aufgabe in hohem Maße erfüllt (oder suchte es jedenfalls zu tun). Sowohl in Frankreich als auch in Deutschland gibt es eine Tradition des bürgerlichen Kampfes gegen die Religion, der lange vor der Entstehung der sozialistischen Bewegung aufgenommen wurde (die Enzyklopädisten, Feuerbach). In Rußland fällt, entsprechend den Bedingungen unserer bürgerlich-demokratischen Revolution, auch diese Aufgabe fast völlig der Arbeiterklasse zu ...

Zweitens war im Westen *nach* Abschluß der nationalen bürgerlichen Revolutionen, *nach* Herstellung einer mehr oder weniger vollständigen Glaubensfreiheit die Frage des demokratischen Kampfes gegen die Religion durch den Kampf der bürgerlichen Demokratie gegen den Sozialismus historisch schon so sehr in den Hintergrund gedrängt, daß die bürgerlichen Regierungen *bewußt* versuchten, durch einen quasiliberalen »Feldzug« gegen den Klerikalismus die Aufmerksamkeit der Massen vom Sozialismus abzulenken. Einen solchen Charakter trug sowohl der Kulturkampf in Deutschland als auch der Kampf der bürgerlichen Republikaner Frankreichs gegen den Klerikalismus.

Der bürgerliche Antiklerikalismus als Mittel, die Aufmerksamkeit der Arbeitermassen vom Sozialismus abzulenken, ging im Westen der Verbreitung der gegenwärtigen »Gleichgültigkeit« gegenüber dem Kampf gegen die Religion, wie sie heute unter den Sozialdemokraten zu finden ist, voraus. Und das ist wiederum verständlich und gesetzmäßig, denn dem bürgerlichen und dem Bismarckschen Antiklerikalismus mußten die Sozialdemokraten eben die *Unterordnung* des Kampfes gegen die Religion unter den Kampf für den Sozialismus entgegensetzen.

In Rußland liegen die Verhältnisse ganz anders. Das Proletariat ist der Führer unserer bürgerlich-demokratischen Revolution. Seine Partei muß der ideologische Führer im Kampf gegen alles Mittelalterliche sein, darunter auch gegen die alte Staatsreligion und gegen alle Versuche, sie aufzufrischen, sie neu oder in anderer Weise zu begründen usw. Engels hat den Opportunismus der deutschen Sozialdemokraten, die die Forderung der Arbeiterpartei, der *Staat* solle die Religion zur Privatsache erklären, durch die *Erklärung* der Religion zur Privatsache für die Sozialdemokraten selbst und für die sozialdemokratische Partei ersetzten, verhältnismäßig sanft korrigiert, aber es ist begreiflich, daß die Übernahme dieser deutschen Entstellung durch die russischen Opportunisten eine *hundertfach* schärfere Verurteilung durch Engels erfahren würde.

Als unsere Fraktion von der Dumatribüne herab erklärte, die Religion sei das Opium des Volkes, handelte sie völlig richtig und schuf damit einen Präzedenzfall, der für alle Äußerungen russischer Sozialdemokraten zur Frage der Religion die Grundlage abgeben muß. Hätte man noch weiter gehen und noch ausführlicher atheistische Schlußfolgerungen ableiten sollen? Wir glauben, nein. Das hätte die Gefahr einer Überbetonung des Kampfes der politischen Partei des Proletariats gegen die Religion mit sich bringen, hätte zu einer Verwischung der Grenze zwischen dem bürgerlichen und dem sozialistischen Kampf gegen die Religion führen können.

Zusätzliche Literatur

Gollwitzer, Helmut, Die marxistische Religionskritik und der christliche Glaube, München/Hamburg 1965.
Marx, Karl – *Engels,* Fr., Über die Religion, Berlin 1958.
Meinhold, Peter, Zur Religionskritik von H. Heine und K. Marx, in: Monatsschrift für Pastoraltheologie, April 1960, S. 161 ff.
Post, Werner, Kritik der Religion bei Karl Marx, München 1969.
Schachnowitsch, M. I., Lenin und die Fragen des Atheismus, Berlin 1966.
Schaper, Ewald, »Religion ist Opium fürs Volk«, in: Zeitschrift für Kirchengeschichte 1940, S. 425 ff.
Seeger, Reinhart, Herkunft und Bedeutung des Schlagwortes: »Die Religion ist Opium für das Volk«, Halle 1935.

IX.
Der Dialog

W. A. Visser't Hooft

Unsere ökumenische Aufgabe im Lichte der Geschichte *

Jede Generation hat ihre besondere Aufgabe. Das gilt in der ökumenischen Bewegung so gut wie in anderen Bereichen. Manchmal arbeiten wir an solchen Aufgaben, ohne es selbst zu wissen, und stehen im Dienst eines Planes, den wir nicht begreifen. Und selbst wenn wir die uns zugewiesene Aufgabe zu kennen meinen, dürfen wir niemals sicher sein, daß wir uns nicht irren. Denn Gottes Wege bleiben uns verborgen. Wir können nur versuchen, die Richtung zu finden, die wir einzuschlagen gerufen sind. Und so seltsam es scheint, dabei führt uns dies zurück zu einer Analyse unserer Geschichte. Um uns über den nächsten Abschnitt unseres Weges klar zu werden, müssen wir uns vergegenwärtigen, woher wir kommen und wo wir jetzt stehen. Um den nächsten Auftrag zu erkennen, müssen wir ergründen, welche Aufträge vorangehenden Generationen gegeben waren.

So wollen wir bei einer allerdings reichlich kurzen Beschreibung dreier Standpunkte gegenüber dem ökumenischen Problem beginnen, d. h. dreier verschiedener Ansätze zur Rückgewinnung der Einheit der christlichen Kirche. Merkwürdigerweise kann nicht einer der drei Ansätze mit ausschließlich einer Konfession in Verbindung gebracht werden; alle drei gehen quer durch die Konfessionen und Länder. Ein Studium der »Geschichte der Ökumenischen Bewegung« (herausgegeben im Auftrag des Ökumenischen Rates der Kirchen) wird dies schnell bestätigen. Wir begegnen diesen gleichen drei Ansätzen zu den verschiedensten Zeitpunkten, in den verschiedensten Kirchen. Und beim Auftreten der ersten großen interkonfessionellen Bewegungen finden wir, daß diese jeweils (besonders in ihren Anfängen) von einer der drei Tendenzen entscheidend beeinflußt werden.

Diesen drei Hauptrichtungen einen Namen zu geben, ist nicht so einfach. Man könnte sie ungefähr als erasmische, kirchenbewußte und pietistische Tradition definieren.

Die erasmische Tradition

Wir wollen sie der Reihe nach betrachten. Wir nennen als ersten Ansatz zum ökumenischen Denken den erasmischen. Der Name ist anfechtbar, denn einige der in dieser Richtung zu nennenden Männer dürfen ganz gewiß nicht als direkte Schüler des Erasmus gelten. Wir gebrauchen die Bezeichnung dennoch, denn die Hauptideen, mit denen wir uns hier beschäftigen wollen, wurden zweifellos zuerst durch Erasmus formuliert.

* Aus: W. A. *Visser't Hooft*, Unsere ökumenische Aufgabe im Lichte der Geschichte. John Knox Haus Gesellschaft, Genf 1955.

Welches sind diese Ideen? Wir können sie in zwei Punkten zusammenfassen:

a) kirchliche Einheit ist möglich – und nur möglich – auf der Grundlage gemeinsamer Übereinstimmung in einigen unaufgebbaren und grundlegenden Lehraussagen.

Daraus folgt

b) die kurzgefaßten Glaubensbekenntnisse der Alten Kirche sind vorzuziehen, insbesondere das Apostolische Glaubensbekenntnis; Neuformulierungen umstrittener Aussagen müssen vermieden werden. In allen nicht-wesentlichen Punkten muß völlige Freiheit herrschen; Versuche, ins Einzelne gehende Glaubensbekenntnisse aufzustellen sollten unterbleiben.

Schon im Jahre 1519 schrieb Erasmus an einen böhmischen Edelmann, der durch die Reformation verursachte Bruch könnte wieder geheilt werden, falls man mit der herrschenden Tendenz, alle Glaubensaussagen im einzelnen zu definieren, ein Ende machte und die Kirche eine Übereinstimmung »nur in solchen Punkten fordern würde, die in der Heiligen Schrift ganz klar zum Ausdruck kommen, oder ohne die wir keine Möglichkeit zur Erlangung des Heils sehen«. Er fügt hinzu, in diese Kategorie gehörten nur ganz wenige Dinge.

Dieser Gedanke sollte in den folgenden Jahrhunderten ein mächtiges Echo finden. Cassander benutzt ihn als Grundlage für seine Friedensbemühungen, in der zweiten Hälfte des 16. Jhdts. Franciscus Junius, Professor in Leiden und Verfasser des ersten »Irenicum« mit dem französischen Titel: »Le paisible chrétien«, gebrauchte dann auch zum ersten Male den Begriff der »Fundamentalartikel«. Seiner Ansicht nach müssen alle, die sich an die Heilige Schrift und an die Fundamentalartikel halten, als zur Kirche gehörig betrachtet werden, selbst wenn ihr Glaube in anderen Punkten nicht so fest ist. Der große Hugo Grotius geht noch weiter und behauptet, daß es nach dem Grundprinzip der Reformation zwei Arten von Artikeln gäbe: die wenigen Fundamentalartikel, von denen unser Heil abhängt, und die übrigen Artikel ohne diesen grundlegenden Charakter. In den letzteren müßten die protestantischen Kirchen in Lehre und Leben Toleranz üben ...

In der zweiten Hälfte des 18. und im 19. Jhdts. war der Ausdruck »Fundamentalartikel« zwar weniger beliebt, doch blieb die dahinterstehende Idee lebendig, ja, die Theologie der Aufklärung – und der nachfolgende Modernismus in seinen verschiedenen Formen – hielt sogar an dem Gedanken einer Vereinfachung und Reduzierung der für die Einheit notwendigen Voraussetzungen der Lehre fest. Als Bischof Headlam 1927 auf der Konferenz in Lausanne vorschlug, das Glaubensbekenntnis von Chalcedon und die Bibel zur einzigen und alleinigen Grundlage einer kirchlichen Einheit zu erklären, und dabei hervorhob, daß die Spaltung in eine Vielzahl von Glaubensgemeinschaften in der Zeit der Reformation nur zur Katastrophe geführt habe, so hörte sich dieses Argument wie ein spätes Echo der erasmischen Lehre an. Viel radikaler noch ging Adolf von Harnack in dieser Richtung vor, indem er im Jahre 1900 in seinen Vorlesungen über »Das Wesen des Christentums« die Meinung vertrat, das Evangelium sei viel einfacher als die Kirchen es darstellten, denn der Vater allein, nicht auch der Sohn, gehöre in das Evangelium.

So schien die erasmische Vereinfachung schließlich auf eine Einheit hinauszulaufen, zu der jeder gehörte, der an die Vaterschaft Gottes und an die Bruderschaft aller Menschen glaubte. In dieser letzten Konsequenz trat die innere Schwäche dieser Theorie von den Fundamentalartikeln zutage, und so kommt es, daß die Hauptrichtung der ökumenischen Bewegung wohl einige der erasmischen Lehren für sich verwertete, ihre Theorie von der Einheit aber doch nicht auf diese Tradition stützen wollte und konnte.

Die kirchenbewußte Tradition

Die zweite Richtung innerhalb des ökumenischen Denkens könnte man die kirchenbewußte bezeichnen. Dieser Richtung geht es nicht so sehr um Überlegungen der Lehre oder der individuellen Erfahrung, sondern um Gottes Plan, Sein Volk zu sammeln.

Ihre Charakteristika lassen sich folgendermaßen zusammenfassen:

a) Es ist Gottes Absicht, ein Volk zu sammeln, das Sein eigenes Volk ist und *ad maiorem Dei gloriam* lebt. Dieses Volk, die Kirche Gottes, ist gleichzeitig der Leib Christi und seinem Wesen nach eine einzige, einige Gemeinschaft.

Daraus ergibt sich, daß

b) den Gläubigen die Aufgabe gegeben ist, diese Einheit in der Welt darzustellen, und daß

c) diese Einheit nicht eine Einheit des niedrigsten Generalnenners, sondern vielmehr der Ort ist, an dem die Glaubensinhalte in ihrer Ganzheit und Fülle gelehrt und für wahr gehalten werden.

Für diese Lehre von der Kirche hat es zu allen Zeiten der Kirchengeschichte Anhänger gegeben.

Das eigentlich tragische Moment lag gerade in der Tatsache, daß zur Zeit der Reformation für Männer wie Luther, Calvin und Cranmer, aber auch für ihre katholischen Gegenspieler, an der Einheit und Gegebenheit der Kirche nicht zu rütteln war. Erst im 17. Jahrh. begann man, in Begriffen wie dem einer Pluralität der Kirchen zu denken; und die Theorie Lockes und anderer fand weite Aufnahme, die in der Kirche eine »freiwillige Gesellschaft von Menschen« sah, die sich »aus eigenem Antrieb«, um des »nachhaltigen Heils ihrer Seele« willen zusammenschlossen.

Unter den Verfechtern des Gedankens vom Primat der Kirche vor dem einzelnen Gläubigen finden wir Vertreter vieler verschiedener Glaubensgemeinschaften. Richard Hooker verglich die zahlreichen Kirchen mit den vielen Meeren, die doch zusammen einen großen Ozean bilden. Die

Theologen der Zeit Karls I. und Karls II. von England betonten, daß »allein die Kirche, die in Jerusalem begann, uns auch in das himmlische Jerusalem führen wird; aber nur die Kirche hat dort begonnen, die sich stets und ständig an den seiner Zeit den Heiligen übergebenen Glauben hält«. Im 18. Jahrh. ist dieses starke Kirchenbewußtsein fast überall verschwunden, um im 19. Jahrh. erneut wieder aufzuleben. Dieses fand in England nicht nur in der Oxforder Bewegung seinen Ausdruck, sondern auch in Männern wie F. D. Maurice, der die schwächende Wirkung der vielen, die Kirche unterteilenden »ismen« klar erkannte und erklärte: »Mir scheint, daß diese protestantischen, römischen, englischen Systeme wohl alle das Vorhandensein einer göttlichen Ordnung bezeugen, daß jedes aber nur einen kläglichen, unvollständigen, menschlichen Ersatz darstellt. Ich wünschte daher, daß sich in jedem Land Menschen von ihren selbstverfertigten Ketten freimachten und sich in die Freiheit der Kirche Gottes begeben.« Unter den Lutheranern lehrte Vilmar, die Stunde der Kirche, d. h. jene Epoche in der Geschichte sei gekommen, an dem Wesen und Einheit der Kirche offen bekundet werden müßten. Unter den Reformierten stellte Gunning in Holland die nicht sehr gern gehörte Behauptung auf, die Protestanten seien Rom zu Dank dafür verpflichtet, sie daran erinnert zu haben, daß Einheit zum Wesen der Kirche gehöre, auch wenn die von Rom vertretene Einheit in ihrem Wesen unbiblisch sei. Unter den Kongregationalisten wirkte Forsyth wegbereitend in Richtung eines neuen Verständnisses vom Standort der Kirche innerhalb des christlichen Glaubens. Und als nach dem ersten Weltkrieg die russisch-orthodoxe Emigration im Westen von sich reden machte, da war es ihre Auffassung von der »sobornost«, von der Kirche als einem einheitlichen Ganzen, die bei den westlichen Christen den tiefsten Eindruck hinterließ.

Die entscheidendste Entwicklung aber fand auf dem Gebiete der Bibelwissenschaft statt. Die Gelehrtengeneration, deren Werke nach dem ersten Weltkrieg erschienen, gaben den Standpunkt ihrer Vorgänger auf, nach dem die Kirche als eine von unten her aufgebaute religiöse Vereinigung zu verstehen ist, und entdeckte aufs neue die Auffassung von der Kirche als der Stiftung Gottes, als Seines Volkes. Ein neuer Konsensus schälte sich heraus, an dessen Zustandekommen sich die Gelehrten vieler Glaubensgemeinschaften und Kirchen beteiligten. Dieses neue Kirchenbewußtsein spielte bei der Gründung des Ökumenischen Rates der Kirchen eine beträchtliche Rolle. Nicht von ungefähr wurde der Plan für den Ökumenischen Rat in dem Jahre ausgearbeitet, in dem die Oxforder Konferenz von 1937 ihre Arbeit unter den inoffiziellen Wahlspruch stellte: »Laßt die Kirche wirklich Kirche sein.«

Die pietistische Tradition

Die dritte Richtung innerhalb des ökumenischen Denkens führt uns in eine neue Atmosphäre ein. Während die zentrale Idee der erasmischen Tradition in der Zustimmung zur – wenn auch sehr vereinfachten – Lehre zu finden ist und im Mittelpunkt der zweitgenannten Tradition die Kirche steht, so geht es den Pietisten um das christliche Leben. Wir können ihren ökumenischen Ansatz folgendermaßen umreißen:

a) Christentum ist zuallererst eine persönliche Erfahrung und eine Lebensweise; alle wahrhaft erretteten Christen, zu welcher Kirche sie auch gehören mögen, gehören zusammen.

Daraus ergibt sich, daß

b) Kirche und Lehre nur in so weit Bedeutung haben als sie zur Bekehrung des Einzelnen beitragen, und daß

c) jeder Christ zur Beteiligung an der gemeinsamen Aufgabe der Evangelisation und Mission aufgerufen ist.

Obgleich die Bezeichnung »Pietismus« zur Zeit Speners in Deutschland aufkam, hat die pietistische Bewegung ihre eigentlichen Wurzeln in England und Holland. Männer wie William Perkins, Joseph Hall und Lewis Bailey legten nicht nur den Grund für den Puritanismus in England, sondern übten auch auf dem Kontinent einen starken Einfluß aus.

Der Holländer Jeremias de Decker, ein Freund Rembrandts und Bewunderer von Joseph Hall's praktischem Christentum schreibt:

»Glaubst Du, das Heil gibt nur *Deine* Gemeinde,
Hältst meine für irrend und sektengleich?
In jeder Kirche hat Gott seine Freunde,
Wählt Christus die Seinen aus für Sein Reich.«

Der Vater des deutschen Pietismus, Philipp Jakob Spener, der mit der Forderung hervortrat, der Reformation der Lehre im 16. Jahrh. solle nun eine Reformation der Frömmigkeit folgen, erklärte in ähnlicher Weise: »Der Herr Jesus wäre wirklich ein ärmlicher König, hätte er keine anderen Gefährten für Sein Gnadenreich als die, so innerhalb der engen Grenzen der sogenannten lutherischen Kirche leben.« Nicht viel später wurde die Mährische Brüdergemeine durch Zinzendorf ins Leben gerufen. Ihr Ideal war von Anfang an, durch ihre lebenskräftige Frömmigkeit in allen Kirchen wie ein Sauerteig zu wirken und diese von unten, von der Einzelgemeinde aus zu einigen. Dem koptischen Patriarchen schrieb Zinzendorf: »Wir wollen uns in keiner Sekte einfangen lassen. Wir haben es nur mit den Herzen der Menschen zu tun ... und unser Grundbestreben ist die Verwirklichung des hohenpriesterlichen Gebets: daß sie alle eins seien.« Die Mährischen Brüder wirkten auch für die missionarische Bewegung wegbereitend, der es vor allem um die Rettung der Seelen ging. Ihr Einfluß läßt sich deutlich in den Anfängen der evangelischen Erweckungsbewegung um das Jahr 1800 nachweisen, die einen bemerkenswerten

Aufschwung in der missionarischen und caritativen Betätigung nach sich zog. Viele dieser neuen Wagnisse zogen also Vertreter aller Glaubensgemeinschaften an. Im Verlauf des 19. Jahrh. machte sich dann die Evangelische Weltallianz diese Auffassung von der Einheit zu eigen. Sie betrachtete sich selbst als eine »freiwillige Vereinigung von Christen aus verschiedenen Kirchen« und hielt kirchliche Einigungsgespräche für nicht ihren Zielsetzungen entsprechend. Trotz der kirchlichen Spaltungen stand also auch sie gewissermaßen zur Einheit der Kirche. Aus der gleichen geistigen Atmosphäre erwuchs der C.V.J.M.; in ähnlicher Weise entstanden zur Zeit der Erweckungsbewegung in der zweiten Hälfte des Jahrhunderts die christlichen Studentenbewegungen. Ein typischer und einflußreicher Repräsentant dieser Richtung ökumenischen Denkens und Lebens war zu dieser Zeit John R. Mott. Diese Beispiele müssen hier genügen, um zu beweisen, daß die pietistische Bewegung einen lebenswichtigen und nicht wegzudenkenden Beitrag zur Sache der christlichen Einheit geleistet hat.

Unsere ökumenische Aufgabe heute

Nun erhebt sich die Frage nach der Bedeutung dieser drei Richtungen zum Problem der christlichen Einheit für uns Heutige. Ist es unsere Aufgabe, sie alle drei auszuwerten oder müssen wir uns für eine Richtung entscheiden? Meine Antwort zu dieser Frage ist, daß sich die erste – die erasmische – Tradition überlebt hat, die beiden anderen uns jedoch noch immer viel zu sagen vermögen.

Eine »idée-force«, ein dynamischer Gedanke, büßt in dem Augenblick seine Stoßkraft ein, wo er ins tägliche Leben übernommen wird oder sich als nicht durchführbar erweist. Die erasmische Konzeption fordert uns nicht länger zur Auseinandersetzung mit ihr heraus, da sie zum Teil weithin anerkannt, zum Teil als unannehmbar und unrealistisch abgelehnt wurde. Die Kirchen innerhalb und auch manche Kirchen außerhalb der ökumenischen Bewegung akzeptieren die Grunderkenntnis, daß die christlichen Kirchen sehr viel Gemeinsames haben, daß dieses Gemeinsame von ausschlaggebender Bedeutung ist und daß sie auf dem Grund ihres gemeinsamen Glaubensgutes ein brüderliches Verhältnis der Zusammenarbeit eingehen können und müssen. Gerade die Tatsache, daß sich im Ökumenischen Rat eine so große Anzahl Kirchen in gemeinsamer Anerkennung der »Basis«, nämlich der Anerkennung Christi als Gott und Heiland sammeln konnten, bestätigt die Wahrheit der erasmischen Tradition von der Einigungskraft der Fundamentalartikel. Und der Bericht der Sektion für Glaube und Kirchenverfassung in Evanston bringt ganz klar zum Ausdruck, daß der Bereich gemeinsamen Handelns und Wollens, der uns verbindet, »unendlich groß« ist. In dieser Hinsicht haben die Anhänger der erasmischen Tradition gesiegt.

In anderem Sinne haben sie jedoch verloren, nämlich soweit sie glaubten, daß durch die gemeinsame Anerkennung der wenigen Fundamentalartikel schon die volle Einheit verwirklicht werden könne. Dies erwies sich als Irrtum. Wohl bieten die Fundamentalartikel die Grundlage zu Zusammenarbeit und Diskussion, selbst zu gemeinsamem Zeugnis, doch reichen sie allein nicht zur festen Untermauerung der vollen Einheit in Glaube und Kirchenverfassung aus, wie sie die Kirche Christi kennzeichnen müßte.

Die ganze Geschichte der ökumenischen Bewegung beweist, daß eine echte Einheit zwischen den Kirchen sich nicht durch einen Reduzierungsprozeß oder ein Zurückstellen des Uhrzeigers bewerkstelligen läßt. In der erasmischen Theorie besteht zu sehr der Hang zur Repristination und zu wenig Respekt vor den großen Entscheidungen, die die Kirchen im Verlauf ihrer Geschichte getroffen haben. Auch übersehen die Theoretiker der Fundamentalartikel den wichtigen ökumenischen Tatbestand, daß sich die Lehren der Kirchen ja nicht nur in einigen wenigen Punkten unterscheiden, sondern daß wir – wie die erste Sektion der Amsterdamer Vollversammlung hervorhob – »hüben und drüben einer ganzen umfassenden Tradition des christlichen Glaubens und Lebens gegenüberstehen«, so daß »die Teile sogar da, wo sie einander ähnlich zu sein scheinen, sich doch in einem Zusammenhang befinden, mit dem der Zusammenhang, in dem sie anderwärts stehen, nicht vereinbar scheint«. Wenn auch der Amsterdamer Bericht diese Aussage nur im Blick auf die »protestantischen« und »katholischen« Traditionen macht, sie gilt mit Einschränkung auch für andere konfessionelle Unterschiede.

So scheint denn, daß die erasmische Tradition ihre Aufgabe erfüllt hat. Es ist daher auch nicht verwunderlich, daß sie viel an Kraft verloren hat und im ökumenischen Gespräch unserer Zeit nur wenig hervortritt.

Das trifft auf die beiden anderen Traditionen jedoch nicht zu. Sie sind beide sehr lebenskräftig und haben noch eine Mission zu erfüllen. Daß eine Tradition, die die Kirche in den Mittelpunkt stellt, für unsere gegenwärtige Situation entscheidende Bedeutung gewinnt, ist klar. Die sogenannte »Wiederentdeckung der Kirche« ist in das Leben unserer Kirchen noch nicht tief genug eingedrungen. Immer noch ist das Denken über die Kirche weitgehend säkular bestimmt. Das Leben unserer Gemeinden wird noch nicht von der Einsicht geprägt, daß die Kirche ihrer eigentlichen Natur nach Kirche Gottes ist und in Botschaft und Methode nicht den Wegen der Welt folgen darf, sondern immerwährend danach trachten muß, Seine Absicht und Seinen Willen zu erforschen. Wenn dem schon so wäre, wären unsere kirchlichen Zusammenkünfte den Versammlungen weltlicher Körperschaften nicht so schmerzlich ähnlich. Auch ist es für uns alle noch nicht zur allesbestimmenden existentiellen Realität geworden, daß – wie Evanston es ausdrückt – »von Anfang an der Kirche eine unauflösliche Einheit in Christus geschenkt worden ist, weil Er sich mit Seinem Volke identifiziert«. Immer noch wird über die Einheit gesprochen, als handele es sich um etwas, das wir aus eigener Kraft erfinden oder organisieren könnten. Immer wieder müssen wir uns daher die große feststehende Tatsache ins Gedächtnis rufen lassen, daß die Kirche Christi *besteht* und es an uns ist, an der Darstellung ihrer Heiligkeit und Einheit teilzunehmen. Die pietistische Tradition, wie wir sie nannten, hat ebenfalls noch eine bedeutsame Botschaft an uns . . .

Nun ist es so, daß diese beiden Strömungen ökumenischen Denkens und Handelns einander bedürfen. Aufgabe unserer Generation ist daher ihre Integrierung, so daß sie sich gegenseitig berichtigen und kräftigen.

Die kirchen-bewußte Tradition allein kann nämlich leicht auf einen unfruchtbaren Klerikalismus hinauslaufen, in dem die Wahrheit von der gottgegebenen Una Sancta zum Vorwand für institutionelle Engherzigkeit und Selbst-Beweihräucherung wird. Die Kirche muß sich immer wieder sagen lassen, daß sie lebt um zu dienen, daß ihr Weg der Weg des Kreuzes ist, der Weg der Selbsthingabe, nicht der Selbstbestätigung. Sie muß auf die Kritik derer hören, denen es darum geht, die Welt außerhalb der Kirchen zu erreichen und die gern die Isolierungsschicht gegenüber der Welt durchbrechen möchten, die die Kirche so gleichmütig hingenommen oder sogar selbst geschaffen hat. Ein Ökumenischer Rat der Kirchen, in dem die Kirchen als institutionelle Gebilde von Natur aus eine beträchtliche Rolle spielen, muß auch auf die Stimme des Pioniers an der Grenze hören, dem es nicht vorwiegend um die Kirchen als Institutionen, sondern darum geht, daß den Massen ohne Hirten das Evangelium gebracht werde.

Gleicherweise bedarf auch die pietistische Einstellung der Korrektur durch die kirchenbewußte Tradition, da sie für sich allein leicht in die Gefahr des Individualismus geraten kann. Indem sie den unzweifelhaft biblischen Ruf zur Evangelisierung in den Mittelpunkt rückt, vergißt sie leicht den anderen biblischen Zentralgedanken von der Kirche als dem sichtbaren Zeichen von Gottes Wirken in der Geschichte. Sich selbst überlassen geht die pietistische Tradition zu gern den Weg des geringsten Widerstandes, indem sie erklärt, die Einheit der Kirche sei eine rein unsichtbare Einheit. Sie muß dessen eingedenk bleiben, daß nach dem hohepriesterlichen Gebet diese Einheit ganz klar und offenkundig sein soll, daß sie zu einem eindrucksvollen und überzeugenden Faktor in der Bekehrung der Welt werden kann. Die Probleme der kirchlichen Einheit sind für die evangelistischen und missionarischen Aufgaben in der Welt von größter Bedeutung. Gleichgültigkeit gegenüber der kirchlichen Einheit in Glauben und Kirchenverfassung hieße den Heilsplan Gottes bei der Sammlung Seines Volkes vergessen.

Wir können sagen, – und wir tun es mit Dankbarkeit – daß in der großen Aufgabe der Integrierung dieser beiden Traditionen der Anfang gemacht ist. Die missionierenden und evangelisierenden Bewegungen werden sich der fortdauernden Bedeutung der Kirche mehr und mehr bewußt. Die missionarischen Bemühungen gehen besonders seit der Konferenz in Madras-Tambaram 1938 auf die Gründung von Kirchen aus. Die jungen Kirchen haben in vielen Fällen ihr tiefes Verständnis für die Wahrheit dessen bewiesen, daß die kirchliche Einheit als unerläßlicher Bestandteil zur Botschaft und Sendung der Kirche gehört. Viele Kirchen, die die Mission und Evangelisation solchen Gesellschaften und Gruppen überlassen haben, die ihre spezielle Aufgabe in der nicht-christlichen oder säkularisierten Welt sehen, haben unterdessen erkannt, daß Mission und Evangelisation zu den wesentlichsten Aufgaben der Kirche selbst gehören. Ferner sind die Annäherung zwischen dem Ökumenischen Rat der Kirchen und dem Internationalen Missionsrat und die Gespräche der letzten Jahre über »Mission und Einheit« als weitere Anzeichen für die um sich greifende Erkenntnis zu werten, daß die Zeit gekommen ist, die beiden Traditionen so eng miteinander zu verbinden, daß sie wie zwei Seiten ein und desselben gottgegebenen Auftrages erscheinen.

Wir müssen uns jedoch darüber klar sein, daß dies alles nur ein Anfang ist. Mit der Bildung missionarischer Gesellschaften und evangelistischer Gemeinschaften ist es nicht getan. Über das Geheimnis der Ausbreitung der frühen Kirche sagt Adolf von Harnack, daß die nachhaltigste missionarische Arbeit von der Kirche selbst und nicht etwa von diesem oder jenem Evangelisten geleistet wurde. Und weiter, daß die frühe Kirche schon durch ihr bloßes Dasein als missionarische Kraft gewirkt habe. Noch sind wir von diesem Ziel weit entfernt. Unsere Kirchen werden sich in Denkweise und Aufbau radikal ändern müssen, ehe sie wieder eine echte Antwort auf den Ruf Gottes zu geben vermögen.

Ebenso wenig sind wir mit der Ausrichtung unserer missionarischen und evangelistischen Bestrebungen auf das Ziel, die Una Sancta Ecclesia zu bauen, sehr weit gekommen. Dieses wird besonders deutlich, wenn wir uns überlegen, wie unzureichend unser gemeinsames Vorgehen, unser gemeinsames Denken und Planen heute angesichts der überwältigenden Aufgaben sind, denen die christliche Kirche in so vielen Teilen der Welt gegenübersteht. Wir müssen mit unseren schlechten Gewohnheiten des Individualismus und Isolationismus weit entschiedener aufräumen, ehe wir behaupten dürfen, den Zusammenhang zwischen Mission und Einheit begriffen zu haben.

Zusätzliche Literatur

Althaus, Hans-Ludwig, Ökumenische Dokumente. Quellenstücke über die Einheit der Kirche, Göttingen 1962.

Fey, H. E., The Ecumenical Advance. A History of the Ecumenical Movement 1948–1968, London 1970.

Gloede, Günter (Hrsg.), Ökumenische Profile. Brückenbauer der einen Kirche, 2 Bde., Stuttgart 1961 und 1963.

Internationale Ökumenische Bibliographie, hrsg. von Stephanus *Pfürtner;* Albert *Brandenburg;* Harry J. P. *Brink;* Vincent *Duclos;* Heinrich *Fries;* Jérôme *Hamer;* Hanfried *Krüger;* Ulrich *Kühn;* Peter *Meinhold;* Nikos *Nissiotis;* Demosthenes *Savramis;* Lukas *Vischer* und Hans *Weißgerber,* Mainz/München 1967 et pass.

Littell, Franklin H., und *Walz,* Hans Hermann (Hrsg.), Weltkirchen Lexikon, Stuttgart 1960.

Meinhold, Peter, Ökumenische Kirchenkunde. Lebensformen der Christenheit heute, Stuttgart 1962.

Rouse, Ruth, und *Neill,* Stephan Charles (Hrsg.), A History of the Ecumenical Movement (1517–1948), London 1954.

Senaud, Auguste, Christian Unity. A Bibliography, Genf 1937.

Helmut Gollwitzer

Die Judenfrage – eine Christenfrage *

Die »Judenfrage« ist in Wirklichkeit eine Christenfrage. Da heute viel Nützliches über Wesen und Ursachen des Antisemitismus vom politischen, soziologischen, psychologischen, humanitären Aspekt her gehandelt wird, um unser Volk auf diese Weise aus ihm zu befreien, möchte ich mich hier nur, das historische Material noch einmal zusammenfassend, auf das beschränken, was die christliche Kirche mit »Judenfrage« und Antisemitismus zu tun hat, und es in drei Richtungen darlegen: Die christliche Kirche hat damit zu tun, 1. weil Juden und Christen mitmenschliche Geschöpfe Gottes sind, 2. weil die Kirche am Judenhaß mitschuldig ist, und 3. weil die christliche Kirche in ihrem Wesen mit dem Volke Israel unzertrennlich verbunden ist.

1. Mitgeschöpflichkeit

Mit Recht schrieb Nikolai Berdjajew einmal: »Die Revolutionen unserer Zeit stehen im Zeichen entweder der auserwählten Rasse oder der auserwählten Klasse. In beiden Fällen entwickelt sich eine akute Besessenheit, und in beiden Fällen wird der Mensch von einem tiefgreifenden Prozeß der Entmenschlichung erfaßt, weil ihm seine Würde nicht durch den religiösen Wert der Persönlichkeit, sondern durch den natürlichen Wert der Rasse oder durch den sozialen Wert der Klasse verliehen wird. Die Entmenschlichung des Menschen durch die Rassentheorie greift tiefer in das Gewebe des persönlichen Daseins als die Dehumanisierung durch die Lehre vom Klassenkampf«; denn die Klassentheorie betreffe nur eine relative, begrenzte Schicksalsbestimmtheit; durch innere Wandlung könne sich ihr auch ein Bürgerlicher entziehen, wie es Marx, Engels und Lenin selbst getan haben; dagegen sei die Schicksalsbestimmtheit durch die Rasse absolut determinierend und unentrinnbar, man könnte sagen: eine pervertierte Prädestinationslehre. »Ist einer Jude oder Neger, so wird er durch keinen Übertritt zum Christentum erlöst. Christentum, Taufe, Glaube, Gnade, alles ist für die verschmähten Rassen umsonst und wirkungslos.« So Berdjajew. Dementsprechend rechnete der Nationalsozialismus die Juden zu den von Gott Verworfenen. Ein Jude kann nichts anderes sein als ein für seine Umwelt schädliches, daher auszumerzendes Ungeziefer: »Der Jude ist kein Mensch, sondern ein schädlicher Bazillus, von dem die Menschheit befreit werden muß«, so schrieb,

* Aus: Wolf-Dieter *Marsch* und Karl *Thieme* (Hrsg.), Christen und Juden, S. 284 bis 292, Matthias-Grünewald Verlag, Mainz, und Vandenhoeck und Ruprecht Verlag, Göttingen 1961. Abdruck mit freundlicher Genehmigung der Verlage.

wenn ich mich recht erinnere, der oberste Parteirichter der NSDAP, Reichsleiter Buch, einmal in einer nationalsozialistischen Juristenzeitschrift. Ein Ungeziefer kann kein Mensch sein, auch wenn es sich einen menschlichen Anschein gibt. »Der sogenannte anständige Jude ist unser gefährlichster Feind, weil er unser Mitleid heraufbeschwört und uns hemmt in unserem Kampf«, hieß es in einem NS-Schulungsbrief. Oder – mit biblischem Sprachton! – Joseph Goebbels auf dem Parteitag von 1937: »Sehet, das ist der Feind der Welt, der Vernichter der Kultur, der Parasit unter den Völkern, der Sohn des Chaos, die Inkarnation des Bösen, das Ferment der Dekomposition, der plastische Dämon des Verfalls der Menschheit.«

Das fromme Lichtgewand und der biblische Ton, in dem sich hier der verbrecherische Wahnsinn als Kampf für das Gute und Lichte tarnte, durfte nicht darüber wegtäuschen, daß diese Beurteilung *»des«* Juden unverträglich war mit dem christlichen Glauben. Nicht nur mit der christlichen Liebe, sondern mit dem christlichen Glauben! Es hätte die ganze Christenheit wie ein Mann aufstehen müssen in der Erkenntnis, daß jeder Satz des christlichen Glaubens ein gerades Bekenntnis gegen diese Ausrottungslehre war, und zwar schon der erste Glaubensartikel: »Ich glaube an Gott, den Vater, den allmächtigen Schöpfer Himmels und der Erden.«

Was heißt dies? 1. Kein Geschöpf neben uns kann es geben, das nicht von Gott geschaffen und gewollt und bejaht wäre. – Daraus folgt: 2. Jedes Geschöpf ist gut; es kann im Zusammenhang der Dinge geschehen, daß ein Wesen krank und verkrüppelt von Geburt an ist, aber keines ist böse in seinem Sein. – 3. Wer von Gott als Mensch geschaffen ist, ist Mensch, ist teilhaftig der hohen Bestimmung und Verheißung des ganzen Menschengeschlechtes, der Ebenbildlichkeit, die in der Erscheinung Jesu Christi als des Ebenbildes des Vaters sichtbar wird; keiner darf ausgeklammert werden. Wer hier ausklammert, der bestreitet Gott einen Teil seiner Schöpfung. – 4. Nur Gott ist schöpferisch, nicht der Teufel. Darum kann auch nur Gott Mensch werden. Der Teufel als die Macht des Bösen kann von einem Menschen Besitz ergreifen, wenn der Mensch sich ihm öffnet und nicht in den Schutz Gottes flieht, aber der Teufel kann nicht Mensch werden; das kann nur der Schöpfer des Menschen. Darum gibt es keine »Inkarnation des Bösen«, wie man oft leichthin sagt, sondern nur eine Inkarnation Gottes. Darum ist auch Hitler oder Stalin, auch der größte Verbrecher, nie eine Inkarnation des Bösen, sondern immer noch ein armes Geschöpf Gottes. Darum ist der Teufel nicht lokalisiert irgendwo, sondern er geht überall umher. Darum haben wir es erlebt, daß gerade diejenigen teuflischem Denken und Handeln verfielen, die meinten, dank ihrer rassischen Abstammung von vornherein nichts mit teuflischem Wesen zu tun zu haben. – 5. Die Menschen alle miteinander haben in der Kreuzigung Jesu Christi ihre Gottlosigkeit enthüllt und ausgesprochen. Nicht die Juden allein haben ihren Messias gekreuzigt, sondern Juden und Heiden miteinander, in gleicher Beteiligung, haben die ihnen erschienene Liebe ihres Schöpfers getötet, wie es die Selbstanklage aller unserer Passionslieder im Gesangbuch ausspricht. – 6. Jesus Christus ist für alle Menschen gekommen, gestorben und auferstanden, und er hat seine Jünger zu allen Völkern gesandt. Das bedeutet: Seine Gnade kann über alle Gewalt siegen, aus allen Fesseln lösen, alle Schuld tilgen, jeden Menschen sich zuwenden und jeden in ein neues Leben führen. Wer die Juden hiervon ausklammert, setzt der Gewalt der Gnade Grenzen, läßt Christus umsonst gestorben sein, führt seinen Befehl nicht aus, schließt die Brüder Christi aus der Bruderschaft aus. Es ist also deutlich: Mit dem Satz »Sie sind doch auch Menschen« ist nicht nur ein humanitäres Postulat ausgesprochen. Diesen Satz mußten die Christen als einen grundlegenden und unentbehrlichen Satz ihres eigenen Glaubens erkennen. Sie mußten darum zu jedem humanistischen, liberalen und sozialistischen Nichtchristen, der ihn vertrat, sich stellen, sich mit ihm einig erklären: Jawohl, das ist so, dafür treten wir zusammen ein, aber noch in viel größerem Maße gilt dies, als es von einem allgemeinen Humanismus aus sichtbar ist; denn dieser Satz spricht aus, daß der lebendige Gott ebenso des Juden Schöpfer, Erlöser, Heiland, Freund und Vater ist wie des Nichtjuden, daß es ihm um beide gleichmäßig geht.

Wollte Gott, die Christen hätten – innerhalb Deutschlands wie außerhalb Deutschlands – in den Jahren des Dritten Reiches dies sofort und selbstverständlich erkannt und bekannt, wie es sich doch vom christlichen Glauben her von selbst versteht! Daß wir es nicht so offen, selbstverständlich, kühn, hilfsbereit getan haben, wie es vom Evangelium her zu erwarten gewesen wäre, das ist unsere Mitschuld. Wenn wir es getan hätten, wenn durch alle die Millionen in Deutschland, die sich zur christlichen Kirche noch zählen, eine sichtbare offene Welle der Entrüstung gegangen wäre, dann wäre sicher wohl vieles verhindert worden, dann hätten die nationalsozialistischen Machthaber darauf Rücksicht nehmen müssen, und jedenfalls hätten dann in Deutschland ebenso viele Juden durch Untertauchen gerettet werden können wie in Holland, wo zu unserer Beschämung die Zahl proportional ungleich größer gewesen ist.

2. Schuld

Wir müssen sofort hinzufügen: Wollte Gott, die christliche Kirche hätte das nicht erst jetzt, sondern von jeher getan! Die Mitschuld reicht weiter zurück. Der moderne rassische Antisemitismus ist sicher sehr viel absoluter, bösartiger, hemmungsloser, unbegrenzter gewesen als der frühere, aber er war vorbereitet und ermöglicht durch jenen schon vor 1933 überall in der Christenheit verbreiteten Antijudaismus . . .

Die Leidensgeschichte des jüdischen Volkes begann nicht erst 1933; sie ist viel, viel älter. Es ist in Europa eine vielhundertjährige Geschichte und nicht zufällig gerade in Europa. Nach der Vertreibung des jüdischen Volkes aus Palästina wurden die Juden in viele Länder zerstreut, außer in die europäischen auch zu den arabischen Völkern, ja bis nach Indien und China. Sie waren auch in den nichtchristlichen Ländern in bedrückter Lage und teilten das Schicksal der übrigen andersvölkischen und andersgläubigen Minderheiten. Aber eigentlichen Antijudaismus mit seinen Auswüchsen hat es nur in den christlichen Ländern gegeben. Alle christlichen Konfessionen und alle europäischen Völker haben sich auf verschiedene Weise in der Mißhandlung der Juden ein Denkmal der Schande gesetzt. Gott sei Dank gab es auch das andere, gab es auch Schutz von christlichen Fürsten und Bischöfen, der ihnen zuteil wurde, gab es auch Gestalten christlicher Liebe, die sich ihnen zuwendeten. Aber sie können das Dunkle, das geschah, nicht überstrahlen.

Im Blick auf den mittelalterlichen Antijudaismus fällt zweierlei besonders auf:

1. Bei den Chronisten, die über die Pogrome berichten, ist kaum ein Zeichen des Mitleids oder ein Wort des Unwillens über diese Greuel zu lesen, dagegen öfters ein Ausdruck des Wohlgefallens, wie ihn etwa der englische Mönch Waverley seiner Schilderung eines Blutbades, das bei der Krönung Richard I. ohne jede Veranlassung unter den Juden stattfand, anfügt: »Gelobt sei der Herr, der die Gottlosen preisgegeben hat!« Das gilt auch für die Schriften des alten Luther, in denen die Worte des Mitgefühls für die Juden, die sich in seinen früheren Schriften finden, völlig verstummt sind.

2. Außer den erdichteten Vorwürfen gegen die Juden – Ritualmord, Hostienverletzung, Vergiftung von Brunnen, Übertragung von Pest usw. – ist kein ernsthafter Vorwurf zu finden, der solche Ausschreitungen wenigstens entschuldbar machen könnte. Oft wird ihre Ehrlichkeit, ihre strenge Familiensitte und geringe Kriminalität ausdrücklich anerkannt. Der immer wieder erhobene Hauptvorwurf ist: Sie haben Christus getötet. Man wird dem heutigen kirchlichen Unterricht nicht allgemein vorwerfen können, daß er mit seiner Darstellung der Passion Jesu den Antijudaismus nähre; im Mittelalter dagegen scheint das in hohem Maße der Fall gewesen zu sein.

3. Verbundenheit

Wie in einem Zerrspiegel zeigt sich in diesem Verhalten von Christen gegen Juden die enge Zusammengehörigkeit beider. Eben deshalb ist dieses Verhalten zugleich erklärbar und unentschuldbar. Von dieser Zusammengehörigkeit sei jetzt noch einiges gesagt:

1. Christen und Juden sind eins im Bekenntnis der Besonderheit Israels. Daß Israel »auserwählt« ist, das ist nicht eine anmaßende, vielleicht gar nationalistische Behauptung der Juden, sondern ebenso ein Satz des christlichen Bekenntnisses, des Neuen Testamentes, ohne den man nicht Christ sein kann. »Auserwählung« – dieses Wort besagt nicht Privilegien zu bevorzugtem Besitz von Glück, Macht, Seligkeit gegenüber

anderen Völkern und Menschengruppen, die von den Auserwählten beherrscht und ausgebeutet werden dürfen. So ist das Wort von Juden wie Christen, die sich mit ihrem Glauben als etwas Besseres dünkten, immer wieder mißverstanden und mißbraucht worden. Er besagt vielmehr in seinem genuinen Sinne sowohl für Israel als auch für die Kirche als auch für den einzelnen Gläubigen (denn in diesen drei Beziehungen hat es seinen Ort) eine Bevorzugung zum Dienst, die Auferlegung einer ebenso seligen wie strengen Bestimmung. Allerdings kann man hier von einer Bevorzugung sprechen, die zum Ansatzpunkt für einen falschen Stolz werden kann: Erwählung bedeutet hören dürfen, daß Gott als ein persönlicher, lebendiger, anredender Gott spricht, und zu ihm sprechen zu dürfen bedeutet also Versetzung in einen lebendigen Umgang mit Gott und damit in eine besondere Freiheit, insofern der, der in diesem Umgang steht, nicht mehr den Göttern und Mächten unterworfen ist, vor denen sonst die Menschen in Angst und Hoffnung auf den Knien liegen müssen. Das ist der Sinn des Ersten Gebotes: »Ich bin der Herr, dein Gott, du sollst (und brauchst) keine anderen Götter neben mir haben!« Die Möglichkeit, daraus einen Thron für das eigene Selbstbewußtsein, die eigene Selbstüberhebung zu machen, geht in dem Augenblick verloren und wird illegitim, in dem man dies nicht isoliert, sondern danach fragt, wozu denn diese Erwählung einer einzelnen Menschengruppe unter anderen geschehen ist. Altes und Neues Testament sind einig in der Anrede an die Erwählten: Was euch geschehen ist, ist nicht für euch allein geschehen, sondern für alle. Eure Erwählung ist nicht Selbstzweck, sondern Einbeziehung in Gottes Bemühung um alle, in den Dienst der göttlichen Liebe zu allen, ist also nicht Zuteilung von Rechten, sondern von Pflichten! Es ist das Besondere an Israel, daß es als *Volk* in diesen Dienst gestellt ist, daß also jeder Jude – er mag wollen oder nicht, er mag religiös sein oder Atheist – durch seine Abstammungszugehörigkeit unter dieser Bestimmung steht und sie nicht loswerden kann. Diese auferlegte Bestimmung ist das Schicksal und das Geheimnis des Judentums.

2. Nach christlichem Glauben hat seit dem Kommen Jesu Christi diese Bestimmung über die Grenzen des Volkes Israel hinausgegriffen und holt durch diese Botschaft von Christus immer neue Menschen aus dem nichtjüdischen, also dem heidnischen Bereich herein und in ihren Dienst. Die Kirche versteht sich falsch, wenn sie sich als Kirche aus den Heiden versteht an Stelle der Juden, als Ersatz für die Juden und als Gegensatz zu den Juden. Das Neue Testament und die Geschichte der ältesten Christenheit zeigen vielmehr, daß und wie die aus den Heiden kommenden Christusgläubigen zusammengeschlossen werden *mit* den Juden zu *einem* Gottesvolk: unter der einen Bestimmung, den Menschen mit der Botschaft von Gottes Wirklichkeit und Liebe zu dienen unter dem einen Gott, dessen besondere Offenbarung an seine Welt mit seiner Anrede an Israel begonnen hat, und unter dem einen Herrn Jesus von Nazareth, den die Kirche als den Messias Israels und den Heiland der Welt erkennt und bekennt.

3. Daß der größere Teil Israels zur Zeit Jesu und dann bis zum heutigen Tage Jesus nicht als seinen Messias, nicht als die Erfüllung der ihm gewordenen Verheißungen erkennt und anerkennt, das ist nicht ein über Israel hängender Fluch. Die Legende von Ahasver, dem ewigen Juden, ist nicht neutestamentlich, sondern im 16. Jahrhundert entstanden als Ausdruck eines falschen christlichen Selbstbewußtseins und eines falschen, bösen Urteils über die Juden. Wahr ist an ihr nur, daß Israel nicht sterben kann und nicht sterben wird – aber nicht deswegen, weil es verflucht ist, sondern weil die Verheißung über ihm bleibt: »Gottes Gaben und Berufung können ihn nicht gereuen« (Röm. 11, 29). Allerdings: daß die Juden Jesus verkennen, das bringt sie in der Sicht des Neuen Testaments in Konflikt mit ihrer eigenen Bestimmung. Das läßt sie auch das Gotteswort, unter dem sie stehen, verkennen, macht sie unfähig, für die Welt das zu sein, was sie als Juden für sie sein sollten. Das ist für das Neue Testament das eigentliche Elend, die wirkliche Not Israels, die nur durch ein neues besseres Erkennen der Anrede Gottes behoben werden kann. Davon kann aber ein nichtjüdischer Christ nur im rechten Sinne sprechen, wenn er nicht vom hohen Roß herunter urteilt, sondern sofort daneben vom Elend der Kirche spricht: daß nämlich von ihr Israel nicht das zu hören und zu spüren bekommen hat, was nötig gewesen wäre, damit die Juden in dem, was sie von den Christen gehört haben, den Ruf ihres eigenen Gottes, ihrer eigenen Erwählung und Bestimmung hätten vernehmen können. Durch die ganze Weise ihrer Existenz hätten doch die Christen den Juden diesen von ihnen zunächst abgelehnten Jesus von Nazareth lieb, begehrenswert und einleuchtend machen und sie dadurch einladen sollen, sich mit ihnen als sein Volk zu vereinigen. Die Christen hätten doch wissen müssen: Solange die Juden nicht dabei sind, sind sie nur halb, fehlt ihrem Herrn ein unentbehrlicher Teil seines Volkes. Ihr Leben als christliche Kirche in der Ganzheit von Verkündigung und Leben hätte eine große Einladung an Israel als an die älteren, aber noch abseitsstehenden Brüder sein müssen. Paulus sagt den nichtjüdischen Christen, durch sie sollten die Juden »eifersüchtig werden« und auch dabei sein wollen (Röm. 11, 14). Es ist am Tage: Genau diese Einladung konnten die Juden aus der Wirklichkeit der christlichen Kirche wie im besonderen aus dem Verhalten der Christen gegen die Juden nicht entnehmen[1].

Wir können nicht behaupten, daß das heute wenigstens schon in das Bewußtsein der christlichen Gemeinden eingedrungen wäre; noch nicht einmal die Theologen haben es genügend erfaßt. Diejenigen, die sich nicht Christen nennen, mögen nicht meinen, daß sie diese Frage nichts angehe oder daß sie sich hier nur schadenfroh in ihrer Kritik an der Kirche bestätigt sehen könnten. Wer weiß, daß Menschlichkeit unteilbar ist und daß, wo man dem Antisemitismus Platz läßt, damit auch potentiell alle anderen Unmenschlichkeiten ihren Raum gewonnen haben, der muß, wie er auch persönlich in seiner religiösen Überzeugung stehen mag, es als eine entscheidende Frage erkennen, ob die Christen die

Judenfrage als Titel für die Fraglichkeit der Juden oder als Titel für ihre eigene Fragwürdigkeit erkennen.

Zusätzliche Literatur

Adler, H. G., Die Juden in Deutschland. Von der Aufklärung bis zum Nationalsozialismus, München 1960.

Browe, P., Die Judenmission im Mittelalter und die Päpste. Miscellanea Historiae Pontificiae edita a Facultate Historiae Ecclesiasticae in Pontificia Universitate Gregoriana, vol. 6, Rom 1942.

Goppelt, L., Christentum und Judentum im ersten und zweiten Jahrhundert. Ein Aufriß der Urgeschichte der Kirche, Gütersloh 1954.

Isaac, J., Genèse de l'Antisémitisme, Paris 1956.

Israel und die Kirche. Eine Studie, im Auftrag der Generalsynode der Niederländisch Reformierten Kirche, zusammengestellt von dem Rat für das Verhältnis zwischen Kirche und Israel, Zollikon 1961.

Lohse, E., Israel und die Christenheit, Göttingen 1960.

Maurer, W., Kirche und Synagoge. Motive und Formen der Auseinandersetzung der Kirche mit dem Judentum im Laufe der Geschichte, Stuttgart 1953.

Thieme, K., Das Mysterium der Kirche in der christlichen Sicht des Alten Bundesvolkes, in: Das Mysterium der Kirche, hrsg. von F. *Holböck* und Th. *Sartory,* Salzburg 1961.

Fußnoten

1 Vgl. K. *Barth,* Kirchliche Dogmatik IV/3, 2. Hälfte, Zollikon 1960, S. 1007: »Die Kirche als Ganzes hat den Juden im ganzen keinen in diesem Sinne überzeugenden Eindruck gemacht. Sie hat mit ihnen diskutiert. Sie hat sie bald geduldet, bald selber verfolgt, bald, ohne zu protestieren, ihren Verfolgern überlassen. Sie hat ihnen, was das Schlimmste war, Taufscheine als Eintrittskarte in die gute abendländische Gesellschaft ausgestellt. Sie hat dann wohl auch einzelne von ihnen ernstlich zu ›bekehren‹ versucht. Das einzig Reale, was sie für sie tun konnte – das überzeugende Zeugnis ihrer Existenz und damit das Zeugnis von dem erschienenen Judenkönig und Weltheiland, von dem nahe herbeigekommenen Reiche Gottes hat sie ihnen gegenüber nicht auf den Plan zu führen vermocht. Und damit ist sie ihnen, denen sie *alles* schuldig ist, bis auf den heutigen Tag *alles* schuldig geblieben ... Die Kirche muß mit der Synagoge leben: nicht, wie die Toren in ihren Herzen sagen, als mit einer anderen Religion oder Konfession, sondern als mit der Wurzel (Röm. 9), aus der sie selbst hervorgegangen ist.«

Josef L. Hromadka

An der Schwelle des Dialogs zwischen Christen und Marxisten *

Die Bedeutung des sozialistischen Atheismus

Unser Dialog mit den verantwortlichen Erbauern der neuen Ordnung, insbesondere mit denen, die ideologisch und praktisch den Weg von Marx und Lenin beschritten haben, berührt im Grunde zwei Fragen ... Die erste Frage lautet, einfach formuliert: Wird die sozialistische und kommunistische Gesellschaft im wesentlichen durch eine Revolte gegen Gott charakterisiert oder ist ihr Atheismus im Grunde nur sekundär und geschichtlich erklärbar aus der sozialen und politischen Bewegung, die die Neuordnung des gesellschaftlichen Lebens auf ihre Fahnen geschrieben hat? ...

Ich wage zu behaupten, daß in der sozialistischen Bewegung, die in der zweiten Hälfte des 19. Jahrhunderts aufkam und in die Revolution von 1917 sowie in den Aufbau einer neuen Gesellschaftsordnung im Osten Europas einmündete, der Atheismus nicht die Hauptfrage ist. Es wäre indessen töricht, diesen sozialistischen Atheismus nicht ernst zu nehmen und ihn für eine bedeutungslose Erscheinung im großen Umbruch unserer Zeit unter der Führung der marxistisch-leninistischen Philosophie zu halten. Bedenklich, ja in gewissem Sinne sogar gefährlich wäre es, wollte man sich mit dem neuen, durch die sozialistische Gesellschaft gegebenen Tatbestand ohne sorgfältige Prüfung des letzten und tiefsten Grundes der sozialistischen Revolution und der kommunistischen Zukunftspläne auseinandersetzen. Das ist um so notwendiger, als der fromme Feldzug gegen den Atheismus im Sozialismus politische Gründe hat oder von der Furcht vor den allgemeinen gesellschaftlichen und speziellen ökonomischen Folgen der sozialistischen Umgestaltung für die sogenannte »freie Welt« bestimmt ist.

Wenn wir die tatsächliche Situation der neuzeitlichen, formal-christlichen Gesellschaft mit ihrem praktischen, wenn auch häufig getarnten Atheismus – bei aller ihrer Förderung der sogenannten Religion und Kirche – in Erwägung ziehen, haben wir gerade als Theologen und gläubige Christen eindringlich vor einer Begriffsverfälschung wie vor billiger Propaganda in so ernsten Dingen zu warnen. Wir müssen gründlich durchdenken, ob das, was wir bei überzeugten und verantwortungsvollen Kommunisten Atheismus nennen, nicht ein geistig und sittlich viel höherer Ausdruck des Menschentums ist, als der Kampf gegen die neue Ge-

* Aus: Josef L. *Hromadka,* An der Schwelle des Dialogs zwischen Christen und Marxisten, in: Ökumenische Diskussion I, 1965, S. 143–150. Ökumenischer Rat der Kirchen, Genf.)

sellschaft im Namen Gottes und des traditionellen Christentums. Aufmerksam und ernstlich werden wir die eigentlichen Wurzeln der Antireligiosität und des Antikirchentums in den Reihen derer untersuchen müssen, die am Anfang der Bewegung des Proletariats gegen die alte Gesellschaft, gegen deren politische Formen und besonders gegen das gesellschaftliche Unrecht, gegen die unnatürliche Spaltung der menschlichen Gesellschaft in Reiche und Arme, in Satte und Hungrige, in Privilegierte und Rechtlose, in Ausbeuter und Ausgebeutete gestanden haben.

Wir wollen den historischen Sachverhalt nicht vereinfachen. Wir möchten lediglich zeigen, daß der neuzeitliche Sozialismus nach Zielsetzung und Ausgangspunkt dem Menschen zu echter Würde und Freiheit, zu Gleichheit und Brüderlichkeit helfen und ihn von den Fesseln der politischen Gewalt, von Klassenprivilegien, Hunger und Elend, von sozialer Unsicherheit und materieller Ohnmacht befreien will. Ziel dieses großen Ringens war die Emanzipation des Menschen in seiner ganzen Existenz, im intellektuellen wie sittlichen Raum, in seinem eigentlichen Menschentum, das man nicht ohne die materielle Seite und die Bedingtheit in den natürlichen und gesellschaftlichen Beziehungen erfassen kann.

Obwohl wir als Theologen und gläubige Christen bestimmte Einwände gegen die letzten Grundsätze des marxistischen Denkens haben, dürfen wir jedoch eines nicht überhören: Es geht ihm um die menschliche Persönlichkeit in ihrer Integrität, in ihrer konkreten irdischen Existenz, um den Menschen mit Leib und Seele, mit Verstand, sittlichem Denken und Gefühl, mit seiner persönlichen Verantwortung und seiner äußeren Abhängigkeit, mit seiner Sehnsucht nach Gedankenfreiheit, ethischer Würde und reichem Gefühlsleben, mit seinen materiellen Bedürfnissen und Beziehungen zur Umwelt. Nur jene Philosophie ist recht, die nicht allein zeigen und deuten, beschaulich beschreiben und unterhalten will, sondern die – indem sie die volle menschliche Existenz geistig wie materiell gleichermaßen umfaßt – die Welt verändern und in völliger sozialer Gerechtigkeit und Gleichheit, zu Freiheit von Hunger und Elend, von Unrecht und Ausbeutung umgestalten will ...

Ich habe nicht die Absicht, irgendeine Synthese zwischen Christentum und Marxismus zu verkünden, geschweige denn die tiefe Kluft zu bagatellisieren, die sich zwischen uns und unserem kommunistischen Gesprächspartner auftut. Ich weiß sehr wohl, daß meine Auffassung nicht allein bei Christen, sondern auch bei Marxisten und Kommunisten auf Ablehnung stößt und stoßen wird. Dennoch glaube ich, daß es von elementarer Bedeutung für unseren Dialog ist, das Primäre vom Sekundären zu scheiden, das Wesen einer Sache von ihren äußeren, wenn auch psychologisch und geschichtlich unvermeidbaren Begleiterscheinungen abzugrenzen.

Für den gläubigen Christen ist es geradezu unerläßlich, nach Kontakten mit den Gesprächspartnern zu suchen und herauszufinden, wie wir konstruktiv miteinander wetteifern und uns gegenseitig helfen können. Auf diese Weise wird der Christ sich seiner Verantwortung bewußt und bekommt einen Blick für die Möglichkeiten, den Kommunisten auf dem Wege zu einer realen Selbsterkenntnis zu unterstützen, um damit im eigenen Interesse Anlaß zu Selbstprüfung zu haben und zu einem umfassenden Verständnis der gegenwärtigen Situation zu kommen. Es gibt nach meinem Ermessen keine andere Gesprächsgrundlage als das Problem des Menschen, die Frage nach seiner Existenz und seiner Bestimmung. Freilich stehen wir gerade hier vor einer überaus schwierigen Aufgabe.

Was ist der Mensch?

Wir kommen zur zweiten Frage unseres Gespräches mit den Menschen dieser Welt. Sie stand im Grunde bereits hinter allen bisherigen Ausführungen: Es geht um den Menschen. – Was aber ist der Mensch? Worin bestehen sein Wesen und seine Bestimmung?

Bei dieser Frage muß der gläubige Christ dem Marxisten und Kommunisten begegnen. Der Glaube an das Evangelium zielt mitten in das menschliche Leben. Das Wort wurde Fleisch, Gott trat an die Seite des Menschen in dessen Erleben, Leiden, Arbeiten, Kämpfen und Sterben. Gewiß ist das Evangelium eine großartige Hymne auf die Ehre Gottes, auf seine Barmherzigkeit und heilige Liebe: »Ehre sei Gott in der Höhe!« Und doch: Die ganze Botschaft des Alten und des Neuen Bundes bezeugt eindrücklich, daß Gott den Menschen nicht in seiner Einsamkeit ließ, sich wegen seiner Empörung, seines Ungehorsams und seiner Flucht aus dem Paradiese nicht von ihm abwandte. Er ist ihm weiter nachgegangen, um für ihn zu leiden und am Kreuz von Golgatha zu sterben, um durch seinen Sieg dem Menschen ein neues Leben zu schenken. Wie ernst spricht das Evangelium jenen den Glauben an Gott ab, die nicht den Menschen vor sich sehen. Man kann nicht Gott lieben, ohne seinen Nächsten zu lieben! Der tiefste Sinn des Glaubens liegt in der Befreiung des Menschen von seinem Ich, zum Dienst, zur Bruderliebe und zur vollen Solidarität mit den Menschen in ihrer Sünde und ihrem Leiden, in ihrer Erniedrigung und ihrem Kampf für ein neues Leben.

Anders gesagt: Die biblische Botschaft lehrt zwar eine nüchterne Betrachtung des Menschen in seiner zutiefst verdorbenen Lebensart und entzieht jedweden Illusionen darüber den Boden. Aber zugleich gewährt sie einen frohen und hoffnungsvollen Ausblick auf einen gewandelten Menschen, der im Grunde seines Menschentums vom Wort aus der Höhe ergriffen wurde und nun weiß, daß er auch in den gefährlichsten und schwierigsten Lagen ohne Furcht gegen Bosheit und Versuchung, gegen Selbstsucht und Haß, Unrecht und Hochmut ankämpfen darf. Von den Propheten bis zum Evangelium und bis zu den Aposteln ist die biblische Botschaft eine Kunde vom Menschen als dem Geschöpf Gottes, von seiner Not und schließlich von seiner herrlichen Endbestimmung.

Das Evangelium reißt den Menschen nicht aus seinem natürlichen und geschichtlichen Rahmen. Es weiß, daß der Mensch Staub ist und wieder zu Staub wird, daß seine irdische Natur eng mit der übrigen Schöpfung korrespondiert. Seine Menschlichkeit ist nicht allein in seinem Verstand, seinem Geist und seinem Wissen beschlossen. Die biblische Botschaft sieht den Menschen in seiner ganzen irdischen Existenz, in seiner Leiblichkeit, Bedingtheit und Sterblichkeit. Das Leben im Glauben spielt sich nicht nur auf der Ebene des sogenannten geistlichen Lebens ab, fern der Natur und Materie, ohne Krankheiten und menschliche Regungen, ohne Hunger und Entbehrungen und fern von Tod und Grab. Die biblische Botschaft mahnt ganz im Gegenteil zur Solidarität unter den Menschen, zur Verantwortung füreinander und zur Bezogenheit aufeinander. Nur ein grundsätzlich falsches Bild vom christlichen Glauben kann ihn mit der Sorge um ein jenseitiges Leben gleichsetzen.

Zweifellos haben die Christen und ihre Kirche selbst die Entstehung und Ausbreitung einer solchen Vorstellung verschuldet. In geistlicher Selbstsucht und falschem Sehnen nach einer transzendenten himmlischen Seligkeit haben sie die echte Botschaft des Evangeliums unterdrückt. Tatsächlich verkündet die gewaltige Botschaft vom Reiche Gottes und vom ewigen Leben die Herrschaft Gottes in Wahrheit und Gerechtigkeit, in Liebe und Vergebung auf dieser Welt. Das ewige Leben ist Gottes Sieg mitten unter uns. Wer an Jesus von Nazareth glaubt, hat schon hier das ewige Leben, ist schon hier frei geworden, frei vom eigenen Ich und von der Menschenfurcht. Er weiß sich schon hier gerufen zum Dienst, zur Arbeit, zur Solidarität mit den übrigen Menschen. Schon hier kann er getrost und freudig seinen Aufgaben nachgehen und seiner Bestimmung leben.

Der gläubige Christ wird sorgsam auf das achten, was in seiner Umgebung geschieht, wie es dem Menschen geht und welche Verhältnisse unter den Menschen herrschen. Weltliche Versuche einer besseren und treffenderen Erkenntnis des Menschen wird er ebensowenig verachten wie die wissenschaftliche Anwendung der Naturgesetze und gesellschaftlichen Gesetzmäßigkeiten. Dabei ist und wird er vom hellen Schein des Evangeliums überzeugt, der die feinen geheimen Schichten des menschlichen Seins durchdringt, seinen Gesichtskreis weitet und nicht nur Sinn und Ziel des menschlichen Lebens deutet, sondern auch tiefe Durchblicke in die Einzelheiten des persönlichen wie gesellschaftlichen Lebens erlaubt. In seinem Bewußtsein wirkt das Wort von den hohen Forderungen der Reinheit und Gerechtigkeit, der Liebe und Heiligkeit fort. Angesichts seiner Abhängigkeit von Natur und Geschichte wird der Mensch sich seiner Einmaligkeit bewußt und erkennt sein Leben als eine dringliche Chance, die er nicht verschwenden darf, weil sie nicht wiederkehrt. Er weiß sich tief im Innern der bedingungslosen Unaufschiebbarkeit seiner Aufgaben und seiner Verpflichtungen gegenüber dem Nächsten im Heute verbunden ...

Diese Auffassung vom Menschen und von der Menschlichkeit in ihrer letzten Erfüllung richtet den Blick nach vorn und befindet sich im Gegensatz zu allem, was das menschliche Leben und die Gesellschaft im Zustande der Stagnation erhalten will. Deshalb müssen auch alle Güter der Vergangenheit ständig umgeformt und vertieft werden, damit sie nicht als lastendes und knechtendes Joch empfunden, sondern vielmehr zur befreienden Macht für die Gegenwart und Zukunft werden. Hier setzt auch die Revision der Vorstellung von Recht und Gerechtigkeit ein, davon, was unter Freiheit zu verstehen ist und wie die Menschenwürde am besten gewahrt werden kann.

Zu allen Zeiten der Geschichte der Christenheit hat es einzelne und Gruppen gegeben, die im Namen Jesu von Nazareth und seines Reiches gegen erstarrte Ordnungen, gegen die Kälte und Gleichgültigkeit der Gewohnheitschristen protestiert haben. Man hat sie Schwärmer genannt, und doch waren sie der erhobene Finger, mit dem Jesus von Nazareth auf die Not der Kirche und der Gesellschaft gezeigt und zu neuer Gerechtigkeit und neuer Freiheit aufgerufen hat.

Wir wollen uns hier noch einmal das vergegenwärtigen, was wir über den Sinn des sozialistischen Atheismus gesagt haben, um den Ort zu erkennen, an dem der Marxist verständnisvoll dem lebendigen Zeugnis des Evangeliums zuhören kann. Wir sind in der ständigen Gefahr, als Partner eines solchen Gespräches auf der Ebene unfruchtbarer Ideologie steckenzubleiben. Auch der Marxist hat sich vor Schablonendenken und einer oft vulgären oder sterilen Rezeption des Atheismus zu hüten. Auch er muß sich fragen, ob er mit seinem Denken und Handeln immer die eigentliche Grundfrage des Menschen berührt. Ich glaube, daß dort ein Mangel der historischen und materialistischen Dialektik zutage tritt, wo der Kampf gegen die sogenannte Religion auf einer rationalistischen, das heißt freidenkerischen Ebene geführt wird und der Marxist nicht genau und sorgfältig seine Haltung zur religiösen Problematik von der antireligiösen Stimmung der bürgerlichen oder liberalen Gesellschaft abgrenzt . . .

Während der gläubige Christ die tiefsten Motive der wahrhaft begeisterten Revolutionäre, die die echte Menschlichkeit besser gesichert wissen wollten, nicht begriff, schaute der Marxist selten unter die Oberfläche der landesüblichen Kirchlichkeit oder der allgemeinen religiösen Stimmung. Schwere Irrtümer der Vergangenheit, Vorurteile und Unverständnis, das Odium des Unkritischen und des Traditionellen, nicht zuletzt die langandauernde Isoliertheit voreinander hatten das ihre getan, um beide zu trennen. Nun gilt es, zum Ausgangspunkt ihres Auftrages zurückzukehren.

Das Gespräch zwischen den Bekennern des Evangeliums und den Kommunisten kann nur dann fruchtbar sein, wenn beide zu den Fundamenten ihres Glaubens und ihrer Überzeugung zurückgehen und folgerichtig ihre Grundsätze, den Ausgangspunkt ihres Reflektierens und die praktische Zielsetzung neu durchdenken. Es geht mir hier nicht um einen Kompromiß oder um eine gegenseitige Anpassung. Es geht hier auch nicht um eine Synthese, die zuweilen von einzelnen oder von ganzen geistig und kulturell tief geschiedenen Gruppen gewünscht wird. Redlichkeit im Denken und Sauberkeit im Handeln sind unumgänglich für einen wirksamen und fruchtbaren Dialog. Der Glaube an das Evangelium kann die unbedingte Wahrhaftigkeit und Treue gegen sich selbst nicht entbehren. Auch der Weg des Kommunisten muß von einer festen Überzeugung und von dem Verständnis für jene gedanklichen Voraussetzungen und gesellschaftlichen Ziele getragen werden, die seine Arbeit und sein ganzes Leben zu einer Einheit machen. Jeder Versuch einer unzeitigen Übereinstimmung und gegenseitigen Angleichung muß zu ideologischen Verwirrungen, zu ethischer Unentschiedenheit und zu praktischer Untätigkeit führen. Ich wage noch einmal meine These zu betonen, daß erst in der Tiefe des Glaubens oder der Überzeugung der Bekenner des Evangeliums und der Kommunist begreifen, wie es ihnen beiden doch um den Menschen in seinem reinen Menschentum, um seine Befreiung zu rechter Freiheit und opferbereitem Dienst geht.

Ohne Selbstkritik und Buße, ohne den Mut, den Realitäten ins Auge zu schauen, ist das Gespräch mit dem Kommunisten wie überhaupt mit dem Kritiker der Religion, der seinen Abfall von Gott mit Gründen der Vernunft oder der Enttäuschung und Verzweiflung erklärt, unmöglich. Dieses Gespräch wird erst stattfinden, wenn wir Christen die letzte Verantwortung für den Unglauben und für den Atheismus auf uns nehmen, gleichviel ob er sich als Empörung gegen Gott manifestiert oder Folge von Enttäuschungen durch die Kirche und einzelne Christen ist. Und schließlich setzt dieser Dialog voraus, daß sich Selbsterkenntnis und Buße mit dem machtvollen Eifer für das Evangelium Jesu von Nazareth verbinden, mit der innigen Liebe zum Menschen, unabhängig von dessen Glauben oder Unglauben, mit dem Mut zu neuen Anfängen und mit der getrosten Gewißheit, daß der triumphierende Christus sein Werk unaufhörlich innerhalb und außerhalb der Kirche tut, daß er seine Wunder durch die wahren Gläubigen und gegen die falschen und gottlosen Christen vollbringt ...

Was kann nun der bekennende Christ vom marxistischen Gestalter der neuen Gesellschaft lernen? Jesus von Nazareth mahnte seine Jünger und Zuhörer, von der Welt zu lernen. Nach seinen Worten sind die Söhne der Welt mitunter klüger als die Söhne des Lichtes, das heißt klüger als diejenigen, die Zeugen göttlicher Liebe und Wahrheit sein wollen (Lukas 16, 8; Matthäus 8, 10–12). Jesus war stets bereit, denen die Türen aufzutun, die von den Straßen und Gassen der Welt kamen. Vom Osten und vom Westen werden einstmals die Menschen kommen, die mit Abraham, Isaak und Jakob zu Tische sitzen werden, während Tempelbesucher und Schriftgelehrte von dieser Gemeinschaft ausgeschlossen sind (Lukas 13, 26–30). Wir haben diese Warnung Jesu von Nazareth sehr ernst zu nehmen. Sie gilt nicht allein für Jesu Wanderung von Galiläa nach Jerusalem. Sie trifft ebenso zu auf seine Bekenner heute und auf das, was unter uns geschieht. Wir werden aufmerksam und mit Verständnis zu lernen haben, ohne uns von den Fehlern und Irrtümern und von dem Unglauben der Erbauer des Sozialismus verwirren zu lassen. Wir wollen uns auch nicht mit ihnen entschuldigen, nur um in eigenen Vorurteilen, in unserer Abgestumpftheit und unserer Selbstsucht, in unseren Gepflogenheiten und unserer falschen Frömmigkeit zu verharren. Vor allem wollen wir in unserem Glauben die objektive materielle Welt mit allen ihren Gebieten nicht unterschätzen; ich wiederhole es: in unserem Glauben. Wann werden wir im Glauben an das Evangelium begriffen haben, daß Gott sein Wesen auch mit dieser materiellen Welt hat, daß es ihm darauf ankommt, daß alle Menschen frei von Hunger, Unrecht und Knechtschaft leben können, daß sie nicht durch den Eigennutz anderer geknebelt werden und alle Voraussetzungen für eine verantwortliche persönliche Entscheidung haben. Die sozialistischen Theoretiker erinnern uns auf ihre Weise an das, was wir in einem falschen unbiblischen Idealismus entwertet oder mißverstanden haben ...

Wir halten an unserem Zeugnis fest, daß der wahre Glaube unter der Wirkung des Wortes aus der Höhe entsteht, daß er eine Gabe der Gnade ist und die Gesetze von Natur und Geschichte durchbricht. Leben wir aber wirklich aus dieser Gnade? Ist nicht vielmehr unser sogenanntes »religiöses Leben« weitgehend ein Produkt unseres Milieus, der Verhältnisse, in denen wir leben, der äußeren Tradition oder vielleicht sogar rein persönlicher Interessen und Wünsche? Die äußere Welt prägt sich viel intensiver in unserem theologischen Schaffen aus und bestimmt unsere Frömmigkeit weit mehr, als wir es wahrhaben wollen. Deshalb können die Exaktheit des Denkens und die wissenschaftliche Verantwortung im Blick auf die äußere Welt, wie sie vom historischen und dialektischen Materialismus verlangt werden, eine heilsame Hilfe gegen eine Religiosität sein, die in der Tat von nichts anderem bestimmt wird als von Illusionen, unkritischer Phantasie und Selbstberauschung und die den Versuch darstellt, die Ordnungen und Traditionen, in denen wir aufgewachsen sind, zu konservieren ...

Die Kirche und viele ihrer Glieder vergaßen, daß wir erst dann einen Glaubensartikel völlig verstehen können, wenn wir ihn am praktischen Leben messen und uns fragen, wozu er uns im Verhältnis zur Welt und zum Menschen verpflichtet ..., während nach begründeter marxistischer Ansicht die Welt verändert, die Gesellschaft neu gestaltet, die menschliche Zivilisation umgeschmolzen werden muß, damit Ungerechtigkeit und Leid, Selbstsucht und Mißbrauch des Menschen durch den Menschen der Vergangenheit angehören, damit Rassen- und Klassenunterschiede, nationale und politische Spannungen überwunden werden. Ich glaube, daß diese Aspekte marxistischen Denkens auf ihre Art ein Widerhall der Apostel- und Prophetenbotschaft sind ... Wir stehen hier vor einer wunderbaren Erscheinung. Den Christen und ihren Kirchen schwand die siegesgewisse und getroste Hoffnung, ihr religiöses Pathos nährte und nährt sich vom Moralisieren und Klagen über das Heute und Morgen. Die marxistischen Erbauer der neuen Gesellschaft indes mahnen uns mit ihrer Philosophie und ihrem Programm an die ursprüngliche Fülle der prophetischen und apostolischen Hoffnung.

Zusätzliche Literatur

Evangelische Theologie, Themaheft: Marxisten und Christen im Gespräch, 28. Jg., Heft 2/3, 1968.
Farner, Konrad, Theologie des Kommunismus?, Frankfurt/M. 1969.
Fetscher, Iring, und *Post,* Werner, Verdirbt Religion den Menschen? Marxistischer und christlicher Humanismus, Düsseldorf 1969.
Garaudy, R., *Metz,* J. B., und *Rahner,* K., Der Dialog oder: Ändert sich das Verhältnis zwischen Katholizismus und Marxismus?, Hamburg 1966.
Lepp, Ignace, Von Marx zu Christus, Graz/Wien/Köln 1961³.
Post, Werner, Kritik der Religion bei Karl Marx, München 1969.
Schrey, Heinz-Horst, Literatur zum Marxismus. Die neueste Phase der Begegnung von Marxismus und Christentum, in: Theologische Rundschau, Neue Folge, 32. Jg., Heft 4, 1967, S. 322–343 und 33. Jg. Heft 1, 1968, S. 77–91.

Christen im Dialog mit Menschen anderen Glaubens *

In der ganzen Welt setzt sich die Erkenntnis durch, daß Menschen verschiedener Religionszugehörigkeit einander nicht im Widerstreit, sondern in Freundschaft begegnen sollten. Als Christen bekennen wir, daß wir es in der Vergangenheit sowohl an Liebe als auch an Verständnis haben fehlen lassen. Es ist nunmehr unser aufrichtiger Wunsch, mit Menschen anderen Glaubens in einen Dialog einzutreten.

Gott sucht alle Menschen

Gottes Liebe und Heilswille richten sich auf die ganze Menschheit aller Zeiten, aller Länder und aller Glaubensweisen. In und durch Jesus Christus rettet Gott die Welt. Während dies Heil in Christus oft allzu eng verstanden worden ist, zeigt die Bibel, daß das Heil ebenso sehr eine Sache dieser Welt wie der kommenden ist, daß es sowohl die Gemeinschaft wie den einzelnen betrifft, und daß es alle Aspekte menschlicher Existenz umfaßt. Heil bedeutet Licht im Dunkel, Freiheit von aller Unterdrückung, Freude für die Traurigen, Leben aus dem Tod. In ihm kommt der Sinn menschlichen Existierens zu vollgültiger Erfüllung.

Wenngleich die Herrschaft Christi vorerst eine verborgene ist, wirkt Christus durch den heiligen Geist im Herzen jedes Menschen. Die Kirche besteht unter den Menschen als diejenige Gemeinschaft, die, trotz ihrer offenkundigen Schwäche und ihres Versagens, in Glaube und Gehorsam Christus bewußt antwortet. Ihr ist Gottes Versöhnungsbotschaft für die ganze Menschheit anvertraut. Sie existiert für alle Menschen und ist in ihrem Wesen eine offene Gemeinschaft. Mit der geschichtlichen Körperschaft, die den Namen Christi trägt, ist sie nicht einfach zu identifizieren. Sie lebt in Hoffnung, indem sie sich in Glaube und Leben auf jene Erfüllung von Gottes Heilswillen richtet, die darin zum Ziel kommt, daß in Jesus Christus alle Dinge zusammengefaßt werden sollen.

Für alle Menschen dieser und der kommenden Weltzeit bringt Christus Gnaden wie auch Gericht. »Gott sieht die Person nicht an, sondern in allerlei Volk, wer ihn fürchtet und recht tut, der ist ihm angenehm« (Apg. 10, 34 f.; vgl. Röm. 2, 6–16). Wir machen auch auf die Formulierung aufmerksam, die das Zweite vatikanische Konzil in der Dogmatischen Konstitution über die Kirche in diesem Zusammenhang gebraucht: »Wer das Evangelium Christi und seine Kirche ohne Schuld nicht kennt, Gott aber aus ehrlichem Herzen sucht, seinen im Anruf des

* Aus: Christen im Dialog mit Menschen anderen Glaubens, in: Ökumenische Diskussion III, 1967, S. 61–65. (Ökumenischer Rat der Kirchen, Genf.)

Gewissens erkannten Willen unter dem Einfluß der Gnade in der Tat zu erfüllen trachtet, kann das ewige Heil erlangen.«

Die Grundlage des Dialogs

Christen müssen sich mit mehr Freudigkeit und Verantwortungswillen als bisher dessen bewußt werden, daß sie mit allen ihren Mitmenschen, gleich welcher Hautfarbe und Kultur, gleich welchen Glaubens oder Unglaubens, in der Solidarität des Menschseins verbunden sind. Gott hat »aus einem Blut das ganze Menschengeschlecht gemacht«, und dieser wesensmäßigen Identität der Menschheit ist voll Rechnung zu tragen. Zudem ist die Menschheit heute zunehmend in eine universale Geschichte hineingekommen, in der sie sich gemeinsamer Aufgaben und gemeinsamer Hoffnungen bewußt wird. Alles dies bildet die Grundlage für einen Dialog, an dem alle teilhaben können.

Für den Christen wird dies Bewußtsein der Zusammengehörigkeit noch vertieft, weil er glaubt, daß alle Menschen nach dem Bilde Gottes geschaffen sind, weil er weiß, daß Christus für jeden Menschen gestorben ist, und weil er die kommende Herrschaft Christi erwartet. Hier erst findet der Christ die tiefste Begründung für seine Begegnung mit den Mitmenschen, nicht zuletzt auch dafür, daß er den Nächsten in seinem besonderen Personsein ernstzunehmen hat. Dazu gehört auch, daß der Christ die religiöse Bindung des anderen Menschen als integrierenden Bestandteil von dessen kultureller und menschlicher Existenz respektiert.

Im Vollzug des Dialogs mit Menschen anderen Glaubens mag sich mehr Einsicht in die Frage ergeben, welche Rolle andere religiöse Traditionen in Gottes Vorsatz spielen, sowohl im Blick auf die Menschen in den Religionen als auch im Blick auf uns. Dies ist ein Problem, das nicht apriorisch oder lediglich akademisch zu behandeln ist, und das fortgesetztes ernsthaftes Nachdenken verlangt.

Das Wesen des Dialogs

Liebe sucht sich stets mitzuteilen. Da wir Gottes Gemeinschaft mit uns erfahren haben, sind wir gehalten, Gemeinschaft mit Menschen anderen Glaubens zu suchen. Nur so kann der Christ jenes »Mit-Sein« leben, das sich ihm in der Menschwerdung des Sohnes offenbart hat. Dialogische Form trägt die Gemeinschaft, weil der Christ die Verschiedenheiten zwischen sich und anderen respektiert, und weil er nicht nur reden, sondern auch hören will. Eben die ehrliche Bereitschaft, den Menschen zu hören, dem wir uns mitteilen wollen, macht das Wesen des Dialogs aus. Am Gewinnen von Wortgefechten ist nichts gelegen.

Wir glauben, daß Christus gegenwärtig ist, wenn immer ein Christ in einen aufrichtigen Dialog mit jemand anderem eintritt. Der Christ vertraut darauf, daß durch den Nächsten Christus selbst zu ihm sprechen und, umgekehrt, Christus durch ihn zu dem anderen sprechen kann. Der Dialog erfordert daher die ernsthafte Bemühung beider Beteiligten, durch besseres Verstehen der Überzeugung und des Zeugnisses des Partners zu tieferem Verstehen der Wahrheit zu kommen. Es gehört zum Wesen des Dialogs, daß man wirklich etwas Neues erwartet – die Erschließung einer neuen Dimension, deren man vorher noch nicht gewahr gewesen ist. So gewiß der Dialog die Erwartung einschließt, auf andere einzuwirken, so gewiß bedarf es auch der Bereitschaft, sich selbst ändern zu lassen. Der rechte Dialog entsteht dann, wenn ein Partner so redet, daß der andere sich zum Hören gedrängt fühlt, und ebenso dann, wenn der eine so zu hören versteht, daß der andere zum Reden gebracht wird . . .

Leben im Dialog

Es ist und bleibt eine wichtige Aufgabe, Wesen und Gestalt der religiösen Bindungen zu studieren, in denen die Menschen jetzt in der Mitte unseres Jahrhunderts leben, nicht minder wichtig als das Bemühen um die theologische Neuformulierung, die erforderlich ist, um die Relevanz der Lehre und Verkündigung der Kirche zu erhalten und offenbar zu machen. Wahrer Dialog ist ein fortdauernder, ständig intensivierter Vorgang, der sich nicht nur im Gespräch, sondern in der dynamischen Begegnung im Leben vollzieht. Christen haben heute damit zu rechnen, daß sie Menschen anderer Religionszugehörigkeit allenthalben in der Welt antreffen. Sie haben die Verantwortung und das Vorrecht, mit diesen Menschen in einen Lebensdialog einzutreten.

a) Bereitschaft zum Dialog. Es gehört zu den tragischen Zügen unserer Weltlage, daß die Christen, allgemein gesprochen, sich mit bloßer Koexistenz begnügen, statt sich in jene andauernde und ständig enger werdende dialogische Beziehung zu begeben, in der unser gesamtes Leben ein Leben mit anderen und für andere wird. Natürlich gibt es allerseits eine Fülle von Hemmungen und Schwierigkeiten. Den Christen, die für viel Beschämendes in der Geschichte Buße zu tun und es durch ihr Leben zu überwinden haben, erwächst eben daraus eine besondere Verpflichtung, Brücken des Verstehens zu bauen. Überlegenheitsansprüche, die einer Prüfung nicht standhalten, gilt es abzubauen; zahlreiche Hindernisse zu beseitigen, die aus Angst und Mißtrauen gegenüber dem, das man nicht kennt, aus mangelndem Vertrauen auf den lebendigen Herrn und aus Unsicherheit hinsichtlich des Verhaltens angesichts einer anderen religiösen Überlieferung entstehen. Es gibt noch immer viel zu viel Gruppenegoismus und Ghettomentalität unter den Christen, sowohl im Westen als auch im Osten.

b) Der innere Dialog. Der Dialog mit Menschen anderer Religionen muß unterstützt und häufig auch vorbereitet werden durch einen inneren Dialog von einzelnen Christen oder christlichen Gruppen untereinander. Nur wenn wir Gottes Stimme in unserem eigenen Herzen zu vernehmen vermögen, können wir ihn auch hören, wenn er durch andere Menschen zu uns spricht. Wir müssen uns selbst sowohl den Spannungszustand des inneren Fragens als auch die Zucht des Gebets und der Besinnung erhalten, damit wir aufrichtig und glaubwürdig mit anderen Menschen in Kommunikation treten können. Die Begegnung von Gruppe zu Gruppe schließlich bedarf der Vorbereitung dadurch, daß wir in Offenheit untereinander und in Demut mit anderen sprechen.

c) Verantwortung für den Dialog. Besondere Verantwortung liegt bei denen, die für den Dialog speziell begabt und vorgebildet sind. Jedoch soll der Dialog nicht nur eine Angelegenheit der Sachverständigen sein, sondern sich spontan in allen Bereichen der Gesellschaft entwickeln. Theologen und Pfarrer müssen eine Mittlerfunktion wahrnehmen, indem sie ihren Mitchristen Weisung und Anleitung geben, Hindernisse und Hemmungen beseitigen und die Notwendigkeit und Motivierung des Dialogs klarlegen. An ihnen ist es auch, auf die Risiken des Dialogs hinzuweisen und darauf hinzuwirken, daß diese bewußt übernommen werden. Durch sie soll sichtbar werden, in welchem Geist und mit welchen Erwartungen Christen den Menschen anderen Glaubens zu begegnen haben.

d) Glaubwürdigkeit des Dialogs. Wir haben die Pflicht, uns mit einfühlendem Verstehen klarzumachen, was anderen bei der Begegnung mit uns und unserem Glauben Schwierigkeiten bereitet, wenn wir ihnen das Evangelium nahezubringen suchen. Gewiß kann sich die christliche Botschaft manchmal auch gegen uns und unser Verhalten durchsetzen. Dennoch bleibt uns die besondere Verantwortung übertragen, die Glaubwürdigkeit des Evangeliums nicht durch das negative Zeugnis unseres Lebens zu verdunkeln. »Gott sei uns gnädig . . ., daß man auf Erden erkenne seinen Weg unter allen Völkern sein Heil« (Ps. 67, 1 f.).

e) Reichweite des Dialogs. Dialogische Existenz muß damit beginnen, daß man, statt in defensiver Absonderung, in Offenheit des Herzens und des Geistes lebt. Es gibt kein Zusammenleben ohne Zeugnis, und oft ist das Zeugnis am wirksamsten, dessen wir uns am wenigsten bewußt sind. Wenn Menschen zusammenleben, reden sie miteinander, nicht zuletzt auch über Dinge, die sie am tiefsten betreffen. Darüber hinaus kann aber die gemeinsame Verpflichtung gegenüber einer Sache, die alle angeht, wie etwa dem nationalen Aufbau in Entwicklungsländern, sich als auslösender Faktor für spontanen Dialog erweisen. Auf diese und andere Weise kommt es zu einem immer völliger erfüllten Zusammenwachsen, das darauf beruht, daß man sich gemeinsam einer über individuelle Anliegen hinausgreifenden Sache stellt.

Dialog und Verkündigung

Dialog und Verkündigung sind nicht miteinander identisch, wohl aber aufeinander bezogen. Gelegenheit zur Verkündigung des Evangeliums kann sich zu aller Zeit und an allen Orten im Rahmen des Lebens im Dialog bieten, und Verkündigung bedeutet dabei, nach christlichem Verständnis, das Mitteilen und Anteilgeben an dem, was Gott in der Geschichte in Jesus Christus getan hat. Gewiß gibt es auch andere Weisen der Verkündigung als nur der Dialog. Jedenfalls aber sollte Verkündigung stets im Geist des Dialogs geschehen. Andererseits kann der Dialog die Verkündigung einschließen, sofern er stets im Geist derer geschehen muß, die frohe Botschaft mitzuteilen haben.

Andere Formen des Lebens im Dialog

Dialog bedeutet mehr als lediglich ein Reden. Es ist von größter Wichtigkeit, daß im Dialog auch schweigendem Zusammensein und Hören Raum gegeben wird, ebenso auch dem gemeinsamen Beten, wo immer das möglich und sinnvoll ist. Sofern die Kirche im Gebet für die ganze Welt eintritt, wird auch ihr Gottesdienst ein wichtiger Teil des Dialogs mit Menschen anderen Glaubens. Unter Umständen kann dies sogar fast die einzige Möglichkeit des Dialogs sein. Wenn die Kirche in anderen Situationen die Gelegenheit hat, durch besondere Pionierdienste oder Werke der helfenden Liebe Zeichen der gegenwärtigen Christusherrschaft aufzurichten, so ist auch das Dialog, ebenso das Bemühen um mehr »einheimische« Ausdrucksformen des christlichen Glaubens und Lebens. Gelegentlich haben einzelne Christen sich auch in einem solchen Maß zur Identifikation mit anderen Menschen berufen gefühlt, daß sie sich von der Gemeinschaft der vorfindlichen Kirche losgesagt haben, um ihr Christuszeugnis innerhalb einer anderen Religion oder einer säkularen Gruppe abzulegen.

Bekehrung und Taufe

Sowohl in der Kirche selbst als auch außerhalb besteht vielfach Unklarheit über das Verständnis der Bekehrung, einerseits als geistlicher und sittlicher Wiedergeburt des inneren Menschen, als radikaler Hinwendung zu Gott, andererseits als eines Wechsels der religiösen Loyalität mit allen Folgen für die kulturellen und sozialen Bindungen des Menschen. Wir sind uns nicht darüber einig, ob es zu Gottes Erlösungsratschluß gehört, daß es auch innerhalb anderer Religionen als solcher zu einer immer klareren Offenbarung Christi als des Heilandes kommen soll. Eben deswegen sollte es dem Gewissen und der inneren Einsicht derer, die innerhalb einer anderen Religion die Nachfolge Christi üben, überlassen bleiben, ob es Gottes Wille für sie ist, daß sie diese ihre soziale und religiöse Gemeinschaft verlassen, oder nicht. Der Geist des Dialogs sollte es uns verbieten, in dieser Sache dogmatisch verbindliche Aussagen zu machen. Gewiß führt die Bekehrung in der Regel zur Taufe und zur Eingliederung in die Kirche. Gleichwohl kann es Situationen geben, in denen die Kirche – sei es mit Rücksicht auf einzelne oder die Gemeinschaft, – aus geistlichen oder aus praktischen Gründen – die Entscheidung eines einzelnen unterstützt, die Taufe aufschieben zu lassen oder ganz darauf zu verzichten. Die Taufe ist Einladung und Gabe, nicht aber etwas, das anderen aufgedrungen werden soll.

Wir sind uns darüber im klaren, daß viele Fragen noch weiteren Studiums bedürfen. Es ist aber auch gewiß, daß ein gutes Teil der Einsicht, die wir suchen, uns nur in der realen Erfahrung eines intensivierten Lebens im Dialog zuteil werden wird – und zwar nicht nur in unserer eigenen Erfahrung, sondern auch in der Erfahrung unserer Partner in anderen Religionen, an der wir Anteil bekommen. Was uns in der Erfahrung des Dialogs anfangsweise zuteil wird, ist ein Vorgeschmack jener Wirklichkeit, zu der die ganze Schöpfung nach Gottes fortwirkendem Erlösungsvorsatz unterwegs ist.

Zusätzliche Literatur

Cuttat, Jacques-Albert, La Rencontre des Religions, Paris 1957.
Dhanis, E. u. a., L'Eglise et les Religions, Rome 1966.
Gerlitz, Peter, Kommt die Welteinheitsreligion? Das Christentum und die anderen Weltreligionen zwischen Gestern und Morgen, Hamburg 1969.
Kraemer, Hendrik, Why Christianity of All Religions?, London 1962.
Rosenkranz, Gerhard, Der christliche Glaube angesichts der Weltreligionen, Bern/München 1967.
Schlette, Heinz Robert, Die Konfrontation mit den Religionen. Eine philosophische und theologische Einführung, Köln 1964.
Smart, Roderick Ninian, A Dialogue of Religions, London 1960 und 1966.
Wolff, Otto, Christus unter den Hindus, Gütersloh 1965.

X.

Die realsoziologische Bedeutung der Religion

Joachim Wach

Religion und Gesellschaft*

I.

Die Wechselwirkung zwischen Religion und Gesellschaft besteht, des näheren und systematisch betrachtet, erstens als Einfluß der Religion auf die Gesellschaft, und zwar zunächst in einer ganz bestimmten Einwirkung auf Gestalt und Charakter der gesellschaftlichen Organisationen, Formen und Bewegungen. So pflegt die Religion, zunächst auf primitiveren Stufen der Kultur, aber weit darüber hinaus, in einem sehr engen Zusammenhang zu stehen mit den natürlichen Gemeinschaften wie Familie, Clan, Sippe, Geschlecht, Stamm, Volk, und zwar so, daß diese, indem sie als solche zugleich religiöse (Kult)-Gemeinschaft sind, durch die Religion bestimmt erscheinen, sowohl im Hinblick auf den »Geist«, der sie beseelt, wie im Hinblick auf die »Organisation«, in und mit der sie lebt. Die römische, indische, die chinesische im Kult der Ahnen vereinigte Familienreligiosität, die Clan-, Sippen- und Stammeskulte – der höheren Australier, afrikanischen Neger und amerikanischen Indianerstämme etwa – sind ebenso Beispiele dafür wie die typischen Nationalreligionen: so fast alle höheren Kulturreligionen, wie die israelitische, ägyptische, babylonische, persische, japanische, mexikanische Religion, um nur diese zu nennen, die – selbst mehr oder weniger Synthesen, Zusammenfassungen ursprünglicher Sippen- und Stammeskulte – ihrerseits einen unermeßlichen, z.T. historisch deutlich erkennbaren und faßbaren Einfluß auf die sich zu ihnen bekennenden Völker gehabt haben. Daß die Religion auf den *Geist* einer menschlichen Gruppe von größtem Einfluß zu sein pflegt (inhaltliche Bedeutung), ist vielleicht noch unmittelbarer deutlich als ihre Einwirkung auf die *Organisation* derselben (formale Bedeutung). Vielfach ist eine solche Scheidung allerdings kaum noch zu machen: es darf in diesem Zusammenhang an die zentralen, religiös bestimmten universalen Konzeptionen des Weltzusammenhangs erinnert werden, die wir im alten Amerika so gut wie in Ostasien und im babylonischen Kulturbereich finden –; Cassirer hat kürzlich die Aufmerksamkeit der Philosophen auf diese zu einem differenzierten System von Entsprechungen (Mikro- und Makrokosmos, vitales und kulturelles Leben) ausgebauten Weltbilder, die im übrigen überraschende Analogien aufweisen, gelenkt. Auch die Soziologen müssen ihre große Bedeutung erkennen. Die religiös-metaphysischen Begriffe des Rta (Indien), Asha (Iran), Tao (China) usw., die eine besonders ethisch-soziologische Relevanz besitzen, gehören ebenfalls hierher. Jedem Wesen kommt wie im naturalen, so auch

* Aus: Joachim *Wach,* Einführung in die Religionssoziologie, S. 16–38. Tübingen 1931. Abdruck mit freundlicher Genehmigung des Verlages.

im sozialen Kosmos eine bestimmte, entsprechende Stelle zu, aus der seine Rechte, aber auch seine Pflichten eindeutig hervorgehen (der indische dharma-Begriff). Sein Sinn und sein Handeln sind damit ebenso »festgelegt« wie die Beziehungen, in denen es, wie im Kosmos, zu seinen Mitmenschen steht. Die Religion vermag vermittelst solcher Konzeptionen die gewaltige »stereotypisierende« Fähigkeit zu entfalten, von der Jakob Burckhardt gelegentlich spricht. In einer bekannten und religionssoziologisch ungemein weittragenden Erscheinung kommt sie besonders zum Ausdruck: in der *Tabuierung,* für die es unter sämtlichen Naturvölkern und bis in die höchsten Kulturverhältnisse hinauf Beispiele und Analogien gibt. Für die gesellschaftliche Schichtung und Gliederung bzw. ihre Konservierung (Tabuierung von Personen, Orten, Gütern, Tätigkeiten, Berufen usw.) hat das Tabu eine unerhörte Bedeutung gehabt und hat sie noch. Besonders lehrreich sind dafür die ziemlich differenzierten Verhältnisse Polynesiens, über die wir ganz neuerdings eine aufschlußreiche vergleichende Darstellung von Rud. Lehmann bekommen haben. An dem eigentümlichen Experiment der plötzlichen Aufhebung des Tabu durch einen hawaiischen König (zu Beginn des vorigen Jahrhunderts) kann besonders drastisch die weitreichende Wirkung dieser Konzeption – und ihrer spontanen Aufhebung studiert werden. Im Grunde ist sie es auch, die auf indischem Boden die Kastenbildung jedenfalls aufrecht erhalten half – bei der Entstehung spielte zweifellos das ethnische Moment die Hauptrolle –, wie denn der religiöse Einfluß auf das soziale System in Indien vor allem durch die beiden zentralen Konzeptionen der Karman-Vorstellung und der Migrationslehre ein ganz gewaltiger gewesen ist. Aber zurück zu den natürlichen Gemeinschaften. Mehr im Formalen zeigt sich die Einwirkung der Religion auf die natürlichen Gemeinschaften in der häuslichen Kultgemeinschaft, wo der Vater als Hauspriester – am Herde als Kultort – amtiert, wie es entsprechend der Patriarch für die Großfamilie, der Häuptling oder der König für die Großgemeinde tut. Griechenland, Rom und Indien zeigen uns dieses Hauspriestertum so gut wie viele afrikanische und polynesische Stämme. Aber nicht erst das Familienleben, sondern schon seine Zelle, die Verbindung von Mann und Weib – in ihrer Gliederung nach der sog. vater- und mutterrechtlichen Verfassung – unterliegt in starkem Maße dem religiösen Einfluß. Wir fassen hier vor allem den positiven: die Bestätigung und Weihung der Ehe in ihren verschiedenen Typen und Formen, ins Auge, wie er in den ihre Schließung begleitenden Zeremonien und auf höheren Stufen in ihrer Auffassung und Deutung (Legitimierung) zum Ausdruck kommt. Nicht fraglich kann wohl sein, daß mindestens auch religiöse Motive bei der schon so früh begegnenden (Lokal- und bei der Gruppen-)Exogamie mitspielen. Daß auch die enge Verbindung unter Gleichgeschlechtlichen: die Freundschaft – unter bestimmten Kulturverhältnissen auch die erotische – religiöser Weihe teilhaftig werden kann, ist bekannt. Aber nicht nur die lebenden Glieder eines Hauses oder einer – faktisch oder vermeintlich – blutsmäßig und abstammungsmäßig zusammengehörigen Gruppe bilden eine Gemeinschaft, sondern in diese werden, wie die überall auf der Erde verbreitete Einbeziehung der Vorfahren als Subjekte oder Objekte des Kultus beweist, auch Abgeschiedene eingerechnet. Religionssoziologisch sind beide Erscheinungen wichtig: die Ausdehnung der religiösen Gemeinschaft auf die Ahnen, in deren Namen der Kult mitvollzogen wird, und die magische und religiöse Beziehung der Lebenden zu ihnen, wie sie in mannigfachen Vorstellungen und Bräuchen, vor allem in der Religion der Naturvölker und der niederen Frömmigkeit der höheren Stufen, Ausdruck findet. Wie bedeutsam die Gemeinschaft im Kult der Ahnen für die Religionsgeschichte ist, geht u. a. daraus hervor, daß man einmal im »Manismus« das Wesen und den Ursprung der Religion überhaupt hat sehen wollen (Spencer). Einer völkerkundlich und religionsgeschichtlich gleich wichtigen und interessanten Erscheinung ist in diesem Zusammenhang noch besonders zu gedenken: des *Totemismus*. Die unter unverkennbar religiösem Einfluß entstandene und aus ihm lebende totemistische Gliederung der Stämme und Gruppen in Ozeanien, Vorderindien (Dravida), Amerika und Afrika und an manchen anderen Stellen der Erde ist nicht nur ein äußeres Einteilungsprinzip, sondern in der Beziehung auf das Totem liegt etwas die darin Lebenden stark Verbindendes und Zusammenschließendes, wie das die totemistische Regelung des gesamten Daseins der Gruppe erkennen läßt (Ehe-, Speisegesetze, Gliederung nach Totemgruppen in Wohnung, Tracht, Lagerung im Kriege, Abzeichen aller Art usw.). Insbesondere die Normierung der Verwandtschaftsbeziehungen, auf die wir hier im einzelnen nicht eingehen (in Australien besonders kompliziert ausgebaut), ist unter diesem Gesichtspunkt interessant. Daß der Totemclan – auch – als Kultgemeinschaft erscheint, zeigt uns neben der spezifischen Gestaltung der Mythologie und des Ritus (Eigencharakter) die Rolle des Häuptlings als Zauberer. Insofern das Totem auch als Ahne verehrt wird, ist für uns ein unmittelbarer Übergang vom Familienkult zum Totemgruppenkult gegeben. Unmittelbar hieran anzureihen ist die religiöse »Weihe«, die nahezu überall, wo sie sich findet, mindestens ursprünglich den Zusammenschlüssen der Altersgenossen (Altersklassen), also ebenfalls Verbindungen, die auf natürlicher Grundlage beruhen, zukommt. Die Südsee, Australien und Afrika bieten dafür die Fülle von Beispielen. Die bei der Initiation in den betreffenden Verband abzulegenden Proben sind ja bekannt und berüchtigt. Interessant ist die dabei vollzogene Kennzeichnung (Ausschlagen eines Zahns, Tätowierung, Beschneidung usw.), die die betreffenden Geweihten zusammen- und nach außen abschließt. Die Verbindung der Gleichaltrigen vermag mehr oder weniger fest zu sein (bis zu einer Art Lebensgemeinschaft; Jünglings- und Männerhäuser). Vielfach gehen die Altersklassenverbände, die im übrigen auch in sich vielfach wieder abgestuft erscheinen (Drei- und Mehrgliederung), unmittelbar in die . . . sog. Geheimbünde über.

Auch auf die lokale Zusammengehörigkeit . . . erstreckt sich der religiöse Einfluß. Wie die Stämme und Gruppen, so geben sich die Dörfer,

Gaue und Bezirke, auch die Städte, also die landschaftlichen Einheiten – die »heiligen Städte« werden unter Umständen zu einem mit dem politischen konkurrierenden Mittelpunkt der Völker und Länder (so schon in Afrika das Ife der Yoruben, Delphi, Benares, Mekka, Rom), – im gemeinsamen Kultus einen Mittelpunkt. An die in dieser Hinsicht interessanten Verhältnisse im ältesten Ägypten und Babylonien, in Syrien und Phönizien, in Griechenland, aber auch in China sei hier erinnert. Die religionsgeschichtliche Entwicklung steht unter diesen Umständen, was schon Max Weber in lehrreicher Weise beleuchtet hat, vielfach in engem Zusammenhang mit der politischen Bewegung, wie die Entstehung des ägyptischen, des babylonisch-assyrischen, des aztekischen Gesamtreiches aus ursprünglich selbständigen Reichen und Gauen mit selbständigen charakteristischen Kulten, und Hand in Hand damit die Herausbildung bzw. Schaffung einer »Reichsreligion« mit entsprechend erweitertem Radius bei oft verminderter Eigenartigkeit und Plastizität des Kultus – die Religion wird abstrakter und theologischer – zeigen.

Wie die natürlichen, so unterliegen auch die zur Differenzierung der Gesellschaft beitragenden und von ihr zeugenden *gestifteten* Vereinigungen, wie Bünde, Berufsgenossenschaften, Vereine, der oft intensiven Einwirkung von seiten der Religion. Wo sie ihr nicht überhaupt ihr Dasein verdanken, was im übrigen nicht hindert, daß sie im Verlauf der Entwicklung sich anders orientieren, also aus ursprünglich (rein) religiösen profane (etwa: auf wirtschaftliche Zwecke orientierte) Verbände werden, stehen sie doch vielfach unter ihrem – oft bestimmenden – Einfluß. Sehr charakteristisch zeigen das die von der neueren Ethnologie mit Recht stark beachteten *Bünde* der höheren Naturvölker, also etwa Polynesiens und Melanesiens, des westlichen Afrika, Nordamerikas. Aber auch auf den höheren und höchsten Stufen der Kultur haben sich ja aus verschiedenen Wurzeln heraus unterstaatliche Organisationen entwickelt und verbreitet. Auch sie unterliegen unter gegebenen Verhältnissen mehr oder weniger dem Einflusse der Religion. Wie in unserer eigenen abendländischen Vergangenheit in den mittelalterlichen Gilden und Zünften bis in die modernen, religiös bestimmten Genossenschaftsformen, wie in dem, in vielem die Vorbilder dafür darstellenden stark ausgebildeten Assoziations- und Kollegiatswesen bei den Griechen und Römern, so finden wir in der islamischen Welt beispielsweise ein deutlich religiös bestimmtes und gefärbtes »Vereinswesen«. Aber wie gesagt, nicht nur Profanverbände ursprünglich religiöser Herkunft oder Legitimation gehören hierher, sondern den Religionssoziologen interessiert nicht weniger die Beeinflussung jeder Art von »profaner« Vereinigung durch religiöse Motive, Ideen, Kräfte und Mächte. Wie wirkt sie sich aus? Es kann keine Frage sein, daß der konservierende, integrierende Einfluß der Religion dort, wo sie mit den *natürlichen* Gemeinschaften verbunden erscheint, ein fast ausnahmslos nur positiv zu wertender sein wird, nicht nur von der religiösen Gemeinschaft selbst her gesehen, die an Festigkeit, Zusammenhalt, Intensität durch die religiös fundierte und legitimierte Bindung nur gewinnen kann, sondern auch vom Gesichtspunkt der mit diesen Gruppen allerdings mehr oder weniger identischen profanen Gemeinschaft aus. Die natürliche Lebensgemeinschaft von Familie und Sippe, Stamm und Volk wird durch die gemeinsame Religion entscheidend gestärkt. Daß auch hier schon der »stereotypisierende« Charakter des sakralen Rechtes und Brauches sich zweideutig auswirken kann (vgl. die Hemmung der wirtschaftlich-technischen Entwicklung, die das Tabu bedeuten kann), ist natürlich zuzugeben, aber die Frage, ob diese Entwicklung – noch dazu bei möglichst raschem Tempo – unter allen Umständen als segensreich und wünschenswert anzusehen ist, ist ja wohl auch nicht eindeutig zu beantworten.

Das ist nun bei den gestifteten Vereinigungen und Verbänden etwas anders. Hier kann die erhaltende und bindende Macht der Religion sich unter Umständen weniger günstig auswirken. Denn wie alle Institutionen künstlich-geschichtlichen Charakters, so unterliegen die Vereinigungen, Verbände und Genossenschaften mehr oder weniger fester Art dem allgemeinen Lebensgesetz, nach dem die Form, die das Leben sich geschaffen, von diesem selbst immer wieder bedroht, gelöst, gesprengt, überwunden wird. Alle menschliche Institution steht unter dem Gesetz dieses Wandels. Die Geschichte mit ihren Bewegungen, Veränderungen, Revolutionen, Untergängen, Vernichtungen beweist es. Hier ist die Rolle der Religion nicht immer positiv einzuschätzen. Mit der ihr eigenen »stereotypisierenden« Kraft erhält sie immer wieder, vielleicht auch wo ihr lebendiger Geist schon entwichen ist, ihrerseits durch die Zähigkeit ihrer Formen unter Umständen nicht mehr lebendige, der Degeneration und damit dem Untergang verfallene soziologische Institutionen, Formen und Gebilde. Die Geschichte des Orientes und der Naturvölker, aber auch das Abendland bietet die Fülle von Beispielen. Es ist eine eigentümliche Sache, daß die Religion, die geistigste Beziehung, in der der Mensch leben kann, sich mit Erscheinungen zu verbinden und vermischen vermag, die ihr im Wesen mehr oder weniger fremd sein können, ohne, zunächst einmal wenigstens, von ihrer inneren und äußeren Wirksamkeit und ihrem Prestige einzubüßen. Das gilt auch von dem vielleicht im Grunde der Religion fremdesten Phänomen: der Gewalt. Allerdings gibt es auch hier Grenzen: der Mißbrauch des Heiligen wird sich, die Geschichte bestätigt das, immer rächen. Gegen Mißbrauch aber ist ja wohl auch das Edelste nicht geschützt.

Religionssoziologisch interessant ist schließlich, nicht zuletzt unter dem eben besprochenen Gesichtspunkt, die Einwirkung der Religion auf die höchste Organisationsform der Gesellschaft, den *Staat* ... Gerade wo – die Geschichte bietet dafür zahlreiche Beispiele – Staat und Volk sich nicht decken, sondern sich überschneiden, ein Staat mehrere Völker umfaßt, fallen der Religion oft bedeutsame Funktionen in dieser Richtung zu. Dabei bleibt ... dahingestellt, wieweit diese Wirkungen der Religion mit ihrer eigentlichen und letzten Intention in Zusammenhang stehen – geschichtlich und soziologisch gesehen sind sie jedenfalls von der größten Bedeutung. Man wird in diesem Zusammenhang vielleicht an die Rolle der Weltreligionen (Christentum, Buddhismus, Islam, Hinduismus) im Leben und Geschick der Staaten denken, in denen sie entstanden, sich ausbreiteten, Macht gewannen, dauerten ...

Schon im bisher Erörterten konnte deutlich werden, daß also der Einfluß der Religion auf die Gesellschaft, ihre Organisation, ihre Formen und Bewegungen zumindest in einem Doppelten sich auswirkt: erstens in der Bestimmung bzw. Beeinflussung gegebener – natürlicher oder gestifteter – Gemeinschaften, zweitens aber, ... in der Schaffung neuer, spezifisch religiöser Organisationen der Gemeinsamkeit.

Die Voraussetzung ist die Aufhebung und Auflösung, mindestens Neutralisierung der bestehenden, natürlichen und gestifteten Gemeinschaften. Ehe, Familie, Freundschaft, Volksgenossenschaft genügen nicht mehr, es verlangt den Menschen nach einer tieferen, über die Welt des »Natürlichen« hinausweisenden Gemeinschaft ... Eine Verschiebung und Verlagerung der Bedeutung bestimmter Sozial-Kreise für einzelne Gruppen und Individuen ist auch unter den bisher besprochenen Verhältnissen denkbar: so das Wachsen der Bedeutung der Altersklassenverbände unter primitiven Verhältnissen. Sehr viel deutlicher und radikaler aber zeigt sich die Einwirkung der Religion in dem besprochenen Sinn auf höheren Kulturstufen, wie etwa in den Mysterienvereinigungen der antiken Welt – die Entwicklung der eleusinischen Mysterien vom Familien- zum Geheimkult ist sehr lehrreich –, vor allem aber in den *Stifterreligionen* ...

Die »Welt« ... verfällt einer immer ausgesprocheneren Kritik und entschlosseneren Abwertung. Diese erstreckt sich auch auf die soziologischen Relationen. Nicht nur praktisch-individuell erfolgt das Heraustreten der Jünger und Neophyten aus ihnen in der jeweiligen empirischen Gestalt, die für sie die »Welt« hat, sondern das »Ausziehen« (pabbajjā des Buddha) wird zu einer grundsätzlichen, aus der religiösen Forderung abzuleitenden Notwendigkeit. Familie, Ehe, Freundschaft, Volk, Staat vermögen nicht minder zu hemmen wie Besitz, Beruf – kurz: die übrige »Welt«. Was nicht verhindert, daß ihnen doch – trotz allem – prinzipiell oder empirisch, nur praktisch oder auch theoretisch ein relativer – eingeschränkter – Wert zuerkannt und eine – vielfach sehr umfassende, weittragende – Neukonstituierung und Rechtfertigung (»Heiligung«) in der neuen Verkündigung (wie bei Paulus etwa) zuteil wird. Die Abwertung der »Welt« wird ja ... durchaus nicht immer so radikal gedacht und durchgeführt wie in den extremen Formen der ... streng asketischen Religiosität. Man kann dann von einem *doppelten* Weltbegriff sprechen (das schlechthin Böse und Verwerfliche und das Neutrale), wie das – der katholische Moraltheologe Schilling macht hierauf, Troeltschs allzu undifferenziertem »Welt«begriff gegenüber, aufmerksam – in der Lehre der christlichen Väter (Augustin) geschieht. Wird doch die religiöse Verkündigung unter Umständen zum gewaltigsten Impuls zu einer auf neuer Basis – die Welt im Licht des Göttlichen – zu vollziehenden Würdigung und Betrachtung, und – mehr und aktiver –: der Gestaltung der Ordnungen in ihr. Hierhin gehört die von Max Weber besonders beachtete und untersuchte »innerweltliche« Askese mit ihrem charakteristischen Bewährungsgedanken, aber im Grunde alle nicht extrem »asketische« Religiosität, alle Art der Heiligung der – jedenfalls nicht unmittelbar dem Heil dienenden – Ordnungen in der Welt. (Die reformatorische Frömmigkeit hat diesen Gedanken besonders betont.) Daß die Anpassung an die Realität, der die Religion ja niemals ganz entgehen kann, eine – die radikale Durchführung des im soziologischen Sinn asketischen Prinzips an mancher Stelle nicht ausschließende – Rolle spielt, geht deutlich daraus hervor, daß eben die konsequente Enthaltung vom Eingehen solcher Bindungen nicht aufrecht erhalten wird, sondern die positiven, zur Vergesellschaftung führenden Tendenzen im religiösen Leben die Oberhand gewinnen und neue, jetzt primär religiös bestimmte Gemeinschaft, die weniger oder mehr Endgültigkeits- und Vollkommenheitscharakter tragen kann, entsteht . . .

Der Prozeß der *Organisierung* ist im einzelnen, wie Kirchen- und Religionsgeschichte zeigen, ein ungemein interessanter, übrigens auch komplizierter Vorgang. Die neuere Soziologie unterscheidet in der Struktur der Gruppen: »Kristallisation«, »Bund«, »Organisation« (Thurnwald). Soziologisch gesehen lassen sich faktisch auch hier jeweils bestimmte Etappen fixieren, die sich durch den »Aggregatzustand« der charakteristisch verfaßten Gruppen unterscheiden. So wird man etwa ein mehr oder weniger »enthusiastisches« Stadium abgrenzen können, in dem die religiöse Keimidee sich soziologisch auszuwirken beginnt. Dieses wird gewöhnlich von einem zweiten abgelöst, in dem der Enthusiasmus bereits zurücktritt hinter beginnender Gliederung und Ordnung (Verfassung, Disziplin, Amt). Im dritten schwindet der Enthusiasmus weiter. Die bis dahin wohl vorhandene Lokalgemeinschaft wird mit wachsender Zahl zu einer über die engeren Grenzen hinauswachsenden. Dabei sind zu den Jüngern längst Schüler, Anhänger zweiter und weiterer Hand getreten, wie denn natürlich der Tod des Stifters ein tiefeinschneidendes, auch soziologisch (wie z. B. Scheler gern betont hat) überaus bedeutsames Ereignis – wohl das bedeutendste in der Entwicklung der Gemeinschaft um ihn – darstellt. Damit entwickelt sich aus den, meinst schon auf frühen Stufen vorhandenen Unterschieden der religiösen Begabung, des Alters und der Tätigkeit (Arbeitsteilung) eine, je nachdem, ob Gegenwirkungen vorhanden sind, mehr oder weniger ausgeprägte immanente Hierarchie, die sich – etwa im Gegensatz zu dem . . . Einfluß der Religion auf die bestehenden Formen – nicht mit der profanen Gliederung der Gesellschaft deckt. Spannungen und Konflikte zwischen Innen und Außen pflegen daraus hervorzugehen; ihre Austragung, Art und Gestaltung ihrer Lösung hängt von dem Charakter und Ethos der betreffenden Religion bzw. ihrer Anhänger (vgl. z. B. Buddhismus und Islam), der betreffenden Völker und Staaten ab. Der welthistorische Kampf der Kaiser und Päpste im Abendland des Mittelalters erweist die ungeheuere Macht und Bedeutung, die geistliche Organisation zu erreichen vermag. Die Religionsgemeinschaft erreicht die höchste Stufe der Organisierung, indem sie, wie eine Binnenethik, so ein Binnenrecht ausbildet (religiöses, »Kirchen«-Recht). In einer eigenen Verfassung ordnet sie ihre Verwaltung (Ämter) . . .

Über die Stufe der »Kirchen«bildung hinaus gibt es kein Mehr an Ausformung, wohl aber gibt es Reaktionen, Gegenbewegungen, die sich im übrigen ebenso im Theoretischen (Lehre, Dogma) und Praktischen (Kult, Riten) wie im Soziologischen auswirken können. Auch hier lassen sich Stufen – entsprechend der Radikalität und Exklusivität – unterscheiden. Der radikalste Typus ist die Sekte, die die Sezession von der Großgemeinschaft vollzieht und dabei vielfach prinzipiell, psychologisch und strukturell auf den Anfangsimpuls und das erste Stadium der Entwicklung der Religion zurückweist und zurückweisen will, was nicht verhindert, daß sie, wenn nicht, was wohl das Häufigste ist, am Prinzip der Auswahl (Gemeinde der Heiligen, Vollkommenen, Erwählten usw.) streng festgehalten wird, dann ihrerseits im Verlauf der Entwicklung von neuem in den Prozeß der »Verkirchlichung« eintritt, daß also »Sektenkirchen« entstehen. Die Großkirche erscheint der Sekte – theologisch gesehen – nicht als die wahre Gemeinschaft, sondern als Kompromiß, Abfall vom Ideal, das mehr oder weniger mit der Urgemeinschaft gleichgesetzt wird, – wie sich umgekehrt die Sekte, die die doppelte Meinung vertritt: einmal, sie sei die wahre Gemeinschaft, die Großkirche sei es nicht, der Kirche als Abfall, als schismatische Gemeinschaft darstellt. Das verhindert nicht, daß, außertheologisch gesehen, beide: Kirchen und Sekten, echte soziologisch bedeutsame Gebilde sind. Charakteristisch für die Sekte ist unter diesem Aspekt jedenfalls die radikale Sezession, genauer: die Besonderung, meist auch: Abweichung auf allen drei Hauptgebieten des religiösen Lebens: Lehre, Kult, Gemeinschaft. Der Ausdruck »Häresie« sollte beschränkt werden auf die in der *Lehre* Abweichenden; einer, der in der Lehre abweichende Auffassungen vertritt, ist ein Häretiker. Natürlich wird es, wo sich in diesem Sinn Gleichgesinnte zusammentun, zu einer häretischen »Gemeinschaft« kommen, aber hier werden dann die Konsequenzen zu ziehen sein: Austritt – und Bildung neuer Gemeinschaft (Sekte) – oder Unter- und Einordnung in die Kirche. Ganz gleichgültig ist übrigens auch Zahl und Bedeutung einer Gemeinschaft für ihre Bezeichnung nicht: wo eine Sekte genügende Bedeutung in quantitativer und qualitativer Hinsicht gewinnt, wird man den historischen Gesichtspunkt fallen lassen, sie religionssoziologisch nicht mehr als den – sektiererischen – Absenker, sondern als neues selbständiges Gebilde ansehen; theologisch – aus dem Aspekt der Muttergemeinschaft betrachtet – wird sie natürlich Sekte, d. h. mehr oder weniger: illegitime Gemeinschaft, bleiben. (Katholische Kirche – Protestantische Gruppen; Hinayana – Mahāyāna-Buddhismus; Sunnitischer – Schiitischer Islam; Śvetāmbara – Digambara-Jainismus). Hier wie bei so manchem andern religionssoziologisch bedeutsamen Begriff könnten nun Bedenken dagegen entstehen, den Ausdruck »Sekte« auf außerchristliche Verhältnisse zu übertragen. Natürlich ist es nicht das gleiche, wenn im Buddhismus, im Jainismus, im Islam, im Iran Gruppen dissentieren, schon weil »Kirche« ... jeweils etwas Verschiedenes bedeutet. Aber wenn man nicht um Worte streiten will, wird zuzugeben sein, daß überall in den genannten Religionen aus der Großglaubensgemeinschaft Gruppen ausgeschieden sind, und zwar unter den oben bezeichneten, für die Sektenbildung charakteristischen Umständen. Die Kirchengeschichte des Buddhismus, die wir, wenn auch nur in sehr großen Zügen, aus den vorhandenen Quellen rekonstruieren können, zeigt uns, wie von Anfang an gewisse Abweichungen, vor allem in Lehrfragen, vorhanden waren, auch in Sachen der Disziplin gab es, wie die Konziliengeschichte (Mahāvagga, Anguttara-Nikāya, Mahāvaṃsa) zeigt, Dissens. Die bekannten 18 »Schulen« dürften nicht als Sekten gelten können, wohl aber ist es auf japanischem Boden zur »Sekten«bildung gekommen. Im Islam sind zwar früh Spaltungen enstanden, aber zunächst, wie bei den Chāridschiten, lediglich aus politischen (staatsrechtlichen) Gründen. Wellhausen und Strothmann haben gezeigt, daß in den Absonderungen des Islam der staats-(kirchen-) rechtliche Dissens stets entscheidend geblieben ist, also nicht wie im Christentum – und im großen und ganzen auch im Buddhismus – primär dogmatische Differenzen. Eine wirkliche Sezession von der Großglaubensgemeinschaft im Sinn der Sekte ist so im Islam erst die Schī'a, aus der später Zeiditen, Ismailiten und Drusen sich abspalteten. Hier war die Übereinstimmung der Gläubigen (idschmā') verlassen, hier die Sunna (Tradition) zwar formell aufrechterhalten, inhaltlich aber umstilisiert. (Diese Anmerkung über die Tradition ist hier übrigens nicht als dogmatisch-theologische, sondern als historisch-kritische Feststellung zu verstehen.) Hier waren dem Kult die ursprüngliche Gemeinschaft sprengende Neuerungen eingefügt, hier ein neues Prinzip in der Organisation der Gemeinschaft (Imamtheorie) zur Geltung gebracht. Die deutliche Rückwendung zur ursprünglichen Frömmigkeit der Anfangszeit, die so charakteristisch für die Sekte ist, veranschaulicht die von Ibn Tejmijja und dem 'Abd al Wahhāb (Wahhābiten) unter dem Gesichtspunkt der bid'a (Neuerung) vorgenommene radikale Kritik an der Tradition in Lehre und Kult und damit an dem von der Großglaubensgemeinschaft Gutgeheißenen (idschmā, Übereinstimmung der Gläubigen), in der es allerdings zu einer Kirchenbildung niemals gekommen ist. Die von dem bekannten islamischen »Dogmenhistoriker« Schahrastānī aufgeführten Religionsparteien im Islam sind im übrigen sowohl häretische wie sektiererische Gruppen. Von der iranischen – im eigentlichen Sinn ja erst zur Sassanidenzeit konstruierten – »Kirche« hat sich neben dem dann zur selbständigen Kirche entwickelten Manichäismus vor allem der Mazdakismus, eine enthusiastisch-kommunistische ... dissentierende Bewegung von der Großglaubensgemeinschaft abgespalten. Fraglich könnte sein, wie man die von den hinduistischen Glaubensgemeinschaften (Gemeinden) der Shaiva, Vaishava, Shākta abgezweigten Untergruppen (sampradāya) anzusprechen hat. Hier fehlt historisch gesehen die Loslösung von einer festen Kirche, weshalb in diesem Fall besser nicht von Sekten zu sprechen wäre. Auch die »heterodoxen« Religionsgemeinschaften Indiens (Sikhs, Reform»sekten«) sind nicht ganz leicht zu klassifizieren; am besten faßt man sie als selbständige »Gemeinden« auf. Der vom Islam abgespaltene Babismus freilich darf, mindestens seit der Zeit seines zweiten Stifters Bahā-ullāh, wohl als Kirche gelten. Die Typen der Religionsgemeinschaften sind im übrigen eben noch keineswegs genügend erforscht, festgestellt und umschrieben, der quantitative Gesichtspunkt spielt bei der meist ganz willkürlichen Benennung in der Religionsgeschichte noch immer die entscheidende Rolle . . .

Weniger radikal als die Sekten sind, was ja schon in ihrem Verbleiben im Zusammenhang der Großglaubensgemeinschaft zum Ausdruck kommt, die Vereinigungen, die, in Lehre und Kult mit der Großgruppe übereinstimmend, in Leben und Gemeinschaft einem rigoroseren, jedenfalls einem Sonderideal folgen, also in ihrem Rahmen eine qualifizierte Gruppe darstellen, und die man darum als »relativ esoterisch« bezeichnen könnte. Also etwa die Orden, Kongregationen und Gemeinschaften ähnlicher Art, z. B. im westlichen und östlichen Christentum, Buddhismus und Islam, deren besondere, formulierte oder schweigende »Gelübde« eine bestimmte Auswahl und Ausschließlichkeit verbürgen; in ihnen ist im übrigen ebenfalls des öfteren eine, allerdings temperiertere Orientierung an bzw. Rückwendung zu den »Ursprüngen« erkennbar. Gerade die Ordensgeschichte der genannten Religionen zeigt in der aufschlußreichsten Weise einerseits den immer sich wiederholenden Prozeß der Ausweitung, Verbreitung und damit vielfach der »Verweltlichung« (Kompromiß) der betreffenden Gemeinschaften und die darauf und dagegen erfolgende Neugründung mit jeweils strengerer Intention, andrerseits die mit der steigenden »Bildung« wachsende Entfremdung vor den Massen, die zur Errichtung neuer (strengerer, oder nur anderer, etwa einfachere und schlichtere Wege zum Heil weisender) Gemeinschaften führt. Das abendländische Mönchtum mit den vier Phasen der Stiftung der Benediktiner-Cluniazenser-Bettelorden und Jesuiten veranschaulicht diese Entwicklung so gut wie das buddhistische Japans mit der gegen die Mönche der Naraperiode gerichteten Reform der Tendai- und Shingonshū und der sog. Paradiessekten, oder das tibetische mit seinen »Reformen«. Das Mönchtum zeigt nun aber jeweils neben einem bestimmten Typus der religiös bewegten Gemeinschaft auch die Erscheinung der unter religiösem Impuls erfolgenden – absoluten und relativen – Isolierung (Anachoreten, evtl. in »Lauren« vereinigt; Zönobiten, Eremiten, Asketen usw.). Das christliche Morgenland, Indien und der sufische Islam bieten Beispiel in Fülle. Im Mönchtum des Heiligen Berges Athos ist heute noch auf verhältnismäßig engem Raum die »zönobitische« (gemeinsame) und idiorhythmische (isolierte) Lebensweise vereinigt zu studieren. Am Mönchtum ist religionssoziologisch von großer Bedeutung: die doppelte Ethik, wie sie am konsequentesten wohl vom Manichäismus (Auditores, Electi) formuliert worden ist, aber in den consilia evangelica nicht minder zum Ausdruck kommt wie in den besonderen Vorschriften für die buddhistischen und jainistischen Mönche. Der Kreis der Mönche und Nonnen stellt eine Gemeinschaft in der Gemeinschaft dar mit besonderen Pflichten, besonderen Rechten, einer eigenen Gesetzlichkeit. Solcher Gemeinschaften in der Großgemeinschaft gibt es natürlich noch allerlei Arten. Wir können auf eine Kasuistik hier nicht eingehen, aber es sei an die Zirkel, Konventikel, Kreise, Bünde und Gruppen erinnert, die in jeder großen Religionsgenossenschaft zu entstehen pflegen (»ecclesiolae in ecclesia«). Schließlich gehört auch die Mystik hierher, jene ausdrücklich alle Vermittlungen ausschließende, grundsätzlich auf den unmittelbaren Umgang mit der Gottheit bedachte Religiosität . . .

Zusätzliche Literatur

Berger, Peter L., The Social Reality of Religion, London 1967.
Fürstenberg, Friedrich (Hrsg.), Religionssoziologie, Neuwied/Berlin 1964.
Glock, Charles Y., und *Stark,* Rodney, Religion and Society in Tension, Chicago 1966².
Matthes, Joachim, Religion und Gesellschaft, Reinbek 1967.
Matthes, Joachim, Kirche und Gesellschaft, Reinbek 1969.
Mensching, Gustav, Soziologie der Religion, Bonn 1947.
Mensching, Gustav, Soziologie der großen Religionen, Bonn 1966.
Savramis, Demosthenes, Religionssoziologie. Eine Einführung, München 1968.
Savramis, Demosthenes, Theologie und Gesellschaft, München 1971.
Weber, Max, Gesammelte Aufsätze zur Religionssoziologie, 3 Bde., Tübingen 1920/21.